反家庭暴力

法律诊所理论与实务

— 李秀华　主编 —

厦门大学出版社　国家一级出版社
XIAMEN UNIVERSITY PRESS　全国百佳图书出版单位

图书在版编目（CIP）数据

反家庭暴力法律诊所理论与实务 / 李秀华主编. --
厦门：厦门大学出版社，2023.12
　　ISBN 978-7-5615-9129-1

　　Ⅰ. ①反… Ⅱ. ①李… Ⅲ. ①家庭问题-暴力-法规
-研究-中国 Ⅳ. ①D923.924

中国版本图书馆CIP数据核字(2023)第193583号

责任编辑	李　宁
美术编辑	李嘉彬
技术编辑	许克华

出版发行	厦门大学出版社
社　　址	厦门市软件园二期望海路39号
邮政编码	361008
总　　机	0592-2181111　0592-2181406(传真)
营销中心	0592-2184458　0592-2181365
网　　址	http://www.xmupress.com
邮　　箱	xmup@xmupress.com
印　　刷	厦门集大印刷有限公司

开本	787 mm×1 092 mm　1/16
印张	21
插页	1
字数	526 千字
版次	2023 年 12 月第 1 版
印次	2023 年 12 月第 1 次印刷
定价	88.00 元

本书如有印装质量问题请直接寄承印厂调换

厦门大学出版社
微信二维码

厦门大学出版社
微博二维码

作者简介

　　李秀华　本书主编,撰写本书第一章。心理学博士。扬州大学法学院婚姻家事法学三级教授,扬州大学婚姻家庭法律诊所、反家庭暴力法律诊所创办人与负责人。中国法学会法学教育研究会诊所法律教育专业委员会常委,中国法学会婚姻法学研究会常务理事,联合国性别与法律项目特聘专家,中国法学会《民法典》立法项目专家,全国律协婚姻家庭法专业委员会民法典宣讲团成员,江苏省律师协会婚姻家庭法律业务委员会主任、泰和律师事务所婚姻家事与财富传承委员会主任。

　　黄溢智　撰写本书第二章。清华大学法学学士,香港大学法律硕士及博士在读。纽约大学亚美法中心访问学者。2009 年取得律师执业证书,长期从事反歧视相关的法律实践和研究工作。曾代理中国基因歧视第一案、中国性别就业歧视第一案等影响性案件,主持性别与法律相关培训项目,组织撰写多份调查报告。

　　包振宇　撰写本书第三章。法学博士,扬州大学法学院副教授,扬州大学婚姻家庭法律诊所、反家庭暴力法律诊所老师,硕士研究生导师,华东政法大学经济法学院博士后,江苏鈜云辰旭律师事务所兼职律师。现任中国法学会 WTO 法律研究会理事,江苏省法学会房地产法研究会常务理事、副秘书长。

　　顾龙涛　撰写本书第四章。法学硕士,扬州大学法学院讲师,法律诊所团队成员,扬州大学网络教学平台专家成员,江苏省扬州市经济开发区人民法院人民陪审员,长期从事诉讼法学、法律文书写作教学与研究,发表专业论文 20 余篇。

　　王军明　撰写本书第五章。吉林大学法学院副教授,法学博士,政治学博士后,德国慕尼黑大学(LMU)访问学者。中国法学会法学教育研究会诊所法律教育专业委员会常委、中国法学会反腐败法治方阵常任专家、吉林省法学会犯罪预防研究会常务理事、常务副秘书长等。主持或参加国家社科基金、教育部青年基金等项目 10 余项。

　　樊欢欢　撰写本书第六章。北京大学社会学专业博士,中央财经大学社会与心理学院讲师,中级社会工作者,国家二级心理咨询师。美国宾夕法尼亚州立大学人类发展与家庭研究系访问学者,北京市昌平区英博社会工作服务中心副理事长。兼任中央财经大学心理咨询中心咨询师、萨提亚模式家庭治疗师和公益讲师。

　　聂德明　撰写本书第七章。云南师范大学法学与社会学学院讲师,四川大学金融证券法学博士研究生,云南省政府法律顾问助理。主要研究方向:债权法、商法、法律社会学等。发表论文多篇;主持云南省教育厅科学研究基金项目、云南省哲学社会科学重点课题、云南省法学会课题等。

　　吕中海　撰写本书第七章。云南上首律师事务所合伙人,曾就职于昆明市某区人民检察院。主要研究、实务方向:民间借贷、建设工程施工合同等合同纠纷、股权纠纷、劳动争议纠纷、交通人损纠纷的调解、诉讼与仲裁等。

李　霞　撰写本书第八章。华东政法大学教授,博士生导师,中国法学会婚姻家庭法学研究会常务理事,国际家庭法协会副主席。主要研究方向:婚姻家庭法学。主要学术成果:研究成果被《中华人民共和国老年人权益保障法》第26条采纳;主持国家社会科学基金项目2项;在《中国法学》《法学研究》等期刊发表学术论文80余篇。

李瀚琰　撰写本书第八章。上海立信会计金融学院讲师,华东政法大学在站博士后,中国法学会婚姻家庭法学研究会理事。主要研究方向:婚姻家庭法学。主要学术成果:在《妇女研究论丛》《山东社会科学》《安徽大学学报(哲学社会科学版)》等期刊发表学术论文10余篇。

刘明珂　撰写本书第九章。北京大学法学院法学学士学位,哥伦比亚大学法学院法学硕士学位,耶鲁大学法学院访问学者。曾在同语担任法律研究员,参与多项与性/别少数群体相关的法律研究和倡导,包括就业歧视、校园霸凌、家庭暴力、性别认同的法律承认以及影响性诉讼案件;研究并撰写与性/别少数群体相关的政策建议,为性别少数群体提供直接法律服务。

孟咸美　撰写本书第十章。现任教于扬州大学法学院,主讲《法律诊所》《经济法》等多门课程,硕士研究生导师。兼任江苏省法学会环境资源法学会常务理事、江苏省房地产法研究会常务理事、江苏鈜云辰旭律师事务所律师、扬州市总工会"义工教授团"志愿者、扬州市劳动法业务律师名师工作室指导专家等。

伍　奕　撰写本书第十一章。海南大学法学院副教授,硕士研究生导师。中国法学会社会法分会理事。毕业于西南政法大学经济法专业,获法学硕士学位。主要研究方向:诊所法律教育、劳动和社会保障法、经济法。

苗鸣宇　撰写本书第十二章。中国社会科学院大学法学院副院长、副教授、硕士研究生导师,中国社会科学院法学研究所岗位副研究员,中国法学会法律文书学研究会副秘书长,中国法学会法学教育研究会诊所法律教育专业委员会常委。2004年获中国政法大学法律史专业博士学位。

张鸿巍　撰写本书第十三章。暨南大学人文学院院长,少年及家事法研究中心教授、博士生导师,美国Sam Houston State University刑事司法学博士、日本龙谷大学矫正保护研究中心短期博士后研究生。中国法学会法学教育研究会诊所法律教育专业委员会常委、中国犯罪学学会副秘书长、中国检察学研究会常务理事、中国预防青少年犯罪研究会常务理事、国务院妇女儿童工作委员会办公室智库专家,最高人民检察院未成年人检察工作顾问。

张丽君　撰写本书第十三章。法学博士,南宁师范大学讲师。主要研究方向:刑事诉讼法、少年司法及家事法学。澳门刑事司法研究会会员、暨南大学少年及家事法研究中心研究助理、广西法顺律师事务所兼职律师。

姜　奕　撰写本书第十四章。民商法学硕士,现任职于扬州市人民检察院。主要研究、实务方向:民事检察、检察基础理论、婚姻家庭与继承法等。申报最高人民检察院检察2项检察应用课题获审批立项,完成省级、国家级课题各1项。

程　滔　撰写本书第十五章。中国政法大学法学院教授,硕士生导师,法学博士学位,法律诊所老师,中国政法大学法律援助研究院研究员,中国政法大学刑事辩护研究中心研究员,中国法学会法律文书研究会理事。2008年至2010年在中国社会科学院法学所做博士后研究,美利坚大学华盛顿法学院做访问学者,台湾东吴大学做访问学者。

何胜洋 撰写本书第十六章。中级社工师、反家暴社工、社工督导,任职于湖南省长沙市开福区鑫晨婚姻家庭综合服务中心。长期从事反家庭暴力及未成年人保护一线服务、督导培训和政策倡议,在反家暴个案管理及危机干预、反家庭暴力服务项目管理、反家暴服务机制建设优化、反家暴多机构联动等方面有丰富实务经验积累。

代序一

  李秀华教授主编的《反家庭暴力法律诊所理论与实务》是当代中国法学教育与法律实践相结合的优秀研究成果的典范。该书显示出来的法学研究理念之先进、法律实践经验之丰富、法学教育方法之优化，引人入胜，令人耳目一新，受益良多。

  作为法律实践教学方式之一，法律诊所教育引入中国高等法律教育领域已有二十余年的不平凡历程。中国法律诊所教育活动由引进初创、复制翻版、各校自立、逐步推广的初级阶段，演化到"入主流、高标准、国际化、有特色"的发展阶段，目前已步入中国化、时代化、标准化、科技化的新时代。在中国法学会法学教育研究会的主导下，全国从事法律诊所教育的教师们脚踏实地、前赴后继、团结一心、开拓进取、勇于创新，取得了辉煌的成就，培养了一批又一批卓越的法律人才，使他们成为中国法治现代化建设伟大事业的主力军。《反家庭暴力法律诊所理论与实务》的主编李秀华教授和本书的多位作者，正是中国法律诊所教育的先行者和优秀教师。我向他们的辛勤付出和优异成就表达由衷的感谢与崇高的敬意！

  《反家庭暴力法律诊所理论与实务》的理论意义在于：作者在书中阐述的理论与实务研究成果，坚持全面贯彻习近平法治思想；坚持以人民利益为中心的核心法治理念；坚持法律诊所教育面向现代化、面向世界、面向未来；坚持立足中国法律教育需要，努力回答好事关中华民族伟大复兴和人类命运前途的中国之问、世界之问、时代之问和人民之问；坚持法律诊所教育研究的守正创新，打造出法律诊所教育的原创性研究成果。该书的应用价值在于：第一，引领从事法律诊所教育的教师们始终坚持贯彻习近平法治思想，教育学生在参与法律诊所课程和法律援助活动中秉持以人民利益为中心的法律职业理念。第二，指导从事法律诊所教育的教师们不断优化法律诊所课堂主体结构，让学生真正成为法律诊所理论课堂教学的主角和法律援助活动的义务担当者。第三，融合法律诊所教育的多元、包容和自由理念，教育和指导学生善于利用不同视角观察、思考和解决当事人之间的纠纷与诉求，帮助当事人获得公平正义的法律救济。第四，坚持培育学生的法律执业伦理素养与训练法律专业技能的有机结合，锻炼学生成长为德法兼修的卓越法律人才。

  期待李秀华教授与本书的作者们不断推出研究法律诊所教育的崭新成果！

龙翼飞

2023 年 6 月 1 日于北京

  （龙翼飞，中国人民大学法学院教授，博士生导师。中国法学会法学教育研究会诊所法律教育专业委员会主任，中国法学会婚姻家庭法学研究会常务副会长）

代序二

　　我与《反家庭暴力法律诊所理论与实务》的主编李秀华教授相识多年。她和我一样，都是中国法学会法学教育研究会诊所法律教育专业委员会常委。近日，秀华教授说该书即将付梓出版，嘱我做序。收到书稿后，我顿时被其吸引，手不释卷。等读完书稿之后，我掩卷沉思，感到该书确有特色，出版后将会在诊所法律教育界产生很大影响。该书是国内第一部关于反家庭暴力法律诊所理论与实务前沿研究的著作，在作者组成、内容设计、观念突破、理论与实践的有机对接方面都有鲜明特色。该书凝结了李秀华教授等一批法律诊所老师、关注法学实践教育以及法学教育改革的法律人的心血。这些作者以坚韧的态度、无私奉献的精神，执着探索法学教育改革，致力于建构并优化法律诊所模式。李秀华教授领军的扬州大学反家庭暴力法律诊所同人不断提升法律诊所老师水平，提升教学质量；进一步强化法律诊所学生教学主体地位；进一步拓展法律诊所教学主题，实现法律诊所教学经验的可复制、可持续发展；不断拓展法律援助中心、社区等实践教学基地，利用实践教学基地在课堂教学中的作用。在多元的法律实践活动中，诊所学生的综合能力得到全方位提升。该书作者在培养学生实践技能、塑造其服务理念等方面不断进行实践教学探索与改革，发挥诊所教育的辐射功能和品牌效应。

　　该书特色在于：（1）理论与实务高度结合。本书构建了"研究型法律诊所教学与实务训练同步、多机构有效合作"立体化法学教学（诊所法学教育）体系。将课堂延伸到社会，打破了传统教学空间的壁垒。（2）优化教学结构。书中体现了优化课堂结构，充分调动师生积极性的场景。（3）目标明确。书中对全方位培育学生独立，多元思考力、沟通力，以及服务社会与服务弱者、治理社会的能力具有重要意义。

　　该书将由国家一级出版社厦门大学出版社出版。李秀华教授等多位作者曾荣获"全国优秀法律诊所教师"称号，她所负责的法律诊所被评为"全国优秀法律诊所"。家庭暴力是一个沉重的话题，作为以公益法律服务为特色的法律诊所旨在指导法律诊所学生能以仁心仁术帮助弱势群体，同时法律诊所学生的职业技能也能得到培养。该书在理念设计与整体写作思路上均有新意。该书选择了在法学诊所教育中复杂、难办、直击人性的家庭暴力领域作为法律诊所教育切入点，以受害人为中心，系统进行反家庭暴力受害人救助理论与实践拓荒式的研究；从多元视角阐释诊所法律教育的独有价值，进而凸显了法律诊所教育对培养卓越法治人才的核心功能。该书对推进法律诊所"研究型学习与实务训练同步、多机构有效合作"法治人才培养体系、整合法律诊所教学资源，充分利用多媒体教学手段开展法律诊所网络课程的建设，以及对推进特色法律诊所建设都有所裨益。

　　多年前，我应李秀华教授邀请到访扬州大学。在烟花三月下扬州的季节，我与中国法学会法律文书学研究会会长马宏俊教授到扬州大学法律诊所举办讲座,与法学院师生交流诊所法律教育。疫情防控期间,我多次线上参与扬州大学婚姻家庭法律诊所、反家庭暴力法律诊所的课堂讲授。该书的很多作者也是法律诊所教育领域的同人及老朋友。因此,欣见《反家庭暴力法律诊所理论与实务》出版,我坚信该书能为诊所法律教育的探索与发展提供有价值的参考资料。

是为序。

许身健

2023 年 6 月 26 日于北京

(许身健,中国政法大学教授、法律硕士学院院长。中国法学会法学教育研究会诊所法律教育专业委员会副主任、中国法学会法律文书学研究会副会长兼秘书长、北京开发区法治建设研究会会长、中国法学会法学教育研究会模拟法庭专业委员会主任)

自　序

　　幸运与欢喜之处,皆星辰大海。法律的生命力在于它的实践性。法律诊所教育是一群人影响一群人的理论与实务深度结合的教育模式。法律诊所教育模式通过许多国家法学教育实践被证明是法学院学生获得法律知识、经验,培养学生实践创新能力的有效路径之一。法律诊所教育的兴起反映了法学教育领域的先行者对传统教学方法的深度反思和挑战。这种理论与实践高度融合的法学教育模式对培养法学院学生职业技能和职业道德意识具有重要的价值指引作用。与 20 年前相比,目前法律诊所在中国许多大学都有了一席之地。2005 年,在扬州大学法学院及中国法学会法学教育研究会诊所法律教育专业委员会的支持下,笔者首创中国高校第一家婚姻家庭法律诊所,2010 年创立中国反家庭暴力法律诊所。[①] 之所以将法律诊所引入扬州大学法学院,是因为笔者深刻体会到这一法学教育实践模式将对法学院学生培养带来诸多益处。早在 30 多年前,笔者曾深入某监狱进行长达一年有关婚姻家庭引发犯罪的调查。[②] 服刑人员中有一位年轻母亲因与前夫就给付抚养费问题发生冲突导致其与家人一起打死前夫。这场家庭暴力最终导致年轻母亲与三位家人全部入刑。一位因以暴抗暴杀死丈夫的服刑人员告诉笔者:"监狱比家更安全。"这样的深度调查引发笔者的思考,作为一名法学教育者、婚姻家事律师如何为从根源、理念及有效方法等维度预防与干预家庭暴力尽绵薄之力?如何将社会性别视角纳入干预家庭暴力模式? 社会性别是基于一定社会文化、传统产生并与其他制度共存的制度,是导致社会性别差异的根源。[③]

　　联合国经济及社会理事会早在 1997 年 6 月就强调了社会性别主流化的重要性:"所谓社会性别主流化是指在各个领域和各个层面上评估所有有计划的行动(包括立法、政策、方案)对男女双方的不同含义。作为一种策略方法,它使男女双方的关注和经验成为设计、实施、监督和评判政治、经济和社会领域所有政策方案的有机组成部分,从而使男女双方受益均等,不再有不平等发生。"推动社会性别视角准入立法结构与法学教育,对充分体现立法结构与法学教育平等理念显得十分重要。法律诊所教育源于美国,这种教学方式促使法学院师生重视法律规则在实践中的运用。诊所式法律教育亦称"临床法律教育",系指法学院模拟医学院学生在医疗诊所临床实习模式,在有实务经

---

　　① 本书是笔者主持的扬州大学 2020 年重点教材项目"反家庭暴力法律诊所理论与实务前沿"、扬州大学 2021 年度研究生教育教学改革与实践课题"法学研究生学术与实践创新能力提升模式建构与探索"(项目编号 JGLX2021_007)研究成果之一。

　　② 调查发现,如果我们能从系统性、整体性及人性化视角切入做好干预家庭暴力工作,将使婚姻家庭内的犯罪率降到最低。

　　③ 李秀华:《社会性别与婚姻暴力》,载《法学杂志》2005 年第 2 期。

验教师指导下,将法学专业置于"法律诊所"中,一方面学习理论基础,另一方面为处于生活困境而又迫切需要法律援助的人提供有效法律咨询与服务,开出解决问题的"法律处方",以此推进法学院学生对法律理论与实务的深入理解与应用。其是将真实案件引进课堂,一定情形下,真实当事人、法官、律师、心理专家、社工等法律或心理等专业工作者走进课堂,共同"诊断"相关法律问题,开出"法律处方"的法学实践教育模式。法律诊所除进行校内法律诊所课堂设计与实践服务外,还面向社会提供法律咨询和代理服务,获取法律诊所课程教学所需的实践资源,提高学生法律知识运用与实际操作能力的法律专业课程。法律诊所的教学环境主要由多元开放的诊所课堂、真实的法律实践场景以及丰富的线上学习资源组成。

一、设计思路和研究路径

1.本书设计思路。反家庭暴力法律诊所的教学强调理论性与实践性高度整合,将法律职业人优质素质的养成置于教育中心地位。将多元教学方法导入诊所课堂,突出学生主体地位。本书各章写作结构主要包括七个部分:案件研讨、设置问题、情景模拟、核心技能、视野拓展、实践延伸、相关法律规定与文献展示,引导法律诊所学生或实务工作者等在面对各种问题与挑战时,进行理论与实务角度的深入思考并提出解决问题的方案。本书可作为法学院学生,刚入行的法官、检察官、警察、律师,以及心理专家、社会工作者等学习与处理涉家庭暴力案件的案头书。

2.本书作者主体结构多元、实力强大。本书作者来自扬州大学、中国政法大学、中国社会科学院大学、中央财经大学、华东政法大学、上海立信会计金融学院、香港大学、吉林大学、云南师范大学、海南大学、暨南大学、南宁师范大学、扬州市人民检察院、云南上首律师事务所、北京市华一律师事务所、湖南省长沙市开福区鑫晨婚姻家庭综合服务中心等。他们是法律诊所教育专职、跨专业且具备丰富的法学专业理论与实践经验的老师、知名律师、检察官、社工专家、心理专家等。其中有4名作者系中国法学会法学教育研究会诊所法律教育专业委员会常委。

3.写作内容具有独创性。(1)还原真实法学教育与法律实践场景。书中许多章节多次呈现法律诊所课堂与实践场景。法律诊所在课堂内进行主体结构优化与授课内容创新,在课堂外利用法律援助中心、妇联、社区及律师事务所等稳定的法律实践基地,常年为社会弱势群体尤其是家庭暴力受害人无偿提供婚姻、亲子关系、继承等婚姻家庭领域人身和财产纠纷方面的法律咨询和代理服务。(2)开创多元为弱势群体服务路径。法律诊所常年开展线下或线上咨询及法律援助,通过专用微博、微信公众号及其服务渠道,为弱势群体及时提供法律援助,同时也为法律诊所学生提供了丰富的案件来源。(3)创新法律诊所教学方法。本书法律诊所理论课程教学中通过专题研讨、心理扶助、师生互动、模拟法庭、当事人进课堂、真实案件再现、线上与线下结合模式等教学方法,秉承"德法兼容,知行合一"的教育理念,培养法律人具有尚法、担当、卓越的精神。法律诊所学生通过线上方式或以定期或不定期形式走进法律援助中心、社区、妇联、律师事务所、法院等为有关部门及弱势群体提供法律咨询、宣传与法律帮助。

二、特色与突破

1.可以在一定程度上帮助法律诊所老师优化课堂主体结构,将多元教学方法导入课堂,突出学生主体地位。诊所课堂贯彻多元、包容及自由理念,充分利用师资的多元化优势,引导学生从不同视角思考法学理论、法律实践及有效帮助当事人等问题。

2.强调职业伦理与专业技能并重,扩大诊所教育开放与社会结合维度。课程设计中注重律师职业道德训练,法律诊所学生通过多种教学实践形式领悟法律职业伦理,并内化于专业技能操作中。

目前,全世界很多国家高校法学院校都开展了各具特色的诊所式法律教育,为法律诊所学生提供了提升法律实践技能的平台。美国一些大学法学院案例教学法虽然有利于学生在真实案例中学习法律规则,但这种教学方法受到尖锐批评,因为很多学生认为这种教学只是"纸上谈兵"而已,没有能够真正培养学生的实践技能。[①] 法律诊所实践表明,法律诊所教学更容易推进法律诊所学生充分并多方位地融入实践,在全方位真实社会环境中学习法律实践技能。例如,扬州大学法律诊所(2005年)及反家庭暴力法律诊所(2010年)根植于社区、法律援助中心、妇联、律师事务所等,使学生更好地了解现实中的各种冲突与纠纷,更好观察到法律、文化、性别观、伦理道德、习俗等根源。目前我国开设法律诊所的高校已有200余所,几乎覆盖国内著名大学法学院和政法院校。法律诊所成为教育部特别强调的具有重要示范意义的实践方式。

德法兼容,知行合一。感谢每一位走进法律诊所课堂的法官、律师、心理专家、社工等。拓宽视野、提升内功、让前行的脚步更坚实、坚定与从容。幸运的是,我们从未放弃对法律诊所的坚持与探索,从未放弃对诊所法律教育未来的渴望与追求,从未放弃对培养法学院学生、法律人应有的责任感。本书作为反家庭暴力法律诊所的教材,已大胆突破了传统教材的功能局限,读者群不囿于法学院的师生,还包括其他不同专业正在探索与优化教育模式的师生、实务界法律工作者、心理专家、社工及正在寻找法律帮助的当事人。本书同时适合力求改变传统思维、用最新思维与方式解决婚姻家庭冲突的朋友。追逐光,不如让自己变成光;向往诗意生活,不如心中耕耘一片蓝海。本书很多章节即扬州大学法律诊所教学活动的实录。衷心祝愿扬州大学法律诊所继往开来,携手国内诊所教育同人,为中国诊所式法律教育领域再创佳绩!

由衷感谢扬州大学对本书的支持,感谢法学院诸位领导、同人及法律诊所校内、校外指导老师、学生对法律诊所给予的信任、帮助与支持!感谢所有作者及其家人的鼎力帮助与支持!本书要特别感谢厦门大学出版社的支持。本书之所以在厦门大学出版社出版,是基于对出版社从业绩到出版质量、责任编辑的高度信任。厦门大学出版社是教育部直属国家重点大学出版社,是国家一级出版社。感谢李宁编辑对本书出版给予的关心、帮助与厚爱!

教育家苏霍姆林斯基说:"没有战胜过困难,没有负过重荷的人,不能成为真正的人。"在反家庭暴力诊所法律教育与法律援助结合模式的探索中,没有白走的道路,因为

---

① [美]亚伦·德萧维奇:《最好的辩护》,李贞莹、郭静美译,南海出版公司2002年版,第121页。

每一节课、每个案件处理都有价值;每一节法律诊所课都蕴含价值与温度。在法律诊所课堂,每个学生都是主角,都应被看到;每个学生的声音都会被听到。在法律援助中,每个弱者的呐喊也应被听到;每个人都有独一无二的价值,都不应被忽视。实现法律诊所、法律援助服务与将培养学生成为复合型人才目标之间的衔接、协调,提升诊所法律教育与法律援助的层次与质量任重道远,我们会继续努力。凡是过往,皆为序章。本书作者将携手国内法律诊所教育同人,为推动中国诊所式法律教育创新发展做出贡献!法律诊所是燃烧自己,照亮别人也温暖自己,且有利于大学法学教育发展,有利于社会及国家发展的事业;是视学生为教育核心,需要教师不计较个人得失的事业;是集法学教育、公益、责任、技能于一体的事业。过往终成历史,而未来永远孕育希望!志存高远,才能看清法律诊所教育未来的路。

李秀华

2023 年 8 月 18 日于扬州

目 录

第一章　谁是课堂的主角与导演

　　谁是课堂的主角？谁是擅长突破传统课堂一成不变的模式，勇于创新、思考并具有行动力的人？谁喜欢跨界、多元视角直面并解决问题？维特根斯坦曾经对思维方式转换的重大意义做过精辟论述，他认为"一旦新的思维方式得到确立，旧的问题就会消失……因为这些问题与我们的表达方式相伴随，一旦我们用一种新的形式来表达自己的观点，旧的问题就会连同旧的语言外套一起被抛弃"。在法律诊所课堂精心设计解决问题的方案是基本功。法律诊所特别强调在坚持是非原则的前提下，保持一定维度的价值评判中立，表达共情，建立良好协作关系，共同制订改善行为方式的目标。发现并指出目标、方案及方案落地间差距，可避免更多无益冲突与阻抗，增强改善当事人行为模式。美国学者琼·A.斯科特全面认识到性别与权利之间的互动结构，并观察到渗透在社会生活各方面"性别支配"之所在。① 现实中法律的制定、实施及法学教育已面临诸多性别层面的挑战与困惑，现实生活中一些人不得不面临性别歧视引发的伤害与无助。斯科特等一些学者强调对家庭暴力行为进行全面评估，包括家暴行为模式、施暴行为动机、交往能力状况及施暴原因，个人资源，人际和社区支持资源评估等，只有掌握大量施暴者具体信息，并进行科学评估，才能提供有效干预。笔者认为提出问题、积极采取有效方法解决问题十分重要。在处理家庭暴力案件时，应认识家庭暴力冲突的情绪和行为、施暴行为界定及循环规律，让施暴者了解其认知偏差及归因特点，并进行冲突解决策略练习，交流技能训练等。创新家庭暴力干预机制，重在从多元视角突破，改变施暴者行为方式，建立良好沟通机制。法律诊所不仅教给学生从法律视角帮助家庭暴力受害人处理问题，更主要的是启示学生从多元视角寻找并设计解决处理问题的方案。

● 教学目标

　　通过法律诊所咨询或代理案件，法律诊所学生能够认识法律诊所的目标与主要教学方法，了解法律诊所运行模式与法律援助的密切关联，为弱势群体提供有效法律服务。通过法官、律师、心理专家等探讨法律诊所源起、法律诊所与法律援助之间的关系，以及通过个案法律服务，学生能够掌握相关理论，实现法律诊所的教育目标。

---

　　① 琼·A.斯科特强调社会性别是基于可见的性别差异之上的社会关系构成要素，是表示权力关系的一种基本方式。王政、杜芳琴主编：《社会性别研究选译》，生活·读书·新知三联书店1998年版，第56页。

● **教学方法**

头脑风暴、角色扮演、案件模拟、分组讨论、反馈与评估。

● **课堂设计**

1.根据本章内容与要求及学生人数进行分组、分工及角色扮演。

2.根据具体教学时间与要求,在每组表演完毕后要预留时间让参与者进行反馈与分析。

3.强调学生先提出方案,老师点评与引导。注意:老师不要直接给答案,旨在训练学生独立思考与设计方案的能力。

4.注意学生点评与互评、总结与反馈。

● **要点把握**

1.了解法律诊所与法律援助的基本理论,学习对家庭暴力受害人提供法律援助的基本认识。

2.掌握法律诊所学习的特点与方法,提升学生主动学习的积极性与主动性。

3.基于时代发展、后疫情时代、司法改革情况与法律规定变化,不断调整与优化教学方案。

4.强调保密原则。课堂运用个案均源于真实案件,所有信息均作技术性处理。

● **问题设计**

1.何谓法律诊所?何谓法律援助?如何运用法律诊所理念与方法为家庭暴力受害人提供法律援助?

2.如何成为复合型与应用型法律人才?

第一节　案件直击

 案情简介

2019 年 6 月,扬州大学婚姻家庭法律诊所学生接待一名叫芳芳(化名)的来访者。芳芳有高挑的身材,美丽文静。结婚近 10 年,长期的家庭暴力令芳芳从幸福天堂坠落到地狱。芳芳声泪俱下地告诉学生,她的丈夫明明(化名)多次动手打人,她请求法律援助。芳芳自述:2012 年春天,经朋友介绍,芳芳与明明相识,芳芳认为明明风度翩翩,对其嘘寒问暖,是难得的好伴侣。半年后,芳芳与明明步入婚姻殿堂。婚后最初,夫妻感情尚可。2013 年,芳芳生一女,取名小雪。幸福的时光随着孩子出生戛然而止。芳芳与明明因缺少对孩子到来的充分准备,经常为该如何养育孩子产生冲突。明明经常不分时间和场合借酒发疯、闹事,以及对芳芳打骂。明明性格暴躁,芳芳认为自己实在无力支撑这个充满暴力的家,多次向当地派出所报警。警察依法出警,态度认真,但警方最终认为是家事,出警记录并未写上明明具有暴力行为,而是写系家庭纠纷。警方未向施暴人明明发出告诫书。2019 年 9 月,芳芳

为保证人身安全,寻求法律援助。在法律诊所老师指导下,学生建议芳芳向法院申请人身安全保护令。① 但这一建议遭到芳芳拒绝。芳芳说来法律诊所,仅希望得到适当的法律援助,只要求尽快终止这种充满暴力的婚姻关系,并得到孩子的抚养权。2019 年 11 月,芳芳请求学生代理此案。在老师指导下,学生代理此案,芳芳与明明协议离婚。

一、案例适用的教学主题:处理家庭暴力案件的策略与方案

在老师的指导下,学生接待了当事人芳芳。学生与指导老师对案件进行了全面探讨,并向当事人提出咨询意见和建议。为便于案件最终执行,老师与学生首先确定法律援助方案。学生多次征求芳芳本人意见,问她是否需要申请人身保护令,告诉她如果申请被驳回,可以申请复议。同时学生着手协助芳芳起草离婚协议与离婚起诉状。在申请法律援助前,指导老师和承办案件的学生需要共同面对和解决的问题主要包括以下几个方面:

1.如何有效处理本案

为准确判断并正确确定处理方案,诊所老师与学生需要对已有案情进行全面客观的梳理与分析。列举已有证据及其能够证明的事实,并提出案件方案实施的可行性与必要性,充分梳理并列举影响处理案件走向存在的不确定因素。

2.应设计评估与处理案件方案

处理本案内容,包括多方面评估:(1)夫妻感情是否确已破裂;(2)如何区分家庭暴力与家庭纠纷;(3)如何对当事人进行人身安全危险程度评估;(4)子女基本状况;(5)夫妻财产状况梳理;(6)过错程度评估与赔偿方案。

最重要的是家暴受害人芳芳当下人身安全评估。《反家庭暴力法》规定的人身保护令被视为最有效的制止家庭暴力的亮点制度。探讨方案涉及未来如果离婚,夫妻双方对待孩子的可能态度,目前帮助与措施是否可有效终止施暴者暴力行为,如何建构父母与子女未来互动模式。学生认为有必要梳理施暴者明明实施家庭暴力的所有证据:(1)芳芳有无到医院看病的记录;(2)有无向派出所报警的证据;(3)有无相关的录音、录像;(4)有无证人证明;(5)有无鉴定或其他相关证明等。

学生调查获取相关证据时,注意充分发挥受害人芳芳的作用。例如,有些证据当事人自

---

① 本案系在扬州大学法律诊所老师指导下由学生处理的案件,为保护当事人隐私在细节上进行了技术处理。近年来,在干预家庭暴力案件的理论与司法实践中,人身保护令实施效果受到关注。人身安全保护裁定是一种民事强制措施,是法院为保护家庭暴力受害人及其子女和特定亲属的人身安全、确保民事诉讼程序正常进行而作出的裁定。2016 年《中华人民共和国反家庭暴力法》对人身安全保护裁定作出全面规定。2008 年,最高人民检察院、公安部、司法部等七部门联合制定了《关于预防和制止家庭暴力的若干意见》。最高人民法院应用法学研究所编写的《涉及家庭暴力婚姻案件审理指南》为法院处理家庭暴力案件提供了导向性指引。其中人身保护令引入反家庭暴力立法系统为中国预防与制止家庭暴力提供了强有力的救济措施,在我国法治史上具有划时代意义。2013 年 1 月 1 日修正后施行的《中华人民共和国民事诉讼法》引入了行为保护制度。2010 年,笔者提出在扬州法院系统引入人身保护令政协提案,得到扬州法院系统的快速回应。目前扬州法院系统结合本土情况发出许多人身安全保护令。《民事诉讼法》第 103 条再次肯定了保全制度。2016 年 3 月 1 日,《反家庭暴力法》正式实施,其中第 4 章第 23 条至第 32 条对人身安全保护令的申请、条件及程序作了全面规定。实践证明,绝大多数被申请人在签收人身安全保护令时,都表示服从人民法院裁定并承诺不再对受害人施暴。少数被判决离婚或调解离婚的施暴人,因慑于公权力没有实施分手暴力。

已获取更加便捷与高效。在老师的指导下，学生同步指导当事人芳芳如何有效取得相关证据。学生在全面了解案件情况，掌握相对充分的证据前提下设计家庭暴力案件处理方案。

二、注意处理家庭暴力方案的策略与有效性

设计处理家庭暴力案件方案与策略有助于有效处理家庭暴力案件。

家庭暴力案件处理：采取必要的尊重、自决原则与适度干预原则相结合。包括：(1)处理方向，尊重家庭暴力案件受害人选择、法律诊所学生观察和行动策略；(2)处理家庭暴力方案的具体步骤与方法；(3)处理家庭暴力案件时机等。

三、对处理家庭暴力案件方案的优劣进行评估

处理家庭暴力案件是法律诊所课程中最重要的教学与实务操作内容。只有结合家庭暴力案例进行具体操作，才能使学生从实质意义上较全面地理解并把握处理好家庭暴力案件的重要性。全面掌握处理家庭暴力案件的技巧与原则，从而为有效地解决家庭暴力案件奠定扎实的基础。

第二节 法律诊所与法律援助相辅相成

一、法律诊所的源起：像医生一样仁心仁术，像律师一样思考与行动

法律诊所是最早在美国一些高校法学院兴起的法律教育模式，它借鉴了医学院利用医学诊所培养实习学生的模式。法律诊所作为法学院一种实践法律教育模式，强调对学生的法律职业技能训练，重点培养学生的法律从业技能、帮助当事人维权方法和良好的法律职业道德。老师指导学生参加实际的法律应用过程，帮助学生学会如何从法律援助实践中学习并应用法律知识，培养学生的法律实践能力，缩小法律知识教育与法律执业能力的落差。学生通过接受系统的法律思维与能力训练及老师全方位指导，通过代理真实法律援助案件等，全面系统掌握代理案件技能及帮助当事人的方法，进而了解律师执业技能、职业伦理，学会遵从律师的职业道德、敬业精神，为社会弱势群体提供优质的法律服务。法律诊所要实现的教学目标主要有两个：第一，实现理论知识与实践运用相结合。指导学生在实践中融会贯通，使实务技能得到提升。第二，通过践行法律、案例讨论、真实案件代理、法律实践技能训练等方式培养学生的法律思维、职业道德和社会责任感。美国许多大学诊所法律教育课程选择的案件多源于专门从事为贫弱人员提供免费服务的法律援助工作机构，因此很多法律诊所实际上已成为美国法律援助机构的重要组成部分，是法学院对外提供社会服务的重要窗口。在中国，法律诊所学生参与法律援助和社区服务等实践活动，很大程度上缓解了法律援助社会资源的不足。法律诊所教学不仅为我国法学教育提供了新的教学思路，也为治理与服务社会提供了一种新型的法律援助模式，进而在一定程度上推进了我国法律实践教学和法律援助事业有效结合与发展。不否认，实用主义亦成为进行诊所法律教育的理论支柱之一。"19世纪皮尔斯、杜威等是美国著名的实用主义者，强调能够实现的价值的地位与作

用,认为有报酬、有效用、能满足我的需要的就是真理。法学教育引入实用主义后,就要创造那些对法学院学生直接有用的教育形式。"①2005 年,扬州大学婚姻家庭法律诊所成为中国法学会法学教育研究会诊所法律教育专业委员会第 35 家会员单位,成为中国高校首家婚姻家庭类型、江苏省高校首家被支持的法律诊所。2010 年,扬州大学建立中国高校首家反家庭暴力法律诊所,并于 2012 年与武汉大学、中华女子学院一起成为中国三家深度探讨反家庭暴力干预机制的法律诊所。法律诊所呈多元化发展趋势,扬州大学特色的婚姻家庭法律诊所、反家庭暴力法律诊所以学科优势并结合社会力量:资深专家学者、法官、检察官、警察、法律诊所师生、律师、心理专家、社会工作者等进行多维度的课堂与实践教学探索,更具针对性的教学理念与发展对学生的个人成长与专业发展大有裨益。扬州大学婚姻家庭法律诊所在指导法律诊所一定范围内婚姻家庭纠纷解决方面发挥重要作用,培养了一批具有卓越法律素养与法律技能的法治人才,在国内享有较高声誉。

二、法律诊所与法律援助互补共进

法律诊所教育是"从原理、方法及实践等不同层面阐释法学实践教学,并揭示相关的设计原理与实施方法,使法学实践教学成为理论指导下的实践"②。"在法律诊所教育中,学生面对真实的社会环境、真实的案件、真实的当事人,由此产生的责任感,是一种压力,同时也是学习的动力。"③法律援助为法律诊所目标的实现提供了有效的方式。很多学者认为法律援助是在法律援助机构的指导和协调之下,由法律服务人员为无力支付法律服务费用的当事人提供免费法律服务的一项司法制度。提供免费法律服务的人员一般包括律师、基层法律服务者、公证员等,接受法律服务的人员包括涉及诉讼或非诉讼事务的当事人。法律援助与法律诊所作为两种事物有很多差异,如两者的目标不同。法律诊所是法学院学生进行法律实践的重要平台。诊所式法律教育追求的是教育效果,即通过多元教学方法,提高法学教育质量,培养复合型、高素质的法治人才。而法律援助是一项司法救济制度,它追求的是使社会弱势群体最有效维护其合法权益,实现法律面前人人平等。又如,两者在形式与范围上不一。法律诊所受理的法律援助案件的范围有局限性,其只是国家规定的法律援助范围的一部分,如婚姻家庭案件的法律援助。法律诊所囿于国家法律与政策规定的局限,代理法律援助案件范围受到限制,例如法律诊所学生不能代理刑事案件等。此外,法律援助与法律诊所教育具有互补互相促进的作用。一方面,法律诊所需不断改进与完善实践性教学方法,法律援助为法律诊所开展实践教学提供丰富的基地;另一方面,法律诊所在一定程度上推进了法律援助的深度与广度。

三、法律诊所与法律援助具有共同属性——实践性与公益性

法律诊所与法律援助为何能互补共进?法律诊所和法律援助自身均具有显著的实践性与公益性。从法律诊所教育视角观察,公益是以社会公平、正义为标准,且有伦理道德要求的权利义务配置渗透其中。实践性与公益性融合即对经济条件较困难而又确实需要法律帮

---

① 王立民、牟道媛:《诊所法律教育研究》,上海交通大学出版社 2005 年版,第 2 页。
② 汪世荣主编:《有效的法学实践教育》,法律出版社 2012 年版,第 3 页。
③ 汪世荣主编:《有效的法学实践教育》,法律出版社 2012 年版,第 5 页。

助的弱势群体提供法律援助,这是由法律追求的公平正义的价值理念所决定的。法律诊所教育的实践性与公益性融合体现在法律诊所教育有校内法律诊所教学和校外法律诊所教育实践两大环节循环。校内法律诊所课堂主要训练学生为弱势群体进行服务的职业技能与职业伦理。校外实践主要训练法律诊所学生针对社会弱势群体提供无偿的、有效的法律援助服务。在法律服务的实践过程中,培育学生的职业伦理,树立其社会责任感,强化其处理问题的技能。学生帮助弱势群体解决案件与法律援助无异,均为实现社会公平正义。

四、法律诊所与法律援助相结合的现实意义

随着法律诊所教学理念与方式引入与深化,法律诊所教育付诸实践并成为许多高校法学教育改革重要议题。积极探索如何将法律援助与法律诊所教学相结合,使法律诊所学生在专业老师的指导下为社会弱者提供法律援助,推进法律援助与法学教育相结合,拓宽法律援助渠道,也为学生提供了接触并办理实际案件,服务弱势群体并进行社会治理的契机。

(一)有效提高学生理论联系实际的能力

传统法学教育很容易忽略法学是一门实践性很强的学科这一特征。诊所式法律教育是建立在真实案件背景和真实当事人基础之上的,它能最大限度地调动学生主动学习的积极性,达到事半功倍的教学效果。通过宣传、咨询与代理真实案件,学生可切身感受案件全部过程和细节,了解并掌握处理具体问题的方法与技巧。学生不仅接触到抽象的法律知识与法学理论,还能直面实践中具体的法律难题。通过实践的反复训练,具体问题分析和解决,学生会逐步将问题上升为抽象的法律知识与理念,学会以多元视角观察问题、分析问题、探索解决问题的路径。实践证明,法律诊所教育对培养学生发现与解决问题的能力、实务操作能力、解决法律与道德冲突能力和独立判断的法律思维能力等是行之有效的,教育部对此给予高度评价。

(二)增强学生社会责任感与法律职业道德,避免技术与职业道德冲突

法学教育不仅关注法学院学生的理论知识传授和学术能力建设,还承担着培养高素质、卓越法治人才的重任。不能忽视长期以来法学教育理论和实践在一定程度上脱节的现象。诊所式法律教育与实践高度合一。学生可以在处理真实案例过程中感悟司法实践,为社会弱势群体提供法律帮助,感受用专业知识服务社会的使命感、社会责任感和自身价值。通过法律援助这一法律实践活动,学生能更好地了解法律如何在文化多元、观念多元、道德多元化的社会发挥其应有作用。这一教育模式有助于强化学生的法律职业道德和责任意识。为更多需要法律援助的弱势群体提供专业、精准、触手可及的公益法律服务,密切了解社会需求变动趋势是法律诊所的基本要求。法律诊所教育范式不仅要准确把握时代潮流与社会需求,更要为弱势群体提供及时有效的帮助,为充实法律援助服务提供专业知识。法律诊所和法律援助的结合模式是为了更好使法律诊所在现实环境下发挥独特作用,这一结合路径是否优质直接关系到我们能否真正实现法律诊所教育的目标。

第三节 设计处理家庭暴力案件的具体方案

一、案件与课堂主题的融合:处理家庭暴力案件战略

1.指导法律诊所学生建立处理家庭暴力案件的信心

芳芳最终选择与明明到民政部门协议离婚。法律诊所学生尊重其选择,帮助当事人设计协议离婚方案,并特别提醒芳芳尽管是协议离婚,仍可以主张离婚损害赔偿。明明诚恳地向芳芳表示道歉以及可以终止家庭暴力。按照芳芳与明明的离婚协议:离婚后7岁的儿子典典随芳芳生活。明明每月给付典典2000元抚养费,并在每月20号前打到芳芳指定的银行卡上。因为家庭暴力,明明愿意付给芳芳5万元离婚损害赔偿。一年后,芳芳再次找到法律诊所,提出明明未按当时协议给付每月抚养费2000元,并希望增加典典的抚养费。法律诊所课堂以此案为核心展开了关于抚养费给付的激烈讨论,旨在促使学生对案件抚养问题有更深入了解,并通过抚养案件的建构对处理家事案件有进一步的认识、理念及信心,强调子女利益最大化。只有全面了解案件,掌握处理家事案件的原则,才能建立起处理案件的信心,才有可能较好地处理因家庭暴力引发的离婚后子女抚养问题。学生对此案争议颇多。有学生认为需要明明提交支付抚养费证据,且明明有能力支付,从法律上而言,这种主张就有依据。但在调查中发现典典所花的生活费、医药费、教育费等数额缺少相关证据证明,学生对明明拒绝承担抚养费情况缺少了解。这是处理此案中的难点。如何突破?学生希望在诊所教学与实践中重视家事案件处理路径的重要性。在很多抚养案件纠纷中,双方当事人争执的不仅是法律问题,也是事实与证据问题,甚至会有情感争议与交锋。在大多数婚姻家庭案件中,法律有明确规定,如果缺少明文法律规定,可适用习惯。处理婚姻家庭案件具有很大的处理空间与弹性。

2.结合心理学原则,明确处理家事案件的目标

大多数情况下,法律诊所学生会简单地认为家事案件处理与情感纠结在一起会缺少方位性与目的性。实际上,婚姻家庭案件处理策略对平和解决冲突,明确处理目标导向,服务当事人具有十分重要的作用。在家事案件处理策略呈时代化与全球化的态势下,保持处理家事案件特点与方式活力,有必要把握处理家事案件正当性基础,严格规范家事案件处理行为。在婚姻家庭案件的处理过程中,学生的角色要进行适度转型,如准律师与准调解员等。在处理家事案件时,学生除要注意把握尊重、同理、自愿、自决、合法及相对中立的原则外,尤其要注意将心理学原则,如倾听、同理、价值中立、自决等原则渗透到处理家事案件过程,使家事案件处理更加有效。

二、以恰当有效的方式理解家事案件处理的功能与作用

对婚姻家庭案件处理内容如处理家事案件的功能与作用,在课堂上可通过大脑风暴、角色扮演及视频等方式进行互动,例如关注婚姻家事案件处理的具体步骤。在积极推进家事案件处理进程的时候,要利用已有证据分析双方当事人态度等确定家事案件处理的思路与方向,使家事案件处理具有针对性。课堂上可以请指导老师包括处理家事案件经验丰富的

律师、法官对本案中处理家事案件功能与作用进行深度解读,引导大家探讨、归纳和总结。例如从家庭暴力案件到抚养费案件处理,什么原因导致明明有能力支付而故意没有支付?双方对抚养费相关事实与证据有无异议?什么样的解决方案使双方更容易接受?

三、可以提出不同的处理方案

芳芳与明明在具体抚养问题与态度上存在许多分歧。主要表现在芳芳一人所承担抚养费是否属实,且明明之前所支付的抚养费是否用在典典身上?芳芳主张抚养费很高的事实同样需要证据支持。明明提出不同意承担抚养费,可能对芳芳不当使用抚养费有质疑。如何从法律与事实上回归到有效处理此纠纷的轨道值得探讨。

四、处理方案实施的可行性分析

明确事实与证据是处理家事案件的先行条件。应注意收集明明未支付抚养费的证据。表 1-1 列出需调查证据及可能证明的对象和内容。在事实清楚,证据充分的前提下,才有利于协商的达成。

表 1-1 抚养费证据

证据名称	证明事项	与其他证据联系
典典出生证明 典典生活费、教育费、医疗费等证明	证明典典未成年	证据间具有关联性作为证据核心部分,典典需要明明承担抚养费
	证明典典所花生活费、教育费数额	明明需要承担抚养费、教育费佐证
离婚协议	证明典典与明明系父子关系,明明同意支付抚养费的期限、方式及数额	明明需要承担抚养费的系列佐证;证据间具有关联性
银行卡客户交易查询	明明是否支付抚养费证明	明明需要承担抚养费的佐证

五、课堂设计方法与内容

这一节教学通过角色模拟进行。学生分为子女组、父亲组、母亲组、代理人组、观察员组,将当事人陈述以及接待学生所记录的案情分发给学生,要求学生围绕抚养核心问题以组为单位进行角色扮演。小组讨论结束后,以角色模拟方式向大家进行汇报。汇报结束时,同学们进行探讨、质疑,归纳与总结。通过探讨、说明与质疑,使本案处理计划与方案更具有效性、规范性。角色模拟围绕下列问题进行。

(一)作为典典代理人,将案件处理建立在事实与证据基础上

收集证据围绕典典从 2017 年 2 月至 2018 年 11 月生活期间所花费用之和,且明明没有支付抚养费。证明这一事实的核心证据有哪些,这些证据应当包括哪些内容。例如:法律诊所学生安排与芳芳会面,如何确定会见提纲;向当事人提出哪些问题;最关键的问题是什么;关于抚养费主张是否有相关证据予以证明;明明经济条件如何,离婚后经济状况是否发生变化;有无支付能力;明明是否有其他理由影响其抚养费承担;明明在日常生活中是否关心孩子的成长;与孩子关系相处的质量评估;孩子目前实际需求有哪些;抚养费具体数额与孩子

需求之间的落差有多大。在上述问题解决的前提下,找到案件处理的切入点。

(二)案件处理契机、理由与思路

法律诊所学生主要是明确处理案件思路,从安排与明明进行新的会面开始。

注意:(1)主张处理本案理由与法律依据有哪些;(2)具体思路;(3)在完成收集能够证明典典所主张的抚养费具体数额核心证据基础上去处理;(4)当事人法定代理人最关心案件结果,充分征求芳芳对案件处理意见,并征求她证据收集的意见和建议。法律诊所老师应针对不同协商方案与思路,进行利弊分析,如表1-2,增加协商的条理性与逻辑性。

表1-2　协商方案的确定

协商思路	协商的切入点	优点	不足与局限
可分步骤进行协商:如准备阶段与协商阶段。有计划地展开协商,使协商具有科学性,有利于子女利益最大化	先与芳芳协商:了解法律规定的抚养费具体数额以及相关要求,评估其合规性	从关键证据出发,容易查明事实,讲明道理,放弃不合理请求。更容易让对方自觉履行协议,达到双方满意	可能形成与对方当事人间隔阂,不利于建立与当事人的信任关系。法律诊所学生缺乏处理人际关系经验,担心与当事人间出现信任危机

(三)处理方案的实施:启动案件处理的程序与评估

处理前需要对案件进行全面、客观的了解。明明强调,不给付抚养费主要原因有两个:一是明明不擅于理财,每月收支不均,还需给付其母亲赡养费,导致难以及时支付典典抚养费;二是明明对芳芳使用抚养费情况存在疑虑,认为自己给的钱花不到孩子身上,所以索性不支付抚养费。所有收集到的证据表示明明有经济实力但不按约定支付典典抚养费。明明对于芳芳将其给付的抚养费不当使用没有证据证明。因此,法律诊所学生认定明明与芳芳在协商方面具有可能性。

(四)课堂外典典抚养费案件处理的实战原则、步骤与实施方案

处理家事案件是一项系统工作。处理家事案件不仅要有法律依据,更要有情理考虑。须找准处理的核心要点,说服当事人,使其能心甘情愿地按协议支付抚养费,给孩子提供稳定的生活条件。

1.准备阶段

在正式处理案件前,法律诊所学生所要做的准备工作有:第一,因为明明针对芳芳有过家庭暴力,离婚后是否因此再发生暴力。学生对此进行了提醒:可以报警、可以让警察发出告诫书等。第二,针对离婚后的抚养案件进行案件受理登记与整理,将现有案件资料与证据系统全面掌握清楚并梳理,并且建立档案。第三,在老师指导下,召集学生进行案件讨论。结合相关法条和司法解释、最新政策及最前沿的文献研究成果,汇总讨论意见,形成处理案件思路,找到处理案件的核心与切入点;对是协商处理还是诉讼解决分别形成处理意见与方案;如果当事人不同意协商或协商不成的情况下,启动诉讼程序。第四,学生应及时和指导老师沟通,调整协商方略。第五,学生和本案中当事人双方进行充分沟通。了解双方当事人

的真实想法,对案情做更为全面、精细了解。第六,注意协商前应注意的其他问题。例如:询问双方当事人是否愿意接受协商,告知他们有权在协商的任何阶段终止协商。注意采取安全措施,确保对所有协商参加人的保护。重视证据、信息收集。这是进行协商的先行条件。

2.协商阶段

通过老师的指导与学生的讨论,大家达成共识,认为协商是解决案件的最佳途径之一。如果通过协商使明明心服口服地支付抚养费,可以在一定程度上保证本案抚养费顺利履行。从目前情况看,据芳芳叙述,其已和明明进行了多次沟通,但明明已明确表示不会支付拖欠的抚养费。双方当初协议离婚理由是明明有家庭暴力行为,因此芳芳与明明沟通会有一定难度。但因明明的工作单位具有一定社会影响,明明对孩子抚养费案件的处理方式有所顾忌。学生代理本案,已对明明产生一定压力。这是协商的重要突破点之一。

3.情理法统一:促使当事人履行离婚协议是协商的法宝之一

从法律依据看,当事人在离婚协议中达成的抚养费约定是双方当事人真实的意思表示,对双方当事人均具有约束力,因而本案中明明应当按时按协议给付婚生子的抚养费,在法律上有充分依据。明明提出芳芳将其给付孩子的抚养费用于芳芳姐姐家的生活,并未用于孩子的日常花销缺少证据;另外,明明要赡养母亲,每月支付赡养费700元,剩余收入不足以支付典典抚养费。经过学生分析,抚养费和赡养费给付并不冲突,明明的收入能力基本可以同时负担抚养费和赡养费;明明对芳芳抚养费用途缺少证据支持,不能作为明明不给付抚养费的理由。

从情理上,在协商时必须将明明的意见纳入分析考虑视野。如果这些只是明明拒付抚养费的借口,协商重点可以从明明与典典的感情入手。如果明明暂时出现给付困难,从情理法的角度,一方面,据理力争;另一方面,芳芳可作出适当让步,如从典典实际生活需要考虑适当降低抚养费用等。协商中,学生始终坚持以事实为根据,以法律为准绳,同时注重对当事人心理适度把握。对当事人心理把握基础在于尽可能地全面了解案情和明明在支付了几个月的抚养费后停止继续支付的原因,从此入手,通过法律和情理说服当事人给付抚养费。

六、如果案件协商失利,则启动诉讼程序

若经过协商等方式处理,芳芳与明明仍在给付抚养费问题上无法达成共识,则通过诉讼程序解决。

(一)具体方案

1.要求明明根据离婚协议履行。

2.通过调查和收集证据,证明明明有能力支付。

3.在诉讼请求上明确,包括支付款项、时间、方式等,以避免日后再次出现争议。

(二)拟定诉讼请求

1.给付拖欠典典的生活费、教育费、医药费(具体数额通过发票确定)。

2.自2019年法院判决之日起,每月给付生活费(具体数额待定)直至典典18周岁为止。

3.每年支付教育费(包括学杂费、课外活动班费、辅导班费等)一半,直至典典18周岁为止。

4.每年支付典典医药费一半(具体数额以发票计)直至典典18周岁为止,若有较大疾病或意外需支付大额医药费(高于典典住所地人均月平均收入)的情况,则自典典生病每月支付医药费的一半直至治愈为止。

5.以上抚养费:生活费、教育费、医疗费等均通过银行卡支付的方式在一定的时间给付。

(三)处理过程可能遇到的障碍分析

明明可能会提出变更抚养权,或减少或终止给付抚养费。分析其提出的理由可能有三种情况:一是明明的生活境遇发生了变化,无实际给付能力。二是明明因每月需给付其母赡养费,确实生活压力很大,无力支付孩子全部抚养费。三是芳芳没有合理使用抚养费,未用在孩子身上,而是用于其姐姐家中。

(四)处理案件要点与突破口

1.同理原则的运用。针对明明的处境,表示理解。强调情、理、法的统一。

2.法律诊所学生对明明收入情况要十分了解,证明其有能力支付抚养费。

3.父母子女关系不因离婚而有任何改变。抚养子女是父母的法定责任,从法律角度分析支付抚养费的必要性,并提出不承担抚养责任的法律后果。

4.处理抚养费过程中避免家庭暴力的升级。

(五)处理方案的具体实施:了解明明与典典的基本要求

1.处理策略:双向谈话与沟通

(1)与芳芳深度沟通:了解典典基本要求。法律诊所学生办完代理手续,正式接受此案。对学生提出的相关问题,芳芳有问必答,将她的要求都告诉了法律学生。芳芳除希望能敦促明明尽快补上未给付的抚养费、教育费等,还询问了生活费变更的问题。由于婚姻家庭方面问题的特殊性,学生对芳芳所反映的情况抱有客观态度,不因女方弱势有所掩饰与偏颇。同时,因为此案处理包括家庭暴力问题,在这种情况下,法律诊所老师指导显得十分重要。指导老师和学生一起讨论芳芳表现,寻找其背后原因。指导老师特别提醒学生处理婚姻家庭问题时关注点应当放在典典诉求上,同时不能忽视家庭暴力问题,不应在家长里短中徒耗心力。通过老师指导,学生很快确定了处理案件方向,安排了与明明的会面。

(2)与明明深度交流:及时调整处理案件的方向。与明明的深度谈话,法律诊所学生没有忽视芳芳与明明间的感情纠纷。在梳理双方感情后,将重点放在了明明不给抚养费问题上。抚养费纠纷背后竟是明明希望复婚。学生委婉转达明明想要复婚的想法,芳芳态度出人意料:表示根本不存在复婚可能性。芳芳提出,自己因明明的家暴行为心中留下很多伤,不愿意再与明明继续下去。经过几轮情感协商,法律诊所学生知道芳芳与明明复婚这条路行不通了,但这不能成为明明拒绝承担抚养费的理由。

学生很快将工作重心转移到典典抚养费上。经过与明明多次沟通,明明放弃了复婚的努力。尽管很失落,但明明开始关注典典抚养费给付。诊所学生认为,明明对典典确实很有感情,但因芳芳对抚养费使用不当及明明母亲身体状况导致明明在抚养问题上有想法。经过多次沟通,明明诚恳表示愿意继续为典典提供抚养费。

2.诊所学生与当事人明明真实谈话摘要

诊所学生:现在关于抚养费的给付,您有什么想法和意见?

明明:不瞒你们,钱我真的有,我外面还有演出费,但我真的就是不想给芳芳,现在我给了,就是给她姐姐,肯定用不到孩子身上。钱我一分都不会少,肯定会给的,但不是现在,要等到她姐姐家庭好一些,或孩子懂事之后知道这个钱是怎么用的之后我再给。

诊所学生:可以理解您的想法。其实你们两个人都是为孩子好。能不能想一个折中方法,把这个钱真正用到孩子身上?

明明:可以啊。你们有什么办法吗?

诊所学生:我们有个提议,您看行不行,就是凭发票支付孩子的生活费。

明明:有一次芳芳说孩子要上幼儿园,要交钱。我说行,你把发票给我,但是她们那边幼儿园里没发票。我不明白那是什么幼儿园,没发票,万一孩子出点什么事,打官司都没法说理。

诊所学生:您的意思是只要把钱用到孩子身上,不经孩子母亲之手,您就同意支付抚养费?

明明:是的。谢谢你们。

法律诊所学生认为凭票支付抚养费是一种解决问题的办法。这个建议得到明明的高度认同。诊所学生认为案件协商成功的可能性极大,并为明明提出方案与建议,以确保明明给付的抚养费确为孩子所用。明明对诊所学生提出的建议表示较为满意。明明的态度让学生很有信心,也希望能够协商结案。但同时,明明对芳芳的不信任给协商蒙上了一层阴影。学生整理好明明的观点与相关资料,提出多种协商方案,从子女利益最大化、如何防范明明离婚后暴力行为等方面出发与芳芳进行多轮协商。

3.突破协商局限与障碍:达成和解

在协商中,芳芳将多份证据和录音提供出来,证明男方有经济能力而不支付孩子抚养费,而且对抚养费具体数额提供了票据证明。同时提醒明明注意不要用再婚或暴力行为胁迫孩子及芳芳放弃抚养费追索。最后,明明不再执着于情感困惑,而是接受及时给付孩子抚养费的方案,并表示不会因为给付抚养费引发暴力,他不仅会按时支付抚养费,而且会根据票据数额及未来孩子需求适度增加典典的抚养费。

第四节　视野拓展

主张施暴者离婚后及时给付子女抚养费是法律诊所学生在处理涉家庭暴力案件后所面对的难题之一。国外相关理论与处理模型对法律诊所学生处理相关案件有一定借鉴意义。对涉家庭暴力案件的家庭问题进行"家庭系统干预"属从现代心理学视角分析的学科,传统意义上属于心理学范畴。该理论采用许多不同研究工具进行交叉研究。[①] "结构派家庭理疗"理论强调沟通模式之建立,提出婚姻关系与家庭互动模式之修正及再诠释。[②] 关注受害人的心理问题,如受虐童年经验或生理特质;结合一些精神分析治疗、认知行为、社会情境学习及依附理论等进行分析与干预。[③] 以瑞典反家暴理论创始人艾娃·拉登格蕾恩教授为代表,她用家庭暴力正常化理论解读了婚姻暴力屡禁不止的迷思,认为"暴力正常化"是一种不断容忍和内化的过程,在这个过程中,施暴者通过使用暴力将自己的观点内化为受暴者的观点,从而使受暴者将暴力发生的原因归结为是自身的错,并对施暴者暴力行为进行合理化解释,受暴者走不出暴力环境,暴力也因此得以正常化。这对深入认识婚姻暴力现象和对施暴者进行有效的干预有直接的意义。[④] 女性主义干预模式强调在干预施暴行为时,对施暴者应施以性别教育方式使施暴者体会社会文化影响,促进两性平权之尊重,同时增进施暴者对自己的行为负责。在倡导积极干预婚姻暴力的体系中,要善于发现多元视角在干预婚姻暴力过程中的重要价值与功能。[⑤] 目前运用于改变人不良行为包括对施暴行为的干涉,领域涉及心理学、医学、社会学、公共卫生学、经济学等方面,施暴者行为虽然复杂,但其施暴行为具有规律,对施暴者的行为干预,取得了一定效果。依恋关系是夫妻暴力的重要预测因子,其次还有婚姻关系存续期间更长、问题解决的交流方式欠缺等因素。婚姻关系受到夫妻依恋关系形式和解决问题交流方式的影响,是夫妻间发生躯体暴力的重要因素。因此,夫妻依恋关系可以作为夫妻暴力施暴者和受虐者治疗的靶点,主要策略是让来访者明确不安全的依恋关系如何产生目前的施暴情绪、思维和行为,而安全的依恋关系会减少这种反应,并且依恋关系积极面往往被暴力冲突解决方式扭曲,进入恶性循环。处理目标是建立安全的依恋关系,重建策略多采用自我安抚。这为对施暴者心理干预及创新干预婚姻暴力机制的优

---

① 该理论重视家庭系统中社会与文化因素下的性别经验,强调家庭是系统,系统的特点是牵一发而动全身。面对家庭个体问题的表现,不能简单进行个体批判,而应意识到家庭系统的运作特点。对家庭暴力加害人干预强调通过教育及技巧重建,以建立平等的亲密关系与家庭关系。作为家庭成员,要意识到作为整体家庭系统出现问题时应思考做些什么来影响系统运转。为此需要认识家庭系统是动态变化的,而不是一成不变的。王明鹏:《再谈家庭系统论的变化和对策》,https://www.jianshu.com/p/c16d90f00e58,最后访问时间:2022 年 6 月 28 日。

② 精神分析模式认为,防治婚姻暴力的策略即在保持家庭成员身心健康与防止酒精及药物滥用,社会情境与学习模式之观点则提出暴力或受暴源自个人社会化历程之影响,长期处于家庭压力包括经济匮乏、家人长期生病卧床或童年受虐者成年后复制婚姻暴力行为,其防治策略为透过矫治个人偏差态度、认知与行为修正,经由再学习重塑行为。

③ 该理论强调,将婚姻暴力置入家庭系统,便于准确地诠释婚姻暴力的产生、形式及其对相关亲属包括目睹儿童等伤害,有利于提高干预婚姻暴力的效果。该理论在实践中的有效运用,突破了婚姻暴力的空间,在干预中关注到更多的人,强调干预中吸收政府与社会力量,改善传统干预范围并提高干预效率。

④ "暴力正常化"是一个过程,我们是不是只对结果进行评价,而忽略了暴力产生或影响的过程?如何打破这个过程?从哪个角度来打破这个过程?在忍受暴力的过程中,受暴者会慢慢认为婚姻暴力是家庭生活的重要组成部分,在不断循环的暴力中习惯了这种暴力,并可能返回家中继续受暴。

⑤ 牛津大学心理学家凯文·达顿(Kevin Dutton)在干预婚姻暴力方面的机制建构方面,综合了主要心理治疗流派的精华并有机整合,认为个体的行为改变是一个连续过程。美国心理学教授普罗察斯卡(Prochaska)综合了主要心理治疗流派的精华,认为个体行为改变是一个连续过程。干预婚姻暴力理论分为改变阶段、改变过程、自我效能、决策平衡四大板块。

化提供了新的视角。

　　法律诊所学生在关注家庭暴力、子女抚养问题等,特别是关注家庭暴力受害人的心理问题,如受虐童年经验或生理特质,并结合一些精神分析治疗、认知行为、社会情境学习及依附理论等进行分析与干预。因丈夫对妻子的暴力比例更大,所以许多家庭暴力治疗理论和方案选择主要是建构在丈夫对妻子的暴力事实基础上。处理现实的涉家庭暴力的家事案件,不仅要成为教学内容,更是拓展学生分析与解决问题的重要方面。诊所学生应善于发掘出各种家事案件处理路径的可能性。在本章涉家庭暴力案件与子女抚养费给付案件处理时,强调法律诊所学生不能只考虑个人视角或代理当事人的视角,而应以尊重、同理原则,考虑到明明的利益及可能出现的情况。尽管我国《反家庭暴力法》利于着力处理家庭暴力案件、未成年子女利益案件,并具有关照特殊群体的视角,但仍存在一定局限。《反家庭暴力法》出台已在立法上具有重大突破,对否定视家庭暴力为私领域观念具有重要作用。但上述法律对家庭暴力受害人的救助方式及公权力如何介入方面存在很大局限。我国《民法典》对家庭暴力作了相应规定,但仍有困惑。例如:如何理解家庭暴力与虐待之间的关系,因家庭暴力引起的离婚损害赔偿是否应包括精神损害赔偿,以怎样的标准确定损害赔偿额,何种前提下启动强制报告制度,如何对受害人及报告人进行保密,如何在启动强制报告制度后维护受害人利益而非将其推向维权绝路等。对这些在司法实践中常见的问题,法律都没有明确规定。这说明实践中司法人员如何执法很重要。由于关于家庭暴力救助措施的法律规定不能规定得过于精确,导致有关机构职责不明确,制止家庭暴力的法律力度不够,在实践中易出现法律机械适用问题。以人身保护令为例,美国大部分州均颁布法律,明确规定违反人身保护令的行为是犯罪。因此,要构建反家庭暴力司法保护机制,立法必须先行。国外一些经验值得借鉴。为有效防治家庭暴力行为,保护公民人身权益,美国联邦及各州都制定了一系列配套法律规范,包括《家庭暴力逮捕法》《预防家庭暴力与服务法案》《被害人权利法》《民事保护令》等。① 加拿大许多省规定,警察必须对家庭暴力案件作出及时反应,无论受害人是否愿意合作,警察都必须调查家庭暴力案件,提交报告,必要时提起指控。鉴于家庭暴力受害者自己很难提供证据,警方对其提供更多公力救济,更主动地投入家庭暴力案件处理中,警方的强有力支持,让受害者面对暴力时敢于采取行动。②

　　我国《反家庭暴力法》对家庭暴力的定义和适用范围、人身安全保护令的申请条件、程序、家庭暴力的预防及处理等作了一定规定,使我国家庭暴力防治工作更加规范化与法制化。但如何有效把握涉及家庭暴力案件的基本原则,在人身安全保护措施、证据取得、财产

---

　　① 在美国,这些防治家庭暴力的系统法律,为司法部门介入家庭暴力提供了充分的立法依据。在美国防治家庭暴力法律体系中,民事保护令是法律赋予被害人最直接、最常用的法律救济手段。美国警察对家庭暴力形成了以逮捕施暴者为主的严厉作风。美国加州要求警员在处理家庭暴力时,要填写完整报告,在事后一段时间内进行回访,以确定被害者是否再遭家庭暴力。更为重要的是,当今美国法律要求警察告知家庭暴力受害人所享有的权利及可实行的保障措施;有义务护送受害人到医疗或是庇护机构;对被害人说明如何依法定程序取得民事保护令,必要时可由警察代为申请。

　　② 加拿大许多省颁布的《家庭暴力法》和《紧急状态下保护令》均作出有利于受害人的规定,妇女受到暴力威胁时,可打电话向警察求救,即使未获得当事人允许,警察也可破门而入带走施暴者,限定施暴者一段时间内不得回家。李秀华:《人身安全保护令准入反对家庭暴力立法维度的困境与对策》,载《中华女子学院学报》2013 年第 3 期。

分割、子女抚养和探视、调解等多方面,注重对受害人财产、人身进行全面保护十分重要。由于《反家庭暴力法》仍存在立法规定过于弹性,法律适用缺少统一尺度,司法机关难以介入,家庭暴力受害人难以得到有效救助,施暴人难以接受心理辅导与治疗,施暴者行为难以得到有效干预等问题。如果没有统一认识与科学识别家庭暴力,如何能做到有效的预防呢?在有些地方实践中仍然主要适用于对施暴者的事后制裁,即在家庭暴力发生后,通常是在家庭暴力反复发生或者发生了较严重伤害后果后,才赋予受害人请求法律救济的权利。适度放开公权力介入维度,关注家庭暴力行为持续发生过程的法律干预,能有效维护受害人合法权益。在家庭暴力案件中,如何收集被司法认定的证据是难点之一。美国学者盖勒斯认为干预婚姻暴力的系列活动需要综合多学科的规则与研究成果,不能仅依赖现行颁布的法律规定。他们强调,干预依靠多种可以互相影响或制约的机制而形成,所创化与创造的干预模式不能仅依赖任何一个单一的部门,并仅用一种手段加强其效果。① 干预家庭暴力模式在一定程度上承担着确保受害人安全、施暴人降低施暴风险及有效地提供家庭与社会等安全功能。越来越多的学者开始从综合视角探索家庭暴力的干预。综合干预的最大成效是使受害人保护机制不再单一与刻板,引入心理视角等跨学科视角,并由政府部门介入而建立的新颖干预模式,是综合干预婚姻暴力的有效模式。

在澳大利亚,干预家庭暴力不仅是整个政府的责任,也是社会责任。政府对家庭暴力通常会采取预防、干预与积极回应相结合的干预模式:通过矫治与教育等手段改变夫妻间的态度和行为,倡导互敬互爱、零暴力的婚姻关系;对有可能实施暴力的人进行早期干预;对已经发生的暴力,通过包括心理视角渗透的综合性干预机制作出回应;向受害的妇女提供一致、协调及快速的法律、经济与心理救助,并要求施暴人对其行为负责。

1.立法保护

如澳大利亚新南威尔士州、维多利亚州等 6 个州及 2 个领地分别制定了《家庭暴力保护法》《阻止跟踪法案》等专门反家庭暴力法律,并将民事保护与刑事惩戒紧密结合。此外,新南威尔士州、维多利亚州政府还制定了《家庭暴力行动计划》《预防对妇女儿童施暴的行动计划(2012—2015)》等反家暴的政策文件。

2.设立相关干预家庭暴力的机构

澳大利亚关于反对家庭暴力的司法机构和组织大体分为四类:(1)管理部门。该项职能部门在各州的称谓及所属机构略有不同,如律政部家庭暴力组、妇女事务办公室等。(2)警察厅。多数州警察厅都设有家庭暴力组专门负责处理家暴案件,公共起诉部负责向法院起诉。家庭暴力组设有专门的家暴联络员,其职责主要是向受害人提供帮助,为前线警员第一时间提供指导。一旦家暴案件发生,受害人及知情人均可直接拨打警局电话,警局派最近警员出警,并优先解决家暴案件。

3.法院

法院是反家暴组织框架中的核心机构。澳大利亚许多法院内均设有家庭暴力法庭,专门负责审理家庭暴力案件。法院内设有专门接待家暴案件受害人的休息室,并将之与普通刑事案件及家暴被告人及其律师的接待室分离,避免受害人开庭前再受施暴人的精神胁迫

---

① 李秀华:《关于重构干预家庭暴力司法培训机制路径选择的思考》,载《山东女子学院学报》2017 年第 2 期。

或身体暴力；法院每周固定一天专门审理家暴案件，并由专门的家暴法官进行审理；立案部门长期聘请心理专家为到法院起诉的家暴受害人提供心理辅导，有专门的法律工作人员为受害人提供法律咨询服务，并为受害人指导人身保护令的申请。为保护受害人或证人的权益和身心健康，开庭审理中，受害人与证人可以不出庭而通过法院内部的视频设备与庭审直接相连，避免被告人看见被害人或证人；法院命令被告人参加行为矫正学习。无疑澳大利亚人身保护令准入司法机制的时机与保障为中国人身保护令的操作规范与流程提供了有益启示。

笔者认为干预婚姻暴力要具有以下的理念：第一，家庭暴力绝非私领域的事情；第二，干预家庭暴力不限于法律的介入，应集合心理视角下的各种资源建立更稳定、更有效及更人性化的干预机制；第三，干预家庭暴力需要政府力量的介入与渗透；第四，干预机制的不完善意味着在为受害人提供服务和施暴者干预等方面还存在着许多责任不清晰，资源缺失等矛盾与问题；第五，目前干预家庭暴力实施机制表明存在学科间、部门间的权利与资源的相互依赖。尤其是法律诊所学生为家庭暴力受害人提供法律援助过程中还存在干预理念、方法、运行技术的控制和引导。反家庭暴力法律诊所强调把家庭暴力案件处理视为一种新的分析框架，并从更有效方式集更多资源为当事人提供法律援助。在法律诊所理论与实务中，很多法律诊所学生最初对家庭暴力案件处理仅仅视为对受害人的救助，受害人中心主义的扩张导致家庭暴力处理工作效果不明显。对居高不下的家庭暴力的现象，在有限法律诊所的实践教育中，学生无法进行准确描述和解释。反家庭暴力法律诊所特别强调应对施暴者进行适度干预，这对单一受害人进行法律救助的传统处理家庭暴力模式提出严峻挑战。在传统处理家庭暴力框架下，反家庭暴力法律诊所探讨的焦点是法律与法学教育、法学教育与法律援助、法律援助与社会系统的平衡，而在新的干预婚姻暴力及家庭矛盾解决的框架中，则是强调心理、社工对法学教育介入与反家庭暴力实践间的互动与平衡。反家庭暴力法律诊所对此进行了有益探索。处理家庭暴力机制要体现法律诊所学生的专业性、严肃性与有效性。

第五节　实践延伸

一、干预家暴案件责任配置

在司法实践中，"谁主张，谁举证"是我国一贯执行的举证责任分配原则，举证责任倒置则是这一原则的例外。举证责任倒置不仅意味着对事实证明责任的倒置，更主要的是这种举证责任分配与合理转移常常直接影响到法院的判决。由于对家庭暴力案件缺乏特有的公正处理程序和证据规则，必然导致家庭暴力受害人举证责任过重，家庭暴力案件的事实难以认定，在客观上使一些施暴者难以得到应有制裁。笔者认为如何在处理家庭暴力案件中进行举证责任合理分配将是法律探讨与突破的难点，如举证责任倒置与合理转移是探讨重点。统计表明，各地人民法院所审理的婚姻家庭案件中，当事人主张存在家庭暴力的为40%～60%，其中只有不到30%的当事人能提供包括伤照、病历、报警记录、子女证言等间接证据。

法院目前能认定家庭暴力的,基本上是根据加害人的自认,认定率不到10％。[①] 在反家庭暴力法律诊所,处理涉及家庭暴力的家事案件须有一个清晰、动态、完整及有效的思路,应当符合案件多方当事人的多重要求。处理家庭暴力案件须对案件事实性与完整性有较为全面了解才能有针对性处理。家事案件处理就是要合理促进纠纷的自治解决。"与法官和仲裁员不同,协商员并不对纠纷解决作出决定或判决,而是以中间人、咨询者、倾听者和穿梭外交者的身份提供服务。"[②] 婚姻家庭案件的特点决定了用协商方式解决的可行性。但如果我们只关注协商不关注或忽视事实本身,会影响协商的说服力。所以,在协商前,要界定本案是否属于协商范围,并决定协商的底线与程度。

二、干预家庭暴力案件路径

涉家庭暴力案件可否协调是很具挑战性的实践难题。笔者认为涉及家庭暴力案件是否有协商空间,需要根据协商技术与原则明确:对方最有可信度的来源及最佳协商突破点在哪里;协商的步骤如何分解,尤其要警惕涉对受害人的权利要害。同时分析,对重要的事实与证据,协商者最有可能得出的结论有哪些,利用协商方式是否能最大限度地保护受害人的合法权益。

法律诊所学生针对芳芳与明明采取了不同策略。难点是芳芳和明明的关系错综复杂,难以沟通,且相互间缺少基本信任与理解。但芳芳最终目的是不复婚,防治家庭暴力,同时寻求让明明及时支付抚养费的办法,协商实现此目标的把握较大。因此,在多次征求本人意见,确保无家庭暴力风险的前提下,芳芳同意协商处理抚养费问题。在老师的指导下,学生与芳芳具体进行沟通时确定了以下策略与方案:

1.协商有利于未来抚养费执行与问题解决

学生希望芳芳知道协商是解决问题的第一步,有利于未来抚养费的执行。通过协商,能够使双方客观全面理性对待一些问题。通过协商使明明心服口服地支付抚养费,可以从一定程度上保证明明抚养义务履行,减少双方冲突,有利于典典的身心健康。

2.可以创造协商的良好空间

学生让芳芳明白,如果双方各执己见,互不相让则难以创造协商空间。因此芳芳提出合理请求,对每一项请求费用尽可能提出事实、证据及法律依据,让明明从情、理、法上都能够接受和履行给付抚养费义务。

3.细致沟通是协商成功的重要武器

与芳芳进行较为细致的沟通时,需要获得的信息包括:明明与孩子的感情状况(离婚前对孩子的关心程度,离婚时有无提出要抚养孩子,离婚后有无看过孩子),明明父母与孩子的感情状况,芳芳姐姐的生活来源,芳芳与明明有无再婚可能性等,以及如果明明确有困难,芳芳可否作出一定让步。

明明不给付典典抚养费原因主要在于明明的生活方式和观念,要让明明了解法律规定。2001年《婚姻法》第36条规定,离婚后,父母对于子女仍有抚养和教育的权利和义务;第37

---

① 孙娜娜:《中国家庭暴力发生率达35.7％　女性受害者占九成》,载《人民日报》2008年10月7日。
② 李德恩:《现代调解员角色:转换与规制》,载《法学论坛》2010年第6期。

条规定,离婚后,一方抚养的子女,另一方应负担必要生活费和教育费的一部分或全部。①法律诊所学生让明明了解到抚养费用途确实是用于孩子,孩子确实需要这些费用。从芳芳与孩子感情考虑,作为母亲只能是尽可能让孩子过上好生活,不可能置孩子于不顾;再晓之以理,向明明解释法律对于确定抚养费数额的相关规定,只要在合理限度内即可。因此学生在老师引导下预测明明可能提出的其他理由,并设计好深度沟通方案。主要包括:(1)明明或其父母生活发生变故,或因其他意外原因,致使明明经济上难以负担抚养费。因为明明现在有固定工作,有稳定收入,芳芳仅靠打零工一人抚养孩子确有困难,此原因不足以成为拒付抚养费的借口。学生认为,需要提前与芳芳协商,如果明明确有困难,提出无法支付全额抚养费时,芳芳是否应该作出让步,暂行降低抚养费数额(慎之又慎,全面了解情况,如果确实如此,告诉芳芳这些情况,由芳芳先作出调整,否则只能由法院根据具体情况确定。明明演出有一定的提成,所以难以估算具体收入)。待明明收入稳定后再给付正常所需抚养费,并且补付之前所欠抚养费,但该方案以明明生活遭变的事实为前提。(2)明明可能提出芳芳有过错,在抚养孩子方式方法上,也可能是因与探视权、姓名权曾发生冲突。对此学生首先要向明明讲明法律相关规定,这些均不能成为拒付抚养费理由,但会在此问题上与芳芳进行沟通。适当对双方予以协商,让双方相互体谅,达成共识。针对明明可能提出的理由,学生拟从以下角度进行反驳:①通过明明的收入情况证明其有能力支付抚养费;②从法律角度分析支付抚养费的必要性。经历漫长的谈判,明明终于同意给付典典抚养费。

三、家暴案件处理的精准性、系统性与持续性

[案例]一方只是言语威胁,另一方可申请告诫书或人身安全保护令吗?②

 案情简介

2021年夏天,张某(男)与王某(女)因疫情原因隔离,隔离期间两名未成年子女均随王某生活。隔离解除后,张某经常在心情不好或者酒喝多时谩骂、恐吓王某,还说王某不听话就打死她及孩子。张某的行为严重影响了王某及其子女正常生活,并且给他们带来了严重的精神与心理伤害。王某向法律诊所学生求助:在张某仅有言语威胁的情况下,能不能申请人身安全保护令?学生快速成立法律援助小组。

 法律分析

语言威胁是否构成家庭暴力?2022年3月1日,《江苏省反家庭暴力条例》正式施行。《江苏省反家庭暴力条例》对家庭暴力的预防、发现、处置、法律责任等进行了规范。

1.根据《江苏省反家庭暴力条例》的规定,本案张某"经常性谩骂、恐吓,以人身安全相威胁"等行为构成家庭暴力。

2.案件风险评估:对照我国法律的规定,法律诊所学生认为应评估申请人身安全保护令环境、风险与益处。学生认为本案王某遭受家庭暴力风险偏高。

---

① 2001年《婚姻法》已失效。《民法典》第1084条再次肯定了这一规定。
② 此系扬州大学法律诊所学生承办的案件。

3.王某强调已做好离婚准备。因为张某个子很高很强壮,王某内心充满恐惧,希望离婚前先申请人身安全保护令。法律诊所学生认为,如强行申请人身安全保护令,是否会激怒施暴一方,可对王某现在身处环境进行评估,认为王某可以采取一定措施与孩子远离暴力。

4.可与有关部门沟通,在申请时需要注意准备充分有力的证据。

5.学生告诉受害者将受伤的照片、病历、录音等遭受家暴的证据固定。如果伤情比较严重,医院一般会在病历上显示治疗情况,在病历资料上会有相应诊断证明;有的施暴者在施暴后如果忏悔,往往通过写悔过书、保证书等来希望得到受害方原谅。

6.家庭暴力受害人及其法定代理人、近亲属可以向加害人或者受害人所在单位、居民委员会、村民委员会、妇女联合会等单位投诉、反映或者求助。

7.有关单位接到家庭暴力投诉、反映或者求助后,应当给予帮助、处理。家庭暴力受害人及其法定代理人、近亲属也可以向公安机关报案或者依法向人民法院起诉。

8.如果离婚无法协商达成,可通过诉讼解决离婚纠纷,证人证言、病历、报警记录等可以成为有力证据。①

四、《江苏省反家庭暴力条例》明确了家暴行为四种类型,即身体暴力、精神暴力、性暴力、经济控制

家暴行为四种类型主要包括:(1)殴打、捆绑、冻饿、残害等人身伤害行为;(2)拘禁、限制对外交往等限制人身自由行为;(3)跟踪、骚扰,经常性谩骂、恐吓,以人身安全相威胁,侮辱、诽谤、散布隐私,以及漠视、孤立等精神侵害行为;(4)强迫发生性行为等性侵害行为;(5)实施非正常经济控制、剥夺财物等侵害行为。

《反家庭暴力法》首设家暴强制报告制度。学校、幼儿园、医疗机构、村民委员会、居民委员会、社会工作服务机构、救助管理机构、福利机构等易发现家暴线索的机构及其工作人员均有家暴强制报告义务,否则将承担相应的法律责任。这明确了家暴行为的四种类型,借助法治力量,对家庭暴力的预防、发现、处置、法律责任等进行了规范。2022年3月1日起实施的《江苏省反家庭暴力条例》规定受害人遇到家暴时,本人或者其家人可以选择向公安机关报警、申请庇护、向法院申请人身安全保护令等方式来保护被施暴者的安全。同时反家暴并非只是“家务事”,这是整个社会的系统的责任。《江苏省反家庭暴力条例》第21条规定鼓励向公安机关等报告家庭暴力行为。公民制止家庭暴力行为,经公安机关查实,符合见义勇为人员确认条件的,依法予以确认。第23条规定:家庭暴力受害人及其法定代理人、近亲属

---

① 《反家庭暴力法》第23条规定:当事人因遭受家庭暴力或者面临家庭暴力的现实危险,向人民法院申请人身安全保护令的,人民法院应当受理。当事人是无民事行为能力人、限制民事行为能力人,或者因受到强制、威吓等原因无法申请人身安全保护令的,其近亲属、公安机关、妇女联合会、居民委员会、村民委员会、救助管理机构可以代为申请。第33条规定:加害人实施家庭暴力,构成违反治安管理行为的,依法给予治安管理处罚;构成犯罪的,依法追究刑事责任。第34条规定:被申请人违反人身安全保护令,构成犯罪的,依法追究刑事责任;尚不构成犯罪的,人民法院应当给予训诫,可以根据情节轻重处以一千元以下罚款、十五日以下拘留。为了惩戒施暴者,给正在遭受家庭暴力的受害者予以及时有效的救济,《反家庭暴力法》确立了人身安全保护令制度。现行法律对家庭成员的界定是基于血亲、姻亲和收养关系形成的法律关系。该法附则第37条中明确规定:“家庭成员以外共同生活的人之间实施的暴力行为,参照本法规定执行”,即监护、寄养、同居、离异等关系的人员之间发生的暴力也被纳入家庭暴力中,受到法律约束。

可以向加害人或者受害人所在单位、居民委员会、村民委员会、妇女联合会、工会、共产主义青年团、残疾人联合会等单位投诉,反映或者求助。家庭暴力受害人及其法定代理人、近亲属可以向公安机关报案或者依法向人民法院提起刑事自诉或者民事诉讼,也可以依法申请人身安全保护令。第 27 条规定,"家庭暴力情节较轻,依法不给予治安管理处罚的,由公安机关对加害人给予批评教育或者出具告诫书;有下列情形之一的,应当出具告诫书:(一)未能取得受害人谅解的;(二)对未成年人、老年人、残疾人、孕期和哺乳期的妇女、重病患者等实施家庭暴力的;(三)因实施家庭暴力曾被公安机关或者其他相关组织批评教育,仍不改正的;(四)受害人要求出具,公安机关认为必要的;(五)其他依法应当出具告诫书的情形"。第28 条规定:"告诫书应当包括加害人的身份信息、家庭暴力的事实陈述、禁止加害人实施家庭暴力、再次实施家庭暴力的后果等内容。对应当予以告诫的家庭暴力案件,由公安机关自受理报案之时起二十四小时内出具告诫书。"根据法律规定,只要有遭受家庭暴力的现实危险,受暴者就可以申请人身安全保护令。如果涉及离婚可以主张离婚损害赔偿。《民法典》第 1079 条规定,"夫妻一方要求离婚的,可以由有关组织进行调解或者直接向人民法院提起离婚诉讼。人民法院审理离婚案件,应当进行调解;如果感情确已破裂,调解无效的,应当准予离婚。有下列情形之一,调解无效的,应当准予离婚:……(二)实施家庭暴力或者虐待、遗弃家庭成员";《民法典》第 1091 条规定:"有下列情形之一导致离婚的,无过错方有权请求损害赔偿:……(三)实施家庭暴力",当事人提出离婚时可同时主张离婚损害赔偿。

在家庭暴力案件处理时应注意与无争议的事实保持一致,一旦忽略了无争议事实,将削弱协商的说服力;学生应注意精准定义家庭暴力,注意在家庭暴力案件中的角色、描述及行为必须保持一致。

五、家暴案件处理应注意一些事实与证据的明确性

事实与证据不明确之处越多,家暴案件的处理者即法律诊所学生就越难对其进行解释。对家暴案件处理不同部分的细节描述可以消除不明确。在本案中,注意细节是涉家庭暴力的家事案件处理者拥有说服当事人接纳处理方案所必需的技术。学生应十分关注涉家庭暴力的家事案件处理场景、角色、行为动机及可能带来的后果影响。如果家事案件处理目标不明确,会影响家事案件处理的后果及影响力。

六、家事案件处理必须接受道德规范与限制

法律诊所学生在实践活动或协商中的活动,应像律师一样受到法律限制。学生对法治的模范遵从,有助于树立良好社会风气。学生家事案件处理的理念与技术,也属于高质量的法律服务范畴,家事案件处理的过程与效果其实是在向社会传递正义与公平的理念。

七、应坚持家事案件处理计划的包容性、开放性与多维性

家事案件处理计划应具有包容性与开放性,从多维视角入手,容易为双方当事人接受。常见的情况是确定家事案件处理计划通常过于倾向于自己当事人的利益或明显出现了不公平。在此前提下,家事案件处理尚未进行,就可能遭到流产。遇到这种情况时,应当认真分析其中原因并对家事案件处理方案进行合理调整。调查计划与方案须全面考虑双方利益与实现家事案件处理目标可能性。

八、必须坚持合法与自愿的原则

家庭暴力案件是否具有可调性具有争议。涉家庭暴力的家事案件处理必须在双方自愿基础上,在符合法律规定的前提下进行协商与处理,不可以强迫对方接受处理方案,也不可以在违背法律的前提下进行处理,这样处理容易导致法律上的瑕疵,从而导致家事案件处理无效或部分无效。因此,对家事案件处理效果进行评估,并根据家事案件计划推进协商效果很重要。

综上,在家庭暴力案件处理的教学与实践中,通过真实案例方法的学习与应用,使法律诊所学生对家庭暴力案件的复杂性与隐蔽性有了更深刻的感性认识,全面提升了学生对家庭暴力案件处理策略与技术的了解,深化学生对处理家庭暴力案件理念的认识。案例教学与实践的过程引导学生设计、实施及评估家庭暴力案件处理机制的批判与反思性探索性行动。在家庭暴力案件处理的教学与实践中,让学生更加重视家庭暴力案件处理的空间与作用。学生透过案件的处理,增强了对婚姻家庭法律诊所、反家庭暴力法律诊所运行模式的认识。法律诊所关于家事案件的处理教学与实践贯穿了诊所教育的目标、理念与具体运行的方略,使学生意识到有效干预家庭暴力对和谐家庭、稳定社会秩序、推动社会变革与进步等具有重要作用。

附:部分实践样本(以扬州大学婚姻家庭法律诊所为例)

表1-3 法律诊所外出实践登记表

法律诊所 学生姓名	耿某某		
实践时间	2018年×月×日		
实践地点	江苏省×市×社区		
案件基本情况	案 由	家庭暴力	
当事人称谓	赵某某	性别	女
联系方式	189××××482	年龄	33
家庭住址	×社区×幢×室		
基本案情	赵某某与其丈夫王某大学时自由恋爱,2016年登记结婚,2017年儿子出生,双方均有独立经济收入。婚后王某多次喝醉后以扇巴掌、扭掐等方式对赵某某施暴,但每次酒醒后都感到后悔,以下跪、写保证书等方式向赵某某保证不再犯。但保证不起作用,一再出现家暴事件,赵某某不愿儿子看到这种情况,希望能与丈夫离婚,孩子抚养权归自己。		

反家庭暴力法律诊所理论与实务

续表

处理意见	基于丈夫多年来一直无法改正家暴错误,建议赵某某收集近些年来丈夫家暴的证据,如自己受伤的照片、医院诊疗意见等,先与丈夫协议离婚,以丈夫家暴为由,可要求孩子抚养权、离婚损害赔偿、家务劳动补偿及多分夫妻财产;若达不成协议,则向法院提起离婚诉讼。并在两天后将相关法律规定及处理建议或方案与当事人交流。
其他工作概要	以PPT讲解形式,在社区内进行普法,并与居民一起探讨应对家庭暴力的方法、自救措施、人身安全保护令、告诫书,以及非法同居等问题。
简要体悟	(1)走进社区,了解了很多真实案例,将自己理论上的法律知识运用到实践中,对法律知识有了更具体的了解;(2)社区居民具有一定的法律知识,也有生活经验,对一些现象有独到见解,但面对家庭暴力问题,如何指导居民运用法律武器助人助己仍要加强学习。
实践单位意见	

表 1-4　实践分组情况

实践单位	人员
邗江区法院	
邗沟社区	
丰乐社区	
市妇联	
康乐社区	
法律援助中心	

22

表 1-5 扬州大学法律诊所当事人接待记录表

时间		地点	扬州大学扬子津校区东区笃行楼二楼法律诊所办公室
接待人	黄某某、姚某、李某		
当事人	彭某某	性别	女
年龄	48 岁	民族	汉
住址	扬州市江都区×镇×村		
联系方式	1892175××××		
当事人要求	希望与丈夫离婚,两个孩子随母亲。丈夫缺少责任感,性格暴躁,有时动手。要求丈夫支付抚养费、经济帮助费、家务劳动补偿等,要求分割共同财产。丈夫涉及重婚,是否追究刑事责任。		
是否符合援助条件	有房子,女方有相对独立的收入,但经济困难,尚未达到法律援助条件。		
处理意见	因女方经济困难,同意为其提供法律援助。		
指导老师意见	同意为其提供法律援助。 签名日期		
备注	注意及时跟进,并提供相应的法律服务方案。		

表 1-6 原告张××与被告涉家暴离婚案证据清单

案号:

编号	证据名称	证明事项	原件	页码
1	原、被告身份证、结婚证(包括村委会证明)	基本信息材料	否	pp.1~5
2	结婚之初信件(8封)通话记录	原、被告结婚后感情一般	否	pp.6~24
3	照片、病历、报警、证人证言	被告家庭暴力且外遇	否	pp.25~29
4	购房合同、房屋产权证、银行贷款合同、转账证明	财产状况	否	pp.30~35
5	单位开具的工资收入证明	被告收入高客观确定抚养费	是	p.36

提交人签字(盖章): 收件人签字(盖章):

提交日期: 日期:

表 1-7　法律诊所接待表(空白)

时间：		地点：		
当事人基本情况：		年龄：		性别：
身份证号：		学历：		职业：
家庭成员状况				
住址：		联系方式：		
身份证号：				
接待人：		记录人：		
基本事实与依据：				
处理方案一： 处理方案二：				
备注： 　　　　　　　　　　　　　　　　年　月　日				
处理意见：				
处理案件日志：				

表 1-8　扬州大学法律诊所办案结案表

当事人：	案件类别：
办理时间	年　月　日至　年　月　日
结案总结： 基本事实 结果 法律依据 承办人(签字) 年　月　日	
指 导 老 师 意 见	 年　月　日

 相关法律规定与参考文献

一、相关法律规定

(一)《中华人民共和国反家庭暴力法》①

第 2 条　本法所称家庭暴力,是指家庭成员之间以殴打、捆绑、残害、限制人身自由以及经常性谩骂、恐吓等方式实施的身体、精神等侵害行为。

(二)《中华人民共和国民法典》

第 1084 条　父母与子女间的关系,不因父母离婚而消除。离婚后,子女无论由父或者母直接抚养,仍是父母双方的子女。

离婚后,父母对于子女仍有抚养、教育、保护的权利和义务。

第 1085 条　离婚后,子女由一方直接抚养的,另一方应当负担部分或者全部抚养费。负担费用的多少和期限的长短,由双方协议;协议不成的,由人民法院判决。

前款规定的协议或者判决,不妨碍子女在必要时向父母任何一方提出超过协议或者判决原定数额的

---

① 《中华人民共和国反家庭暴力法》于 2016 年 3 月 1 日起施行。

合理要求。

(三)《最高人民法院关于适用〈中华人民共和国民法典〉婚姻家庭编的解释(一)》

第41条 尚在校接受高中及其以下学历教育,或者丧失、部分丧失劳动能力等非因主观原因而无法维持正常生活的成年子女,可以认定为《民法典》第一千零六十七条规定的"不能独立生活的成年子女"。

第42条 《民法典》第一千零六十七条所称"抚养费",包括子女生活费、教育费、医疗费等费用。

第43条 婚姻关系存续期间,父母双方或者一方拒不履行抚养子女义务,未成年子女或者不能独立生活的成年子女请求支付抚养费的,人民法院应予支持。

第49条 抚养费的数额,可以根据子女的实际需要、父母双方的负担能力和当地的实际生活水平确定。

有固定收入的,抚养费一般可以按其月总收入的百分之二十至三十的比例给付。负担两个以上子女抚养费的,比例可以适当提高,但一般不得超过月总收入的百分之五十。

无固定收入的,抚养费的数额可以依据当年总收入或者同行业平均收入,参照上述比例确定。

有特殊情况的,可以适当提高或者降低上述比例。

第50条 抚养费应当定期给付,有条件的可以一次性给付。

第52条 父母双方可以协议由一方直接抚养子女并由直接抚养方负担子女全部抚养费。但是,直接抚养方的抚养能力明显不能保障子女所需费用,影响子女健康成长的,人民法院不予支持。

第53条 抚养费的给付期限,一般至子女十八周岁为止。

十六周岁以上不满十八周岁,以其劳动收入为主要生活来源,并能维持当地一般生活水平的,父母可以停止给付抚养费。

二、参考文献

1.李秀华:《妇女婚姻家庭法律地位实证研究》,知识产权出版社2004年版。

2.李秀华:《谁动了我的婚姻》,厦门大学出版社2015年版。

3.李秀华:《性别与法》,中国政法大学出版社2012年版。

4.陈明侠、夏吟兰、李明舜等:《家庭暴力防治法基础性建构研究》,中国社会科学出版社2005年版。

5.张李玺、刘梦主编:《中国家庭暴力研究》,中国社会科学出版社2004年版。

6.李秀华:《社会性别与婚姻暴力实证研究》,载《法学杂志》2005年第2期。

7.张红艳:《医疗机构参与干预家庭暴力的法律思考》,载《政法论坛》2007年第1期。

第二章　如何识别家庭暴力的受害人

导　语

识别家庭暴力受害人很重要,认知家庭暴力周期性十分重要。美国著名心理学家蕾诺尔·沃柯(Lenore Walker)博士的实证研究证实了家庭暴力的发生具有周期性。她认为亲密关系中暴力的发生不是单一事件,是反复和有规律的。她提出了暴力周期理论,包括三个阶段:张力形成期、严重暴力期、忏悔蜜月期。第一个阶段会有经常性的轻微暴力。受害人为避免挨打,试图迎合行为人甚至满足行为人的不合理要求。受害人的忍耐并不能换来情况的改善,行为人可能会变本加厉。双方之间的张力不断增加,直到行为人无法控制而爆发,这就进入第二个严重暴力阶段。这个阶段持续的时间较前一阶段和后一阶段要短,但暴力剧增,受害人通常会受伤。即便受伤,受害人也不会立刻寻求协助。因为考虑到警察不会完全让其隔绝暴力,而警察离开后暴力会加剧,很多受害人不会向警察求助,一些受害人甚至还会攻击欲介入的警察。暴力停止之后,双方的张力暂时消除,行为人开始忏悔并保证永不再犯。为表示诚意,行为人会采取一些积极的行动,这让受害人幻想行为人会改掉暴力行为,双方重归于好。第三阶段持续时间不定,也没有很明确的中止时间。在不知不觉中又有一些轻微的暴力事件发生,另一个暴力周期又开始了。而暴力周期一旦开启,就可能周而复始,不断往复,愈演愈烈,一般不会自动停止。受害人也因为种种原因难以离开。

● **教学目标**

通过案件模拟、分组讨论、小组项目等,法律诊所学生能够认识家庭暴力的基本理论,包括家庭暴力的概念、特点、原因与危害等,了解受害人的特点和求助情况,以及如何处理受害人求助的基本原则和方法,从而能够在法律服务中识别受害人及其需求并懂得如何处理求助。

● **教学方法**

头脑风暴、角色扮演、案件模拟与分析、分组讨论与集体讨论、小组项目和展示、反馈与评估、重点讲授。

● **课堂设计**

1.本章以案件模拟的形式导入。老师根据学生人数进行分组,每组中有人扮演求助者,其他人扮演接受咨询的律师。每组案例不同,求助者根据拿到的案情介绍自行决定向律师披露相关内容。每组模拟完毕后,围绕案例中提出的问题进行讨论,老师进行点评和反馈。

2.通过角色扮演对受害人有初步印象后,老师再将学生分为三个组进行头脑风暴,分别讨论怎么定义家庭、暴力和受害人三个概念。基于学生的讨论,老师和学生一起讨论家庭暴力受害人的概念,进而形成关于家庭暴力受害人的共识。

3.请小组成员基于该组案例情况,勾勒出受害人的样子和特点。老师在各组分享后,对家庭暴力的特点进行分析,进而结合案例对受害人的特点进行总结。随后与学生一起讨论并系统讲解如何有效回应和处理受害人的求助。

4.通过站队游戏让学生判断所述情况是否为家暴的原因,并就选择陈述理由展开讨论。之后老师对家暴的原因和危害进行分类归纳和总结分析。

5.课程最后让学生回到最初案例模拟时的分组,对案例进行分析并形成初步的协助方案。在每组展示方案后,老师点评并组织大家一起讨论,达成关于识别家暴受害人以及处理受害人的求助的原则和具体方法的共识。

● 要点把握

1.分组安排:老师根据课程内容要求和学生人数进行分组。本讲以案例模拟中的分组为基础,在讲课过程中根据讨论需要予以适当变换,最后回到案例模拟的分组。

2.时间安排:老师根据具体教学安排模拟、讨论和展示的时间,但每次活动之后要留出时间让学生进行反馈和互评,老师再点评。

3.讨论可视化:教学活动中合理使用大白纸、便笺、白板等工具以及板书、绘画、PPT 展示等方法,让学生的讨论以更丰富的方式被记录和展示。比如头脑风暴或分组讨论中,可以让学生用便笺纸把关键词写下来,然后分类归纳,方便记录和展示。

4.参与式活动:本讲以参与式活动为主,老师重点讲授为辅,让学生可以更多理解家暴受害人的处境。除了案件模拟和小组展示,参与式活动还可以包含一些游戏,比如讨论家暴原因时的站队游戏,该游戏中老师逐条念出社会常见的对家暴原因的认识,让学生判断这个表述是否正确。认为对的站一边,不对的站另一边,说不清、不确定的站在中间。每一队逐一陈述理由。参与式还包括老师在讲授过程中引导学生参与讨论,比如在讲解完受害人的特点后,老师提问:"如果你是受害人,你希望怎么被对待?"

● 问题设计

1.家庭暴力的概念及其关系主体是什么?
2.家庭暴力受害人有何特征?

第一节　案件直击

作为法律诊所学生,选择加入反家庭暴力诊所,一定是想用自己的专业知识为受害人提供法律服务,而为向诊所求助的受害人提供法律咨询是最常见的法律服务。下面我们将分组对几个求助案件进行模拟再现,作为接受咨询的法律诊所学生,你会怎么处理呢?你觉得受助者是家暴受害人吗?而作为求助者,你在求助过程中有什么感受?

一、案例一[①]

求助人：A，女性，35 岁。

案情简介

A 十年前与比自己大十岁的黄某结婚，生下女儿后，一次因为琐事吵架，黄某出手打了A，事后黄某道歉。A 也以为黄某是一时冲动，但之后暴力事件不断发生，有时候甚至扒光了衣服抽打，并且每次黄某都避免在 A 身体上留下伤痕。A 曾经尝试逃跑，但很快被黄某找到，并拿 A 亲人的性命威胁她。A 之后又生下了儿子，儿子出生后家暴的次数有所减少，但黄某控制着 A 的个人财物、证件和通信工具。不久前在大女儿的帮助下，趁丈夫不在家，A 抱着小儿子逃到庇护所。她在社工的帮助下去向法院申请人身保护令，法院却以其身上没有伤为由不予发出。一方面，她和儿子的生活费也没有着落；另一方面，女儿还在黄某那边，她担心女儿，很想回去。

问题讨论：

1. A 是家暴受害人吗？她遭遇了哪些类型的暴力？
2. 为什么她遭遇了那么长时间的严重家暴，还是想回到家庭中去？
3. 你会给她什么样的法律建议？

二、案例二[②]

求助人：B，女性，32 岁。

案情简介

B 六年前与李某结婚。结婚之后李某经常给 B 送花，表示很爱 B，但会说"我又给你送花了，你是不是要多关注我一点，不要老往外面跑"。[③] 李某在生活中不断表现出大男子主义，脾气也比较暴躁。婚后第二年 B 生了孩子，产假之后 B 努力恢复工作和身材，注意打扮自己。李某认为她在外面有问题，经常在言语上找麻烦，但没有动过手。一天，B 发现自己的衣服和包都被剪坏了，银行卡都不见了。[④] 最近两年，李某在家中的阳台上挂了一个用白布裹着的篮球，并且在白布上写了"我要打死 B"的字句。李某经常当着 B 和孩子的面击打篮球。[⑤] B 感觉到害怕，但李某并没有真的打自己，B 不知道应该怎么办。

① 本案例改编自《反家庭暴力法》实施后北京第一例人身保护令案件。参见林晓：《奉爱之罪（下）：拿什么结束这一段"孽缘"》，http://news.cctv.com/2019/01/25/ARTIvq6WVEekqIbflGjIZwHS190125.shtml，最后访问时间：2021 年 6 月 29 日。

② 本案例改编自媒体报道和法院公开的三个真实案件。

③ 杨晗：《因不堪丈夫精神暴力 女子向法院申请人身保护令》，http://news.cnwest.com/ssxw/a/2019/05/09/17780041.html，最后访问时间：2021 年 6 月 29 日。

④ 马云云、范佳、崔岩：《近 15％离婚纠纷是因家暴，精神家暴应引起足够重视》，http://news.iqilu.com/shandong/shandonggedi/20181125/4119983.shtml，最后访问时间：2021 年 6 月 29 日。

⑤ 中国法院网：《郑某丽诉倪某斌离婚纠纷案》，https://www.chinacourt.org/article/detail/2014/02/id/1220836.shtml，最后访问时间：2021 年 6 月 29 日。

问题讨论：

1.B 并没有被暴力殴打，她是家暴受害人吗？

2.如果是家暴受害人，她遭遇了什么暴力呢？这种暴力有什么特点？

3.你会给她什么样的法律建议？

三、案例三①

求助人：C，女性，40 岁。

案情简介

C 与许某十五年前结婚，育有两个孩子。许某是个粗暴的人，经常对 C 拳打脚踢。多次严重的家暴之后，C 决定离婚。许某拒绝并威胁她。由于不堪忍受，C 再次提出离婚并答应了许某关于财产分割的苛刻条件。但离婚两年来，无论她带着孩子搬到哪里，前夫许某总能找到她，还坚持和他们住在一起，不断骚扰甚至是殴打她。C 不得已离开原来的城市去外地打工，但许某以孩子来威胁，C 只能同意回去和许某见面谈孩子的问题。C 在亲戚的陪同下与许某见面，当着所有亲戚和孩子的面，许某咬伤了 C 的鼻子。

问题讨论：

1.C 是家暴受害人吗？她离婚之后遭遇的暴力还是家暴吗？

2.如果没有发生 C 外出打工以及后来的事情，针对前夫不断的骚扰，你会给什么样的法律建议？

3.针对整个案例，你又会给她什么样的法律建议？

四、案例四②

求助人：D，女性，22 岁。

案情简介

D 是一名女同性恋。她刚刚从大学毕业，住在父母家。父母经常吵架甚至打架，但对 D 都很好，直到他们发现了 D 和女友在房间亲热，母亲赶走了女友，并且没收了手机，不让她出门。后来在朋友的帮助下，D 逃出了父母家去跟女友住在一起。但慢慢地，D 发现女友的占有欲特别强，每次 D 出去见朋友，女友就不停抱怨，又拒绝和她一起去。D 试着跟女友讲道理，但女友脾气越发暴躁，还动手打了 D 一耳光，之后更是越打越重。这种情况持续了半年多，有一次女友差点把 D 打晕，D 这才下决心要求助。

问题讨论：

1.D 是家暴受害人吗？她遭遇的是来自谁的暴力？

2.同性伴侣间的暴力是我国《反家庭暴力法》规制的范围吗？

---

① 本案例改编自对前夫发人身保护令案和女子被前夫咬伤鼻子案。参见张渺：《清官能断"家暴事"》，载《中国青年报》2017 年 3 月 1 日第 9 版。

② 本案例改编自我国首份女同性恋家暴调查中的案例。参见杜晓：《我国首份女同性恋家暴调查：多数沉默泪水涟涟》，https://news.qq.com/a/20100106/002771.htm，最后访问时间：2021 年 6 月 29 日。

3.你会给她什么样的法律建议？

五、案例五①

求助人:E,男性,18 岁。

案情简介

E 从小学开始就看到爸爸妈妈经常吵架甚至打架。小时候,他看到妈妈被打了,只能一个人躲在房间哭。现在 E 读高三了,前不久看到爸爸殴打妈妈,E 报了警。警察来之后说了几句,平静了几天,爸爸又开始打妈妈了,而且对 E 的态度特别不好。E 在复习备考中,精神特别不好,经常呆呆一个人坐在课桌上,看不进去书,也不想回家,但又很担心妈妈。

问题讨论:

1.E 是家暴受害人吗？

2.如果是,他遭遇的是来自谁的暴力？这种暴力有什么特点？

3.你会给他什么样的法律建议？

第二节　家庭暴力受害人的概念

以上几个案例涉及不同的家庭暴力类型,不仅暴力本身的类型多样,施害人和受害人之间的关系也并非仅局限于传统的婚姻家庭内。识别家庭暴力受害人并为其提供合适的服务是反家庭暴力法律诊所的参与者应当具备的能力,为此我们首先需要明晰家庭暴力和家庭暴力受害人在法律上的概念。

一、我国立法中的家庭暴力

家庭暴力是世界各国普遍存在的问题。但“家庭”的限定使其有别于其他社会暴力,比如公共场所的打架斗殴。长久以来,家庭暴力隐藏在家庭里,被公众忽略,也被公权力所回避。直到 20 世纪 90 年代,一系列的国际会议开始将家庭暴力作为会议的主要议题,家庭暴力才引起人们的关注。1995 年,世界妇女大会在北京召开,中国妇女通过世界妇女大会了解到国际妇女运动发展的趋势,包括世界各国反对家庭暴力的运动和立法。更多有关家庭暴力的研究,不同层面地反映出妇女在亲密关系中遭受暴力的情况。中国反家暴立法的航程也因此开启。1996 年 1 月,湖南省长沙市发布《关于预防和制止家庭暴力的若干规定》,成为国内第一个反对家庭暴力的地方性政策。2000 年 3 月,湖南省人大常委会审议通过名为《关于预防和制止家庭暴力的决议》的地方性法规,“家庭暴力”概念首次出现在中国的法律体系中。2001 年 4 月施行的《中华人民共和国婚姻法(修正)》在总则中规定“禁止家庭暴力”,这是我国第一次在国家立法中对家庭暴力问题作出规定。2001 年 12 月,最高人民法

---

①　本案例改编自媒体报道的真实家暴案例。参见马云云、范佳、崔岩:《近 15% 离婚纠纷是因家暴,精神家暴应引起足够重视》,http://news.iqilu.com/shandong/shandonggedi/20181125/4119983.shtml,最后访问时间:2021 年 6 月 29 日。

院公布《最高人民法院关于适用〈中华人民共和国婚姻法〉若干问题的解释(一)》,明确家庭暴力的定义为:"家庭暴力,是指行为人以殴打、捆绑、残害、强行限制人身自由或者其他手段,给其家庭成员的身体、精神等方面造成一定伤害后果的行为。"这是从法律释义的层面上对家庭暴力首次作出定义,指出家庭暴力是发生在家庭成员之间,但尚未对家庭成员作出定义;列举了一些施加暴力的行为方式,以肢体暴力为主,但也采用"或者其他手段"开放的列举方式;强调行为会造成身体和精神等方面的后果,这让家庭暴力有了较为完整的定义。2008 年 3 月,最高人民法院中国应用法学研究所编写发布《涉及家庭暴力婚姻案件审理指南》。该《指南》参考相关国际公约对家庭暴力的界定,在第 2 条对家庭暴力作出定义:"家庭暴力是指发生在家庭成员之间,主要是夫妻之间,一方通过暴力或胁迫、侮辱、经济控制等手段实施侵害另一方的身体、性、精神等方面的人身权利,以达到控制另一方的目的的行为。"在这一定义中,列举的施加暴力的行为方式增加了胁迫、侮辱和经济控制,并且强调了对性方面权利的侵害后果。该定义还揭示了行为人通过家庭暴力实施权利控制的本质。2008 年 7 月,全国妇联、中央宣传部、最高人民检察院、公安部、民政部、司法部、卫生部七部门联合下发《关于预防和制止家庭暴力的若干意见》,它沿用了《最高人民法院关于适用〈中华人民共和国婚姻法〉若干问题的解释(一)》对家庭暴力的定义。2009 年《长春市预防和制止家庭暴力条例》和 2011 年《浙江省预防和制止家庭暴力条例》将家庭成员的范围扩大到"其他共同生活的家庭组成人员"。

2011 年 7 月,全国人大常委会将反家庭暴力法纳入预备立法项目,并开始进行立法调研和论证工作。2013 年,第十二届全国人大常委会正式将制定《反家庭暴力法》纳入五年立法规划。随后,全国妇联起草了立法建议稿。2015 年 12 月 27 日,第十二届全国人民代表大会常务委员会第十八次会议二次审议表决通过《反家庭暴力法》,该法第 2 条对家庭暴力作了定义,即"家庭成员之间以殴打、捆绑、残害、限制人身自由以及经常性谩骂、恐吓等方式实施的身体、精神等侵害行为";第 37 条规定,"家庭成员以外共同生活的人之间实施的暴力行为,参照本法规定执行"。这意味着,家庭的范围超越了传统婚姻血缘关系的限制,而除了常见的身体暴力,精神暴力也纳入规制范畴。

二、家庭暴力的关系主体

家庭暴力一词强调的是暴力行为的性质,"家庭"并非用以强调暴力发生的场域,而是揭示行为人和受害人之间的社会关系。正是因为主体间特殊的关系,使得家庭暴力区别于其他暴力成为一个特别的概念。"家庭"一词不应该做狭义理解,不应该完全等同于婚姻法中的婚姻家庭,而家庭暴力也不应仅指"发生在法定婚姻契约下配偶之间的暴力"。① 家庭暴力的关系主体是指家庭暴力的行为人和受害人。行为人是指实施行为的人,这里的行为包括作为和不作为。《最高人民法院关于适用〈中华人民共和国婚姻法〉若干问题的解释(一)》对家庭暴力的定义包含了行为人,此处的行为人即实施家庭暴力的一方。相应地,直接遭受暴力或受到暴力影响的一方是受害人,《反家庭暴力法》中多次提及受害人。针对家庭暴力单独立法的重要目的之一是保护在这一特殊关系下的受害人免受侵害以及遭受侵害后能够得到全方位的救助。而对家庭暴力的关系主体范围的界定对能否达到防治家庭暴力的目的

---

① 梁丽清:《亲密伴侣暴力的性别思考》,香港城市大学出版社 2016 年版,第 3 页。

具有重大意义。

《反家庭暴力法》第 2 条将家庭暴力定义为"家庭成员之间"发生的侵害行为,第 37 条又规定了对"家庭成员以外共同生活的人之间"参照《反家庭暴力法》的规定执行。由此可知,我国法律中家庭暴力的关系主体范围涵盖家庭成员和有着共同生活关系的非家庭成员两类。《反家庭暴力法》未对家庭成员作出定义,原《婚姻法》及其司法解释多次提及"家庭成员",但也未作出定义。只是在其第三章"家庭关系"中,规定了夫妻、父母子女(包括非婚生、收养和继子女)、兄弟姐妹、祖孙四类近亲属间的权利义务。这与原《继承法》第 10 条所列继承人范围一致。基于此,有学者建议"将具有权利义务关系的亲属作为划定家庭成员范围的基本标准"。① 《民法典》沿用了这一标准,第 1045 条规定:"配偶、父母、子女和其他共同生活的近亲属为家庭成员",同时明确"配偶、父母、子女、兄弟姐妹、祖父母、外祖父母、孙子女、外孙子女为近亲属"。

上述规定仅局限于配偶和血亲,不包括儿媳与公婆、女婿与岳父母等姻亲。如果仅仅将其作为家庭成员的范围并不能回应实际需求。而原《婚姻法》第 9 条规定了双方登记结婚后可以互为家庭成员,这也扩大了家庭成员的范围。这一规定在《民法典》中被延续。《反家庭暴力法》第 37 条将家庭暴力的关系主体推广到共同生活的人。共同生活超越了原来法律中家庭成员共同生活的范围,而关注到"基于某种特殊的情感关系或依法具有类似家庭成员的权利与义务而形成的共同生活关系"。② 这包括因恋爱所形成的同居关系,也包括依法形成的监护、抚养、寄养关系,还包括与家庭成员以外的其他人形成的事实上的共同生活关系,比如住家家政工与其雇主或照顾者之间的关系。

如果说前面讲的两类关系主体,要么强调双方因为婚姻或血缘存在的权利义务关系,要么强调共同生活的事实,那么对离异的夫妻和分手的恋人,《反家庭暴力法》是否还适用呢?亲密关系间的暴力不会因为婚姻或恋爱关系的结束而终止。有研究指出,高达 50% 的男人在他们的妻子或恋人提出分手或实际分手后,会继续以殴打或其他形式威胁和恐吓她们。③中国也有研究指出暴力的发生率在离异配偶间更高。④ 这些暴力是原来亲密关系存续期间暴力的延续,本质都是要通过暴力达到对受害人的控制。如果行为人认为离婚或分手会让其失去对受害人的控制,那么很可能在受害人提出分手后加重暴力,试图加强对受害人的控制,或者对离开的受害人进行报复以表达对失去控制权的不满。⑤ 将家庭暴力的关系主体

---

① 夏吟兰:《家庭暴力概念中的主体范围分析》,载《妇女研究论丛》2014 年第 5 期。

② 薛宁兰:《反家庭暴力法若干规定的学理解读》,载《辽宁师范大学学报(社会科学版)》2017 年第 1 期。

③ [美]谢丽斯·克拉马雷、[澳]戴尔·斯彭德:《国际妇女百科全书》,高等教育出版社 2007 年版,第 220 页。

④ 陈敏:《女性犯罪嫌疑人家庭暴力受害状况及其影响因素的研究》,北京师范大学 2006 年发展与教育心理学硕士论文。

⑤ 陈敏:《涉家庭暴力案件审理技能》,人民法院出版社 2013 年版,第 3 页。

扩大到前配偶或并不居住在一起的恋人是反家暴立法的趋势①,许多国家及地区的有关规定反映了这一趋势,在法律中将家庭暴力的关系主体定义为"特定的亲密关系之人",并不强调双方具有"共同生活关系"。②

三、家庭暴力受害人

了解了家庭暴力的概念及其关系主体,我们对家庭暴力受害人的概念更加清晰:亲密关系中直接遭受暴力的一方或受暴力影响的一方。直接遭受的暴力不仅包括身体上的暴力,也包括精神上遭受的暴力。而受暴力影响意味着身体或精神的暴力并非直接指向他/她,但在亲密关系之下,他/她也不可避免地受到影响。最典型的是家庭暴力的目睹儿童,他们可能未被行为人直接施加暴力,却深受发生在家庭中的暴力行为的影响。家庭暴力的受害人与行为人之间可能具有法律规定的家庭成员的权利义务关系,也可能基于其他一些原因共同生活,还可能只是具有亲密关系的恋人。而无论两者之间的关系呈现何种形式,行为人对受害人具有优势地位,暴力是行为人达到控制受害人的目的而采取的手段。③ 因此,我们可以说家庭暴力的受害人大多是亲密关系中处于弱势地位的一方,其直接遭受暴力或人身权利受到暴力的影响。

第三节　受害人的特点、识别及求助

家庭暴力受害人特点,是指一个群体所具有的特征。它是从大量真实受害人归纳出来的特点,而不是作为研究者想象出来的。特点的归纳应该基于大量的案例,最好要有较为严谨的数据收集和定量分析。但家庭暴力特点让数据全面收集异常困难,无论是在中国还是世界其他国家。④ 因此,在尽可能通过已有案例研究呈现受害人的特点前,我们有必要先谈谈家庭暴力本身的特点。

---

① 联合国《反对家庭暴力的示范立法框架》指出:"家庭暴力立法范畴内的各种关系包括:妻子、居住伙伴、前妻或以前的伴侣、女朋友(包括不住在一起的女朋友)、女性亲属(包括但不局限于姐妹、女儿、母亲等)以及其他的女性家务工作者。"http://www.women.org.cn/art/2014/11/25/art_286_129538.html,最后访问时间:2022年6月29日。

② 例如,中国台湾地区"家庭暴力防治法"(2007年修订)、中国香港《家庭及同居关系暴力条例》(2009年修订)、韩国《家庭暴力罪处罚特别法》(2011年修订)、越南2007年《预防和控制家庭暴力法》、泰国2007年《家庭暴力受害人保护法案》、美国2005年《反对针对妇女的暴力法案》等,均将曾为配偶者、曾为血亲或姻亲关系者纳入主体范围。参见夏吟兰:《家庭暴力防治法制度性建构研究》,中国社会科学出版社2011年版,第609~685页。

③ 陈敏:《涉家庭暴力案件审理技能》,人民法院出版社2013年版,第4页。

④ 联合国人口基金会:《针对妇女的暴力:2010年的事实和数据》,https://china.unfpa.org/sites/default/files/pub-pdf/10.VAW%20Facts%20and%20Figures%202010.pdf,最后访问时间:2022年9月15日。

一、家庭暴力的特点

(一)普遍性

虽然全面收集家庭暴力的数据是困难的,但可以查询到一些调查研究都显示了家庭暴力的普遍存在。根据中国法学会反家暴网络的一项研究[1],浙江、甘肃和湖南的家庭暴力普遍程度为34.7%。2008年,最高人民法院中国应用法学研究所编写发布了《涉及家庭暴力婚姻案件审理指南》,其中第4条指出"据有关部门的权威调查,我国家庭暴力的发生率为29.7%～35.7%,其中90%以上的受害人是女性"。[2] 该研究所在2007—2008年的阅卷调查中发现,不同基层法院受理的离婚案件中,涉及家庭暴力案件的比例"最低为36%,最高达62%"。[3] 又据全国妇联和国家统计局2011年发布的《第三期中国妇女社会地位调查主要数据报告》,"在整个婚姻生活中曾遭受过配偶侮辱谩骂、殴打、限制人身自由、经济控制、强迫性生活等不同形式家庭暴力的女性占24.7%"。[4]

(二)隐蔽性

家庭暴力大多发生在具有亲密关系的人之间,很多发生在一起生活的场域,空间上具有一定的私密性,可以隔绝外人的关注。城市化也让家庭的居住环境更为私密,这是城市的家庭暴力比农村更为隐蔽的原因,而教育程度和社会地位越高,家庭暴力的隐蔽性也会越强。[5] 当暴力的行为突破私密的空间为人所知时,行为人和受害人往往都不愿意承认暴力的发生。对于受害人来说,受"家丑不可外扬"传统观念的影响,她们害怕隐私被曝光,害怕丢面子或是失去工作和朋友,同时也害怕说出来给自己带来更坏的处境。而公众对身边发生的家庭暴力,要么习以为常和漠视,要么也认为是别人家庭的事情不方便插手。不仅是普通公众,警察、检察官、法官等司法工作人员也受传统观念的影响,对家庭暴力的认知也不足。随着《反家庭暴力法》的出台,司法人员的意识有所提升,但传统观念依然成为其为家暴受害人提供有效帮助的障碍。这些传统的观念使得家庭暴力相比其他暴力行为更为隐蔽。

(三)形式多样且多种形式并存

家庭暴力的形式不仅包括殴打等常见的身体暴力,也包括谩骂、恐吓等精神暴力,以及

---

[1] 张李玺、刘梦:《中国家庭暴力研究》,中国社会科学出版社2004年版,第111～116页。2001—2002年中国法学会反家暴网络在浙江、湖南、甘肃三省城乡(每省各选一个省会市、地级市、县级市)随机抽样,数据从3543份有效问卷统计。

[2] 中国应用法学研究所编著:《涉及家庭暴力婚姻案件审理指南》,http://yyfx.court.gov.cn/news/xq-42.html,最后访问时间:2019年9月15日。

[3] 李静睿:《内地家庭暴力发生率超1/3　立法年底将完成》,载《中国新闻周刊》2011年10月24日,http://www.mzyfz.com/html/752/2011-10-25/content-191886.html,最后访问时间:2022年6月29日。

[4] 全国妇联、国家统计局:《第三期中国妇女社会地位调查主要数据报告》,http://www.china.com.cn/zhibo/zhuanti/ch-xinwen/2011-10/21/content_23687810.htm,最后访问时间:2021年6月29日。

[5] 全国妇联权益部:《预防和制止家庭暴力多部门合作工作手册(2014)》,第26页,https://www.docin.com/p-1443836646.html,最后访问时间:2022年6月29日。

性暴力和经济控制等。在暴力关系中这些形式往往不是单一存在的，而是经常交织在一起。除了直接针对受害人的暴力，行为人还会通过控制孩子在精神上折磨受害人。一项关于家庭暴力表现形式的研究显示，家庭暴力关系中报告一种形式的占 50.1％，报告两种形式的占 31.7％，三种形式的占 13.7％，四至六种形式的占 4.3％。①

二、家庭暴力受害人的特点

（一）处于弱势地位的女性

家庭暴力的受害人绝大多数是女性，这是家暴受害人群体在统计学上最明显的特征。我们首先指出受害人这一群体的性别特征的时候，想强调的不是受害人的性别。家庭暴力的对象可能是任何性别和年龄的人，只是现存的诸多家庭关系中，妇女的地位普遍较低，处于弱势和从属的地位，是受到家暴的主要对象。所以各国的法律制定和实际执行中都会对受暴妇女予以特别关注。下文主要以受暴妇女为主体分析家暴受害人的特点。对于其他性别的受害人来说，如果其长期遭遇家庭暴力，也会呈现出和受暴妇女相同的特征。

（二）一定的心理和行为模式

家庭暴力的隐蔽性使很多受害人不为人所知，她们遭受长期和多重暴力，在暴力的周期循环中，受害人形成了一定的心理和行为模式。② 受害人提心吊胆，感觉到恐惧和焦虑。而暴力使受害人身体受伤心理也遭受创伤。受害人容易处于抑郁状态，甚至会产生自杀或杀死行为人的想法。暴力的周期让受害人深处暴力关系中无可奈何，很多受害人不敢向外求助。或是因为求助之后她的问题没有及时得到解决，反而让暴力情况变得严重，受害人于是放弃求助和反抗。这也造成受害人在主张权利时容易反复，她们想改变状况，但考虑到家庭的现实状况，又会退缩，她们会对行为人表示顺从，持续地忍受暴力。而当忍无可忍，特别是孩子和其他家人的安全受到威胁的时候，她们可能会采取激烈行动来终止暴力。

（三）习得性无助（learned helplessness）

沃柯博士参考动物间歇电击实验的结果，将习得性无助的概念应用到受暴妇女身上。③

① 曹玉萍等：《家庭暴力的表现形式及其相关因素的比较研究》，载《中国临床心理学杂志》2008 年第 16 卷第 1 期。该调查"在湖南省境内，按照居住环境和地理位置选取郴州市、湘潭某大型工厂区和湘西永顺县，分别代表城市、工矿企业区和农村居民。每个地区又按随机抽样方法选取若干街道、厂区、村，再在其中进行随机整群抽样。调查筛选 9451 户家庭，从有暴力家庭中随机抽取 310 户家庭，选取其中的行为人 318 人、受虐者 306 人作为研究对象"。

② 全国妇联权益部：《预防和制止家庭暴力多部门合作工作手册（2014）》，第 27 页，https://www.docin.com/p-1443836646.html，最后访问时间：2022 年 6 月 29 日。

③ 宾州大学心理学家马丁·塞利格曼（Martin Seligman）教授 20 世纪 60 年代的动物间歇电击实验：塞利格曼将几条狗放在一只铁笼子里，并用绳子拴住它们。每天不定时地电击铁笼子的各个部位。开始，这些狗在笼子里不断左右跳跃，试图躲避电击，但它们很快便发现无处可躲。狗于是停止了主动躲避行为，而改为采取较少痛苦的方式（如受到电击时，就脸朝下趴在铁笼子里一动不动，以尽量减少痛苦）。它们似乎明白了，与其徒劳地躲避不如静静地忍受。后来研究人员停止电击，解开绳子，打开笼子，但这时狗已经不知道逃跑了。研究人员多次使劲拽狗绳，狗才又恢复了逃跑的能力。

她认为反复的暴力就像动物实验中的电击,不断削弱受害人的反应动机。受害人的认知能力也产生改变,认为自己无能,无论怎么挣扎和反抗都无济于事。受害人还会将这种无助扩展到生活的其他方面,认为做任何事情都不会改变任何结果,进而感到沮丧和焦虑。久而久之,受害人形成心理瘫痪(psychologically paralyzed),不再尝试求助,或对来自外部的帮助也十分迟疑。[①] 社会支持的缺乏,令她们长期得不到同情和帮助,这导致她们会更加孤立无助,更难主动离开行为人或寻求帮助。

(四)受虐妇女综合征

上面提及的家庭暴力的周期性和习得性无助是受虐妇女综合征(battered woman syndrome,BWS)理论的两个组成部分,指"在家庭暴力的周期性过程中,长期受虐待的妇女表现出的一种不能主动终止对方暴力的被动、顺从、无助的心理状态"。[②] 这套理论是发达国家防止家庭暴力方面最著名的理论。这本来是一个社会心理学的概念,在20世纪70年代末80年代初在北美逐渐成为一个法律概念。沃柯博士研究发现,长期遭受家暴的妇女会表现出特殊的心理和行为模式,这与受害人采取以暴制暴的行为之间具有关联性。自20世纪80年代中期起,有关受虐妇女综合征专家证言在各国的刑事司法实践中逐渐被采纳作为受虐杀夫应当从轻、减轻或免于处罚的证据。[③] 当然,并不是所有的受害人都经历了整个周期,也不是都能归为受虐妇女综合征,但这个理论帮助我们理解受害人的行为模式和心理特征,也帮助我们更好地识别受害人。

三、如何识别和处理受害人的求助

(一)识别家暴事件和受害人

对家庭暴力及其受害人特点的分析可以帮助我们识别家庭暴力事件和家庭暴力受害人。实践中,我们可以列出更多具体的受害人的特点来帮助我们识别。香港社会福利署发布的《处理亲密伴侣暴力个案程序指引》(以下简称《指引》)从对受害人的影响、对儿童的影响、施虐者的特征这三个方面对家暴事件进行识别。《指引》的附录中列出了三者的具体表现,我们可以予以参考。《指引》同时还指出有附录所列的表征并不一定表示家庭暴力事件发生,但必须进一步探讨,以保证适当及时介入。[④] 在注意受害人特征的同时也要避免标签化,须注意家庭暴力的复杂多变,家庭成员之间也可能出现角色转移的情况,即受害人也可能是行为人。[⑤] 在接触具体的当事人时,我们需要对受害人本身的情况进行综合评估,特别

---

① 高凤仙:《家庭暴力防治法规专论》,台湾五南图书出版有限公司2007年版,第7页。

② 全国妇联权益部:《预防和制止家庭暴力多部门合作工作手册(2014)》,第28页,https://www.docin.com/p-1443836646.html,最后访问时间:2022年6月29日。

③ 陈敏:《受虐妇女综合征专家证据在司法实践中的运用》,载陈光中、江伟主编:《诉讼法论丛》第9卷,法律出版社2004年版,第136页。

④ 香港社会福利署:《处理亲密伴侣暴力个案程序指引(2011年修订)》,1.7~1.11,https://www.docin.com/p-513841747.html,最后访问时间:2022年6月29日。

⑤ 陈高凌:《有关虐待儿童及虐待配偶的研究:家庭调查结果报告(2005)》,https://www.docin.com/p-17964097.html,最后访问时间:2022年6月29日。

是可以对受害人的安全状况进行危机评估。各国的反家暴实践发展出不同的家暴评估工具,这些工具有各自的作用和局限性。[1] 学者们参考中国台湾地区的经验编制了亲密关系暴力危险评估量表,用以评估受害人的危险性。该表从 2014 年开始被许多妇联和社工机构试用。此后基于试用反馈的意见,学者们对评估量表进行了修订。2019 年 8 月,多位学者专家和一线实务工作者共同探讨了亲密关系暴力危险评估量表测量的科学性及如何制度化地推广使用量表。[2] 修订后的评估量表包括完整的十五题量表和五题简表,后者用于在紧急情况下评估高危行为。评估量表是帮助我们更科学专业地识别家暴受害人及评估其危险性的重要手段。

(二)受害人的求助和我们的应对

根据上面对受害人特点的分析,我们知道向外求助对身处长期家暴关系的受害人是异常艰难的。一方面是周期性的家暴所形成的习得性无助感,受害人觉得向外求助没有用;另一方面是外部支持系统的缺乏,即使鼓起勇气向外求助,也很难找到合适的求助渠道。在求助的过程中也容易遭受挫折甚至是二次伤害。联合国人口基金会资料显示,妇女在遭受暴力后不愿意向外部正式渠道求助是解决针对妇女暴力问题的最大挑战之一。相较于报警等正式渠道,她们更倾向于向家人、朋友等非正式渠道寻求帮助,或者选择不告诉任何人。受暴妇女中从未告诉过任何人的比例在泰国是 37%～46%,这一比例在孟加拉国则高达 66%。在中国,15.9%的受暴妇女选择不向任何人求助,36.7%的人选择向自己或伴侣的家人朋友求助,只有 14.4%的人会选择报警。[3]

当我们接到家暴受害人的求助时,我们不能仅仅把它当成一个法律问题的求助,也不能单从法律方面提供解答,这对受害人来说远远不够。有人认为受暴妇女是因为不懂法律所以才不知道如何求助,如果给她们提供给足够的法律资源,就能解决这一问题。受暴妇女所面临的问题比我们想象的要困难和复杂,她们要考虑通过正式渠道维权可能带来的后果。如果我们不能理解她们的处境,而是以所谓的专业性来审视她们的选择,不仅不能获得她们的信任,还会给她们带来二次伤害。在我们提供法律服务之前,我们首先需要理解和关心求助者,了解她们的经历和顾虑,获得她们的信任。[4] 同时,我们要尊重受暴妇女的主体性,不能为她们做决定,而是支持她们作出选择。对于求助过程中出现反复的当事人,要给予理解。法律求助有一定专业门槛,受害人可能存在对法律维权的迷思。一方面是传统观念把报警和诉讼看作是不好的事情,另一方面是法律程序让受害人望而却步。我们在对受害人的处境予以理解的同时,要用其可以明白的语言解释法律所规定的权利和相关程序。总之,

① 张迎黎等:《几种常用家庭暴力评估工具介绍》,载《中国临床心理学杂志》2010 年第 18 卷第 3 期。

② 彭飞:《新版"亲密关系暴力危险评估量表"定版工作即将完成》,载《法制日报》2019 年 9 月 2 日,http://www.farennews.com/wap/content/2019-09/02/content_7983047.html,最后访问时间:2022 年 6 月 29 日。

③ 联合国人口基金会:《针对妇女的暴力:2010 年的事实和数据》,https://china.unfpa.org/sites/default/files/pub-pdf/10.VAW%20Facts%20and%20Figures%202010.pdf,最后访问时间:2022 年 6 月 29 日。

④ 全国妇联权益部:《预防和制止家庭暴力多部门合作工作手册(2014)》,第 28 页,https://www.docin.com/p-1443836646.html,最后访问时间:2022 年 6 月 29 日。

我们要坚持以受害人为中心的原则,将法律援助与为受害人赋权相结合。同时也要明白,受害人的需求是多样的,在法律需求之外还有其他不同的需求,我们的专业局限性决定了不可能满足受害人的所有需求。因此,需要帮助受害人链接其他资源,并寻求和其他部门的合作。

第四节　家庭暴力的原因与危害

一、家庭暴力的原因

(一)常见的迷思及其驳斥

家庭暴力发生在亲密关系的人之间,具有其私密性。人们在解释家庭暴力发生的原因时往往会从加害人和受害人个人层面去找原因。有人认为家庭暴力的发生是因为加害人的性格、习惯和过去的经历;也有人认为是受害人的言行和性格造成的。有学者驳斥了几种常见的迷思[1]:

1.不是因为行为人没有文化

我们的教育中关于性别平等的教育是缺失的,受教育程度高的人不一定对性别平等有更好的理解。家庭暴力与行为人的受教育程度没有必然的联系,而是与其男权思想有关。一项涉及 4128 个调查对象的研究显示,62.7%的行为人具有大专以上文化程度。[2] 北京顺义法院 2012 年的调研结果显示,在其 2010 年初至 2011 年 3 月受理的 12 起因家庭暴力引发的刑事案件中,被告人的受教育程度较高,其中有博士、硕士和大学本科学历的人员,且大多数都是北京本地人,有稳定的职业,甚至职位较高。[3] 其同一时间段受理的 200 多起涉及家暴的离婚案件中,行为人的学历情况也和上面大致相同。

2.不是因为行为人醉酒、滥用药物、脾气暴躁、心理不正常

无论是行为人和受害人双方,还是其他人,都会为行为人的暴力行为找到理由:他可能是因为喝醉酒了,或是滥用了药物,或是脾气暴躁甚至是有心理疾病才会实施暴力的。研究发现不到 10%的家庭暴力可以归于这些原因。[4] 很多人都是在精神清醒、心理正常的情况下施暴的。有研究证明醉酒与施暴之间不存在因果关系。酒精会影响人的行为举止,但不会"让一个没有暴力倾向的人变得暴力"。[5] 不过醉酒容易成为暴力的掩饰,会增加暴力的严重性。在家庭暴力的行为人中,大多数的行为人心理是正常的。心理不正常有精神疾病的人,他们可能会因为暴力倾向而施加暴力,但他们没有能力将施暴对象限定在家庭成员

---

[1]　陈敏:《涉家庭暴力案件审理技能》,人民法院出版社 2013 年版。

[2]　全国妇联权益部:《预防和制止家庭暴力多部门合作工作手册(2014)》,第 37 页,https://www.docin.com/p-1443836646.html,最后访问时间:2022 年 6 月 29 日。

[3]　陈敏:《涉家庭暴力案件审理技能》,人民法院出版社 2013 年版,第 23 页。

[4]　游美贵:《家庭暴力防治社工对被害人服务实务》,新加坡商汤姆生亚洲私人有限公司台湾分公司 2015 年版,第 7 页。

[5]　陈敏:《涉家庭暴力案件审理技能》,人民法院出版社 2013 年版,第 25～26 页。

中,而家庭暴力的行为人能够理性地将受害人的范围限定在家庭成员或其他有亲密关系的人之间。以脾气暴躁、不能自控为借口实施家暴的人,和同事、邻居相处却很随和,他们只把脾气失控的对象限定在自己可控的范围内。这不仅不是失控,反而是有良好的控制能力。

3.不是因为行为人外部压力大

每个人都有不同的生活压力,而应对压力的方式也多种多样,但压力不是让一个没有暴力倾向的人变得暴力的原因。声称压力很大的行为人,他们在工作中遇到压力也不会对同事施加暴力,在跟家人在一起的时候,则会以压力太大为由向家人发泄。压力大只是施加暴力者的借口。

4.不是因为受害人的言行和性格

有人认为是受害人的言行招惹到了行为人,行为人才会恼羞成怒施加暴力。受害人有正常表达的权利,即便是唠叨抱怨让行为人心烦,也不是其施加暴力的理由。行为人如果心烦,更多是与自己的情绪有关,而不是受害人说的话具有攻击性威胁到了行为人的人身安全让其不得不使用暴力。研究表明,家暴的发生是因为行为人具有控制受害人的强烈欲望,与受害人的言行无关。只要存在该欲望,无论受害人怎么调整言行,都无法阻止暴力的发生。将家暴的发生和升级归咎于受害人的性格软弱也是不符合实际情况的。由于法律救济和社会支持的缺失,以及受害人体力上的弱势和内心的恐惧,大多受害人在家暴的循环中只能选择忍受,不到生死攸关的时刻,很难起来反抗。软弱不是暴力的原因,而是家暴的后果。将家暴的原因归责于女性,对防止家暴有害无益。

(二)关于家庭暴力成因的家庭视角和性别视角

1.家庭视角

仅仅从行为人和受害人的个人层面来解释并不能找出家庭暴力的真正原因。既然家庭暴力大多发生在家庭成员或其他亲密关系的人之间,是否可以从家庭关系或亲密关系互动角度来解释家庭暴力的原因呢?实践中,很多学者、社工、司法工作人员等都从家庭角度[①]解释家庭暴力的原因,认为家庭暴力产生是因为家庭成员之间沟通不足而出现冲突,家暴是家庭功能失调的结果。家庭角度的观点虽然把行为人和受害人作为一个整体的结构来看待,试图从两者的互动中寻找家暴的原因,但其实也在将暴力的问题归结到行为人和受害人的个人问题,认为暴力是个人心理问题和情绪管理能力薄弱引起家庭成员间的冲突。[②] 从家庭角度去解释家庭暴力的原因的人,会比较强调治理家暴应该从维系家庭功能以及改善婚姻关系着手,也主张可以运用家庭治疗和婚姻咨商来处理存在家庭暴力的亲密关系。[③]

但是过于强调伴侣之间沟通会忽略家庭中的性别权利关系失衡的问题,也没有看到家暴问题的根源。如果将妇女遭受家暴变成一个"去性别"的家庭关系议题,再采用中立的家庭治疗和婚姻咨商的方式,将很难回应受害人的真正需求,也无法真正解决家暴问题。对于正处于暴力关系中的受害人来说,她们可能因为揭露了行为人的暴力行为而危及安全,也可

---

① 家庭角度是包括社会心理学的角度(psychosocial perspective)、社会学习理论(social learning theory)、生态理论(ecological theory)和系统理论(general system theory)的混合理论。

② 梁丽清:《亲密伴侣暴力的性别思考》,香港城市大学出版社2016年版,第6页。

③ 柯丽评、王佩玲、张锦丽:《家庭暴力理论政策与实务》,台湾巨流图书公司2005年版,第64页。

能因为害怕被报复而不敢在治疗中讲述真相。后者可能使受害人觉得更为孤立,也会影响到受害人之后寻求协助的意愿。更为严重的是,强调暴力是互动的产物,暗含着受害人对此暴力发生也有责任。不仅是让暴力正常化,也是在谴责受害人。总之,从家庭角度将家庭暴力解释为家庭内部互动的结果,也就忽视了社会、经济、文化及政治环境对家庭中个人所造成的影响。

2.性别视角

家庭暴力是世界各国普遍存在社会问题,家暴受害人主要是妇女,而受暴妇女在反复和周期性的暴力中缺乏外部支持,容易习得性无助。既然家暴如此普遍且有规律性,可以尝试从社会结构、文化背景等更宏观的角度来探讨家庭暴力的原因。

女性主义理论采用结构主义的观点来解释家庭暴力产生的原因。该理论在解释家暴原因时,不关心行为人和受害人的个人特质,而关注父权结构所施加的影响。性别和权力是其核心基础。长期以来父权社会所形成的男主女从、男尊女卑的传统观念在现代社会依然有深远影响。虽然包括中国在内的各国都在倡导男女平等,但对性别角色的刻板定型依然存在。男性在社会化的过程很少接受性别平等的教育,反而是被期待具有男性气质。"不打不成器"的社会错误观念也更多地被施加于男性,而利用体力来解决冲突是很多社会对男性的期待。根据社会学习理论,儿童在成长过程中,通过自身体验和从社会家庭中的观察会习得性暴力,暴力会在世代间传递。[1] 男性也会被教导如何利用男性的性别优势和社会赋予的资源来征服女性。当进入婚姻后,他们在这一制度下也容易获得优势地位,无论是在生理上还是社会角色分配上。于是他们在父权结构下被授予对配偶和孩子的合法控制权,[2]男性要求女性服从自己被视为理所当然。而女性也被种种传统观念所规训,她们不仅被教导要与他人保持良好的关系,还被种种性别刻板印象所束缚,比如不能太强势,大声反抗被视为不合礼仪。当女性进入亲密关系,她们很容易处于从属和弱势地位,容易被物化、贬抑甚至压迫。

家庭暴力的问题核心是行为人权力操控欲望的扩张,实施暴力是行为人对受害人的控制。[3] 家庭中双方地位的不平等或者说性别权力的失衡使得这种控制变得更容易,暴力是权力操控的表现。行为人用暴力显示自己对受害人控制的权力,也在暴力中不断强化自己的权力。家庭暴力的核心是控制,家暴发生的最主要原因是性别权力失衡的亲密关系中强势一方试图控制弱势一方。[4] 权力与控制(power and control)的概念同样适用于除了亲密伴侣之间暴力之外的对老人和儿童的暴力。不平等权利关系导致强势一方用暴力施加控制,也导致弱势一方受到行为和精神上的控制以及经济上的剥削。[5] 正如联合国《消除对妇女的暴力行为宣言》所述:"对妇女的暴力行为是历史上男女权力不平等关系的一种表现,此种不平等关系造成了男子对妇女的支配地位和歧视现象,并妨碍了她们的充分发展。"

---

① 游美贵:《家庭暴力防治社工对被害人服务实务》,新加坡商汤姆生亚洲私人有限公司台湾分公司2015年版,第8页。

② 柯丽评、王佩玲、张锦丽:《家庭暴力理论政策与实务》,台湾巨流图书公司2005年版,第69页。

③ 梁丽清:《亲密伴侣暴力的性别思考》,香港城市大学出版社2016年版,第7页。

④ 全国妇联权益部:《预防和制止家庭暴力多部门合作工作手册(2014)》,第31页,http://big5.china.com.cn/gate/big5/download.china.cn/ch/pdf/20141125.pdf,最后访问时间:2022年6月29日。

⑤ 梁丽清:《亲密伴侣暴力的性别思考》,香港城市大学出版社2016年版,第8页。

二、家庭暴力的危害

作为一个普遍性的社会问题,家庭暴力不仅造成对受害人和家庭的伤害,还会影响所在的社区和整个社会。相较于一般的暴力行为,持续性的家庭暴力所产生的危害后果更严重,对社会可持续发展的影响更大,整个社会都需要为此付出成本和代价。

（一）对受害人的危害

家庭暴力所伤害的首先是直接遭受暴力的受害人。家庭暴力的受害人可能遭受身体暴力、性暴力、精神暴力和经济控制等,这些暴力形式可能会并存,并且会反复循环。受害人身体方面会遭受不同程度的伤害,严重的会留下永久的损伤。对妇女的家暴还会诱发性健康和生殖健康相关的疾病,[①]比如艾滋病,可能让妇女严重受伤,甚至失去生命,比如 2008 年的董某某案。[②] 心理方面的伤害也是不容忽视的,受害人会表现出畏缩无助、缺乏安全感和自信、情绪不稳定、抑郁等,严重的会有创伤后应激障碍（post-traumatic stress disorder, PTSD）,[③]而长期受家暴影响的受害人会处于孤立无援状况,甚至产生受虐妇女综合征等严重心理疾病。[④] 生理和心理方面对健康的影响常常是交织在一起的。各国的研究数据显示,遭受过伴侣身体或性暴力的妇女总体健康水平相比没有遭受过的状况更差。[⑤] 在生殖健康方面,受暴妇女流产的可能性比一般人要高。在孟加拉国是 2 倍,在泰国则高达 3 倍。在精神健康方面,受暴妇女遭受更多的精神压力,更容易有自杀的念头,在孟加拉国是 3 倍,在泰国是 2 倍。另一份数据显示,日本女性自杀者中,受到家暴伤害的女性是没有受到家暴的 31 倍。[⑥] 在中国,研究显示受暴妇女的健康水平较一般妇女差,更容易有泌尿和生殖系统的病变。[⑦] 根据一项小型研究,受暴妇女遭遇精神困扰的有 55.8%,而未受暴的妇女中这一比例是 41.3%。在两组人群中,健康水平低的比例分别是 36.2% 和 31.6%。78.5% 的受暴妇女有经常性或偶发疼痛,50.4% 有出冷汗或失眠等问题,70.7% 经常心情抑郁,60.7% 感

---

① 联合国人口基金会:《针对妇女的暴力:2010 年的事实和数据》,https://china.unfpa.org/sites/default/files/pub-pdf/10. VAW% 20Facts% 20and% 20Figures% 202010. pdf,最后访问时间:2022 年 9 月 15 日。

② 陈虹伟:《女子遭家暴被丈夫殴打致死,曾八次报警》,载《法治与新闻》2010 年第 8 期。

③ 林建:《家庭暴力受害妇女创伤后应激障碍及其治疗初探》,载《法制博览》2015 年第 26 期。

④ 全国妇联权益部:《预防和制止家庭暴力多部门合作工作手册（2014）》,第 33 页,http://big5.china.com.cn/gate/big5/download.china.cn/ch/pdf/20141125.pdf,最后访问时间:2022 年 6 月 29 日。

⑤ 世界卫生组织:《对妇女健康和针对妇女的家庭暴力的多国研究（2005）》,https://apps.who.int/iris/handle/10665/43309,最后访问时间:2022 年 6 月 29 日。

⑥ 孔建:《日本家庭暴力让女性痛苦不堪》,http://www.chinanews.com/hr/hr-hrwy/news/2010/02-09/2117559.shtml,最后访问时间:2022 年 6 月 29 日。

⑦ 联合国人口基金会:《针对妇女的暴力:2010 年的事实和数据》,https://china.unfpa.org/sites/default/files/pub-pdf/10. VAW% 20Facts% 20and% 20Figures% 202010. pdf,最后访问时间:2022 年 9 月 15 日。

觉紧张、生气、焦虑、受到束缚,35.9％经常或偶尔有自杀的念头,32.5％试图自杀。[①] 家暴对受害人健康的多重伤害,影响她们之后亲密关系的建立,也影响她们参与社会的能力,包括她们的工作和其他的社会活动。家庭暴力还是导致妇女犯罪的重要原因,受暴妇女在难以承受的情况下以暴制暴的案例屡见不鲜。[②] 受暴妇女可能因此被判刑而失去自由,被迫与孩子分离。

(二)对儿童的危害

相较于受暴妇女,儿童身体和精神可能更为脆弱,他们求助的能力也更弱。如果儿童是直接的暴力承受者,他们遭受的伤害可能比受暴妇女更严重。这些暴力行为会给他们造成严重的身心伤害,影响其身体发育,严重的暴力会造成儿童的残疾甚至死亡,同时也会使他们产生自卑、恐惧、焦虑、厌世的心理,从而影响他们的学业和生活以及其他社会参与。目睹家暴的儿童和直接受到暴力的儿童所受的伤害可能同样严重。在家暴环境中长大的儿童容易自卑,会表现出"敏感、紧张、沮丧、焦虑、多动、易受刺激、性格偏激,情绪容易失控,难与人融洽相处等症状"。[③] 目睹家暴的儿童可能患上创伤后应激障碍,具体表现包括抑郁、对参加社交活动无兴趣、恐惧及做噩梦等。家暴中父母关系的严重不平等,行为人对受害人的贬抑和暴力行为会让子女感到混乱,年长的子女会就多次发生的家暴事件抱怨父母双方,而年幼儿童则会以为是因为自己做错事才导致父母的冲突,从而自责内疚。这些困扰和心理问题会影响其在学校的表现,以及他们的自我控制和社交能力,进而导致儿童不能健康发展,也影响之后的工作和社会交往。

儿童通过看到和听到的事情来学习,家庭中的性别角色不平等会让男孩变得冲动和暴力,而女孩则会对人际关系紧张和无主见,这会增加下一代遭遇亲密关系暴力的风险。[④] 遭受家庭暴力或目睹家庭暴力的儿童则可能从家长的暴力行为中学习,容易表现出对同龄人的攻击性行为,并误以为利用暴力控制他人的方式是可行的。他们可能难以与他人建立正常的人际关系,甚至会表现出反社会的行为。让暴力在世代间传递是家庭暴力最严重的危害。

(三)对社会的危害

家庭暴力给深处暴力关系中的家庭成员带来严重伤害,进而造成家庭关系的解体,甚至是家破人亡。但其负面影响远远超出家庭范围,扩散到社会的方方面面,造成巨大的社会和

---

① 联合国人口基金会:《针对妇女的暴力:2010 年的事实和数据》,https://china.unfpa.org/sites/default/files/pub-pdf/10. VAW％20Facts％20and％20Figures％202010.pdf,最后访问时间:2022 年 6 月 29 日。

② "陕西省女子监狱,仅 2007 年,因家庭暴力杀人犯罪的妇女有 171 人,占该监狱各类故意杀人犯罪总数的 30.35％;其中,因长期遭受家庭暴力被迫杀夫案件有 163 件,占 95.32％。"陈沙沙:《反"家暴"立法,势在必行》,载《民生周刊》2011 年第 49 期。

③ 全国妇联权益部:《预防和制止家庭暴力多部门合作工作手册(2014)》,第 34 页,http://big5.china.com.cn/gate/big5/download.china.cn/ch/pdf/20141125.pdf,最后访问时间:2022 年 6 月 29 日。

④ 社会福利署:《处理亲密伴侣暴力个案程序指引(2011 年修订)》,附录 1,https://www.swd.gov.hk/tc/index/site_pubsvc/page_family/sub_fcwprocedure/id_1450/,最后访问时间:2022 年 6 月 29 日。

经济成本,包括短期和长期的成本。首先是受害人(包括目睹儿童)身体和精神所承受双重痛苦的成本;其次是受害人失去就业机会所造成的间接成本;再次是为受害人提供服务的成本(如司法、医疗、社工、心理、生活救助等);最后暴力还会给目睹儿童带来负面影响,影响他们的身体健康以及发挥自身潜能的机会,这会让整个社会陷入暴力的循环。

一些研究尝试对暴力的经济成本进行估值,英国的估计值高达 340 亿美元,人均 654 美元;加拿大的估计值将近 10 亿美元,人均 672 美元;芬兰的估计值为 1.25 亿美元,人均 25 美元。中国目前没有全国性的关于家庭暴力的社会经济成本的数据,一些研究得出的结论和其他地区的研究结果类似。[1] 通过上面家暴对受害人所产生的危害的分析可以看出,家暴会影响受害人的工作状态,可能导致薪资水平的降低甚至是失去工作机会。因为遭受家暴,受害人还需要承担生理和心理治疗的时间和金钱成本。一项研究显示,受暴妇女每年因为家暴失去工作 12.7 天,去医院就医 2.3 次,相比未遭受暴力的妇女多支付 2509 元人民币的医疗费用。[2]

第五节　实践延伸

一、以受害人为中心的原则

以受害人为中心并不是要听从受害人一切要求,而是要理解和尊重受害人,以受害人为主体为其提供支持和帮助。理解并体谅受害人的处境是了解其真正需求并为其提供所需支持的基本前提。对家暴特点、成因和危害的了解有助于我们理解将面对的家暴受害人,但现实情况远比案例描述中复杂,我们很可能被受害人的情绪问题所困扰,可能会因为受害人不完整甚至反复变化的表述而感到沮丧。需要在实践中不断积累处理求助的经验,也要不断提醒自己"以受害人为中心"这一原则。提供法律援助最重要的是了解案情,但很多受害人因为长期身体和心理上遭受的伤害,很难有逻辑地描述案情。从理解他们的处境出发可以帮助我们和她们建立信任关系,也可以帮助她们舒缓情绪,进而更好地讲述案情。可以通过提前准备好的问题帮助受害人梳理案情,也帮助我们对受害人做评估。如果发现当事人情绪上的障碍难以处理时,需要寻求心理方面更专业的支持。很多时候,在处理完心理方面的需求后,我们才开始法律上需求的处理。受害人可能无法清晰表达需求,或者无法区分什么是法律需求。我们不能以法律专业人士自居而代替受害人提出她的法律需求,而是要在全面了解受害人情况的基础上,为其提供足够的资讯,让受害人了解其享有的权利和可以寻求的支持。家暴案件的特点决定了受害人的需求是多方面的,而且不同需求之间有交织和关

① 联合国人口基金会:《针对妇女的暴力:2010 年的事实和数据》,https://china.unfpa.org/sites/default/files/pub-pdf/10. VAW％20Facts％20and％20Figures％202010. pdf,最后访问时间:2022 年 6 月 15 日。

② 联合国人口基金会:《针对妇女的暴力:2010 年的事实和数据》,https://china.unfpa.org/sites/default/files/pub-pdf/10. VAW％20Facts％20and％20Figures％202010. pdf,最后访问时间:2022 年 6 月 29 日。

联。不能仅仅关注其法律的需求,还需要以受害人为主体考虑她各方面的需求,对于不能回应的部分,要提供转介服务。

对受害人信息保密也是"以受害人为中心"原则的具体体现和要求,这是与受害人建立信任关系的前提,也是为家暴受害人提供服务的基本职业道德。保密事关受害人的安危,也会影响到受害人的工作和社会交往。即使受害人没有提出,也应该在提供服务前和过程中声明和遵守。需要保密的信息包括受害人的个人信息和与救助受害人有关的信息。前者包括一切可以辨识出受害人的信息,比如姓名、单位、住址、证件号码、影像、体貌特征、家人信息等;后者包括庇护场所的信息、就医的信息、接受法律援助的信息等。

二、受害人情况评估

可以提前准备问题清单以帮助评估受害人的情况,也可以协助受害人梳理案情和需求。如果受害人是经其他机构转介过来的,要跟转介机构了解受害人的详细情况以及与受害人沟通的注意事项。参考香港社会福利署《处理亲密伴侣暴力个案程序指引》附录 3,受害人情况评估包括以下几个方面:

1.确定本次暴力发生的情况。包括暴力发生的具体情形和伤情的严重程度等。

2.过往发生暴力行为的记录。包括过去类似情况发生的频率,暴力持续的时间和导致的受伤情况,第一次发生的时间和情形等。

3.有关儿童的情况。包括涉及儿童的数量和年纪,儿童与行为人的关系,是否被殴打,是否目睹暴力,是否有危险,以及最近是否有情绪和行为问题等。

4.已经采取的处理事件的方法和结果。包括是否告诉过他人,是否寻求过协助以及协助是否有用,是否报警或尝试走刑事程序等。

5.行为人的特征。包括是否有犯罪记录,是否酗酒或滥用药物,是否伤害其他人,是否威胁要杀死受害人等。

6.安全方案。包括是否害怕回家,有没有其他可以去的地方,知道哪些可以求助的部门,其他的顾虑或困难等。

根据对以上情况的了解,我们可以初步判断求助者是不是家庭暴力的受害人,是现有法律界定的家庭暴力还是理论界定的家庭暴力,从而以此为依据为受害人提供服务。在了解案情之后,我们还可以通过以下分类帮助受害人梳理其需求:

1.安全需求。包括临时庇护、安全计划、情感支持等。

2.健康需求。包括医疗救治、心理辅导和治疗等。

3.法律需求。包括警察介入、司法鉴定、申请人身保护令、提起诉讼(离婚、刑事自诉、损害赔偿等)、法律援助、法律帮助/咨询/培训等。

4.基本生活需求。包括经济救助、房屋安排、照顾子女的支持等。①

5.儿童及其他家庭成员的需求。除了安全、健康、基本生活方面的需求外,儿童还有受

---

① 全国妇联权益部:《预防和制止家庭暴力多部门合作工作手册(2014)》,第 56 页,http://big5.china.com.cn/gate/big5/download.china.cn/ch/pdf/20141125.pdf,最后访问时间:2022 年 6 月 29 日。

教育的需求。①

受害人的需求可能涉及多方面,全面了解受害人的需求有助于提供相应的服务,也是为受害人转接其他服务或链接其他资源的基础。

 **参考文献**

1.陈敏:《受虐妇女综合征专家证据在司法实践中的运用》,载陈光中、江伟主编:《诉讼法论丛》第9卷,法律出版社2004年版。

2.陈敏:《涉家庭暴力案件审理技能》,人民法院出版社2013年版。

3.高凤仙:《家庭暴力防治法规专论》,台湾五南图书出版有限公司2007年版。

4.梁丽清:《亲密伴侣暴力的性别思考》,香港城市大学出版社2016年版。

5.柯丽评、王佩玲、张锦丽:《家庭暴力理论政策与实务》,台湾巨流图书公司2005年版。

6.[美]谢丽斯·克拉马雷、[澳]戴尔·斯彭德:《国际妇女百科全书》,高等教育出版社2007年版。

7.夏吟兰:《家庭暴力防治法制度性建构研究》,中国社会科学出版社2011年版。

8.曹玉萍等:《家庭暴力的表现形式及其相关因素的比较研究》,载《中国临床心理学杂志》2008年第16卷第1期。

9.夏吟兰:《家庭暴力概念中的主体范围分析》,载《妇女研究论丛》2014年第5期。

10.薛宁兰:《反家庭暴力法若干规定的学理解读》,载《辽宁师范大学学报(社会科学版)》2017年第1期。

---

① 中国香港社会福利署:《处理亲密伴侣暴力个案程序指引(2011年修订)》,https://www.swd.gov.hk/tc/index/site_pubsvc/page_family/sub_fcwprocedure/id_1450/,最后访问时间:2022年6月29日。

第三章　律师的职业伦理:法律技术 与良知的较量

导　语

　　在质疑道德理论教育有效性的当代学者中,著名法学家、美国联邦法官波斯纳是一位丝毫不留情面的批评者。波斯纳将在大学中研究和教授实用伦理学的学者们称为"校园道德家",①并否认他们对改善人类行为的作用。"学习这种课程至少对其中某些人真有启示人的经验,因此科学家、律师以及其他类似的人的道德会有哪怕一小部分可以归功于本科的道德哲学教育。"②在他看来,精英法律教育过程中法律专业学生理想主义的衰减是道德理论教学对法律职业成员无效甚至起相反作用的证据。有调查显示,在哈佛大学法学院,有多达70％的一年级学生表示渴望从事公益法律,而到了第三年,这个数字就降到了2％。"他们的理想远不是为教授的理想化教育强化了,而是受到遏制。"③虽然波斯纳对校园道德理论的批判并不是专门针对法律职业伦理而言,而是针对普遍的关于法律的道德理论,但其对道德哲学批评显得过于尖锐,乃至于有些刻薄。"校园道德家"对于法律伦理和道德的学术研究绝不是毫无价值的。在最低限度上,这些理论可以让法律人对职业活动的伦理和道德性质的认识更加清晰和全面。"将道德争议想得更多或清楚了",正是法律人在直面和解决道德问题时朝着正确方向迈出的第一步。所谓"公益流失"的现象并不能证明法学院的理想化教育是无效的。在公益部门就业的比率更多地取决于就业市场的需求结构,物质条件的制约也是影响法学毕业生就业选择的重要因素,因此不能证明是法学教授的理想化教育导致了理想主义的弱化。而波斯纳同样不能证明在公益部门就业一定比在大型律师事务所或私人企业就业更加道德。在非公益部门就业的法律人同样要受到职业道德和伦理的严格约束。

---

　　①　在波斯纳的分类中,法律哲学家德沃金、菲尼斯、拉兹,以及政治哲学家罗尔斯都属于校园道德家之列。参阅[美]理查德·A.波斯纳:《道德和法律理论的疑问》,苏力译,中国政法大学出版社2001年版,第5页。

　　②　[美]理查德·A.波斯纳:《道德和法律理论的疑问》,苏力译,中国政法大学出版社2001年版,第80页。

　　③　[美]理查德·A.波斯纳:《道德和法律理论的疑问》,苏力译,中国政法大学出版社2001年版,第84页。

● **教学目标**

通过案件模拟、分组讨论、小组项目等,法律诊所学生能够了解并深刻把握律师的职业伦理,包括的律师的职业伦理的概念、相关规定有哪些等。

● **教学方法**

头脑风暴、角色扮演、案件模拟与分析、分组讨论与集体讨论、小组项目和展示、反馈与评估、重点讲授。

● **课堂设计**

1.根据本章内容与要求,根据学生人数分组,进行不同分工,扮演角色不同。

2.根据具体教学时间安排模拟时间,在每组模拟完毕之后要留出时间让参与者进行反馈与分析。

● **要点把握**

1.了解律师的职业伦理的基本理论。

2.掌握本章学习的特点与方法,最大限度地提升学习的积极性与主动性。

● **问题设计**

1.律师职业伦理的概念是什么?

2.律师职业伦理重要性体现在哪些方面?

第一节　案件直击

一、诊所案例回放

法律诊所学生在法律诊所值班时接待了一位委托人。这是一位中年女士,丈夫已经去世,一人失业在家带着女儿和父母共同居住在其与父母共有的一处私房中。委托人因为生活费等问题与其父母发生了纠纷,在纠纷中动手殴打了父母。其父母将其赶出了家门。委托人要求得到法律援助起诉自己的父母,保障其在共有房屋内居住的权利。经审查,委托人的经济收入状况符合法律援助的条件,学生请示了诊所老师,让委托人办理了委托手续。诊所老师指派学生负责本案当事人接待工作和后续处理,并到其父母所在社区进行实地走访。社区干部和周围邻居向学生反映,委托人平时好逸恶劳,全家都靠其父母老两口微薄的退休工资维持生活,其父母拜托社区干部为其介绍工作,其不仅拒绝社区为其安排的工作,还将上门做工作的社区干部骂出家门;委托人平时在家也不做家务,每天不是泡在小区棋牌室,就是在广场跳广场舞,对女儿从不过问,全交给父母,委托人脾气暴躁,对其父母动辄打骂。"真是忤逆不孝,你们法律诊所怎么帮这种人,还要帮她告自己的父母?"听到一位邻居老大爷的指责,其中有的学生不由低下了头,有的同学感到十分尴尬。学生登门拜访了委托人的父母，两位年逾七旬的老人衣着朴素，脸上还有明显是被打后留下的伤痕。两位老人表示，不是不想帮助自己的女儿，但真的不敢再和她一起生活。亲眼看到了一家四口蜗居的狭小平房后，在回法律诊所的路上，学生的情绪都有些低落，有的学生表示："我可不想代理这样的委托人！"听到同伴的话语，一些学生陷入了沉思。

二、思考

假设你是一位从事法律援助工作的律师，你会怎么做？

提示：

1. 代理委托人起诉父母是否有悖于中国文化传统中的孝道？

2. 委托人的委托事项是否合法？其目标是否合理？

3. 委托人是否有权得到专业的法律援助？

4. 你和你的同伴能否拒绝代理这位委托人？

在类似上述案例的情境中，律师在决定自己应当如何去做时，会发现自己身处于不同的价值观念和行为准则所织造的一张巨网之中，这些准则有些来自法律，也有来自伦理和道德。在指引律师行为选择时，这些准则并不总是发出一致的声音。恰恰相反，在很多时候，不同的观念和准则会指向不同的方向。而在少数极端的情况下，律师会发现不同准则提供的指引会把他/她带上截然相反的歧路。律师应当如何选择？从中华传统伦理道德中孝道出发，你的同伴可能会基于自身道德观念，在内心认同邻居老大爷对委托人的指责，不愿意继续代理。但根据《中华人民共和国律师法》第 32 条、中华全国律师协会《律师执业行为规范（试行）》第 42 条的规定，除非有正当理由，律师不得拒绝辩护或者代理。① 根据《中华人民共和国法律援助法》第 46 条的规定，法律援助人员接受指派后，无正当理由不得拒绝、拖延或者终止提供法律援助服务。你的同伴觉得法律诊所可以解除委托协议，因为起诉父母主张共同居住权，在他看来是要求完成不合理的目标，他决定先将他的意见提示给委托人，如果委托人坚持要求起诉，就退出代理。因为根据《律师执业行为规范（试行）》第 59 条的规定，委托人要求律师完成无法实现或者不合理的目标的，经提示委托人不纠正的，律师事务所可以解除委托协议。但你不能肯定，在本案中委托人要求"律师"完成的目标是否属于"不合理"，第 59 条中的"不合理"包含不符合传统伦理道德的情形吗？要回答这些疑问，我们必须对律师的职业伦理及其与法律、道德等其他社会规范的关系进行全面的分析。首先要做的就是识别那些律师在执业活动中必须遵守的准则的性质和效力。

---

① 《律师法》第 32 条第 2 款规定：律师接受委托后，无正当理由的，不得拒绝辩护或者代理。但是，委托事项违法、委托人利用律师提供的服务从事违法活动或者委托人故意欺瞒与案件有关的重要事实的，律师有权拒绝辩护或者代理。中华全国律师协会《律师执业行为规范（试行）》第 42 条规定：律师接受委托后，无正当理由的，不得拒绝辩护或者代理、或以其他方式终止委托。委托事项违法、委托人利用律师提供的服务从事违法活动或者委托人故意欺瞒与案件有关的重要事实的，律师有权告知委托人并要求其整改，有权拒绝辩护或者代理、或以其他方式终止委托，并有权就已经履行事务取得律师费。

第二节 法律诊所职业伦理教育

——从"校园道德家"到"道德实业家"

律师的职业伦理是指从事律师行业的成员,主要是律师,根据法律或者行业自治规则的规定,在为社会提供法律服务的执业活动中以及以律师身份进行与律师的职业直接相关的非执业活动时必须遵守,否则将根据违反的具体情形和程度受到行业惩戒、承担民事责任、行政责任甚至刑事责任的职业准则和行为规范的总称。律师职业伦理是法律诊所教育的重要内容。通过法律援助志愿服务等法律诊所真实或模拟的法律实践活动,帮助诊所学生以"准律师"的角色,逐步熟悉并认真思考律师的职业伦理问题,这是诊所法律教育的一个重要特征和主要目标,也是诊所实践教学模式对高度理论化的法律职业伦理的传统课堂教学模式的优势所在。

传统的法律职业伦理课程试图像教士在教堂向信众传经布道一样,通过在课堂上向学生灌输法律职业的价值观和行为准则,将法律职业理想的"福音"传播给法学院的学生。然而,"要通过说教让人变好,这可能是最不现实的事之一,我们学习如何像或者不像个律师、士兵、商人。但教授人们如何行为的是生活,而不是人"①。亚里士多德在《尼各马可伦理学》中将人类认识事物和表述真理的形式或知识形式分为五种:纯粹科学、技术或应用科学、实践智慧、理论智慧或哲学智慧、直观理智。职业伦理或道德并不是一种纯粹的科学,而是属于亚里士多德所说的"实践智慧"。在亚里士多德看来,实践智慧是一种其对象是可改变事物的人类践行的知识并以在具体事物中的践行作为自身的目的,不是通过单纯的学习和传授而获得的,经验在这里起了很大作用,它要求我们身体力行地去实现人类的善,因此它不是一门只求理论知识的学问。虽然波斯纳对校园道德理论的批判并不是专门针对法律职业伦理而言,而是针对普遍的关于法律的道德理论,而其对道德哲学的批评也显得过于尖锐,乃至于有些刻薄。"校园道德家"对于法律伦理和道德的学术研究绝不是毫无价值的。在最低限度上,这些理论可以让法律人对职业活动的伦理和道德性质的认识更加清晰和全面。尽管波斯纳本人关于道德和法律理论的学术论著,对法律的道德理论持否定的观点,但从批判的角度深化了法律人对道德问题的认识,和其所批判的"校园道德家"的著述一样,都是我们学习法律职业伦理的重要参考文献。所谓"公益流失"的现象并不能证明法学院的理想化教育是无效的。在公益部门就业的比率更多地取决于就业市场的需求结构,物质条件的制约也是影响法学毕业生就业选择的重要因素,因此不能证明是法学教授的理想化教育导致了理想主义的弱化。而波斯纳同样不能证明在公益部门就业一定比在大型律师事务所或私人企业就业更加道德。在非公益部门就业的法律人同样要受到职业道德和伦理的严格约束。

波斯纳对校园道德理论的批判对于诊所法律职业伦理教学的启示,绝不是应当彻底否

---

① 杨欣欣主编:《法学教育与诊所式教学方法》,法律出版社 2002 年版,第 51 页。

定法律的道德哲学和道德理论教学，而是向我们揭示了道德理论教学存在的局限和不足，并向我们警示了法律人以公平正义自诩的道德优越感的虚幻和不足凭恃。道德观念的建立是一个"知行合一"的长期的过程。特别是职业教育中的伦理道德观念的建立，绝不可能仅仅只通过对伦理道德的抽象原则的哲学思辨和牢固记忆，以及对相关理论的熟练诠释就可以实现，而是需要律师在漫长的职业生涯中，随着年龄的增长和社会阅历的丰富，不断调适和处理自身、客户以及社会之间的关系，时刻保持警惕以及时识别和解决执业过程中层出不穷的伦理或道德困境。运用准则和规范相对来说是一件容易的事情，真正困难的是面对一个真实道德冲突，如何进行选择和判断。知易行难，思想的巨人在面对道德选择时也可能沦为行动的矮子。法律职业道德和伦理问题更是如此，因为和其他职业相比，法律职业需要经常地面对和处理各种利益冲突，作为法律人不可不时时警惕自省。"纸上得来终觉浅，绝知此事要躬行"，形诸于文字的经验并非真正的经验，而是不可信的经验，只有自己亲身经历过的，才是可信的、真实的经验。"职业道德必然表现为通过实践进行的检验和理解后的个人体验。职业道德是一种必须经过实践检验的经验知识，而不是一种能够任意为人所接受的书本知识。"[1]

　　在这一点上，诊所法律教育对传统法律伦理教育的批判和波斯纳对校园道德理论的批判是一致的。波斯纳指出存在一种与"校园道德家"类型非常不同的道德倡导者，他称之为"道德实业家"。波斯纳认为，大部分人的道德观都是在儿童时代形成的，其形成机制并不是主要依靠道德教导，而是更多地来自父母的榜样、同伴的压力和生活的经历等。道德观一旦形成，就很难改变，除非物质环境发生变化，或者出现了某个"道德实业家"。[2] 不同于主要诉诸于理论论证和说教进行道德理论教学的"校园道德家"，"道德实业家"更多地诉诸于情感性的召唤，特别是在身体力行中产生的同情或移情的体验来改变自己和他人利他主义的边界。法律诊所强调法律援助的公益属性，注重引导学生从社会的角度去思考法律价值，从法律的角度追求社会的公正。[3] 特别是关注在诊所法律实践中推动解决社会问题，实现公平正义。可以说，每一个成功的法律诊所的背后都有一群"道德实业家"。例如，扬州大学法律诊所长期关注婚姻家庭和反家暴领域的社会问题，致力于推动妇女在婚姻家庭中平等权利的保障和实现以及推进我国反家暴立法和司法的不断进步与完善，汇聚了一批具有道德感召力的诊所老师、法官、检察官、律师和社会各界人士，他们对社会正义的坚守，对公益事业的热诚为诊所学生提供了践行职业伦理道德的最佳范例。在"道德实业家"的带领下，学生亲身参与法律诊所的社会实践，面对真实的职业道德和伦理冲突，作出个体判断和选择，激发自我反思和批评，并在此过程中获取宝贵的个人体验和经验。必须承认，意图在较短的时间内，仅仅通过有限的法律援助实践经历和法律诊所老师设计的模拟情境来帮

---

[1]　龚文东：《职业道德教育模式研究》，载甄贞主编：《方兴未艾的中国诊所法律教育》，法律出版社2005年版，第129～130页。

[2]　[美]理查德·A.波斯纳：《道德和法律理论的疑问》，苏力译，中国政法大学出版社2001年版，第84页。

[3]　牟逍媛：《实践性法学教育价值研究——诊所法律教育之价值》，载甄贞主编：《方兴未艾的中国诊所法律教育》，法律出版社2005年版，第83页。

助缺乏真实职业经历的学生实现职业伦理意识和道德观念的充分发展,同样是一项十分困难的任务。但相对于传统课堂教学而言,诊所教学模式通过让学生在法律援助中有机会以"准律师"的身份接触真实的委托人并得以代理真实的法律案件,零距离地亲身观察、体验、感受和理解法律实践活动中真实而又复杂的职业伦理和道德冲突,学习如何像律师一样处理职业伦理和道德问题,可以弥补传统的司法伦理、律师实务等课程在教授律师职业伦理时过于理论化的不足。而更为重要的是,法律诊所同时兼具法律援助公益服务的功能,学生在诊所老师的带领下,以"道德实业家"的角色,积极投身公益社会服务,在实践法学知识、获取职业技能的同时,为社会弱者提供法律援助,践行法律人实现公平正义、推动社会进步的职业理想。

律师的职业伦理对法律诊所而言不仅仅是教学的内容,同时也是法律诊所运行过程中诊所成员,包括诊所老师和学生与法律诊所本身在从事法律援助活动中必须遵守的道德准则和行为规范。有学者指出广义的律师职业伦理不仅针对律师群体,而且针对从事与律师职业相关工作的辅助人员,如在律师事务所从事律师助理、财务、行政管理等工作的人。[①] 不仅如此,从事与律师职业性质相同或类似工作的具有"准律师"身份的群体,如我国的基层法律工作者、实习律师、法律援助主体等。法律诊所的学生和老师也应当属于广义的律师职业伦理的调整对象。在诊所教学中强化对法律诊所的职业伦理属性的认识,可以更加有效地促使学生进入"准律师"的角色,从而在更加真实的场景中去解决真实的职业伦理问题。

本章的教学目标旨在通过诊所法律援助实践和课堂教学:(1)加深学生对律师职业道德性质和渊源的认识;(2)引导学生思考律师职业的社会价值观和职业选择问题,培养学生的职业责任意识和社会正义感;(3)培养学生形成道德自省意识,学会识别和解决执业过程中的道德困境;(4)重点引导学生从情绪认知和性别视角等不同维度理解和审视律师职业道德问题。

在本章的教学中,法律诊所的实践和指导比课堂教授和讨论具有更加重要的价值。诊所老师在法律诊所的日常运行中应针对学生在职业道德和伦理方面的表现及时给予评价和指导;学生在实践中应主动识别、研究道德和伦理问题,并在适当的时候和不违反保密义务的前提下主动向同伴和指导老师寻求帮助。如果在诊所实践中发现存在重大争议的伦理问题,应在不违反保密义务的前提下提交法律诊所会议,进行专题研讨。在诊所学期结束时,根据诊所指导中遇到的问题和研讨结果,学生应参与进一步修订诊所实习守则的讨论并发表意见,完善法律诊所师生在诊所法律实践中的伦理规范。

[课程小课题:律师职业道德现状调查研究]分小组(每组 4～6 名诊所学生)在法律诊所所在地对普通市民对律师职业道德的认知状况及律师对职业道德的认识进行实地调查,形成调查报告。

---

① 褚宸舸、孙文博:《我国律师职业伦理:规范、问题和建议》,载《法学教育研究》2016 年第 2 期。

● 往期诊所调查回顾（图3-1至图3-5）

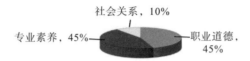

图3-1　社会评价律师是否优秀的最主要标准

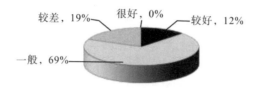

图3-2　对我国律师职业道德整体水平的认知

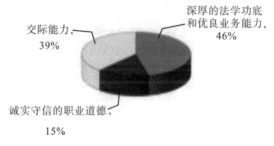

图3-3　律师最重要的职业素养

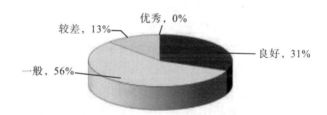

图3-4　律师的业务水平和专业素养

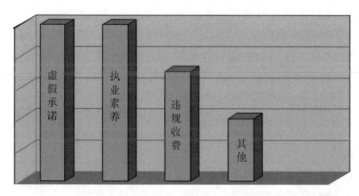

图3-5　目前律师业存在的主要问题

第三节 "律师的法":律师职业伦理概念辨析

一、律师职业道德与伦理之别

所谓职业道德,就是同人们的职业活动紧密联系的、具有自身职业特征的道德准则、规范的总和。[1] 而职业伦理是指属于特定职业群体的成员在职业活动或以职业身份进行相关活动中应当遵循的伦理准则和行为规范。在我国法律和行业自治规则中律师的职业伦理经常被表述为职业道德。《律师法》第3条规定:律师执业必须遵守宪法和法律,恪守律师职业道德和执业纪律,司法部1993年颁布的《律师职业道德和执业纪律规范》,其名称中就采用职业道德的表述。伦理和道德两个概念具有十分密切的联系,以至于无论是日常生活语言的使用中,还是在伦理学等学科的学术研究中,人们似乎已经习惯于将两者作为同义词使用,但两者间的区别是客观存在的。道德一词,在汉语中可追溯到先秦思想家老子所著的《道德经》一书。老子说:"道生之,德畜之,物形之,势成之。是以万物莫不尊道而贵德。道之尊,德之贵,夫莫之命而常自然。"[2]其中"道"指自然运行与人世共通的真理;而"德"是指人世的德性、品行、王道。"道德"二字连用始于荀子《劝学》篇:"故学至乎礼而止矣,夫是之谓道德之极。"[3]道德在英语中为morality,源于拉丁语中的mores一词,本意为风俗和习惯。"伦理"一词在我国最早见于《礼记·乐记》:"乐者,通伦理者也。"东汉郑玄认为:"伦,犹类也,理,犹分也。""伦理"通常强调人与人相处时应恪守的社会道德准则。我们可从以下四个方面把握道德和伦理的区别:(1)从调整社会关系的作用机制来看,两者虽然都调整社会关系,但侧重点不同。道德主要作用于个人的内心,通过调整个人的思想和态度,进而影响人们的行为。而伦理侧重于调整人们在社会生活中形成的各种社会关系。[4] 判断一个行为是否有悖于伦理,主要是"观其行",看其是否存在违背伦理规则的行为。而判断行为主体是否合乎道德,不仅要"观其行",还要"察其心",缺乏道德动机的行为,即便没有违背伦理规则,也会被评价为不道德。"虚伪""伪君子"等词汇的存在,表明人们其实对动机不同而行为相同的现象的本质差异是有着清醒的认识的。[5] (2)从规范的形成机制来看,道德规范的确立者是个人,所谓道德是独立的个体为自身规定的法则,正如明代心学家王阳明所言:"良心是你自家的准则",特别是在价值观日益多元的现代社会,个人的道德观受到个人价值偏好的影响,呈现强烈的个体意味和主观色彩,更多体现了自律。而伦理的制订者是社会,是共同体为其成员设定的在社会关系中应当遵循的行为准则。伦理是社会的共同准则,体现了社会的主流价值体系,属于他律的范畴。(3)从功能向度观察,伦理的意义主要在于为社会

---

① 罗国杰:《伦理学》,人民出版社1989年版,第246页。

② 《道德经·第五十一章》。

③ 《荀子·劝学》。

④ 许身健教授主编的《法律职业伦理》(北京大学出版社2014年版)中涉及律师职业伦理的章节分别论述了律师与委托人、裁判机关、检察官、同行、律师事务所等不同主体之间的关系。

⑤ 李旭东编著:《法律职业伦理》,华南理工大学出版社2019年版,第23页。

成员提供较为明确的行为模式和价值依归,通过确立行为规则来明确个体价值选择的社会限度。而道德的价值在于激励行为主体对社会善的追求,通过提供动力支持来展示个体提升人生境界的止于至善的可能性。(4)上述区别决定了伦理具有一元性,而道德往往具有多层次性。[1] 由于伦理是社会成员的共同法则,同法律一样,具有普遍性、规范性和明确性,但对全体成员一视同仁,适用统一的评价标准。一切违背伦理的行为,我们都可以无例外地评价为"不道德"。不同于伦理,道德的个体性特征,决定了个体的道德选择具有差异性,道德的境界也会呈现出层次性。对于符合伦理的行为,不同的行为主体可能会作出不同的评价。

二、道德领域的逆行者：律师职业伦理的特殊价值

无论是在东方还是西方,传统社会的一个重要特征是身份关系在社会关系中占据重要的地位。与身份密切相关的伦理、礼法和习俗是调整社会关系的主要规范。个人在社会、家族、行会等共同体中被赋予特定身份,没有独立的人格,也没有独立的权利和义务,其法律地位、权利和义务无不与其身份紧密联系,需要根据自己的不同身份遵守不同的伦理规范。这种与特定身份相联系的"身份伦理"的社会规范具有很强的道德属性,同时又具有法律规范的强制性,呈现出"礼法合一"的特征。随着社会的发展和进步,人的个体价值不断得到承认和彰显,个人从共同体中获得了独立的地位,调整社会关系的主要规范不再是传统的"身份伦理",传统的"礼法合一"的伦理规范逐渐分化,各自分别发展为建立在个体人格独立和意志自由基础上的近代法律和同样日益个人化的抽象道德。这也就是梅因所说的"从身份到契约"的运动。在这个过程中,传统社会中束缚个人自由的"身份伦理"的道德枷锁被彻底砸碎,道德义务和法律义务被严格地区分,个人被从传统道德义务的重压下解放出来,在法律的保护下获得了宝贵的独立和自由。

在现代社会,仍然有一些特殊的群体,由于他们在社会分工中从事职业的特殊性,决定了这些群体在履行职务时不能完全享有普通公众的道德自主和法律自由,仍然需要受到职业道德和伦理的约束。不同于因出身或血缘而固化的传统"身份伦理",现代社会的职业伦理,是基于个人对职业角色的选择,也被称为"角色伦理"。[2] 然而,同传统的"身份伦理"类似,职业伦理也带有道德和法律合一的特征,也可以说职业伦理是实定化和法定化的职业道德。

在现代社会的普通公众不断打破旧的身份伦理的枷锁,日益逃离传统道德义务的束缚,追求现代法律赋予和保障的自由的同时,律师却为了实现公平、正义的职责,主动戴上"荆棘的王冠",主动地承受职业伦理的约束,甚至不惜承受一些公众对律师"助纣为虐",为"坏人"说话的误解和指责,并把自己置于因时刻面对重大利益冲突导致的道德伦理困境而可能陷入"地狱之门"的风险之中。如果能够处理好职业之途上的道德困境和伦理风险,最终在实现职业社会责任和社会价值的同时,律师个人也将收获良好的职业声望、较高的社会地位和不菲的报酬。

提示:律师的职业伦理遵循和道德自主的限制。律师可以仅仅因为其个人对委托人或

---

[1] 刘云林:《道德法律化:一种需要加以辨析的立法主张——从伦理、道德之别的视角分析》,载《求实》2004年第1期。

[2] 李旭东编著:《法律职业伦理》,华南理工大学出版社2019年版,第16~19页。

委托事项的道德评价而拒绝代理或终止委托关系吗？对此律师职业伦理有明确的规定,除非有"正当理由",否则律师无权这么做。职业伦理对律师道德自主的限制,有学者概括为律师职业伦理的"非道德性",[1]也有学者将之称为律师的道德中立性。[2] 无论如何,即便是十恶不赦之徒,也有权主张其合法的权利,也有权得到公正的审判,律师遵循职业伦理的要求在为委托人提供法律服务时,屏蔽对委托人即委托事项的单纯的道德评价,虽然限制了律师个人自主的道德选择,但是在制度层面维护了所有个人在司法制度和法治中的平等地位,从而在整个社会层面实现了法律的公平和正义的必要机制,具有巨大的道德功能。同时,类似无正当理由不得拒绝代理、为委托人保密等看似与日常道德相悖的律师职业伦理的规则化,也可以使法律对律师行为的评价超越"实质道德"的争论,使法律人从某种不确定的伦理状态中解脱出来。[3]

三、重新审视律师个人道德在律师职业伦理中的地位

虽然现代律师职业伦理的发展强调道德和伦理的区别,特别是强调区分个人道德和职业伦理的分离,但个人道德在律师职业伦理的实践中并非无足轻重,而是居于重要的地位。所谓"好律师未必是好人,好人未必是好律师"的判断似是而非,没有任何意义。实际有意义的判断应该回到概率的问题,即在好律师中,好人更多,还是坏人更多？好人有更大概率成为好律师,还是坏人有更大概率成为好律师？而上述判断中的"好"和"坏"的标准同样缺乏明确的标准。在律师职业伦理实践中,律师的道德自主虽然可能在特定情形下受到一定限制,但这并不排斥个人道德在律师职业伦理中的地位。

首先,律师职业伦理作为一种的新的职业"身份伦理",或者称之为"角色伦理",一个重要特征就是道德和法律并未完全分化,在伦理规则本身就包含着大量的道德性质的规范。如律师的诚实守信、勤勉尽责的义务,本身就具有很强的道德属性。[4]

其次,律师的职业特点决定了律师经常性地会遇到自身利益和委托人利益以及社会公共利益的冲突。律师个人的道德水准和能力,对于律师抵制巨大的利益诱惑至关重要。很难想象一个私德不修的律师能够在职业生涯中一直保持对职业伦理的遵循。

最后,律师的个人道德会影响律师职业在公众中的形象。德高望重的形象更容易赢得公众的信任,而社会公众对律师职业的信任不仅是律师行业发展的基石,更是一国法治环境的重要指标。即使律师并未违背职业伦理,但如果其成员的个人道德普遍受到指摘,不仅会降低公众对其本人的社会评价,还会引发社会公众对律师职业的不满情绪,进而危及律师行业的生存和发展。因此,各国的律师职业伦理中,都会要求律师注意约束自己的言行,注重职业修养,自觉维护律师行业声誉。[5]

提示:律师有责任尽可能协调律师职业伦理和社会道德的冲突。虽然在公众的日常道

---

① 李学尧:《非道德性:现代法律职业伦理的困境》,载《中国法学》2010年第1期。

② 李旭东编著:《法律职业伦理》,华南理工大学出版社2019年版,第22页。

③ 李学尧:《非道德性:现代法律职业伦理的困境》,载《中国法学》2010年第1期。

④ 中华全国律师协会《律师执业行为规范(试行)》第6条:律师应当诚实守信、勤勉尽责,依据事实和法律,维护当事人合法权益,维护法律正确实施,维护社会公平和正义。

⑤ 中华全国律师协会《律师执业行为规范(试行)》第7条:律师应当注重职业修养,自觉维护律师行业声誉。

德和律师的职业伦理冲突时,律师可以遵循职业伦理的规则摆脱道德争议。但为了降低公众对律师职业伦理的误解和不满,律师完全可以在职业道德规则要求或允许的范围内,在当事人做出的决定或行为可能对他人或社会产生负面影响时,建议当事人考虑正义、公平与道德问题。正如在本案中,接受委托的诊所学生可以在明确告知女儿作为共有人享有居住权的前提下,尽可能说服当事人通过调解解决争议。

在实践中上述案例中那样鲜明的道德冲突并不多见,对道德问题的识别更多是贯穿于从会见当事人、法律咨询、谈判调解到代理诉讼的整个过程,体现在执业活动每一个细小的环节之中。

第四节 律师职业伦理规则的主要渊源

一、律师职业伦理的规则化

律师职业伦理是实定化的道德。它不是对抽象律师职业道德原则的宣示,是对律师执业活动的明确和具体的行为指引,是律师在执业中需要遵守的有约束力的规则,可以说是律师的"法律"。我国传统上将法律职业伦理定位于职业道德的范畴,将职业伦理等同于职业群体成员的个人道德,对职业伦理的规定过于空泛,更多地停留在道德宣讲和提倡,缺乏可操作性和对违反职业道德伦理的责任的规定。

随着我国法治建设水平的提高以及律师行业的发展和进步,律师职业伦理的规则化水平不断提升,规则得到细化,可操作性大大增强,对于违反律师职业伦理的惩戒和法律责任的追究的制度也得到完善。但相对于欧美等律师职业伦理规则体系较为完善的国家,我国律师职业伦理的规则化仍然在路上。特别是欧美等国家不仅对律师的职业伦理,对于准律师,包括诊所学生的执业规范也有十分详细的规定,而我国则尚未制定针对这些主体的伦理规则,这也成为阻碍诊所法律教育进一步规范和发展的一大障碍。

二、律师职业伦理规则的自治与法治

律师职业伦理具有高度的自治性。律师职业伦理主要是律师职业群体为了维护自身在社会中的权威性专业地位而主动、自觉地发展起来的职业伦理和执行行为规范体系。在世界范围看,律师行业自治组织制定的律师执业行为规范是律师职业伦理规则的最主要的渊源。律师职业伦理规则的实施也主要依靠律师行业自治组织的职业伦理委员会进行。如美国的律师协会(ABA)、欧共体律师理事会与法律学会(CCBE)都是著名的法律职业的自治组织。美国律师协会制定的《职业伦理示范规则》和美国法学会拟定的《法律重述:律师职业伦理》是美国律师执业活动的两大规则体系。虽然并不是法律,但《职业伦理示范规则》被誉为美国律师职业伦理的奠基石,被各州广泛采用,并被法院在相关判例中广为遵从。[①]

我国律师制度恢复之初,律师归属于司法部和各地司法行政机关行政管理。1986 年

---

① 许身健:《欧美律师职业伦理比较研究》,载《国家检察官学报》2014 年第 1 期。

成立的中华全国律师协会,是依法设立的社会团体法人,是我国律师职业群体的自律性组织,依法对律师实施行业管理。中华全国律师协会制定的《律师执业行为规范》等伦理规则是我国律师职业伦理规则的重要渊源。在现代法治社会,律师行业的自治也应当遵循法治的原则。律师职业伦理同样也应当符合法治的要求,不能违反宪法和法律的规定。一方面,律师自治组织制定的职业伦理规则应当符合宪法和法律,不得侵犯律师的合法权利。另一方面,由于律师在国家和社会生活,特别是社会主义法治中的特殊地位,国家也需要通过立法对律师职业伦理的基本原则进行规定。《律师法》以及司法部制定的《律师和律师事务所违法行为处罚办法》等部门规章,也是我国律师职业伦理的主要渊源。

[课程小课题]本节将采用诊所教学常用的任务驱动教学方法,诊所学生应在诊所老师的指导下完成以下项目的课题研究:

课题名称:我国律师职业道德规范和法律援助主体行为规则研究

要求:分小组(每组 4~6 名学生)进行我国现行律师职业道德和伦理规范以及法律援助主体行为规则的整理和编撰,形成研究报告。

第五节　律师职业伦理角色体验与模拟

● 诊所案例回放

唐某因患肝癌,做肝脏移植手术花费了医疗费 20 余万元,对外负债 10 余万元。唐某的父亲也因此卖掉属于自己的房产用于为儿子治病。唐某的妻子刘某在新加坡打工,几年来也挣了几十万,然而在丈夫病重期间,刘某并没有尽妻子的责任,住院期间没有来看护过唐某,出院后也不回家照顾,而是躲在娘家,并且有转移财产的可能。现在债主找到唐某逼债,而唐某本身每天还需要依靠昂贵的药物来维系生命。

假设唐某的父亲找到婚姻家庭诊所请求法律援助,要求刘某尽扶养义务。诊所指派你和你的同伴接受唐某的委托负责这个案件。

【场景一】唐某的父亲衣着十分简朴,面容十分苍老。你和你的同伴都被老人的叙述打动了,并和老人约好次日到医院和唐某面谈。老人离开后,你的同伴仍然唏嘘不已,一再表示对其遭遇的同情和对负心妻子的指责。

问题讨论:

1.情感会不会影响到律师理智地处理问题?

2.在本案中你的同伴的同情心有没有可能使你们在介入案件时带有偏见?

提示:情感与职业道德的关系。许多律师都不认为"移入感情"(empathy)是一种律师技能。相反情感通常被认为会降低律师工作的理性程度。在一种传统的观点中,法律职业在专业的角度被认为是一种"理性"的职业,冷冰冰的法律理性要求律师成为情感的绝缘体。

确实,过多的情感介入可能会让律师受到蒙蔽,忽视或者误解一些重要的事实,从而丧失公正的立场。但是道德究其实质正是起源于人类的基本情感体验。一个没有任何同情心的人是不可能具有较高的道德水准的。作为以公平、正义为最高道德追求的律师,应当具备人类最美好的情感和理解这些情感的能力。而对当事人遭遇的同情、关切,往往能够促使律师自觉地努力维护和实现当事人的最大合法权益。情感产生动机,动机引起行为。律师要想理解当事人的行为和动机,就无法回避感情。尤其是婚姻家庭领域的案件,通常都具有很强的情感特征,一个感觉迟钝的律师是无法处理好这些案件的。

因此,要想成为一名优秀的律师并不需要也不能注射"情感疫苗",但是控制和排除某些可能有负面作用的情感因素确实是律师应当具备的职业技能。除了贪婪、好胜心、傲慢、自负、报复心、厌恶、愤怒、烦躁等情绪都是律师出现道德问题的警告信号。而同情等美好的情感如果不受控制,也可能会因盲目而使律师坠入道德陷阱却不自知。

【场景二】在苏北医院显得有些拥挤的病房内,你和你的同伴见到了做完手术不久的唐某。躺在病床上的唐某面色蜡黄,显得十分虚弱。对于你们的到来,他表示十分感激,他的叙述有些激动,和其父亲表述的内容基本一致。在会谈的过程中,你们注意到有一位妇女一直在照顾唐某。事后,同病房的一位病人告诉你们,这位妇女是张某,在唐某住院时一直细心地照顾他和孩子,听说早就和唐某同居了。

问题讨论:

1.如果唐某与第三者同居是事实,会不会影响到案件的判决?

2.会不会使你做出拒绝代理的决定?

3.假设案件开庭审理后,对方律师丝毫没有提到这个事实,你是否会主动查实此事?

4.你是否对唐某负有保密责任?

通过调查,你们得知在许多人看来刘某不是一个称职的妻子,孩子刚出生不久就跑到外地打工,后来又通过劳务公司去了新加坡,对孩子和父母都没有怎么尽过义务,连续几年春节都没回来,一直是张某在尽"妻子""母亲"和"儿媳"的义务。张某在唐某生病后也不离不弃。

5.知道这些事实是否使情况有所变化?

【场景三】在接手案件后,你和你的同伴首先努力通过协商调解解决问题。为此你们找到刘某。刘某谈到了和唐某的婚姻。在幸福的新婚生活结束后,刘某逐渐发现和唐某在生活理念上的差异。刘某不断地劝说丈夫离开农村外出打工,闯出属于自己的天地,而唐某却满足于安乐的生活,想留在父母的身边。因此刘某不顾家中反对,毅然离开刚出生的小孩外出打工。她经过多年的努力有了一定的积蓄回乡办厂。"资金都在厂里,拿不出那么多钱,再说钱是自己的血汗,和丈夫没关系。""唐某的病都是自己喝酒喝的,以前还发生过喝醉后打人的事情。"听了刘某的叙述,看到刘某手臂上因被唐某打留下的伤疤,你和你的同伴又陷入了困惑。

问题讨论:

1.你是否会因此对自己的当事人产生厌恶?

2.这种厌恶的情绪是否会影响到你从事的代理工作?

【场景四】虽然辛苦努力了一段时间,但你们和刘某的协商与调解失败了。现在你们准备好要在两个星期以后在人民法院出庭。你对自己所做的调查工作,以及收集的支持原告的关键性事实,都很满意。你认为在开庭前,法律诊所方面的法律论点是强有力的。但是你知道唐某对开庭审理十分担心。唐某的父亲问法律诊所是否认识人民法院的人,你的同伴回答说,法律诊所和本市所有的司法和仲裁部门的关系都很好。唐某的父亲又说他知道你们学校许多教授对法院很有影响,能不能找一位和主审法官熟悉的老师打个招呼,争取法官的同情和照顾。

问题讨论:

1.你同伴的回答有没有违反职业伦理规范?如果由你回答,你会怎样表述?

2.你能否答应当事人的要求?你应该如何把你的看法告诉你的客户?

3.如果当事人坚持这种要求,你应该怎么办?

【场景五】唐某的父亲悄悄地递给你一个信封,对你说,自从法律诊所接受了这个案子以后,听别人说打官司是一定要花钱的,他一直四处筹钱。他问你,此时请法院的人(就是法官)吃顿饭是否恰当?

问题讨论:

1.你会怎么回答?

2.如果当事人执意要求你这样做,你该如何处理?

【场景六】假使你设法使当事人有了信心,认为你不需要用这种走后门的方式赢得案子,他们也没有再提此事。但是,几天以后诊所的一位同伴告诉你,他曾看到对方的律师和法官在饭馆里吃饭。他好像看到法官的面前还放着一瓶五粮液。他虽然不敢肯定,但是他相信他看到有人把一个信封递给了那位法官。你和你的同伴尽了一切努力去收集这次饭局的证据,你访问了饭店老板和服务员。可是你所得到的这次饭局的唯一证据就是你同伴的话。

问题讨论:

1.你的反应是什么?

2.你是否有责任把法律诊所那位同事的话告诉你的客户?

3.你是否能向法庭提出申请,迫使这位法官回避?

4.在实际工作中,你是否会建议你的客户采取这样的行动?

5.谁有权决定是否向法庭提出申请回避,是你还是你的当事人?

延伸思考:在处理本案的过程中,你们对双方当事人社会性别角色的认识是否影响到了你们的道德立场?而你和你同伴的性别差异对各自律师职业伦理的认识和实践是否构成了影响?

提示:社会性别是新的视角和分析工具。社会性别是 20 世纪 60 年代西方第二次女权主义浪潮中出现的一个分析范畴。性别是指男女之间心理、社会和文化的差异。性别不平等是指在各种环境中男女享有的地位、权利和声望上的差距。不同于生物学上两性在生理方面的差异,社会性别角色是指社会文化中形成的对属于男性或女性的群体特征、角色、活动、责任和行为方式的理解和社会期待。例如,我国传统社会中的"男耕女织""男主外、女主内"的家庭分工模式,认为女性应当承担生儿育女和家务的责任,而男人则应当在外打拼事业,承担家庭的经济责任。这种被社会普遍认同的性别角色和分工是导致男女在社会经济上不平等的重要根源。①

【场景七】"我在一起离婚案中代理丈夫。妻子的律师提出了一个财产处理方案。她交给我一份清单,其中列出了所有资产并逐一根据适用原则提出处理方式,并标明每项资产的孳息和特定资产的清算收入。然而,她在抄写一项艺术品的评估价值时,有一处笔误。在另

---

① 李秀华、李傲等:《性别与法》,中国政法大学出版社 2012 年版,第 2 页。

一处,她在将几个数字相加然后乘以某个百分数时又犯了计算错误。结果是,因为此项财产将由妻子享有,我的委托人将得到相当于财产评估金额一半的现金作为对放弃该项婚姻财产利益的补偿,这一协议金额被高估了十万元。换言之,如果不发生这些错误,妻子原本只需要支付较低金额的金钱作为补偿。"

问题讨论:

1.我应否指出这个计算错误?我是否需要取得委托人的许可,还是可以径直这样做?如果我不指出其错误,那么是否可以只字不提那两处错误而直接接受财产分割协议?

2.如果委托人要求我不得指出这个错误,并告知我该艺术品实际是赝品,他在双方开始离婚前就知道这是"不值钱的假货",但一直没有告诉他的妻子。我听到后感到很震惊,能否终止委托代理关系?如果委托代理关系最终被终止,我是否可以提醒妻子的律师计算错误的存在以及艺术品是赝品的事实?

附:

律师职业道德评价调查问卷一

调查对象:随机人群　　调查方法:问卷

问题1.您的性别:

□男性　　□女性

问题2.您的职业:

□公务员

□专业技术人员

□高级管理人员

□企事业单位职员

□司法人员

□其他

问题3.您是通过何种途径接触和了解律师的(可多选):

□新闻媒体

□亲朋好友中有从事律师职业者

□单位或个人委托律师提供法律服务

□曾经向律师咨询法律服务

□其他途径

问题4.您认为目前社会评价律师是否优秀的最主要的标准是:

□职业道德

□专业素养

□执业诚信

□社会关系

□其他

问题5.您认为目前我国律师的职业道德总体水平如何:

□很好

□较好

□一般

□较差

问题 6.您认为,律师在诉讼代理业务中,最重要的职业素养是:

□深厚的法学功底与优良的业务能力

□诚实守信的职业道德

□与司法机关有特殊关系

□其他

问题 7.您对于律师的诚信状况是否满意:

□很满意,遵循了"诚实守信"原则

□满意,基本上遵循了"诚实守信"原则

□一般,没有完全遵循"诚实守信"原则

□不满意,完全背离了"诚实守信"原则

问题 8.您认为律师的业务水平和专业素养如何:

□优秀

□良好

□一般

□较差

问题 9.您对为您提供法律服务的律师的工作态度的评价:

□非常敬业

□较好

□一般

□较差

问题 10.您对律师给您提供的法律服务是否满意:

□非常满意

□基本满意

□不满意

□很不满意

问题 11.您对律师收费状况的评价:

□非常规范

□不十分规范

□有乱收费的情况

问题 12.据您了解,民事诉讼中,律师及当事人向法庭提交虚假证据的情况:

□十分普遍

□普遍

□一般

□很少

问题 13.您认为律师与法院、检察院、公安局等相关部门之间是否存在不正之风:

□不存在

□存在少数

□大量存在

□不清楚

问题14.您认为目前社会对律师总体评价中,正面、积极的评价:

□很多

□较多

□较少

□很少

□不了解

问题15.您认为目前律师业存在的主要问题是(可多选):

□职业道德缺失

□执业素养有待提高

□违规收费

□虚假承诺

□律师事务所管理混乱

律师职业道德调查问卷二

调查对象:律师

调查方法:面谈

一、您认为在现阶段下,律师在执业过程中一定会遇到职业道德问题的两难考验吗?

二、您在执业过程中是否遇到过有关职业道德方面的问题?

如果是,都有哪些,您是如何处理这些问题的,能否举例说明?

三、您认为现有的职业道德方面的规范和相应的监督体制有效吗?

四、您如何评价近期以来一些涉及律师的受诉案件?

五、您如何看待"关系"对职业道德的影响?

六、您如何处理和应对当某些时候不得不采取一些违规的行为而为达到一种您所认为的实质正义的局面?

七、在当前的职业界,违反职业道德的具体表现有哪些?

您认为解决这些问题的有力手段有哪些?

八、如今各地都在尝试建立律师的诚信体系,在您看来这种诚信体系的建立会对律师执业行为和职业道德产生哪些影响?

九、您认为职业道德与律师职业发展之间的关系怎样?

律师职业需要较高的道德标准吗?

十、您认为在校的法学院学生是否有必要接受职业道德方面的教育,应该如何进行?

 参考文献

1.[美]理查德·A.波斯纳:《道德和法律理论的疑问》,苏力译,中国政法大学出版社2001年版。

2.甄贞主编:《方兴未艾的中国诊所法律教育》,法律出版社2005年版。

3.杨欣欣主编:《法学教育与诊所式教学方法》,法律出版社 2002 年版。

4.李秀华、李傲等:《性别与法》,中国政法大学出版社 2012 年版。

5.许身健:《法律职业伦理》,北京大学出版社 2014 年版。

6.李旭东编著:《法律职业伦理》,华南理工大学出版社 2019 年版。

7.褚宸舸、孙文博:《我国律师职业伦理:规范、问题和建议》,载《法学教育研究》2016 年第 2 期。

8.李学尧:《非道德性:现代法律职业伦理的困境》,载《中国法学》2010 年第 1 期。

9.许身健:《欧美律师职业伦理比较研究》,载《国家检察官学报》2014 年第 1 期。

第四章　法律文书写作:落笔的分量

涉家庭暴力的婚姻家庭纠纷法律文书写作的最基本的要素是主旨、素材、结构、表达及语言。主旨是文书写作目的和主张,也称为中心思想和基本观点。不同法律文书其主旨又有不同表现。应当围绕主旨选择材料和组织材料,通过制作法律文书实现维护当事人合法权益的目的。法律文书的素材主要指案件或事件的事实和证据材料,其次是指用于论证的法律条款和法学理论。前者属于事实性材料,后者属于理论性材料。素材必须是客观真实的,这是一个原则性的要求。法律文书不同于普通文章,不同类型的法律文书有不同"程式化"结构,一般包括首部、正文、尾部三个部分。这种程式化结构既是阐明主张和叙述方便的需要,也是我国长期法律实践中的阅读习惯和制作经验的反映。考虑法律文书的规范性、确定性和高度的严肃性,法律文书的表达方式主要有叙述、议论和说明三种,一般禁用描写或抒情的表达方式。语言是思想的外在表现,一切文字的材料都离不开语言,法律文书也是如此。涉家庭暴力的婚姻家庭法律文书语言的一般要求是:明确、规范、简朴、庄重。

● 教学目标

通过涉家庭暴力婚姻纠纷典型案例直击和婚姻纠纷法律文书写作规律的介绍,诊所学生能够了解婚姻家庭纠纷法律文书制作的特点与一般规则,掌握婚姻家庭纠纷常用法律文书制作的基本技巧和一般规律,培养学生法律文书制作的实践能力与运用能力,提高诊所学生法学综合素质。

● 教学方法

头脑风暴、角色扮演、案件模拟、分组讨论、反馈与评估。

● 课堂设计

1.根据学生人数分组,进行不同分工。扮演角色不同,拟写不同法律文书。

2.根据具体教学时间安排模拟时间,在每组模拟完毕之后要留出时间让参与者进行反馈与分析。

3.诊所老师在日常指导中针对诊所学生法律文书制作上的表现及时给予评价和指导;学生在实践中应主动参与婚姻家庭等各种纠纷法律文书的制作和运用,在不违反保密义务的前提下可向同伴和指导老师寻求帮助。

4.存在重大争议的问题应在不违反保密义务的前提下提交诊所会议,进行专题研讨。

● 要点把握

1.了解法律文书写作的基本理论和一般规则、对如何制作法律文书有基本认识。

2.了解婚姻纠纷法律文书特点,掌握婚姻纠纷法律文书写作技巧。

3.要基于时代发展,法律规定的变化及实践的需求不断调整教学方案。

4.强调保密原则。课堂运用个案均源于真案,所有信息均作技术性处理。

● 问题设计

1.何谓法律文书?法律文书一般有哪些要素?

2.离婚纠纷法律文书有何特点?制作一般法律文书有何技巧?

3.诉状类文书和申请类文书在写作上有何共性?

4.婚姻纠纷答辩状和代理词写作上各自侧重点是什么?

第一节 案件直击

案情简介

Kim 诉李某离婚纠纷案[①]

Kim 诉称:我于 1999 年来到中国,与李某相识、相恋。2002 年 5 月 19 日,我们的大女儿出生。2005 年 4 月 22 日,我与李某在美国内华达州克拉克县登记结婚。2006 年 4 月 21 日,二女儿出生。2008 年 9 月 21 日,三女儿出生。2010 年 7 月 7 日,我和李某在中国广东省广州市登记结婚。我是美国注册的英文专业教师,在 1999 年至 2011 年的 12 年间,我为李某的疯狂英语事业做了大量工作,贡献很大,但是李某控制着疯狂英语的所有收入,从不向我披露,只给我日常生活的必要费用,我没有任何可支配的财产。李某每月只回家一二天,对家庭照顾极少。李某还多次对我实施家庭暴力,2011 年 8 月 30 日李某对我进行殴打,造成我身体严重受伤,也极大地伤害了我的感情。为此,我请求:(1)解除我与李某的婚姻关系;(2)判决由我抚养三个女儿,李某一次性支付抚养费 6552800 元;(3)判决李某支付财产折价款 1200 万元,房屋剩余贷款由李某负责偿还;(4)判决李某支付家庭暴力精神损害抚慰金 5 万元。

李某辩称:2011 年 8 月 30 日,我和 Kim 因孩子教育等琐事发生口角,Kim 长达几个小时的语言暴力致双方发生冲突。之后,我已经保证不再发生肢体冲突,并在微博上公开道歉。同时按照 Kim 的要求积极寻求心理医生辅导,还进行了社会组织捐款。我的行为不构成家庭暴力,只是家庭纠纷。2006 年,我还和 Kim 发生过一次冲突,二次冲突间隔 5 年,并

---

① 【案号】一审:(2012)朝民初字第 03041 号。

不是频繁发生。我认为认定家庭暴力必须要求造成受害方身体上、精神上一定程度的伤害后果,我和 Kim 虽然发生了冲突,但并未造成法律上的伤害后果,所以不属于家庭暴力。我和 Kim 之间存在巨大的文化差异,我同意与 Kim 离婚,但我要求直接抚养三个女儿,不要求 Kim 支付任何抚养费。如果法院判决女儿由 Kim 抚养,也应按照普通义务教育的收费标准确定我支付抚养费的数额。关于共同财产分割,我同意向 Kim 支付财产折价款 1200 万元。

　　法院经审理查明:1995 年 5 月 19 日,李某与前妻林某在广州市东山区民政局登记结婚,1999 年 4 月 22 日双方在该民政局协议离婚。2000 年 5 月 19 日,李某与林某又在该民政局办理了复婚手续。Kim、李某于 1999 年相识。2000 年 9 月 26 日,Kim 与前夫在美国解除婚姻关系。2002 年 5 月 19 日,Kim 与李某生育一女。2005 年 4 月 22 日,Kim 与李某在美国内华达州克拉克县领取了结婚证书。2006 年 4 月 21 日,Kim、李某生育了第二个女儿。2006 年 11 月 15 日,李某与林某在广州市越秀区民政局协议离婚。2008 年 9 月 21 日,Kim、李某又生育一女。三个女儿均为美国国籍。2010 年 7 月 7 日,Kim 与李某在广州市民政局办理了结婚登记。2006 年 2 月 27 日,因 Kim 将电脑上的有关资料删除,李某殴打了Kim。2011 年 8 月 30 日,双方在北京居住地因子女教育问题发生争执,李某再次殴打Kim,造成 Kim 头部、腿部多处受伤。对此,Kim 提交了报警记录、治安调解笔录、调解备忘录,以及李某接受多家电视台采访承认自己对 Kim 施暴的视频。2015 年 4 月 12 日 16 时30 分,Kim 到北京市公安局朝阳分局团结湖派出所报案,称自 2015 年 3 月份以来,李某经常发来辱骂短信;4 月 9 日,李某又发来短信扬言要杀了她。Kim 感觉人身安全受到威胁,后向法院提出了人身安全保护裁定申请。

　　双方对财产分割无异议。

　　【裁判结果】2016 年 2 月 3 日,北京市朝阳区人民法院依法作出如下判决:1.准许原告Kim 与被告李某离婚。2.原告 Kim 与被告李某所生的三个女儿由原告 Kim 抚养。3.被告李某从本判决书生效之日起 7 日内分别向三个女儿支付自 2016 年 7 月至 2016 年 12 月的抚养费各人民币 5 万元。自 2014 年起,被告李某于每年 1 月 31 日前,按每人每年人民币 10万元的标准分别向三人支付该年度的抚养费,至三人分别年满 18 周岁时止。4.被告李某于本判决生效之日起 3 个月内向原告 Kim 支付财产折价款人民币 1200 万元。5.位于广州市的房屋 9 套及深圳市的房屋 1 套归被告李某所有,剩余房屋贷款由被告李某负责偿还。6.被告李某所持有的 5 家公司的股权归被告李某所有。7.被告李某名下的商标权归被告李某所有。8.被告李某于本判决生效之日起 7 日内向原告 Kim 支付精神损害抚慰金人民币 5万元。9.驳回原告 Kim 的其他诉讼请求。同日,北京市朝阳区人民法院发出了人身安全保护裁定:禁止李某殴打、威胁 Kim。宣判后,双方均未提起上诉,一审判决已生效。

　　婚姻和同居关系中,只要一方对另一方实施了殴打行为,即构成家庭暴力。施暴方是离婚案件中的过错方,无过错方主张精神损害赔偿的,人民法院应当根据过错方的过错程度、暴力发生时的情境以及过错方的经济能力等情节确定赔偿数额。确定未成年子女抚养权时,人民法院应当将家庭暴力列为重要考虑因素。人民法院认为确有必要的,可以在宣判的同时,发出人身安全保护裁定。本案的争议焦点:一是"家庭暴力"的认定标准;二是原告精神损害抚慰金数额如何确定;三是"家庭暴力"行为能否成为未成年子女抚养权确定的必要因素;四是法院是否就当支持原告人身安全保护申请。

一、"家庭暴力"的认定标准

原告主张被告李某存在家庭暴力行为,但被告李某认为双方的冲突只是家庭纠纷,其与原告的两次冲突间隔时间长达五年,不属于反复且频繁发生的情形,应不符合我国婚姻法中关于家庭暴力的认定。《最高人民法院关于适用〈中华人民共和国婚姻法〉若干问题的解释(一)》第1条规定:"家庭暴力是指行为人以殴打、捆绑、残害、强行限制人身自由或者其他手段,给其家庭成员的身体、精神等方面造成一定伤害后果的行为。持续的、经常的家庭暴力,构成虐待。"①一般而言,家庭纠纷属于夫妻双方发生争执,彼此均试图说服对方,并不是"殴打和威胁行为"。家庭暴力的显著特点是行为人行为存在"暴力手段",包括"殴打、捆绑、残害、强行限制人身自由等",家庭暴力往往给家庭成员的身心带来一定伤害后果。如果存在"多次和反复发生的暴力行为",则构成虐待行为。因此,本案中,被告对原告实施了殴打行为,造成了原告身体多处受伤,这完全符合婚姻法解释中对"家庭暴力"的规定。

二、精神损害抚慰金数额认定

《最高人民法院关于适用〈中华人民共和国婚姻法〉若干问题的解释(一)》第28条明确规定:"损害赔偿,包括物质损害赔偿和精神损害赔偿。"②但对精神损害赔偿标准没有具体说明。本案中,合议庭从被告的主观过错程度、暴力行为发生时的情境以及经济承受能力等因素,最终确定精神抚慰金具体数额,具有一定的合理性。首先,被告过错程度较高。家庭暴力是我国法律明确禁止的行为。被告李某长期从事教书育人的工作,在社会上有一定的知名度,却因家庭琐事对其妻子进行暴力殴打,造成原告头部、腿部多处受伤。而且,在其施暴行为曝光后,无视自己的施暴行为给原告所造成的身心伤害,多次接受媒体的采访,描述施暴的过程和细节,给原告造成了二次伤害,造成了不良的社会影响,主观上存在明显的过错。其次,情节比较恶劣。被告当着未成年女儿的面殴打原告,使未成年女儿感受到自己的无助和对暴力的恐惧,带来巨大的心理创伤。最后,被告李某具有较强的经济支付能力。因此,合议庭支持了原告提出5万元精神损害抚慰金的诉讼请求。

三、"家庭暴力"与未成年子女抚养权的确定

本案中合议庭认定了家庭暴力行为是否定其子女抚养权的重要因素。一方面,家长的家庭暴力倾向对未成年子女的成长不利。从心理学角度,暴力源于施暴人内心的不安全感,施暴人一般会过度看重自己的权威,强调家庭成员的绝对服从,这很容易使未成年子女缺乏安全感,产生自卑、胆小心理,难以集中注意力学习等后果。而且,如果由施暴方直接抚养未成年子女,施暴方可能利用直接抚养的机会限制对方的探视权。本案中被告李某有家暴倾向,如果直接将未成年子女的抚养权交给他,不仅不利于未成年子女的健康成长,也不利于

---

① 目前该司法解释失效,2021年《最高人民法院关于适用〈中华人民共和国民法典〉婚姻家庭编的解释(一)》肯定了上述司法解释。

② 目前该司法解释失效,2021年《最高人民法院关于适用〈中华人民共和国民法典〉婚姻家庭编的解释(一)》肯定了上述司法解释。

原告对孩子的探视权的行使。另一方面,经济条件并不是确定抚养权归属的唯一因素。对于离婚纠纷中夫妻双方争夺未成年子女抚养权的案件,除应考虑经济因素和家庭暴力因素外,还要考虑双方谁更能给孩子营造安全稳定的生活环境。本案中,原告长期照顾3个孩子,与3个孩子感情较深,而被告因工作原因长年不在家,客观上很难给孩子提供必要的关爱和照顾。在征询双方已满10周岁的大女儿意愿,结合原告的诉讼请求,将3个孩子的抚养权判给原告,有利于孩子的健康成长。

四、人身安全保护令的裁定

我国民事诉讼法的行为保全制度是人身安全保护裁定直接的法律依据。《民事诉讼法》第100条规定:"人民法院对于可能因当事人一方的行为或者其他原因,使判决难以执行或者造成当事人其他损害的案件,根据对方当事人的申请,可以裁定对其财产进行保全、责令其作出一定行为或者禁止其作出一定行为。"本案中,被告李某不但对原告实施家庭暴力,而且多次向原告发送威胁性短信,使得原告对自己将来继续遭受暴力产生恐惧心理,也存在现实可能性,其人身保护令申请应当得到法院支持。

【专家观点①】本案例对于同类案件的审理在以下三个方面具有重要的引领作用:

1.正确理解司法解释关于家庭暴力的定义,准确认定家庭暴力

发生在家庭成员间的暴力行为,具有长期性和反复性。但是,家庭暴力的这种特点,仅仅是特点,不是司法认定的构成要件。《最高人民法院关于适用〈中华人民共和国婚姻法〉若干问题的解释(一)》第1条第1款(现已失效)和最高人民法院中国应用法学研究所编写的《涉及家庭暴力婚姻案件审理指南》(2008)第2条关于家庭暴力的定义,都没有包括长期性和反复性特点。司法实践中,错误理解家庭暴力的定义,混淆家庭暴力的特点和构成要件,却是极其普遍的现象。本案判决正确理解了《最高人民法院关于适用〈中华人民共和国婚姻法〉若干问题的解释(一)》第1条第1款关于家庭暴力的规定,依据Kim提供的证据和李某的自认,支持了Kim的主张,认定了家庭暴力,不仅在个案上实现了司法公正,其思路对其他法官审理涉家庭暴力案件,也有重要的借鉴意义。

2.考虑到家庭暴力对未成年子女身心健康的影响,保障未成年人的合法权益

家庭暴力是否属于不利于子女身心健康的情况,不同的法院和不同的法官之间,态度和做法不一。有人认为,家庭暴力就是家庭纠纷,不属于需要考虑的因素。也有人认为,打孩子不利于孩子的身心健康,但如果当事人只打配偶不打孩子,则不会影响孩子的身心健康,因此不影响对配偶有暴力行为的当事人获得子女抚养权。实际情况是,根据联合国秘书长《关于侵害妇女的一切形式的暴力行为的深入研究》,生活在暴力家庭中的未成年子女,会在心理健康、学习和行为三个方面出现障碍。目睹暴力的孩子,在出现严重行为问题的可能性方面,与无暴力家庭中的孩子相比较,男孩要高17倍,女孩要高10倍。

在我国,司法干预家庭暴力的工作还处于起步阶段,家庭暴力对未成年人的负面影响,还没有得到足够的重视。当前比较普遍的做法是,在双方争夺子女抚养权的情况下,如果一方收入较高而另一方收入较低甚至没有收入,则收入高的一方更可能因为能为子女提供较好的生活和学习条件而获得子女抚养权;如果双方有不止一位子女时,法官通常会考虑平均

---

① 本案件评述专家陈敏,系最高人民法院应用法学研究所研究员。

分配。本案中,李某事业成功,经济实力雄厚,而 Kim 是全职妈妈,没有稳定收入,双方有三个未成年子女,按照常规思路,李某至少可以获得一个子女的直接抚养权。值得称道的是,本案承办人在考虑到李某抚养小孩的时间和精力有限这些常规的不利因素外,还充分考虑到李某作为有暴力倾向的家长,是不合格的家长,因此将三个子女的直接抚养权都判归没有暴力倾向的 Kim。同时考虑到学费需按学期支付的特点,判决李某按年支付抚养费,改变了以往判决按月支付抚养费的习惯做法,较好地贯彻了最有利于儿童成长的原则。

3.注意到分手暴力对受害人的现实威胁,在宣判准予离婚的同时发出人身安全保护裁定,有效预防了分手暴力的发生

研究发现,引发家庭暴力的,是施暴方内心强烈的控制欲。分手使其控制欲受挫,因此可能导致其在分手期间或分手后再次施暴,以图重新控制或报复受害人。域外研究成果显示,高达 50% 的男人在他们的妻子或女友提出分手或实际分手后,会继续以殴打或其他形式威胁和恐吓她们。由于这种现象在双方分手后相当普遍,国际社会将其称为"分手暴力"。本案证据显示,李某在离婚诉讼期间曾数次给 Kim 发去带有威胁内容的短信,显示出较强的控制欲和报复性,同时也显示其实施分手暴力的可能性。为防止可能发生的分手暴力,该院在宣判离婚的同时,根据 Kim 的申请,发出人身安全保护裁定,显示了该院在反家庭暴力理念上的进步。事实证明,这是北京市法院适用修改后的《民事诉讼法》而发出的第一例针对家庭暴力的人身安全保护裁定,不仅给 Kim 提供了心理上的安全感,也有效地预防了分手暴力的发生,法律效果和社会效果俱佳。

思考题

1.本案中涉及的法律文书有哪些?

2.北京市朝阳区人民法院对本案判决的理由是什么?

3.你从 Kim 诉李某离婚纠纷案中获得哪些启发?

第二节　婚姻家庭纠纷法律文书的特点与作用

一、一组数据的分析

1.我国离婚率连续上涨

近年来,我国离婚率持续攀升。民政部公布的数据显示,从 2003 年起,我国离婚率连续上涨,由 1987 年的 0.55‰ 上升为 2020 年的 3.2‰。2018 年离婚率继续保持 3.2‰。2008 年离婚人数仅 226.9 万对,2018 年依法办理离婚手续的共有 446.1 万对,比上年增长 2.0%。2019 年全国离婚登记人数延续上升的趋势,2019 年三季度全国登记离婚人数 310.4 万对,同比增长 7.1%。经统计,2016—2020 年,全国 80、90 后离婚纠纷一审审结案件中,由女性提出离婚的占高达 73.4%(见图 4-1)。这说明这个年龄段女性的法律意识、权利意识越来越强。

2.离婚原因呈多元化

婚姻生活需要彼此一同去用心经营,互相忍让包容,互相支持鼓励,互相尊重理解,互帮

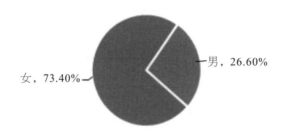

图 4-1　2016—2020 年一审离婚案件原告性别分布图

互助，互相依赖。随着经济社会的发展，影响婚姻持续的因素也不断发生变化。一是思想观念上发生了变化。男女双方对婚姻家庭的稳定性、包容性，不再因性格不合、生活习惯不和、婆媳不和、家庭暴力等委屈自己。二是独生子女对父母依赖性强，伴侣意识较弱。80、90 后一代多是独生子女，大多个性强，耐挫能力差，在夫妻家庭关系中难以正确处理伴侣与父母家族的关系。三是夫妻面临社会生活、工作、经济等多重压力。夫妻一方对另一半期望值过高，结果婚后才发现并没有那么美好而失望，反而面临着社会生活、工作、经济等多重压力，导致心理压力过大，失望大于期望。承担不起生活的重担，经常因柴米油盐的小事而争吵不断，最终导致忍受不了离婚。四是父母过多干预和不正确调解，导致双方矛盾激化。五是感情基础薄弱，无法抵制外界各种诱惑，轻易出轨，随意结婚，长期分居等也影响婚姻的稳定。从近几年离婚的各种原因来看（见图 4-2），生活琐事占比达 34.21%，成为离婚一大原因，这确实值得我们去反思。

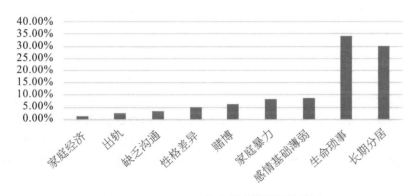

图 4-2　2010—2020 年我国离婚原因统计图

二、婚姻家庭纠纷法律文书的特点

相对于其他法律文书而言，离婚纠纷法律文书的特点如下：

1. 涉及社会关系、法律关系广泛

一般的离婚纠纷法律文书既涉及婚姻家族身份关系，也涉及财产分割、子女抚养关系，在家庭暴力导致的纠纷中还会涉及人身侵权法律关系等，甚至会涉及违约问题。复合性诉讼决定了文书写作的复杂性。

2. 法律语言简洁朴素，当事人以悲情写作为基本立场

与公文体法律文书不同，离婚纠纷法律文书语言要求不高，强调采用朴实、通俗易懂的

文字,可以采用适当的描写手法,突出受冤、受害、受伤的情节与心境,于情以理,情理交融。例如,Kim 诉李某离婚纠纷一案中,当事双方对自己的观点表述更多的是情理写作的问题。

当然,在诉讼中,法官需要的是本案所需要的客观真实信息,而当事人表述情绪化、非理性一些。因此,法律诊所学生要注意对当事人反映情况由具体到抽象,善于提炼和总结,尤其是在起诉状、答辩状的最后部分,把委托人内心最想表白的话说出来,切实做到感性和理性的结合,同时最想倾诉的情感表达了,对于法官来讲,虽然加了一些在他看来是多余的话,但最主要的脉络都有了。

3.格式的规范性和用语的程式性

司法文书和律师文书都有严格的文书格式,分两部分,一个是比较固定的结构,另外表达转折过渡的语言多为惯用的成文化文字。比较固定的结构是指婚姻纠纷法律文书作为一类应用文体,都由首部、正文、尾部三部分组成,每个部分都由相应的写作要素组成。这既符合法律文书庄重、规范的要求,也符合人们的阅读和认知习惯。另外,表达转达过渡的语言多为惯用的成文化文字。例如在诉状中表达诉讼请求,第一个先写原告请求与被告离婚,这肯定是第一项;第二项写孩子,孩子归谁抚养;之后再写财产,先写债权部分,有的部分写上,之后再说没有的部分,要给哪部分债务,基本上都是这个顺序。

4.说理讲求充分性、合法性

无论是事实理由还是法律理由,写作中都要强调充分性和合法性。在民事纠纷中,证明责任是"谁主张、谁举证",举证不当或不充分,都会导致不利的法律后果,而且根据现有的证据规定,不及时举证还会出现"证据失权"的法律后果。说理应注意法律依据,以取得法院的支持。比如婚内暴力伤害赔偿,对事实的认定没有证据说明是很难确定的。财产的侵害只能是有权分割的部分,而不适宜将无权分割的婚前财产、对方个人财产、家庭中不属于自己的共有财产要求平均分割。

三、法律文书在婚姻家庭纠纷中的作用

婚姻家庭纠纷法律文书是在婚姻家庭纠纷中制作和运用的具有法律效力的或法律意义的法律文书,主要包括按制作主体的不同可分为当事人制作的法律文书和人民法院制作的裁判文书;按解决纠纷方式分为协议解决法律文书和诉讼解决法律文书。前者如协议书、调解书等;后者包括起诉状、上诉状、答辩状、判决书等。人们在婚姻纠纷中利用各种法律文书实现自己的目的,其主要作用体现在:

1.维护权益

法律文书是对各类法律行为效力的一种确认,也是各类诉求和司法权力行使的法定形式和基本载体。当事人的各种诉讼请求和主张、事实和理由,司法机关查明的事实和裁判理由都是通过具体的法律文书展现的。法律文书对于维护社会秩序,保证国家法律的正确实施,维护公民、法人和其他组织的合法权益具有重要作用。

2.固定证据

法律文书承载的信息是客观上已经发生过的事实,承载的信息是相关法律关系主体关于发生、变更、消灭法律关系,或确认法律事实的意思表示。《民事诉讼法》第72条规定:"经过法定程序公证证明的法律事实和文书,人民法院应当作为认定事实的根据,但有相反证据足以推翻公证证明的除外。"《最高人民法院关于民事诉讼证据的若干规定》第10条规定:

"下列事实,当事人无须举证证明:(一)自然规律以及定理、定律;(二)众所周知的事实;(三)根据法律规定推定的事实;(四)根据已知的事实和日常生活经验法则推定出的另一事实;(五)已为仲裁机构的生效裁决所确认的事实;(六)已为人民法院发生法律效力的裁判所确认的基本事实;(七)已为有效公证文书所证明的事实。前款第二项至第五项事实,当事人有相反证据足以反驳的除外;第六项、第七项事实,当事人有相反证据足以推翻的除外。"婚姻家庭纠纷中法律文书中确认的事实证据是来源于特定案件、特定证据环境,是一种相对的客观真实,是确认各种法律关系的重要载体和基本手段。

3.启动程序

法律文书在婚姻诉讼过程中对各类法律环节起着推动、阻止或确证作用。从某种意义上讲,法律文书是启动诉讼程序的工具,在法律实务中要想取得案件办理的实际效果,不但要在实体上出谋划策,精打细算,而且要通过各类法律文书的运用在程序上出奇制胜。随着国家法治程序意识的增强,法律文书在实务办案中受重视的程度也在不断提升。比如,普通程序和简易程序之间的转换,调节期间的灵活变动,举证期间的延长、申请案外人参加诉讼等,运用得当就能很好地为当事人的利益服务。

4.档案纪录

法律文书是法律文书写作者法律思维、理念以及适用法律解决实际问题的体现,是法律活动的有效记录,反映着法律行为的发生、发展过程。常言说"空口无凭、立字为证"。法律文书伴随着整个法律活动的进程,并把它用文字形式固定下来,成为实施法律行为的依据。法律文书的静态、固定等特点,对执法和司法活动的总结、纠偏以及树立公正合法的形象具有重要意义。

思考题

1.生活琐事成为离婚的一大原因深层次的理由有哪些?
2.简述婚姻纠纷法律文书写作的特点。
3.婚姻纠纷中常用的法律文书作用是什么?

第三节 婚姻家庭纠纷法律文书的写作要素

婚姻家庭纠纷法律文书写作的最基本的要素是主旨、素材、结构、表达及语言。

一、主旨

主旨是文书写作目的的和主张,也称为中心思想和基本观点。不同法律文书其主旨又有不同表现。比如为当事人代书的离婚诉状,离婚诉状的目的是什么? 就是离婚,对被告提起离婚诉讼,请求法院经过审理作出对原告有利的判决,这个目的非常明显,围绕这个目的,写作时就必须在文书中用确凿的证据,用有利的证据,依据婚姻法的相关问题来说明这个问题。例如,被告有恶习,长期吸毒,屡劝不改,吸毒后有家暴行为,对原告造成无法弥补的感情伤害,精神受到严重摧残,致使双方感情彻底破裂等。请求法院在查明事实的基础上,依据我国《民法典》第 1079 条第 2 款的规定作出判决。

在离婚纠纷案件中一般会涉及 22 个常用的法律文书,不同的诉求,会有不同的主旨,也就有不同的法律文书。因此,应当围绕主旨选择材料和组织材料,通过制作法律文书达到维护当事人合法权益的目的。

二、素材

法律文书的素材主要指案件或事件的事实和证据材料,其次是指用于论证的法律条款和法学理论。前者属于事实性材料,后者属于理论性材料。除此之外,法律文书的素材还包括:制作文书的主体、当事人和其他诉讼参与人的基本情况等。素材必须是客观真实的,这是一个原则性的要求。

素材的选择主要是围绕所要制作的文书的主旨来写,重点是从有利于说明自己主旨的角度选择。如要求离婚,则选择有关感情破裂的事实写,而否认感情破裂的,则要从双方的感情没有破裂的事实,感情基础、生育小孩等角度谈。

三、结构

法律文书不同于普通文章,法律文书结构的特殊性表现为"程式化",即法律文书在结构形式上有相对固定的格式,内容安排上有比较固定的顺序。这种格式化既是阐明主张的需要,也是我国长期法律实践中的阅读习惯和制作经验的反映。

文书格式要遵循三个方面:一是掌握文书的基本结构。法律文书的结构主要包括首部、正文、尾部三个部分,这样的结构层次清楚,对诉讼中对应环节都有所交代,有利于章法的安排和内容的组织,防止叙述和阅读上的混乱。二是拟全文书结构中基本信息。首部包括当事人的基本情况,案由或诉求。原、被告双方身份要写清楚,避免在生活中出现不必要的误会。正文中法律文书必备的事项要全,能详细尽量详细,便于查明事实和裁判。尾部中的要素信息不可缺失,可以体现文书结论情况和发生法律效力事实,同时弥补正文的表述不足。三是熟悉文书的程式化语言。做到法言法语,规范统一,章目清晰,前后贯通。

婚姻家庭纠纷法律文书结构中三部分及每部分包含的内容相对固定。

首部:(1)文书名称;(2)当事人身份事项;(3)请求事项。

正文:(1)事实;(2)理由;(3)处理结论围绕文书主旨写,要和请求事项相互呼应。

尾部:(1)交代有关事项;(2)签名、日期;(3)附注事项。

四、表达与语言

法律文书的表达方式主要包括叙述、议论和说明三种,不同结构部分对表达方式的要求都不同。考虑法律文书的规范性、确定性和高度的严肃性,旨在以理服人,而非以情感人,法律文书一般禁用描写或抒情的表达方式。

语言是思想的外在表现,一切文字的材料都离不开语言,法律文书也是如此。婚姻家庭法律文书语言的一般要求是:明确、规范、简朴、庄重。

1. 明确。即准确,指法律文书遣词造句要准确,语义要单一。显然,任何语体都讲究用词准确。但法律文书写作中对字、词、句的准确性要求更为严格。因为词语的失之毫厘,带来的可能将是对当事人处理结果的差之千里。

不明确,如"夫妻共同财产一人一半,两个小孩一人一个。"这种诉求相当模糊,表面看似比较简明,实际上既没有厘清自己客观主张,也使法院无法确定诉讼标的,难以作出准确裁判。

2. 规范。即标准,法律语言的规范性主要体现在:(1)法律文书的组词造句、表情达意要遵守汉民族共同语——普通话的词语含义及语法规则;(2)使用规范正确的法律术语;(3)不使用方言、土语,不滥用外来词语;(4)不生造词语,不使用已废用的古语词;(5)不乱用异体字、繁体字及未经国家批准公布的简化字。但是,在少数民族聚居地及多民族共同居住地区,根据实际工作需要,司法机关在制作法律文书时可使用当地通用的一种或几种文字,但也要求符合该语言文字的使用规则。

不规范,如"他说我对他老人不好,我不爱说话,叫妈少些,今后多叫几句妈就是。我对他有感情,每天做好了饭菜等着他,晚上也等着他,他的衣服都是我洗,孩子都是我管。3 个孩子吃穿都一样……"此类表述的主要问题是用语口语化,不规范。这里只要强调自己已尽做妻子、儿媳妇的责任就可以了。

3. 简朴。即简要、质朴。一方面要求文书语言要简明扼要,言简意赅,在表意明确的前提下,不重复、不啰嗦,不写废话、空话、套话,做到惜墨如金。另一方面要求语言要质朴平易,朴实无华,通俗易懂。力戒华丽辞藻;不用过分的修辞、描写和抒情;不搞弦外之音;不事渲染铺陈夸张;不故作高深。对于案件中的一切事实、情节都恰如其分、实事求是地反映,不作人为的夸大或缩小,尤其是归纳概括表述时,不能改变案件的性质,必须完全符合法律要求,无懈可击。

不简洁,如"因婚后夫妻感情不和,被告常为家庭经济琐事找碴吵嘴打架,自己搬回娘家去住,去年又告我离婚,使夫妻感情完全破裂,现已分居 2 年多了,今后再无法生活下去的原因,请求与被告离婚。"

主要问题是事实细节写进诉讼请求中,没有简明扼要地提出离婚的请求。

4. 庄重。即庄重、严肃。法律文书的语体特色必须与法律的权威性和庄严性一致。言必有据,不言过其实,不带个人情感色彩,不引用秽语、黑话、行话。法律文书常常涉及社会的阴暗面,如反映奸情类案件的文书,语言应着力克服叙述可能给社会带来的负面影响,最好用概括叙述,尽量避免原始引用。

不庄重,如"婚后不久因家庭琐碎小事,经常向娘家告状,而且经常和她父母一起到我家来兴师问罪,发神经。"这种日常口语化表述和带有侮辱性的语言,既不庄重,也利于准确反映客观事实。如改成"经常无事生非,性格多疑"的概括性表述可能庄重些。

?思考题

1.法律文书写作一般应具备哪五大要素?各自要求有哪些?

2.以民事起诉状为例,分析婚姻纠纷法律文书写作五大要素的体现。

3.婚姻纠纷中法律文书一般结构有哪些部?其语言和表达有哪些要求?

第四节 离婚纠纷案件常见法律文书的写作

婚姻纠纷特别是离婚纠纷的解决有两种方式选择:一是协议离婚,二是诉讼离婚。协议离婚是双方自愿到民政部门的婚姻登记处登记离婚即可；诉讼离婚是通过诉讼的方式离婚。二者方式不同，文书写作规则也不尽相同。公民自用离婚纠纷所涉常用法律文书有 22 种。（见表 4-1）

表 4-1　常用离婚纠纷法律文书

1.离婚协议书	12.回避申请书
2.授权委托书	13.延期举证申请书
3.民事起诉状	14.房屋评估申请书
4.民事答辩状	15.资金监管协议书
5.诉讼费用缓交、减免申请书	16.法院调取证据申请书
6.证据保全申请书	17.民事上诉状
7.财产保全申请书	18.民事上诉答辩状
8.人身保护令申请书	19.民事申诉状
9.管辖权异议申请书	20.强制执行申请书
10.变更诉讼请求申请书	21.先给予执行申请书
11.撤诉申请书	22.代理词

这 22 种文书中又可分为三种章法或体例：一是条目式，包括离婚协议书、授权委托书等。写作的格式规则是类似于章程和合同的写法，一般写明文书标题和文书制作原因或理由后列举具体事项即可，最后双方署名，写明日期即可。二是致送式，包括各类诉状类、申请类法律文书，如起诉状、答辩状、上诉状以及各类申请书等。致送式体例是法律文书最为典型的章法，体现了法律文书的庄重、规范和严谨的内在要求。该类文书章法是先写标题、当事人情况、请求事项、事实理由、受文主体、署名和日期、附件。其制作特点是将"受文主体"写到文书尾部，用"此致"结束正文，然后顶左格写"××法院（公安局）"等。三是信函式，包括各类代理词、法律意见书等。信函式体例如同写信的格式作为其显著特征，与致送式不同点在于将"受文主体"放到文书的首部，制作格式要求相对简单些。法律文书写作中还有一种体例为宣告式，常见的有各类裁判文书，属于司法公文范畴，这里不作叙述。下面重点介绍这三种体例中常用的法律文书写作。

一、离婚协议书

离婚协议是夫妻双方就离婚后子女抚养、财产及债务处理等问题协商后签署的对双方具有法律约束力的书面意思表示。通常情况下，双方法律知识有限，不清楚自己享有的权利，更不知道如何维护自己的合法权益。因此，为避免日后的纠纷，双方在达成离婚协议前或协商过程中，应尽量了解相关知识，向有关专业人员或者请律师咨询，甚至在必要的时候请专业人员或者请律师帮助双方起草协议书。

协议离婚当事人应提交的登记材料：户口簿、居民身份证、结婚证、自愿离婚协议书。提示：另外需本人近期正面免冠二寸单人照片两张，双方照片必须同色。

离婚协议书是登记离婚（协议离婚）的实质性文件，申请登记离婚的双方当事人必须认真制作,经双方签字后产生法律效力。一般有表格式与叙述式两种。表格式是在书面方式基础上由当事人根据民政部门提供的样式填写,叙述式离婚协议采用条目式格式书写。

[格式点评]

离婚协议书

男方:×××(写明姓名、性别、居民身份证号码、职业或者工作单位和职务、住址、联系电话)

女方:×××(写明姓名、性别、居民身份证号码、职业或者工作单位和职务、住址、联系电话)

双方经过充分考虑、协商,现就离婚问题达成协议如下(简述双方离婚的原因):

一、双方感情已经完全破裂,没有和好的可能。因此,双方均同意解除婚姻关系(双方是否自愿离婚的意思表示)。

二、明确子女的抚养归属权及抚养费(含生活费、教育费、医疗费等)的负担,并写明给付上述费用的具体时间、方式。在抚养费条款之后,还应当就非直接抚养一方对子女的探望权作出时间、地点等明确具体的约定。

三、夫妻共同财产的分割(含房产、物业、电器、家具、通信设备、交通工具、现金存款、有价证券、股权等)。

注意:共同财产处理一定要写明确,不能简单地写:"共同财产平均分割",对具体内容不写,容易为以后留下隐患。民政部门在离婚协议书上"关于财产分割已完毕,双方对此无异议"的表述也是有瑕疵的。这种情况属于约定不明确,会存在很大的争议。

四、对债权债务的处理(对夫妻关系存续期间共同的债权、债务的享有和承担的具体处理)。

男方:　　　　　　　　　　　　　　　　女方:

_____年_____月_____日　　　　_____年_____月_____日

特别注意:

第一,离婚协议书应当写明双方当事人的离婚意思表示、子女抚养、夫妻一方生活困难的经济帮助、财产及债务处理等协议事项。

第二,协议的内容应当有利于保护妇女和子女的合法权益。

第三,一方或者双方当事人为限制民事行为能力者或无民事行为能力者,不予办理。

第四,未办理过结婚登记的,不需制作本文书。

第五,从法律效力上讲,(1)要明确离婚协议生效时间:离婚协议书是在双方办理了离婚手续之后才生效,无论是通过民政部门离婚还是法院离婚。(2)如果是已经签订好的离婚协议,在没有办理离婚手续之前,一方反悔的,就不发生效力。任何一方都有权利对财产分割和子女抚养进行反悔。法院审判时候,也不会根据离婚协议书的内容来确定判决书内容,也可能判决离婚,或者不准离婚。(3)已经签署的离婚协议书,对于证明夫妻之间的感情破裂,现有财产状况,是可以作为证据来使用的。(4)对于已经离婚的,法律还给予当事人再次寻求救助的机会。我国婚姻法允许当事人在离婚后一年内提出诉讼请求,要求人民法院撤销离婚。这种情形的前提是签订离婚协议时候,一方存在欺诈或者胁迫行为。如果是这样的话,受害者可以提出撤销离婚协议书,重新分割财产。

二、民事起诉状

（一）起诉离婚的情形

有以下情形的,应该通过向人民法院起诉的方式离婚:(1)一方提出离婚,另一方不同意离婚的;(2)双方均同意离婚,但是对夫妻财产如何分割或者对子女由谁直接抚养等问题无法达成协议的;(3)双方同意离婚,且对夫妻财产分割、子女由谁抚养等问题达成协议,但在协议离婚手续办理完毕前一方反悔,另一方坚持离婚,又无法重新达成协议的;(4)双方同意离婚,且对夫妻财产分割、子女由谁抚养等问题达成协议,但双方协议后自愿通过诉讼方式离婚的。原告起诉时应向法院递交以下材料:(1)原告除向人民法院递交起诉状正本外,还应提交起诉状副本;(2)起诉状附有与原告的诉讼请求及其主张相关的证据原件或经人民法院核对无异的证据复制件;(3)原告诉讼主体资格证明。

（二）民事起诉状的制作

1.首部

文书名称"民事起诉状",原告和被告的基本情况。原告应写明姓名、性别、年龄、民族、职业、工作单位、住所、联系方式等。被告基本情况的写法和原告相同,如有的项目不知道的,可以不写,但必须写明被告的姓名与住址或所在地址。因为"有明确的被告"是人民法院受理案件的法定条件之一。如有的被告下落不明(如离婚案件的对方当事人),则要说明原因和有关情况。

注意:由于一方下落不明,导致另一方离婚障碍的现象较十年前日益增多。对于一方下落不明,一般法院的具体做法为:

第一步:一方当事人向法院立案起诉离婚。

第二步:法院按一方当事人提交的邮寄地址送达法律文书,若被退回,初步证实对方下落不明。

第三步:由起诉方当事人或法院向有关部门收集另一方当事人下落不明、杳无音信的补强证据,进一步认定对方法律文书地址无法直接送达。

第四步:由法院在公告栏和相关媒体上刊登公告,进行公告送达。在公告中告之当事人的权利义务以及不及时参与诉讼的法律后果。公告期国内案件六十日,涉外案件六个月。

第五步:公告期满,视为送达,进行缺席开庭和判决。一般会判决离婚。

当然,这种案件处理方式也有弊端。实践中曾出现一方恶意声称另一方下落不明的情况,再设计收集相关证据,使得很多下落并非不明的另一方当事人在不知情的情况下,稀里糊涂地被解除了婚姻关系,甚至财产权利也受到了恶意的侵害。由于人身关系的判决不能申请再审,因此,一旦出现恶意得逞,将难以补救。

关于"住所、住址、所在地址"的提法问题。住所,通常亦称住所地。公民的住所地是指公民的户籍所在地。起诉状中要求写明公民的住址,一般是指该公民的住所地的地址,但该公民的住所地与经常居住地不一致的,则可写经常居住的地址。为便于联系,提高办案效率,在诉状中应尽量写明原、被告的通信号码(如办公电话、住宅电话、手机等)。

2.正文

(1)诉讼请求

要写明请求法院解决什么问题,提出明确的具体要求。如请求离婚,有多项具体要求的,可以分项表述。如在离婚案件中有三项具体要求的,写为:

1. 请求判令原、被告离婚;

2. 婚生子×××由原告抚养,由被告给付抚育费;

3. 夫妻共同财产依法分割、债务依法承担。

注意三点:一是不要将请求内容写成事实内容;二是子女抚养问题、探望权也可作为诉讼请求;三是财产问题要明确。

(2)事实与理由

注意表述的层次性,同时要与诉讼请求相互呼应。先写婚姻状况:"原告和被告经人介绍于××××年××月相识(或自己相识恋爱),××××年××月××日登记结婚,××××年××月××日生育一男(女)孩,取名×××。"其次写离婚的理由,即婚前基础怎样、婚后感情如何,为什么提出离婚请求,何时何地因何种原因发生纠纷。是否经过法院、单位或其他组织调解、处理。如果有第三者应提出证据,说明感情破裂的程度,是否因感情不和而分居,分居的时间等。再次写子女抚养权的问题,说明理由(从有利于小孩教育成长角度列明理由,如收入、文化程度、感情程度、家庭关系等角度表述)。最后写明财产分割的理由。共同财产、家庭共有财产注意已作析产处理,如果没有明确,法院不受理。

3.尾部

尾部写明受诉法院名称,附件除写明起诉状副本×份外,提交证据的,还要写明:结婚证、身份证、房屋产权证(复印件)、公房租赁凭证(复印件)、财产清单。最后由起诉人本人签名盖章,写明起诉日期。

[格式点评]　民事起诉状(离婚用)

民　事　起　诉　状

原告×××(按顺序写明姓名、性别、年龄、民族、职业、工作单位、住所、联系方式等)

被告×××(按顺序写明姓名、性别、年龄、民族、职业、工作单位、住所、联系方式等)

诉讼请求:

1.判决与被告离婚;

2.儿子(女儿)由原告(或者被告)抚养;

3.平均分割夫妻共同财产(详见财产清单);

4.案件受理费由双方承担(或由被告承担)。

事实和理由:

婚姻状况。原告和被告经人介绍于××××年××月相识(或自己相识恋爱),××××年××月××日登记结婚,××××××年××月××日生育一男(女)孩,取名×××。

离婚理由。婚前基础怎样、婚后感情如何,为什么提出离婚请求,何时何地因何种原因发生纠纷。是否经过法院、单位或其他组织调解、处理。如果有第三者应提出证据,说明感情破裂的程度,是否分居,分居的时间等,夫妻感情是否确已破裂。

具体要求。向法院表明夫妻感情确已破裂,要求离婚及对于离婚后子女抚养,财产处理问题的意见。

　　此致
　　××市××区人民法院

具状人(本人签名)：×××
××××年××月××日

　　附:1.起诉状副本一份;

　　2.结婚证、身份证、夫妻感情破裂的证据、房屋产权证(复印件)、公房租赁凭证(复印件)、财产清单。

　　注意:民事起诉状最好以打印形式;如书写的,要字迹清楚,用钢笔书写。

三、民事答辩状

　　民事诉讼中的被告,收到原告的起诉状副本后,在法定期限内,针对原告在诉状中提出的事实、理由及诉讼请求,进行回答和辩驳的书状,称为第一审民事答辩状。

　　第一审民事答辩状具有下列特征:(1)必须是民事案件被告提出的。(2)必须在法定期限内提出。《民事诉讼法》第128条第1款规定:"人民法院应当在立案之日起五日内将起诉状副本发送被告,被告应当在收到之日起十五日内提出答辩状。答辩状应当记明被告的姓名、性别、年龄、民族、职业、工作单位、住所、联系方式;法人或者其他组织的名称、住所和法定代表人或者主要负责人的姓名、职务、联系方式。人民法院应当在收到答辩状之日起五日内将答辩状副本发送原告。"第128条第2款规定:"被告不提出答辩状的,不影响人民法院审理。"由此可见,提出答辩状,对于民事被告来说,既是义务,又是权利,而主要的还是权利。(3)必须针对起诉状的内容进行答辩。当然基于婚姻诉讼属于复合性诉讼,答辩时被告可以提出新的诉讼请求。

　　民事答辩状的制作:正文是答辩状的主体部分,或者说是关键部分。大体包括以下三个方面:(1)就事实部分进行答辩,对原告诉状中所写的事实是否符合实际情况表示意见。如果所诉事实全部不能成立,就全部予以否定;部分不能成立,就部分予以否定。提出符合客观真实的事实来加以证明。就事实部分进行论证,要着重列举出反面的证据来证明原告诉状中所述事实不能成立,并且要求反证确实、充分,不能凭空否认原告诉状中所叙述的事。这里所说的反面证据,一种是直接与原告所提的证据相对抗的证据,另一种是足以否定原告所述事实的证据。(2)就适用法律方面进行答辩。一是事实如果有出入,当然就会引起适用法律上的改变,论证理由自然可以从简,这叫事实胜于雄辩。二是事实没有出入,而原告对实体法条文理解错误,以致提出不合法要求的,则可据理反驳。三是在程序方面,如果原告起诉违反《民事诉讼法》的规定,没有具备引起诉讼发生和进行的条件,则可就适用程序法方面进行反驳。(3)提出答辩主张在提出事实、法律方面的答辩之后,引出自己的答辩主张,即对原告诉状中的请求是完全不接受,还是部分不接受,对本案的处理依法提出自己的主张,请求法院裁判时予以考虑。

　　[格式点评]

民事答辩状

　　答辩人×××(按顺序写明姓名、性别、年龄、民族、职业、工作单位、住所、联系方式等)

被答辩人×××(按顺序写明姓名、性别、年龄、民族、职业、工作单位、住所、联系方式等)

因被答辩人×××诉答辩人×××离婚纠纷一案,答辩如下:(答辩理由应着重陈述起诉状中与事实不符、证据不足、缺少法律依据等问题,并列举有关证据和法律依据)。

此致

××市××区人民法院

答辩人(本人签名):×××

××××年××月××日

附:1.答辩状副本×份。

2.证据材料×份。

四、财产保全申请书

财产保全,也称为诉讼保全。在我国台湾地区叫作假扣押、假处分。民事案件,在起诉前或者起诉后,一方当事人发现对方当事人对争执的标的物可能有出卖、转移、隐匿、损毁的行为,或者是标的物自身有急剧变质、降低价值的情况,将会使其合法权益受到难以弥补的损害的,或者会造成人民法院今后作出的判决不能执行或难以执行时,请求人民法院防止上述情况发生,对标的物采取一定的强制性的保全措施的书状,叫作财产保全申请书。

申请财产保全一般需要以书面形式提出,而且案件所涉及的是有关财产支付的争议。当提出保全申请后,法院将要求申请人提供担保,如果不提供担保,将可能导致法院驳回申请。

财产保全申请书的制作:财产保全申请书的正文包括事实、理由、请求目的等内容。(1)简要地说明一下双方讼争或将要起诉的案情事实确凿无疑。在这一方面着墨不要太多。(2)着重写明必须实施财产保全所根据的事实。即被申请人有何种分散、转移争执的标的物的行为。具体写明被申请人对争执的标的物是正在准备出卖、损毁、转移,还是隐匿,抑或是故意对其现有的资财大肆进行挥霍浪费。(3)对所提出的上述事实,举出确实可靠的证据,证明它是客观实际存在的,而不是主观臆测的。(4)论证理由,主要是阐明如果不实施财产保全,人民法院今后的判决势必不能执行或难以执行。如果被申请人的挥霍浪费等行为,只影响其财产的很小一部分,不足以影响今后人民法院判决的执行,则不必申请实施财产保全。(5)请求目的。根据前述事实和理由,写明具体、明确的请求目的。即请求人民法院对被申请人的何项财产实施财产保全,以及采取何种方法(如查封动产和不动产、扣押动产、冻结账户资金等)实施财产保全。同时表示自己是否提供担保以及提供何种担保。

[格式点评]

民事起诉状(离婚用)

申请人:×××(写明姓名、性别、年龄、民族、出生地,文化程度、职业或者工作单位和职务、住址、联系电话)

被申请人:×××(写明姓名、性别、年龄、民族、出生地,文化程度、职业或者工作单位和职务、住址、联系电话)

请求事项:

(写明请求法院查封、扣押或者冻结的被申请人的财产)

事实和理由：

(写明要求保全的财物情况,包括申请人与被申请人的关系,申请人和被申请人与要求保全财物的关系及财物名称、数量、金额、所在地点等。申请的理由主要写明需要保全的财物遭受侵害情况及采取财产保全措施的重要性及紧迫性及在判决执行中的意义。)

证据和证据来源：

写明能够证明申请请求的证据的名称、件数和证据来源。有证人的,应写明证人的姓名和住址。

此致
××市××区人民法院

申请人(本人签名)：×××

××××年××月××日

附：1.财产保全申请书副本×份。

2.证据材料×份。

注意：若证据在申请人手里,应随同申请书一并递交法院；若证据不在申请人手里,应向人民法院提供证据线索。

五、代理词

(一)诊所提示

民事代理词是诉讼代理人在法庭审理阶段为维护被代理人的合法权益所发表的指控、答辩的演说词。在审判的辩论阶段,诉讼代理人中肯地阐述诉讼理由,恰当地分析案情,有助于法院客观地、全面地了解案情,对案件作出公正的处理,使诉讼当事人的民事合法权益得到保护。

代理词一般从以下三个方面考虑：第一,从确认法律事实或法律行为是否存在和有无法律效力方面。第二,从确认有无法律关系及其相互间应否享有权利和承担义务方面。第三,从有关案件性质和法律责任的论证方面。

代理词的主要论证方法有：(1)据实论证。这就是通常所说的"摆事实,讲道理"的方法,这种方法容易发挥其折服对方的作用,也容易为法庭所接受。(2)据法论证。事实是案件的基础,但法律是衡量是非的准绳,特别是比较复杂的纠纷,若不用法律加以衡量和分析论证,便不易辨清其具体的是非界限和双方的法律责任。(3)据情说理。一般来说,法律与情理有相一致的地方,在情理上的申说,可以取得更好的论辩说理效果。

(二)代理词的制作

代理词无法固定格式,但有大体通用的文章结构,一般的代理词由以下几个部分组成。

1.首部

每一份代理词都应有一个确切的标题,标题应反映案件性质和所代理的当事人在案中的地位,例如"民事原告诉讼代理词"等,使听众一开始就了解代理词的性质。因为代理词是一种讲演词,主要向合议庭陈述,因此开头的习惯称呼语是"审判长、审判员"。

然后是序言亦即开场白,要尽量简洁,重点在代理意见部分。序言包括：(1)说明代理人出庭的合法性，概述接受委托和受指派，担任本案当事人哪一方面的代理人；(2)说明代理人接受代理后进行工作的情况，即在出庭前做了哪些方面的工作，如查阅案卷、调查了解案情等；(3)表明代理人对本案的基本看法，也可以不说。如系上诉案件，则要说明对一审判决的看法和意见。

2.正文

正文是代理词的核心内容。这一部分应根据具体案情、被代理人所处的诉讼地位、诉讼目的和请求以及被代理人与对方当事人的关系等因素来确定其内容。代理人应当在代理权限内，依据事实和法律，陈述并论证被代理人提供的事实与理由成立，从而支持其主张和请求，同时揭示、驳斥对方的错误。代理意见通常从认定事实、适用法律和诉讼程序等几方面或其中一两个方面展开论述。

一般地讲，代理意见的内容主要应从以下方面进行阐述：一是陈述纠纷事实，提出有关证据，反驳对方不实之处。二是对纠纷的主要情节，形成纠纷的原因以及双方当事人争执的焦点进行分析，以分清是非，明确责任，认定性质。三是阐明当事人双方的权利和义务，促使当事人彼此之间互相谅解，把权利和义务有机地统一起来。四是提出对纠纷解决的办法和意见。这部分内容既要保护当事人的合法权益，又要考虑有利于纠纷的解决。五是如系二审，还应对原判决进行评论，提出要求和意见。这部分内容，要从具体案情出发，抓住本案的特点，有针对性地阐明几个问题，为解决纠纷提出切实可行的主张、意见、办法和要求，使案件得到正确、合法、及时的处理。

3.尾部

尾部一般包括结束语、署名等内容。结束语一般归纳全文的结论性见解和具体主张，为被代理人提出明确的诉讼请求。要求要言不烦、简洁明了，使听众对整个代理词有深刻、鲜明的印象。最后是代理人具名和注明日期。

[格式点评]

代　理　词

审判长、审判员：

根据《民事诉讼法》第 61 条、第 62 条之规定，××律师事务所接受本案当事人的委托，指派我担任本案当事人××的诉讼代理人。接受委托之后，本诉讼代理人进行了阅卷并进行了全面调查，今天又参加了庭审，对于该案有了较为全面的了解。根据法律和事实，本诉讼代理人发表如下代理意见，请合议庭在合议时能予以考虑：(这里简要说明代理律师出庭代理诉讼的合法性、代理权限范围、出庭前准备工作概况)

一、关于婚姻关系问题

_____

_____

二、关于子女抚养问题

_____

_____

三、关于共同财产分割问题

_____

综上所述,代理人认为,为了维护当事人的合法权益,请合议庭依法公正判决。

代理人:×××

××××年××月××日

注意:(1)代理词主要用证明的方法来写,对错误的观点有时也可以进行必要的驳斥;(2)代理词要尊重事实、忠于法律,对纠纷事实和证据进行透彻的分析论证;(3)代理词所提意见要切合实际,掌握分寸。要以理服人,体现出解决问题的诚意。要晓之以理,动之以情,措辞恳切,语气平和,这样才能为对方当事人和法庭所接受。

思考题

1.常见婚姻纠纷法律文书有哪些体例,有何制作规则?

2.简述民事起诉状的制作规则。

3.试拟一份"民事代理词"。

第五节　实践延伸

反家庭暴力法律诊所学员法律文书实践材料如下:

一、规则

下面有 1、2、3、4、5、6 六个代号,请每组六个同学分别抽出一个号码,根据所抽号码写相应的法律文书。

1 号的同学代男女双方拟写一份离婚协议书。

2 号的同学代女方写一份民事起诉状。

3 号的同学代男方写一份答辩状。

4 号的同学代女方写一份财产保全申请书。

5 号的同学代女方写一份关于男方证券及存款情况的调查取证申请书。

6 号的同学代男方或女方写一份出庭的代理词。

二、要求

1.按所抽号码写相应法律文书,独立完成。

2.材料中当事人情况、事实情节、证据不明确的可以拟制。

三、下面是相关具体材料

(一)材料一

刘某红,女,1987 年 12 月 11 日出生,汉族,扬州市人,扬州市××购物中心导购员,住扬州市邗江区××花园小区××室。手机××。

李某波，男，1985 年 12 月 10 日出生，汉族，扬州××装饰公司部门经理，住扬州市邗江区××花园小区××室。手机××。

（二）材料二

刘某红和李某波于 2014 年年底经人介绍相识恋爱，2015 年 9 月 9 日双方登记结婚，2016 年 5 月 21 日生育儿子李××，婚初夫妻感情尚可。2015 年年初因刘某红怀疑李某波有外遇，双方产生矛盾，时有争吵。2019 年 4 月 2 日，因李某波深夜迟归双方发生口角，李某波动手将刘某红打成轻微伤。刘某红离家在外租房与李某波分居至今。婚姻存续期间，以李某波的名义在江苏农业银行××分行的夫妻共同存款为 26 万元，2019 年以李某波名义购得位于扬州邗江区新城名港小区××单元××号楼××室住宅一套。刘某红于 2020 年 2 月 24 日向邗江法院提出离婚诉讼。

（三）材料三

刘某红认为，自己和李某波于婚后至纠纷发生前夫妻感情尚好。自 2016 年年初李某波有外遇，经常迟归甚至夜不归宿，双方开始产生矛盾，时有争吵并进行人身威胁，双方经常同室不同居。特别是 2016 年 4 月 2 日李某波竟将自己殴打致多处软组织挫伤，经鉴定为轻微伤，自己精神也因此受到严重伤害，离家分居实在是无奈之举。双方已不存在夫妻感情，夫妻关系已名存实亡，请求法院判决与李某波离婚。李某波经常夜不归宿，在外花天酒地，对儿子不闻不问，缺少应有的父亲的关爱，没有家庭责任，希望离婚后儿子李××随自己共同生活，李某波每月按照其收入的 30% 支付子女抚养费。自己与李某波夫妻存在期间，李某波的工资收入及公积金账户余款作为夫妻共同存款进行处分。因要抚养孩子并与父母同住，要求与儿子居住在夫妻关系存续期间以李某波名义购得位于扬州邗江区新城名港小区××单元××号楼××室住宅一套。李某波与异性不正当交往并非法同居，财产分割应少分或不分，并以此要求李某波赔偿原告精神损害费 1 元。平均分割夫妻共同存款 26 万元，依法分割现居房内的家具、家电等财产，李某波名下的股票、资金账户中的资金余额 82210.33 元，债权 23500 元为夫妻共同财产，要求各半分割。

李某波认为，自己与刘某红虽然是经人介绍而认识的，但双方是在互相了解后才登记结婚，婚后在共同生活中，有点小摩擦、小争吵是难免的，彼此已适应。刘某红生性多疑，自己工作繁忙，迟归和夜不归宿完全是因业务发展的需要而不得已的事，自己并没有外遇。2016 年 4 月 2 日发生争吵并出现殴打行为，完全是由于刘某红无事生非，辱骂自己和自己的父母而引发的冲动的行为，双方都有责任。自己在事后多次向刘某红表示悔过，与刘某红还有感情基础，考虑到夫妻一场并不容易，儿子的成长也需要完整的家庭，因此不同意离婚。但如果刘某红坚持己见要离婚，因刘某红工作不稳定，无固定收入，只有高中文化，而自己工作比较稳定，收入比较固定，大学文化，小孩从小由爷爷奶奶带大，与二老有感情，因此儿子李××应该随自己抚养，更有利于孩子的教育和成长。自己在扬州邗江区新城名港的住宅是单位出资奖励自己的，属于个人财产，并不是夫妻共同财产。而现居住的结婚用房为父母所购，也不是夫妻共同财产，不同意平均分割。自己的工资及公积金因生活开支及支付贷款已花费，不同意刘某红提出的按共同存款处理。自己不同意刘某红的住房分配意见，现居住的房屋在离婚后应归自己的父母。自己有权居住新城名港小区××单元××号楼××室住宅。夫妻存续期间并没有共同存款,股票和债权都已清理完毕用于家庭开支,无法平均分割。

(四)材料四

扬州邗江区文昌西路新城名港小区××单元××号楼××室住宅一套,面积110平方米,房产证号016458X×,户主为李某波,房产证登记日期是2017年5月20日。李某波(开户日期为2017年6月10日,开户公司海通证券扬州分公司,开户号为98394000)名下股票"上海机场"1200股、"明星电力"50股、"广光电子"347股、"申能股份"1300股、"ST厦华"1400股。上述股票均于2019年4月30日交割,资金账户中资金余额0元。李某波在江苏农业银行××支行存款56万元(账号为××)于2019年10月30日被支取。

 相关法律规定与参考文献

一、相关法律规定

1.《中华人民共和国民法典》婚姻家庭编。

2.《中华人民共和国反家庭暴力法》。

3.《中华人民共和国民事诉讼法》。

二、参考文献

1.肖峰编:《〈民法典〉条文精释与案例实务》,法律出版社2020年版。

2.杨军、汪艾文:《法律诊所之实战篇》,知识产权出版社2018年版。

3.郭林虎主编:《法律文书情境写作教程》,法律出版社2018年第5版。

4.栾兆安:《律师文书写作技能与范例》,法律出版社2020年第4版。

5.马宏俊:《法律文书写作》,北京大学出版社2014年版。

6.许身健主编:《法律诊所》,中国人民大学出版社2014年版。

7.李静:《法律思维训练与法律文书写作——推理、结构与修辞》,中国法制出版社2015年版。

8.卢明生:《婚姻家庭文书诉状实例》,中国法制出版社2015年版。

9.贾明军主编:《婚姻家庭纠纷案件律师业务》,法律出版社2008年版。

第五章　建构与家庭暴力当事人关系

导　语

　　在反家庭暴力的行动阵营中，立法、司法、执法者承担着干预家庭暴力的首要责任，近些年来，法律援助出色承担起了干预家庭暴力的辅助责任。法律诊所是一种独具特色的法律援助方式。在法律诊所进行家庭暴力干预的工作过程中，是否要给遭受不同种类暴力的受害人进行分类，从而根据遭受暴力的不同或受害人的身份不同做出更加妥当的处置？如何建构与家庭暴力当事人的关系是干预家庭暴力的重要问题之一。因地域、宗教、经济或传统思想等许多方面的不同，家庭暴力问题在各国都有着不同的防控办法与惩罚措施。但对这一问题各国的基本立场和态度都是一致的，即对该类问题进行有效控制，保护受害者的权利。世界上有120多个国家制定颁布反家庭暴力的相关法律。例如，加拿大主要是通过立法规制与社会干预来防控家庭暴力问题。如著名的"1986年琳·拉娃莉枪杀丈夫的案件"，对琳·拉娃莉最终判无罪释放，这是世界上第一起因家庭暴力引起的受害者对施暴者以暴制暴的状况下，最终被无罪释放。加拿大许多省还实施了"紧急状况下保护令"，受到暴力威胁的妇女可随时向警方打电话求救，并在无当事人允许时可强制进入住宅，带走施暴者在一定时间内不允许其返回家中。加拿大政府通过在社区设立避难所的方式给急于摆脱暴力环境的妇女提供紧急援助，直到她们找到安全住所为止。① 英国是对家庭暴力"零忍耐"，认为："任何形式的暴力都是犯罪，妇女不应忍受任何暴力，社会不能容忍暴力，男人没有权力施暴，每个人都不应遭受暴力。"② 美国在许多地方设有法律诊所，帮助一些贫困的受害女性免费提起诉讼，使受害者能最大可能被保护；"保护令"的设置，受害女性可以向警察申请帮助等。此外，其他国家也颁布了关于家庭暴力防治的法律文件，如韩国《家庭暴力防止与被害人保护法》、菲律宾《2004年反对针对妇女及其子女的暴力法案》、印度《2005年保护妇女免受家庭暴力侵害法》、泰国《2007年家庭暴力受害人保护法案》等。

● 教学目标

　　通过对家庭暴力案件的分析与学习，法律诊所学生能够了解当前家庭暴力的产生原因、受害群体，以及对社会、家庭、个人造成的危害。通过法律诊所，法律诊所学生能够为经济困难、身处弱势或情况特殊等群体提供法律服务。通过诊所式法学教学，法律诊所学生能够将理论应用到实践当中，增强实践能力，培养作为法律人的基本道德和基本素养，培养学术和

---

① 周頔：《反家庭暴力的国外经验》，载《民主与法制时报》2016年5月8日第8版。
② 周頔：《反家庭暴力的国外经验》，载《民主与法制时报》2016年5月8日第8版。

实践能力兼备的法律人才。

● **教学方法**

头脑风暴、角色扮演、案件模拟、分组讨论、反馈与评估。

● **课堂设计**

1.根据本章要求,老师对本章内容进行介绍,引导学生对本章知识有基本了解。

2.开展小组活动,根据学生人数分组,进行不同分工,扮演不同角色。

3.根据具体教学时间安排模拟时间,在每组模拟完毕之后要留出时间让参与者进行反馈与分析。

4.强调学生先对问题的结果提出意见,老师点评与引导且不能直接给答案。旨在训练学生独立思考与设计方案的能力。

5.注意学生点评与互评、总结与反馈。

● **要点把握**

1.了解家庭暴力的基本内容,对家庭暴力的成因、形式等有基本认识。

2.掌握法律诊所学习的特点与方法,掌握与当事人建构联系的目标与意义,提升学习的积极性与主动性。

3.准确把握与当事人联系的过程、方法和解决路径分析。

4.在学习国内关于家庭暴力的法律法规的同时,积极了解国外相关的法律法规,通过比较学习拓宽视野。

● **问题设计**

1.何为家庭暴力?家庭暴力的形式有哪些?家庭暴力的产生原因是什么?家庭暴力的司法规制现状如何?

2.如何才能切实有效帮助家庭暴力的受害人?

第一节　案件直击

一、案件一:杨某与李某生命权、健康权、身体权纠纷案[①]

 案情简介

1.原告诉称:(1)请求法院依法判令被告支付原告医疗费等费用(此处略去)合计人民币491853.9元;(2)本案的诉讼费由被告承担。

2.事实与理由:原告与被告系夫妻关系,从2016年5月起一直处于分居状态。2017年

---

① 【案号】(2017)粤 0305 民初 16291 号。

3月16日18时许,被告尾随原告下班来到原告租住处,欲强行带原告回家未果,被告就当着同事的面辱骂并用拳头殴打原告,再将原告从其租处拖至二楼楼梯口左边的一个废旧房屋内,一边殴打一边辱骂,并多次说"我要把你推下去摔死你",最后被告撞断废旧房屋墙上的围木栏将原告推下了楼。原告坠楼昏迷,被送往医院,被诊断多处骨折以及受伤。被告未到庭举证、质证,也未提交书面答辩意见和证据材料。

3.法院查明:原告提交了医疗费收费票据,显示医疗费共计46468.45元。司法鉴定所出具《司法鉴定意见书》所载鉴定结论为被鉴定人杨某两个九级伤残……以上事实,有司法鉴定业务受理通知书、报警回执、入院记录、出院记录、司法鉴定意见书、招商银行账户历史交易明细表、民事调解书、情况说明等证据以及庭审笔录为证,足以认定。

4.法院认为,本案系侵权纠纷案件。在本案发生时,原、被告双方尚处于婚姻关系存续期间,依据《中华人民共和国婚姻法》第46条规定,故被告李某系侵权人,其侵权行为造成原告杨某受伤的后果,应当对原告的损害承担赔偿责任。

5.裁判结果:(1)原告杨某应得的赔偿款共计403393.25元;(2)被告李某应于本判决生效之日起十日内赔偿原告杨某403393.25元;(3)驳回原告杨某的其他诉讼请求。

二、案件二:马某洒故意伤害案[①]

由家庭暴力引发的刑事案件按照被害人身份大致可以分为两类:一类是被害人是常年遭受家庭暴力的受害人,案件升级是由于施害人下手过重造成被害人重伤或死亡的结果;另一类被害人则恰恰相反,正是以往家庭暴力中的施暴者,案件升级是由于家庭暴力的受害人长期隐忍最终不堪忍受进行反击。这里选取的"马某洒故意伤害案"属于第一类。

 案情简介

1.案件经过:2012年3月8日,被告人马某洒与被害人马某癸登记结婚。2013年4月16日14时许,马某洒、马某癸与马某甲一家人在拉面馆吃午饭,期间,马某癸提出给小孩买衣服,马某洒未同意,二人因此发生口角。饭后,二人又发生争吵,马某洒踢了马某癸一脚,又往马某癸的脸部打了两巴掌,将马某癸的鼻子打出血,马某洒被其三嫂劝开后,马某癸进入二人所居卧室,马某洒也随后进入,二人话不投机又发生争吵,马某癸因为被打感到委屈,拿剪子企图自残,马某洒上去争夺剪刀,二人在争夺过程中,马某洒的手腕被刺伤,加之马某癸不愿意放下剪刀,激怒了马某洒,马某洒开始对马某癸的身体及头面部进行殴打,直至马某癸昏迷……医生经检查后,宣布马某癸已经死亡。

2.法院认为:被告人马某洒因家庭琐事与其妻发生争执,为要家长权威,竟将其妻殴打致死,其行为已构成故意伤害罪。公诉机关指控的事实及罪名成立。

3.判决结果:被告人马某洒犯故意伤害罪,判处有期徒刑八年。

通过对家庭暴力案件的宏观介绍和具体案例列举,我们对家庭暴力的受害人群体应有大体的认识。在法律诊所实务中,与家庭暴力受害人建构适当的关系是十分必要的。

---

① 【案号】(2014)蚌刑初字第00027号。

三、家庭暴力宏观情况统计

为了直观地了解近年来有关家庭暴力案件呈现的总体情况,在"聚法案例"中搜索关键词"家庭暴力",得出以下检索结果。

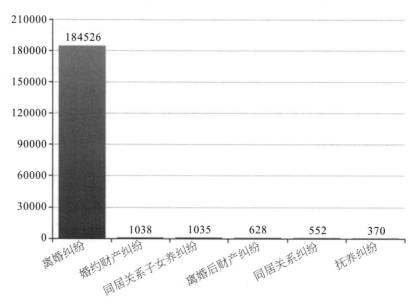

图 5-1　家庭暴力引起的民事案件案由

(一)民事案由

如图 5-1 所示,在家庭暴力引起的民事案件案由中,离婚纠纷的数量远超于其他种类的纠纷。在"裁判结果"项下搜索"家庭暴力",搜索出民事判决和裁定共计 923 篇。其中,在 2016 年 3 月 1 日《中华人民共和国反家庭暴力法》施行后有 886 篇。以"裁定"为搜索条件,得到 378 篇文书。其中,90%引用了《反家庭暴力法》第 27 条"作出人身安全保护令应具备的条件",第 29 条则具体规定了人身保护令包括的措施。以"家庭暴力"为关键词搜索出的民事一审案件中,绝大多数以证据不足为由不予认定,这间接表明家庭暴力案件的举证之困难。其中,认定了家庭暴力事实存在的离婚纠纷案件也有过半数以"感情尚未完全破裂"等理由驳回离婚请求。

(二)刑事案由

如图 5-2 所示,家庭暴力不仅限于私法的家事领域,也会引起恶性刑事犯罪,激起更大的社会矛盾。因家庭暴力引起的刑事案件中,故意杀人和故意伤害行为的实施者不仅包括家庭暴力的施害者,也包括长期受家暴折磨的受害人。因此,反家庭暴力的活动需全社会共同付出努力。

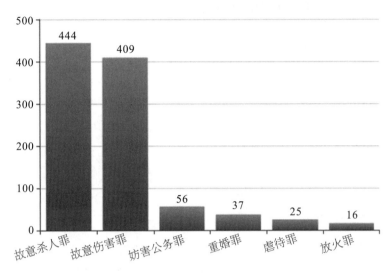

图 5-2　家庭暴力引起刑事案由

第二节　建构与当事人关系的目标与意义

　　《中华人民共和国法律援助法》第 8 条规定:"国家鼓励和支持群团组织、事业单位、社会组织在司法行政部门指导下,依法提供法律援助。"国家日益重视对公民的法律援助,尤其是对于经济困难、身处弱势等群体,在更大程度上保障公民的合法权益。自 2000 年全国部分知名院校开设法律诊所教育课程以来,全国政法类院校和各高校中的政法院系积极探索并开设法律诊所教育课程,在国家重视和鼓励法律援助的大背景和高校法律诊所遍地开花的趋势之下,高校法律诊所参与到法律援助中,为保障公民的合法权益和促进我国法律援助事业的发展贡献其力量极具现实价值和意义。

一、建构与家庭暴力当事人关系的目标

　　1.避免家庭暴力再次发生

　　前来咨询和求助的当事人大多已经遭受过了家庭暴力,法律诊所的首要目标就是通过法律以及心理上的措施,尽量使当事人避免继续遭受暴力。

　　2.促进未成年人健康成长

　　未成年人是家庭暴力受害人群体的组成部分,而且未成年人身体和心理均没有发育成熟,比成年人更容易受到伤害,面对未成年的受害人,法律诊所采取心理疏导和提供临时庇护等多种方式,尽可能保护未成年人这一弱势群体。

　　3.避免恶性刑事案件发生

　　通过调查统计,由家庭暴力引起的刑事案件中,被告人往往是家庭暴力中的受害人,受害人长期饱受家庭暴力的折磨得不到解救,容易产生"同归于尽"等极端想法。与当事人建立良性的关系,才能对其进行疏解和引导,尽量避免刑事案件的发生。

二、建立与当事人关系的主要意义

(一)对家庭暴力当事人和社会的意义

1.法律诊所解答了咨询者的困惑,使其明晰了自己的处境和相关法律规定,为其选择解决自身问题的途径提供了参考和指向。

2.法律诊所为需要法律援助的家庭暴力当事人提供法律援助,在一定程度上缓解了其经济困难、身处弱势或情况特殊等困境。

3.法律诊所凭借其自身法律院校的专业性和较低的人力成本等优势弥补了社会法律援助的人力、资金等方面的不足。

(二)对法律教育的意义

1.通过法律诊所,身处象牙塔中的法学学子在老师的指导下,可将其所学法律理论运用到实务中,提高法律推理、逻辑思辨、实际操作等法律实践能力,并经受法律职业伦理道德的洗礼,培养其身为法律人应具备的职业道德。①

2.诊所式法学教学相对于案例教学等传统教学模式而言,无疑为我国法学教学模式注入了新鲜血液,有助于法学教学模式更加切合实际,培养出学术和实践能力兼备的法律人才等。

三、会见当事人的过程

会见当事人是法律诊所教学过程中非常重要的内容,即通过与案件当事人的谈话、会晤,了解案情,理解当事人的意图和诉求,取得当事人的信任以及获得当事人的委托。会见当事人对于培养学生的法律职业认同感、提升学生的法律职业技能以及帮助当事人解决法律问题都具有重要的意义。② 会见当事人的过程一般包括以下几个阶段:

(一)准备阶段

1.查阅与案件有关的法律法规与司法案例

"工欲善其事,必先利其器。"在会见当事人之前,诊所学生应通过老师或接待人员了解基本案情,查阅与案件有关的法律法规以及司法案例,为会见当事人做好充分的准备。只有对有关的法律法规非常了解,才能在处理案件时游刃有余,并获得当事人的信任。

2.制订详细的会见计划

在会见当事人之前,诊所学生制订针对案件的会见计划尤为重要。对在会见当事人的过程中可能遇到的各种问题进行全面的考虑,这既能缓解或打消学生的紧张情绪,也能为接下来的顺利会见提供便利条件。当然,会见计划也应具有一定的灵活性,在会见的过程中进行适当的调整。学生应根据会见计划制订会见笔录,以便能够记录下与案件有关的重要事实。

---

① 徐岱主编:《刑事法律诊所教程》,高等教育出版社2018年版,第107页。
② 徐岱主编:《刑事法律诊所教程》,高等教育出版社2018年版,第73~74页。

（二）会见阶段

1.倾听陈述

学会倾听是会见当事人的重要内容。通过倾听当事人的陈述,诊所学生能全面细致地了解案件事实。在倾听陈述的过程中,要把握以下几个方面:一是注意听取关键信息。当事人一般不具有专业的法律知识,其在陈述的过程中,可能包含很多与案件无关的信息。学生要学会在上述信息中提炼出案件的关键信息。二是耐心倾听、注意尊重当事人。家庭暴力的当事人在陈述案情时往往会拖沓冗长,滔滔不绝,学生这时要有足够的耐心,不能感到厌烦甚至是置之不理,要给当事人足够的尊重。

2.适当提问

在当事人陈述案情的过程中,诊所学生可以就案件的有关情况对当事人进行提问,以全面了解案情。提问要根据会见的具体情况展开,可在陈述的过程中,也可在当事人陈述后进行。提问的策略应围绕案件的焦点问题进行,突出重点。"不同类型的问题要采取不同的发问方式。提问时语言要得体,要把握好当事人的心态。"[①]同时,也要注意引导当事人围绕案件焦点进行陈述。

3.总结确认

通过当事人的陈述和适当的提问,诊所学生全面地了解了案情。在此基础上,学生需要对主要案件事实、重要的证据、争议的焦点以及急需解决的事项等问题进行总结,并就上述事项与当事人进行确认。总结确认后将会见笔录交与当事人签字,提醒当事人对笔录中不正确或者遗漏之处进行补正。

4.初步建议

在会见中,诊所学生应在以事实为依据、以法律为准绳的基础上,就案件的解决提出具体可行的建议。此建议可作为案件当事人接下来要关注的事项。如果学生就案件的解决方案不是很确定时,可以和诊所指导老师进行商量,不能误导当事人。

（三）后续工作

1.探讨案件的解决办法

会见后,诊所学生要与诊所指导老师就会见情况进行讨论、汇报其会见的过程,针对会见中遇到的问题进行探讨,并形成案件的解决方案,最终将商定的解决方案与案件当事人进行沟通,征求其意见,尊重其选择。

2.撰写法律文书

在形成案件的解决方案后,诊所学生应着手撰写案件的法律文书。法律文书的撰写应当体现出学生丰富的法律知识、理解和运用法律的能力以及严谨认真的工作态度。撰写法律文书后要注意卷宗归档。

3.信息反馈

在确定完案件争议的解决办法并撰写好有关的法律文书后,诊所学生要与当事人再次

---

① 李傲主编:《法律诊所实训教程》,武汉大学出版社2010年版,第10页。

联系,针对案件进行沟通和确认,以体现对当事人的尊重和对案件的重视。①

第三节　类型化的分析

一、家庭暴力行为产生的原因

1.不良社会风气的影响

酗酒、吸毒、赌博等行为会使施暴人性格大变、情绪暴躁,特别是吸毒,会使人神志不清、产生幻觉,这种情况下很容易发生家庭暴力行为。

2.固有的男尊女卑观念

在不发达的地区,传统糟粕文化下的男尊女卑思想还有所留存,同时也掺杂着施暴人知识水平的低下,家庭中妇女的地位低下,使家庭暴力行为容易发生在妇女身上。

3.代际传承

目睹父辈施暴人施暴,成为新的施暴人。家庭暴力的受害者成年后成为家庭暴力的施暴者或受害者的可能性更大,家庭暴力代际传递的概念及相应的理论模型也就应运而生。

4.犯罪成本过低

实施家庭暴力行为没有被刑法明确规定,只是严重的家庭暴力可能触犯侵害人身权利的犯罪。因此,一般家庭暴力行为伤害的隐蔽性和持久性也足以令受害人心理和身体受到严重的创伤,却很难让施暴人得到真正的惩罚,甚至受害人想要离婚的诉求都难以实现,这些都使得这种没有被刑法规制的家庭暴力行为十分猖獗。

二、家庭暴力受害人的分类

要充分了解受害人,就要对被害人学有一定了解。被害人学是一门以犯罪被害人为研究对象的犯罪学分支学科。被害人学需要研讨被害、被害人的概念、特征及类型,需要关注被害人的人格与心理,需要厘清被害人与犯罪人的互动关系等问题。② 对被害人进行研究,可全面分析犯罪原因,合理界定法律责任,充分保障被害人权利,促进刑事司法机构的工作改良,最终可以推动被害预防。家庭暴力这种行为不一定触犯刑法、构成犯罪,但可借鉴犯罪学中"被害人学"的研究方法,从家庭暴力中的受害人角度出发,以不同的标准对家庭暴力的受害人进行分类与分析,使法律诊所在工作过程中,能够面对不同类型的受害人运用不同的沟通方法以及提出不同的建议。

（一）以受害人被侵害的表现形式为标准

1.躯体暴力

躯体暴力即侵害被害人的生命或身体健康类型。这种类型是家庭暴力最重要的表现形式。躯体暴力可能引起受害人轻伤、重伤甚至死亡的后果。由于施暴人的心理特点,实施暴

---

① 徐岱主编:《刑事法律诊所教程》,高等教育出版社 2018 年版,第 76~78 页。

② 张旭:《犯罪学基本理论研究》,高等教育出版社 2010 年版,第 206 页。

力的程度往往会愈演愈烈,给受害人的身体和心理造成一次高过一次的伤害,最终造成较为严重的后果,它是最为危险的一种暴力表现形式。

首先,遭遇躯体暴力的受害人大部分心理会依次发生以下变化:惊讶—宽容—忍耐—失望—爆发。一般情况下,寻求帮助的受害人大多数处于后两个阶段,即"失望"或"爆发"。面对该种侵害形式,首先要为受害人树立信心,使其坚定地反抗施暴人的暴力行为,实务中太多受害人在争取自己权利的过程中因种种原因(如为了家庭稳定、给孩子一个完整家庭云云)而退缩,最终回到忍耐状态。

其次,要根据施暴程度向受害人介绍可以适用的法律。第一,如果家庭成员之间实施暴力,致使一方发生轻伤、重伤甚至发生死亡结果的,可能构成故意伤害罪(《中华人民共和国刑法》第234条)、过失致人重伤罪(《中华人民共和国刑法》第235条)、虐待罪(《中华人民共和国刑法》第260条)等。此罪与彼罪之间的区分主要依靠施暴人的主观心理态度来确定,这需要耐心地与受害人沟通,请其如实描述案发经过,以此推断出施暴人可能触犯的罪名。第二,如果家庭暴力并没有达到刑事犯罪的程度,要告知受害人,掌握好家庭暴力存在的证据,可以此提起离婚诉讼,并可向人民法院申请人身安全保护令。

最后,也是最为重要的一点,要告知受害人证据的重要性,向其介绍证据的合理性、合法性、关联性,并给出留存证据的建议。由于家庭暴力的隐蔽性,发生时很难存在目击者。因此,受害人本身留取证据的能力就显得十分重要。实务中,因家庭暴力而提起离婚诉讼没有被法院准许离婚的案件中,有80%以上都是以"原告人未提出有关证据"或"证据虽证明有打斗发生,但不足以证明感情破裂"为原因。

2.限制自由的暴力

《反家庭暴力法》中明确规定家庭成员之间实施的限制自由的行为也属于家庭暴力。若升级到刑法的调整范围,可能触犯的罪名有非法拘禁罪(《中华人民共和国刑法》第238条)、暴力干涉婚姻自由罪(《中华人民共和国刑法》第257条)等。例如,父母因某种偏见,使用剥夺子女的人身自由等方式,暴力干涉子女的婚姻自由;公婆以封建旧俗暴力妨碍丧偶儿媳再婚。[①] 由于躯体暴力下施暴人和受害人之间形成了不平等关系,且受害人对于施暴人有着持久的恐惧心理。所以,对于躯体暴力不应经常使用调解的方式(因为和解往往意味着受害人的妥协)。但面对限制自由的暴力行为,往往是家庭成员之间缺乏沟通或施暴人缺少法律意识、对受害人的管教方式不当引起的。因此,在该种情况下可对双方进行调解,为施暴者进行法律介绍,使其了解限制自由的行为也是一种法律禁止的家庭暴力行为。

3.精神暴力

随着社会的发展,人们更加关注人格利益。家庭暴力也由原始的肢体暴力转向精神暴力。调查结果显示,暴力对象多为妇女,且多是精神层面的。中国法学会对多个城市、地区做了实地调查,结果表明:"在不和谐的家庭中,有近八成的家庭会出现配偶双方不往来的现象,七成以上的家庭都是丈夫针对妻子实施。"[②]《反家庭暴力法》中首次明确了家暴的范畴并将精神暴力纳入其中。但该法律并未对精神暴力作进一步的明确,而且精神暴力充满了主观色彩,举证困难,因而司法机关的操作难度大。此外,法律诊所面对精神暴力的受害人,

---

① 马兰花:《家庭暴力犯罪类型探析》,载《攀登》2005年第5期。

② 李秀华:《妇女婚姻家庭法律地位实证研究》,知识产权出版社2004年版,第24～26页。

除了上述法律建议外,还可建议其咨询专业的心理医生。

(二)以受害人的家庭身份为标准

《反家庭暴力法》明确规定本法所称的家庭暴力行为限制在家庭成员之中,有学者认为"家庭成员"的规定应作扩大解释,从"亲密关系"这种本质上的标准出发。情感构成了亲密关系核心内容,只要情感的交融能达到亲密的程度就可以称作亲密关系,并不要求利益上的"亲密"。亲密关系具有情感性、私密性和自治性的特点,从而决定了亲密关系与法律之间的关系也不同于一般的社会关系。① 尽管如此,在实务中,家庭暴力的受害人主要以如下三种类型为主。

1.妻子

由于女性在不良的家庭结构中,家庭地位或亲密关系中容易处于弱势的被支配地位,而且由于女性的生理特点所决定的力量弱于男性。因此,妻子是家庭暴力中最常见的受害人之一。女性较为感性,在被家暴后,面对看似真诚的"悔过",容易心软,继而忍气吞声,但最终基本都会被多次家暴。女性也是最容易发生家庭暴力受害人角色转变的类型。一部分家庭暴力的受害人在忍无可忍的情况下,变为家庭暴力刑事案件的被告人。以故意杀人罪为例,2014 年至 2017 年涉及家庭犯罪中有 252 名被告人涉及故意杀人罪,其中由受害人转化为以暴制暴者的有 117 人,占总数的 46.43%。② 因此,为了保护女性的权利,也为了避免受害人引起更严重的刑事案件,从而转化为被告人,法律诊所在工作中要妥善与受害人交流,进行情绪疏导、讲解法律、提出固定证据的建议,尽量使想离婚的女性早日脱离施暴人的控制,或帮助其申请人身保护令。

2.未成年子女

未成年人作为弱势群体,因其性格正处于形成时期,还有其心理上的脆弱性,面对家庭暴力会产生外化和内化两方面问题。外化问题表现为攻击、抵触、惩戒等行为;内化问题主要包括心理环境的焦虑、抑郁和退缩等。未成年人作为家庭暴力的受害人大致分为两种类型,其一是未成年人本人直接被暴力,其二是目睹其他家庭成员遭受暴力(如目睹父亲对母亲实施暴力)。未成年人遭受暴力和其母亲遭受暴力有很高的并发性。

针对寻求法律援助的未成年人,最好找到其信任的成年监护人,让该监护人对未成年人提供短暂的帮助与保护,并对其进行心理疏导,进而在法律诊所的建议下帮助未成年人收集证据,通过法律途径维护自己的权利。《反家庭暴力法》第 21 条规定:"监护人实施家庭暴力严重侵害被监护人合法权益的,人民法院可以根据被监护人的近亲属、居民委员会、村民委员会、县级人民政府民政部门等有关人员或者单位的申请,依法撤销其监护人资格,另行指定监护人。"《民法典》第 36 条对国家监护制度的建立与完善作了更明确的规定,完善了撤销监护制度。

3.年迈的父母

对家中老人的家庭暴力也是常见的家庭暴力表现形式之一。老人的身体自然衰老,跟女性和未成年人一样处于弱势地位,尤其是患病的老人可能会被施暴者认为是"累赘",因而

---

① 吕世伦主编:《现代西方法学流派》(下卷),中国大百科全书出版社 2000 年版,第 848 页。

② 王苏婧:《家庭暴力犯罪的原因与防治对策》,中国政法大学法律(非法学)2018 年硕士论文。

对老人进行殴打。对于以上三种被害人,法律诊所在进行援助时,应当考虑是否构成虐待罪。

第四节　注意的事项和问题

一、被采纳的证据种类

1.当事人主张家庭暴力的存在,可从以下方面提供证据:[①]

(1)公安机关的接警或出警记录;

(2)公安机关处理报警警察的证言;

(3)公安机关的调查笔录;

(4)当地社区居(村)民委员会的证明;

(5)另一方在诉讼前作出的口头、书面悔过或保证不再殴打受害人的书面材料;

(6)受害方向社会团体(如妇联、残联、工会等)、人民调解组织投诉,要求庇护、接受调解的,该社会团体人民调解组织提供的录音或文字记载、出具的书面证词或其他书证;

(7)邻居、同事或其他无利害关系人的证言;

(8)同居的 10 周岁以上子女的证言;

(9)医院病历、检查报告等病历材料;

(10)受伤害的照片或视频资料;

(11)刑事判决已决事实。

2.告知被害人,当事人证明家庭暴力存在可申请法院调取、收集下列证据:[②]

(1)公安机关的接警或出警记录、询问笔录、调解笔录等材料;

(2)银行存款;

(3)法院认为需要收集的其他证据。

二、人身保护令的详细内容

人身安全保护令是指人民法院依据当事人或相关组织的申请,作出的保护家庭成员人身安全,免受家庭暴力侵害或威胁,具有强制执行力的民事裁定。人身安全保护令,应当由家庭暴力受害人本人或监护人申请。家庭暴力受害人及其监护人因客观原因无法自行申请时,受害人近亲属或其他相关组织可以向人民法院代为申请人身安全保护令。相关组织包括法律诊所、受害人所在单位、基层群众自治组织、妇联组织、学校、幼儿园、社会庇护救助机构以及公安机关等。

面对前来法律诊所求助的受害人,发现存在家庭暴力、暴力威胁或暴力危险的,可主动向受害人说明可向法院申请人身安全保护令。告知受害人申请人身安全保护令,应当符合下列条件:

---

① 《长春市中级人民法院涉家庭暴力民事案件审理规程(试行)》第 12 条。

② 《长春市中级人民法院涉家庭暴力民事案件审理规程(试行)》第 10 条。

1.有明确的被申请人姓名、住址或单位；

2.有具体的请求、事实和理由；

3.有证据证明曾遭受家庭暴力、正面临家庭暴力威胁或存在家庭暴力的现实危险。

申请人身保护令时,要提示受害人注意收集证据:伤情照片、诊疗材料、报警证明、证人证言、社会机构的相关记录或证明、被申请人保证书、被申请人带有恐吓、威胁、骚扰等内容的电话录音、信件、手机短信、网络聊天记录等。申请人应提交存在婚姻关系、家庭关系的证明。①

三、适当求助于网络力量

当代社会无疑已进入网络时代,大多数家庭暴力尚未构成刑事犯罪,而非刑事法的惩罚力度又有限。所以,一些受害人选择在网络上求助,甚至一些家庭暴力在公众场合发生时被路人拍下公布于网络,引起公众和有关部门的注意,也有利于受害人的维权。例如,2019年4月的一天,微博热搜的第一名是"童模妞妞被打"事件,3岁小女孩妞妞是多家童装淘宝店铺的模特,因为拍摄量大、年龄又小,工作时间长了难免在拍摄过程中有所懈怠,其母因此对她当街打骂,随后被路人拍下上传微博,最后经受不住网络舆论压力的妞妞妈发表道歉声明。②

在该事件中,网络力量从某种方面来讲保护了被害女孩妞妞,但女孩和其母的隐私权却受到了侵犯。因此,法律诊所在工作中,在尽可能多方面的提供帮助的前提下,也要注意保护当事人的隐私权,特别是未成年人。

四、与受害人沟通时的注意事项

沟通本身意味着与他人的深层交往,成功的沟通在准备阶段就应对沟通所要实现的目标有明确的认识,并设计出具体的步骤和环节,同时对可能出现的障碍做好应对的心理与技术准备。③ 在与家庭暴力受害人沟通时应注意以下事项:

1.在沟通时要保持理性,掌握分寸,不能完全被受害人带动节奏,从而使法律咨询变成普通的聊天。要使用语言对其进行引导,从而获得更多重要的可用信息,从中抽取法律要件,"分析案件事实与法律规范之间的关系,据此找出解决问题的方法"④。

2.在保持理性的同时,也要注意倾听,使用富有同理心的沟通方式,以免当事人不愿吐露心声。倾听的时候注意辨别真假,有些受害人可能会夸大家庭暴力,以强调自己的不利地位。所以,要从逻辑和证据出发,分析案情。

3.在运用法律知识的同时,也应利用心理分析方法(这要求被咨询人初步掌握心理学知识),合理评估受害人的心理状态,在认为其应该获得心理上的帮助时,建议其寻找专业的心理咨询师。

① 《长春市中级人民法院人身安全保护令实施细则(试行)》。

② 刘抗、朱家豪:《杭州3岁童模被妈妈踢了一脚上热搜 妞妞妈公开道歉》,https://cs.zjol.com.cn/msbt/201904/t20190411_9875909.shtml,最后访问时间:2022年8月8日。

③ 黄荣昌主编:《法律诊所实用教程》,厦门大学出版社2010年版,第34页。

④ 许身健主编:《法律诊所》,中国人民大学出版社2014年版,第31页。

第五节　国外研究视点

对于家庭暴力问题的关注与研究,是从国际妇女运动后,社会各界逐渐意识到应该需要改变妇女受到性别歧视与被实施暴力的一些存在现状。为了切实保护被家暴者的人权,也为表明对家庭暴力这一现象的坚决反对与批判的态度,联合国等国际组织先后出台了一系列针对人权保护以及妇女权利保障的国际公约。

一、反家庭暴力在国际领域的发展

1966 年 12 月 16 日,联合国大会通过了《公民权利和政治权利国际公约》。《公约》第 3 条规定:"本公约缔约各国承担保证男子和妇女在享有本公约所载一切公民和政治权利方面有平等的权利";第 26 条规定:"所有的人在法律前平等,并有权受法律的平等保护,无所歧视"。1967 年 11 月 7 日,联合国大会通过了《消除对妇女歧视宣言》,第 1 条指出:对于妇女的歧视与不尊重是不公平并且侵犯人格尊严的罪行;第 7 条指出:如若刑法内有构成对妇女歧视的规定应当废除。1979 年 12 月 18 日,联合国颁布了《消除对妇女一切形式歧视公约》,公约为保护妇女权利提供了一个综合标准,第一次打破了使妇女不受到任何形式歧视的公私领域,该公约开篇第 1 条阐述了"对妇女的歧视"的含义,即"基于性别而作的任何区别、排斥或限制,其影响或其目的均足以妨碍或否认妇女不论已婚未婚在男女平等的基础上认识、享有或行使在政治、经济、社会、文化、公民或任何其他方面的人权和基本自由";第 2 条规定:"谴责对妇女一切形式的歧视,协议立即用一切适当办法,推行政策,消除对妇女的歧视"。1984 年 12 月 10 日,联合国通过并颁布了《世界人权宣言》,第 3 条规定:"人人有权享有生命、自由和人身安全";第 16 条规定:"成年男女,不受种族、国籍或宗教的任何限制有权婚嫁和成立家庭。他们在婚姻方面,在结婚期间和在解除婚约时,应有平等的权利"。1985 年 8 月 27 日,联合国第三次世界妇女大会通过了《提高妇女地位内罗毕前瞻性战略》,首次提出了暴力是女性生存发展的重要阻碍。1992 年《消除对妇女一切形式歧视公约》的第 19 号《一般建议书》中,第 23 条规定了家庭暴力是有害的暴力形式之一。该一般性建议标志着国际社会第一次以公约的形式正式宣布应当禁止家庭暴力。[1] 1993 年 6 月,世界人权大会通过的《维也纳宣言》首次承认了对于在私领域对妇女实施暴力也构成对人权的侵犯,强调不可剥夺女性的权利。同年,联合国又通过了《消除对妇女暴力宣言》,其中对家庭内发生的暴力作出更具体及明确的规定,第 4 条规定:"各国应谴责对妇女的暴力行为,不应以任何习俗、传统或宗教考虑为由逃避其对消除这种暴力行为的义务。"1995 年 9 月第四次世界妇女大会通过的《北京行动纲领》呼吁在所有领域把性别意识纳入主流观念之中,并着重强调了家庭暴力问题。1996 年,联合国经济及社会理事会人权委员会通过了《家庭暴力示范立法框架》,将家庭暴力的内容进行了更为详尽的表述,也为各个国家制定反家庭暴力法律提供了一定的参考蓝本。1997 年,欧盟通过了《关于需要在欧洲联盟开展对妇女暴力零容忍的广泛运动的决议》,主张开展惩治与救助施暴者以及资助受害者;强调了非政府组

---

[1]　罗杰:《家庭暴力妇女受害者权益之法律保障研究》,群众出版社 2015 年版,第 74 页。

织在反对针对妇女暴力中的实质作用;寻求改变社会态度的运动,以使得在个人、集体层面上对家庭暴力真正实现零忍耐。[①]

可见,国际社会对家庭暴力问题越来越重视。随着相关法律文件的出台,国际社会不断投入大量的精力,研究如何能够更好地通过法律的方法对家庭暴力问题加以遏制。

二、不同国家的具体对策

世界上有 120 多个国家制定颁布反家庭暴力的相关法律,其中,有 80 多个国家对家庭暴力进行专门立法,或者以反家庭暴力法命名。[②]

英国是对家庭暴力"零忍耐",认为:"任何形式的暴力都是犯罪,妇女不应忍受任何暴力,社会不能容忍暴力,男人没有权利施暴,每个人都不应遭受暴力。"[③]英国政府还设立了"家庭暴力注册簿",将对妻子有过家庭暴力行为的施暴者均记录在册,该记名簿将分别被送到警察局、社会福利机构等地方,在特殊情况下某些女性可以去相关部门查询其伴侣是否有过此种暴力的不良记录,该规定更好地保护了女性的人身权利。

挪威让法律与政府和公众均参与防控家庭暴力的具体实践。挪威确立了"无条件司法干预"的原则,是指在遇到被施暴的受害女性提出诉讼又撤诉的情况时,公诉机关无需经被害人同意,仍然可以对施暴者提起公诉的情形。这更好地体现了国家对家庭暴力问题的重视程度,政府还在个别地方设置专门人员展开调查,也建立了一些庇护所。

第六节　视野拓展

在传统认知里,一提到家庭暴力自然联想到的即丈夫对妻子实施的暴力伤害行为,这种情形虽然占据了家庭暴力案件的大部分比重,但家庭暴力问题并不局限于该种情形,也有父母对孩子实施暴力、家中的中年成员对老年成员实施暴力等,都应成为防控家庭暴力的关注视角。

一、对未成年人、儿童实施的家庭暴力

相比成年人,未成年人、儿童由于其身心、智力等各方面发展的不健全,遭受到家庭暴力之后的身心创伤程度往往更加严重,并很难完全治愈,有很大可能导致其内心扭曲等。按照联合国儿童基金会的定义,针对儿童的家庭暴力包括:身体暴力、精神暴力、性暴力、忽视与漠视、早婚、有害的传统文化习俗以及儿童目睹监护人之间的暴力。[④] 未成年人、儿童在遭受了家庭暴力行为后,很容易产生焦虑、自责、不敢与人接触、脾气暴躁、喜怒无常、厌世等一些消极反应。

---

① 朱晓青:《消除对妇女家庭暴力的法律举措》,载荣维毅、宋美娅主编:《反对针对妇女的家庭暴力——中国的理论与实践》,中国社会科学出版社 2002 年版,第 286 页。

② 薛宁兰:《反家庭暴力的国际人权文件与国外立法概况》,载《中国妇运》2015 年第 2 期。

③ 周頔:《反家庭暴力的国外经验》,载《民主与法制时报》2016 年 5 月 8 日第 8 版。

④ Susan Foutain, Our Rightsto Be Protected From Violence: Activitiesfor Learning and Taking Actionfor Childrenand Young People,联合国儿童基金会 2006 年,载吕频主编:《中国反家庭暴力行动报告》,中国社会科学出版社 2011 年版,第 100 页。

《反家庭暴力法》第 12 条规定:"未成年人的监护人应当以文明的方式进行家庭教育,依法履行监护和教育职责,不得实施家庭暴力。"《未成年人保护法》第 10 条规定:"禁止对未成年人实施家庭暴力,禁止虐待、遗弃未成年人,禁止溺婴和其他残害婴儿的行为,不得歧视女性未成年人或者有残疾的未成年人。"全国妇联和国家统计局,以 2010 年 12 月 1 日为标准时点,联合组织实施中国妇女社会地位调查显示,中国家庭虐童的状况十分严重,10～17 岁儿童遭到父亲和母亲家暴的比例分别为 43.3％和 43.1％。① 由于父母与子女之间的关系之特殊性,导致很多父母对子女实施家庭暴力的行为都不容易被发现,且有些人受传统不健康的观念影响,认为子女是他们私人所有,无论他们以怎样的方式对待都不应受外界的限制,也有一些父母认为对其实施暴力行为是一种有效良好的教育方式,如俗语中的"棍棒底下出孝子",当然,这里的暴力行为也应包含言语上的。

对于未成年人、儿童实施家庭暴力有一定隐蔽性、不容易被发现的原因有以下方面:第一,未成年人、儿童在年纪尚小时还不懂得如何反抗,认识不够,只能对父母的行为顺从。第二,随着年纪的变化,当对此行为产生排斥心理时,又由于其内心的恐惧或者对父母的依赖而不敢向外界求助。第三,可能基于对父母的特殊感情,对父母盲目的爱,怕父母遭受一定惩罚,从而不向外界告发。第四,一些特殊家庭关系中,如领养家庭等非亲生父母出现对儿童实施家庭暴力,但被领养一方可能基于渴望"家"的内心,而默默忍受。

因此,应对未成年人、儿童被实施的暴力行为加强干预。因为对于该类被害者造成的身体危害轻则导致皮外伤,重则可能会导致重伤或死亡的结果;而对于心理方面,轻则会产生内向、自卑、胆怯等性格,重则会形成反社会性人格,在长大后实行具有社会危害性的行为甚至犯罪。应加强对此类家庭暴力施害者的惩罚力度,同时对受害者积极进行心理疏导,帮助其消除因伤害造成的消极情绪与伤痛。

二、对老年人实施的家庭暴力

在关注家庭暴力中,也存在着许多对老年人实施暴力行为、虐待老人的现象,对老年人实施暴力也有身体虐待、精神虐待、经济剥夺、疏忽照顾等方式。随着全球人口老龄化不断发展,对于老年人的暴力案件也在更多地爆发,这成为一个公认的不可忽视的严重问题。这不仅会让老年人自身健康状况下降,同时也会给社会医疗、福利机构增加负担。

对老年人实施家庭暴力主要有以下形式:第一,躯体虐待:指故意伤害导致躯体疼痛或受伤的行为,如用器械或利器击打、撞击、打耳光、抓推等。第二,精神虐待:指故意导致情感伤痛或伤害的行为,如施加压力、恐吓、威胁、侮辱、命令、不尊敬、责备或其他形式的言语攻击或骚扰、囚禁。第三,性虐待:指未经同意的任何形式的性接触。第四,物质或经济剥夺:包括对老年人的物资、钱财或财产进行侵占,比如盗窃现金、社会保障账户及其他个人物资或财产,挪用资金和胁迫(如强迫修改遗嘱或契约)。第五,忽视:指派的照顾者不能满足老年人的基本生活需求,包括躯体忽视、精神忽视、遗弃、不赡养老年人,有意或无意地剥夺食物、药品或其他生活必需品。第六,其他:包括医疗资源的剥夺、人权侵犯、强迫劳动等形式。②

---

① 于晶:《父母对未成年子女的家庭暴力防治探究》,载《中国青年社会科学》2017 年第 3 期。
② 柳娜等:《家庭暴力老年人受虐的研究进展》,载《中南大学学报(医学版)》2012 年第 4 期。

另外,老年人家庭暴力还存在性别差异,如女性更容易被忽视,男性多见躯体施暴或受虐,女性更容易遭受严重的虐待形式,遭受经济剥夺也比老年男性多见。[①] 被实施暴力老人的群体也呈现不同的特点:第一,城镇老年人在精神虐待、经济虐待、照料忽视、躯体虐待、总体虐待上的发生率均显著低于农村;第二,男性老年人在精神虐待、照料忽视上的发生率显著低于女性;第三,无配偶老年人在精神虐待、经济虐待、照料忽视、躯体虐待、总体虐待上的发生率均显著高于有配偶老年人;第四,不识字老人在精神虐待、经济虐待、照料忽视、躯体虐待、总体虐待上的发生率均显著高于小学与初中以上的老年人;第五,生活来源于退休金的老年人在精神虐待、经济虐待、照料忽视、躯体虐待、总体虐待上的发生率均显著低于来源于家人、个人及其他资助救济的老年人;第六,需要但没人照料,只能自己应付的老年人在精神虐待、经济虐待、照料忽视、躯体虐待、总体虐待上的发生率均显著高于其他老年人。[②]

法律方面也有一些针对保护老年人不遭受家庭暴力的相关规定,如《中华人民共和国宪法》第 49 条中规定:禁止虐待老人;《中华人民共和国老年人权益保障法》第 3 条规定:禁止歧视、侮辱、虐待或者遗弃老年人。美国 1965 年《老年人法》强调保护老年人的相关权益,其中对虐待老人的行为进行了明确的定义与分类,2010 年《老年人司法法》对预防、发现、处理、干预、起诉虐待老年人的行为作了详细的规定,为老年人维护自身权益提供了有力的司法救济途径与方法。日本 2006 年《老年人虐待防止法》有效防治家庭内部虐待老年人的比例,并就保护老年人免受虐待进行了全方位的部署,也为精神虐老防治提供了明确的制度依据和介入程序,有效保护了受虐待老人的权益。[③]

三、从其他视角切入的家庭暴力

1. 艾滋病与家庭暴力。对女性的性暴力大多数情况会导致艾滋病的感染概率增高,反过来,而患有艾滋病的女性往往容易遭受到歧视,也容易招致家庭暴力,许多活动都将性别与艾滋病联系在了一起。[④]

2. 流动妇女与家庭暴力。目前我国存在着很多从农村出来城市打工的人群,也可以称之为农民工,他们的生活流动性极强,并且大多住所的环境较为简陋,很多会引发夫妻之间的矛盾冲突,容易使女性农民工遭受一定程度上的家庭暴力。

3. 孤独症患者与家庭暴力。一些严重的孤独症患者在一段时期,可能会出现异常狂躁的情况,从而殴打身边的人以排解其压抑情绪,但当此种情绪消除后,又会转而变成了内向、小心翼翼、不与人交流的状态。

类似的情况还有,如爱酗酒的人在其醉酒之后精神容易处在一个亢奋的状态里,或容易处在暴躁的情绪中,酒精作用之下会使人的一些行为被放大,可能会出现对身边的人实施暴力的行为。又如吸毒的人,过量吸食毒品会造成神经系统紊乱,有时会出现一定的幻觉,导致其变得过度敏感、神经兮兮,也会对妻子、孩子等家人实施暴力殴打行为等。

① 柳娜等:《家庭暴力老年人受虐的研究进展》,载《中南大学学报(医学版)》2012 年第 4 期。
② 冀云等:《中国老年人遭受虐待现状及应对措施》,载《中国老年学杂志》2018 年第 17 期。
③ 魏宏宇:《论比较法视野下的老年人精神虐待法律问题》,北京外国语大学法学 2016 年硕士论文。
④ 吕频主编:《中国反家庭暴力行动报告》,中国社会科学出版社 2011 年版,第 107~108 页。

第七节　实践延伸

虽然国际社会与各个国家都为禁止家庭暴力这一问题制定了各种法律法规,但在具体司法实践中存在很大差异。并不是每一起家庭暴力的案件都能得到一个圆满的处理结局,很多要伤害结果达到一定严重程度,才能被发现继而接受法律惩罚。有一些虽然被发现了,却因为种种原因,施暴者仍没能被法律处罚。据中国驻休斯敦总领馆通报,一名中国女性公民被发现在美国佐治亚州亚特兰大一处公寓内被害身亡。2017 年 9 月 18 日,佐治亚理工学院中国留学生李某仪(音)遭杀害,嫌犯是其交往的男友。据受害者朋友透露,犯罪嫌疑人性情极其不稳定,经常精神虐待受害者,并携 5 把枪在逃。虽然美国也有对于防止家庭暴力的规定,但在实际生活中,诸如此类的案件仍有很多,受害者遭受家庭暴力严重至失去了生命,但施暴者狡猾逃脱,至今还未受到法律的惩罚。

2017 年最高人民法院公布了反家庭暴力的十大典型案例。其中,案例四"谢某申请人身安全保护令案"的裁判结果为发出人身安全保护令,禁止陆某殴打、威胁、辱骂及骚扰、跟踪谢某,并将人身安全保护令分别抄送给当事人住所地的社区居委会和社区派出所,形成人民法院—社区居委会—社区派出所三方联动的工作模式,全方位保障谢某的人身安全,帮助谢某尽早走出家庭暴力的阴霾。但在该院组织谢某与陆某到法院进行回访时,陆某在法院追打谢某,其行为严重违反了人身安全保护令的要求,该院依法对陆某予以训诫并处以十日拘留。在拘留期间,陆某认识到错误,在拘留所内写下保证书,保证以后要与妻子和睦相处,不再殴打、辱骂、跟踪妻子。但训诫与十日的拘留就能让施暴者彻底改掉近十年的暴力恶习吗?对于受害者的身体与心理双重的伤害,也并不是施暴者简简单单的一封保证书就能够抹平的。此外,案例十"刘某申请人身安全保护令案"也表明了家庭暴力的范围不限于有合法婚姻关系的人,也包括基于特殊的亲密关系或因法律规定而产生类似家庭成员之间的权利义务关系的人,比如同居关系当事人。

总之,在社会生活中,应鼓励遭受家庭暴力的受害者能够勇敢、及时地站出来保护自己,通过合法的途径积极维护自己的合法权益,不要忍气吞声助长施暴者的不正当暴行,从而也能促进社会的和谐稳定,推进社会治理家庭暴力行为工作更好地开展。

 相关法律规定与参考文献

一、相关法律规定

(一)《中华人民共和国反家庭暴力法》

第 2 条　本法所称家庭暴力,是指家庭成员之间以殴打、捆绑、残害、限制人身自由以及经常性谩骂、恐吓等方式实施的身体、精神等侵害行为。

第 3 条　国家禁止任何形式的家庭暴力。

第 5 条　未成年人、老年人、残疾人、孕期和哺乳期的妇女、重病患者遭受家庭暴力的,应当给予特殊保护。

第 27 条　作出人身安全保护令,应当具备下列条件:

（一）有明确的被申请人；

（二）有具体的请求；

（三）有遭受家庭暴力或者面临家庭暴力现实危险的情形。

第33条　加害人实施家庭暴力，构成违反治安管理行为的，依法给予治安管理处罚；构成犯罪的，依法追究刑事责任。

第37条　家庭成员以外共同生活的人之间实施的暴力行为，参照本法规定执行。

（二）《中华人民共和国民法典》

第1043条第2款　禁止重婚。禁止有配偶者与他人同居。禁止家庭暴力。禁止家庭成员间的虐待和遗弃。

第1079条　有下列情形之一，调解无效的，应准予离婚：包含了实施家庭暴力或虐待、遗弃家庭成员的。

第1091条　有下列情形之一，导致离婚的，无过错方有权请求损害赔偿：包含了实施家庭暴力的。

（三）《中华人民共和国治安管理处罚法》

第45条　有下列行为之一的，处五日以下拘留或者警告：包含虐待家庭成员，受虐待人要求处理的。

（四）《中华人民共和国老年人权益保障法》

第25条　禁止对老年人实施家庭暴力。

此外，全国妇联、中央宣传部、最高人民检察院、公安部、民政部、司法部、卫生部印发《关于预防和制止家庭暴力的若干意见》的通知也详细地规定了各部门要依法履行各自的职责，做好预防和制止家庭暴力的一系列相关工作等内容。

二、参考文献

1.吕频主编：《中国反家庭暴力行动报告》，中国社会科学出版社2011年版。

2.夏吟兰主编：《家庭暴力防止法制度性建构研究》，中国社会科学出版社2011年版。

3.杨柯：《反家暴政策制定中社会组织参与模式研究》，中国社会科学出版社2017年版。

4.朱晓青：《消除对妇女家庭暴力的法律举措》，载荣维毅、宋美娅主编：《反对针对妇女的家庭暴力——中国的理论与实践》，中国社会科学出版社2002年版。

5.黄列：《家庭暴力：从国际到国内的应对（上）》，载《环球法律评论》2002年第1期。

6.屈学武：《死罪、死刑与期待可能性——基于受虐女性杀人命案的法理分析》，载《环球法律评论》2005年第1期。

7.刘晓梅：《英国反家庭暴力的立法、实践及其启示》，载《法学杂志》2006年第3期。

8.陈苇、冉启玉：《公共政策中的社会性别——〈婚姻法〉的社会性别分析及其立法完善》，载《甘肃政法学院学报》2005年第1期。

9.曹诗权：《中英维护妇女权益、防止家庭暴力研讨会综述》，载《法商研究》（中南政法学院学报）2000年第3期。

10.颜卉：《家事诉讼立法中增设特殊行为保全制度研究——以家庭暴力案件中的人身安全保护令为切入点》，载《甘肃政法学院学报》2018年第6期。

11.张海燕：《家事诉讼证据规则的反思与重构》，载《政治与法律》2018年第11期。

12.鄢芳、李现红、张椰：《家庭冷暴力量表的初步编制及评价》，载《中国全科医学》2019年第3期。

13.王俊：《反抗家庭暴力中的紧急权认定》，载《清华法学》2018年第3期。

14.朱敏敏：《对受虐妇女以暴制暴犯罪的量刑理念应重构》，载《人民检察》2018年第2期。

15.姜涛：《刑法如何面对家庭秩序》，载《政法论坛》2017年第3期。

16.许莉：《解读〈反家庭暴力法〉三大救助措施》，载《检察风云》2016年第8期。

17.陈璇：《家庭暴力反抗案件中防御性紧急避险的适用——兼对正当防卫扩张论的否定》，载《政治与法律》2015年第9期。

18.张亚林、曹玉萍:《家庭暴力与精神卫生》,载《中国临床心理学杂志》2002 年第 3 期。

19.刘莉、王秀华、谷灿等:《虐待老年人问题的研究进展》,载《中国全科医学》2017 年第 16 期。

20.柳娜、艾小青、曹玉萍等:《家庭暴力老年人受虐的研究进展》,载《中南大学学报(医学版)》2012 年第 4 期。

第六章 多元视角观察：有效处理家庭暴力案件

导语

多元视角给了我们观察家庭暴力后果的平台与高度。它至少让我们不再漠视家庭暴力的受害人。高道夫(Edward W. Gondolf)和费西尔(Ellen R. Fisher)研究了大量反驳受虐妇女综合征理论的统计数据后，指出：随着暴力的升级，受害人经常会与其他家庭成员联系请求帮助，她们也持续地寻求着正式的社会帮助。二人创立了自己的理论——幸存者理论。幸存者理论将暴力关系中的受虐妇女描述为积极向外界求助的暴力的幸存者，而非无助的受害者。幸存者理论认为，受虐妇女处境是社会援助资源无效与公众的漠然态度造成的，所以，解决妇女处境的合理途径就是增加相关项目的资金和向公众进行家庭暴力综合征及其后果的教育。如果向公众进行家庭暴力的危害与后果宣传，他们就不会再对受害人漠然处之了。后精神压力失调综合征及其诊断标准，包含了受虐妇女综合征传统理论的内容。沃柯博士所说的暴力循环(cycle of violence)，在这一理论中被认为是诊断后精神压力失调的外伤性刺激。此外，与受虐妇女综合征传统理论一样，后精神压力失调理论也承认经历了创伤事件后个体会变得无助。但是，它更多地承认不同个体对创伤事件会有不同反应，不过分依赖习得性无助理论解释受虐妇女不离开施暴人的原因。由上可见，当代"受虐妇女综合征"理论的内涵已经有了很大发展。家庭暴力案件的处理需要多学科、多视角的审视，以及多机构的协同。在社会工作介入家庭暴力的实践中，社会工作的专业性使其在反家暴方面发挥不可替代的作用。

● **教学目标**

通过心理学、社会学、社会工作等领域关于家庭暴力的理论与实践，法律诊所学生能够了解对受暴者和施暴者的心理分析以及当前主流的心理干预方法；了解我国《反家庭暴力法》出台前和出台后，内地社会工作介入家庭暴力的实践；认识到反家暴是一个系统工程，需要多部门统筹，协调运作，丰富和拓展学生关于家庭暴力防治的视野和思路。

● **教学方法**

理论介绍、视频播放、案例分析、分组讨论。

● **课堂设计**

1.对心理学、社会学、社会工作领域的相关理论进行介绍。

2.通过视频和文字,介绍中国香港的反家暴综合服务模式。

3.通过视频和文字,介绍天津市鸿顺里街道开展的"家庭问题社区干预实验项目"、北京市"城市社区多机构综合干预家庭暴力研究"、深圳鹏星家暴防护中心开展的"馨宁之家"家暴防护项目,以及《反家庭暴力法》出台后各地在构建反家暴综合服务模式方面的探索。

4.学生分组,就上述项目或服务模式的设计、实施和效果进行讨论,老师注重引导和总结。

● **要点把握**

1.了解不同学科在家庭暴力方面的理论与实践,引导学生从多角度认识家庭暴力。

2.帮助学生了解我国社会工作介入反家暴的历程,尤其是《反家庭暴力法》出台后各地的实践。

3.与时俱进,跟进各地在构建反家暴综合服务模式上的创新。

4.帮助学生认识社会工作在家庭暴力防治工作中的重要作用。

● **问题设计**

1.心理学视角对家庭暴力的分析和干预有哪些?

2.如何构建多机构合作干预家庭暴力的模式?

3.社会工作在家庭暴力防治工作中的作用有哪些?

第一节　心理学视角对家庭暴力的分析和干预

一、多元视角干预家庭暴力案件的重要性与可行性

2013 年 6 月,深圳市龙岗区坂田街道妇联引入专业机构鹏星家暴防护中心,以雪象社区为试点,启动了"馨宁之家"家暴防护项目,实施周期为一年,项目目标是构建零家庭暴力社区。该项目以反家暴社工团队为主导,充分调动各方资源,建立多机构合作的工作网络,为家暴受害者提供专业服务。项目社工借助于坂田街道建立的家庭暴力防护工作小组,可以在整个辖区推进反家暴联盟化。反家暴联盟以党工委为提倡单位,街道妇联牵头,由民政、法院、检察院、司法、公安、医院、学校、社区工作站、社区服务中心等联合组成。项目开展过程中,社工积极引导和推进以妇联、公安派出所、司法所、社会事务办、布吉人民医院、社区工作站、坂田义工队等社会组织及新闻媒体的多方联动反家暴工作机制。该项目在鹏星反家暴中心的运营下,构建了多机构合作干预家庭暴力,干预手法呈现多元化,包括专业社工介入、法律援助、心理治疗、行政干预、医疗救助、警察干预、新闻媒体呼吁等。[①] 项目有效预防了家庭暴力现象的发生,实现了跨领域多学科的综合干预。这是一个多机构、多学科干预家庭暴力案件的案例。反家暴是一个系统工程,不是某一个部门能独立完成的,一个家暴案

---

① 张智辉、魏琪珊:《社会工作参与反家暴行动的研究——以"馨宁之家"家庭暴力防护项目为例》,载《社会福利(理论版)》2016 年第 9 期。

件,往往涉及报警、求助、就医、伤情鉴定、庇护、人身安全保护、法律援助等多个环节,需要多部门统筹、协调、合作。各部门的具体职责进行细化,明确各方在家暴事件中的角色,搭建支持网络,各单位主体根据自身的职业特点和优势,分类、分片、分不同的职业人群开展工作,履行法律咨询、法律援助、矛盾调解、心理疏导、案件处置、呼吁倡导等功能,形成合力,才能较好地解决家暴问题。

多元视角干预家庭暴力的理论依据,在于人们无法从单一的学科领域、用单一的理论对家庭暴力问题进行有效的解释,而应从多学科解释家庭暴力问题。实践层面,家庭暴力案件需要从更多的角度去审视,去处理,才能获得较为满意的效果。

多学科合作有效预防暴力发生的原因有以下三点:第一,充分利用合作的协同效益。基于多学科获得的信息整合,可以高效地组合和分配资源。第二,我们需要从不同学科的预防工作中相互学习与分享预防知识。第三,由于不同的组织有各自的方法来识别、预防和干预涉及家庭暴力的案件,所以有可能导致不同组织为同一个案件提供重复服务,因此,需要一个统一的机制来更好地协调和回应受暴者的需要。基于此,本章将着重介绍心理学、社会学、社会工作等领域关于家庭暴力的理论与实践。

二、对受暴者的心理学分析和干预

心理学界分析家庭暴力的成因,更多地从心理原因、病理学和人格特质上对施暴者和受暴者进行探讨。

(一)对受暴者的心理学分析

1.受虐妇女综合征

1979年,美国心理学家雷诺尔·沃柯博士在对400名受虐妇女的跟踪治疗和研究后提出了受虐妇女综合征,指的是长期受家庭暴力虐待的女性,通常会表现出的一种特殊心理和行为模式,以家庭暴力周期(或称暴力循环)和习得性无助这两大概念来归纳。家庭暴力周期是指在婚姻或亲密关系中暴力的周期性变化,分为紧张关系酝酿期、恶性施暴期与和解期三个周期。在第一阶段,施暴者情绪起伏大,受暴妇女主要靠迁就以安定施暴者情绪;在第二阶段,施暴者情绪失控,严重暴力频频发生,双方出现谩骂与殴打,妇女处于危险状态;在第三阶段,施暴者表现出悔恨态度,将问题根源归结于外因,采取补偿性行动以求原谅。这一阶段中施暴者假装表现出的爱和温柔,使受暴妇女留在这种时好时坏的充满暴力的婚姻关系中,无望地企图帮助暴虐的丈夫改掉"坏毛病",从而开始新的一轮循环。在长期遭受家庭暴力后,受暴妇女心理基本处于瘫痪状态,在多次无法摆脱的家庭暴力周期中产生消极认知,认为自身无力阻止家庭暴力,从而逐渐在家暴中处于顺从、被动到无助的境地,这种心理状态和行为表现就是习得性无助。习得性无助会使受虐妇女长期处于一个无权、被动的状态,内化自卑和无助感,一味地顺从接受,不再做出改变的尝试,渐渐丧失对生活和未来的美好希望。这无疑对受虐关系的维持起到了一种推波助澜的作用。与此同时,在不断循环的暴力周期中,施暴者企图通过重复施暴以巩固对受暴妇女的控制,最终使得受暴妇女在情绪、心理与行为上表现出恐惧、焦虑甚至精神不健全状态,在极端情况下做出不理智的行为,例如自杀或杀夫。在西方,受虐妇女综合征就作为正当防卫的可采证据,认定有受虐妇女综合征的妇女长期遭受家庭暴力虐待而被迫杀害施暴人的行为属正当防卫,不予追究刑事责任。

2.幸存者理论

高道夫和费西尔研究了大量反驳受虐妇女综合征理论的统计数据后,二人创立了自己的理论,即"幸存者理论"。幸存者理论将暴力关系中的受虐妇女描述为积极向外界求助的暴力的幸存者,而非无助的受害者,其核心内容有以下四个方面:①承认受虐妇女在与施暴者相处的过程中一直积极地寻求帮助;②选择权、谋生技能和经济资源的缺乏加剧了受虐妇女离开施暴者的顾虑;③受害人获得的帮助是不全面和不充足的;④帮助资源的缺乏,而非习得性无助,是许多受虐妇女仍然与施暴者共同生活的原因。幸存者理论认为,受虐妇女的处境是社会援助资源无效与公众的漠然态度造成的,所以,解决妇女处境的合理途径就是增加相关项目的资金和向公众进行家庭暴力综合征及其后果的教育。通过增加项目资金,使公众确信所有受虐妇女将会得到援助,以使她们能够离开施暴者。如果向公众进行家庭暴力的危害与后果的宣传,他们就不会再对受害人漠然处之了。

3.后精神压力失调理论

后精神压力失调综合征及其诊断标准,包含了受虐妇女综合征传统理论的内容。例如,它们都要求受害人必须经历了创伤事件。只不过,创伤事件在沃柯的理论中被描述为暴力循环。与沃柯理论不同,后精神压力失调理论在解释妇女仍与施暴者共同生活的原因时,并没有只关注受虐妇女的无助感及并不十分有效的帮助资源,而是关注某个个体经历创伤事件后的心理伤害。因此,沃柯博士所说的暴力循环,在这一理论中被认为是诊断后精神压力失调的外伤性刺激。此外,与受虐妇女综合征传统理论一样,后精神压力失调理论也承认经历了创伤事件后个体会变得无助。但是,它更多地承认不同个体对创伤事件会有不同反应,不过分依赖习得性无助理论解释受虐妇女不离开施暴人的原因。由上可见,当代受虐妇女综合征理论的内涵已经有了很大发展。初期的受虐妇女综合征关注的是对妇女受害问题的心理分析,关注她们无助或习得性无助的感觉;其后出现的幸存者理论以及后精神压力失调征理论则更多地关注和分析导致妇女受虐杀夫的社会文化机制。①

(二)对受暴者的危机干预和心理辅导

1.危机干预

在受暴者的躯体情况得到处理的情况下,应关注到她(他)的心理状态,对其当下的心理状态进行评估,若受暴者无法处理家庭暴力所带来的影响,认知、情感和行为的功能出现或将要出现失调时,需要对其进行危机干预。专门针对家庭暴力的危机干预大约始于1974年的英格兰,他们建立了世界上第一家正规的妇女庇护所,为受虐的妇女提供保护、支持和简单的治疗。继而,美国在这方面积累了较多的经验,建立了多种危机干预的理论与模式。对于绝望、惊恐、狂怒、走投无路或行为失控的受暴者,危机干预是最重要、最适合的,而且应该及时、就近、简单、紧扣重点。

以下是危机干预常用的"六步法":①明确核心问题。必须非常迅速地确定致使当事人陷入危机的核心问题是什么,必须完全从当事人的角度出发进行分析。②保证当事者安全。首先应帮助她(他)尽快脱离家庭暴力的现场或不利处境,尽快脱离危险。③提供情感支持。给当事人以尽可能全面、充分的理解和支持。④开发应对资源。帮助当事人认识到还有哪

---

① 薛宁兰:《社会性别与妇女权利》,社会科学文献出版社2008年版,第248～260页。

些变通的应对方式可供选择。⑤制订康复计划。根据当事人的具体情况制订一个帮助其康复的事项表和时间表。⑥当事者的承诺。一定要得到当事人的明确承诺,并以理解、同情和建设性的方式去询问、核实她(他)实施计划的情况,并给予强化、支持和鼓励。

2.心理辅导

处理完暴力的相关即时问题后,则可以着手从受虐者出发进行干预,防止暴力的发展以及升级。目前以受暴者为中心的心理治疗,主要以心理教育为主。其中比较有名的是根据前述雷诺尔·沃柯博士提出的暴力周期理论和习得性无助理论,通过向受虐妇女强调暴力事件随着时间的推移,周期会越来越短,程度也会越来越重,使她们认识和识别与暴力循环的环节相对应的特定行为,学习阻断暴力循环的行为技能。而习得性无助理论用来解释受虐妇女的心理瘫痪状态,告知受虐妇女自己的消极互动是如何成为受虐待链中引发暴力行为的环节的,帮助受虐妇女意识到积极的行动和抗衡可以取代消极的互动,从而提高受虐妇女的自尊感,增强自主性。①

三、对施暴者的心理学分析和干预

(一)对施暴者的心理学分析

很多心理学家认为施暴者的暴力行为是学习获得的,童年的遭遇是家庭暴力在代际间传承的主要因素。人格的畸形、心理性疾病也是施暴的原因。主要研究角度有:施暴者与受虐者之间人格特质的因果关系;人类挫折—攻击行为间的相关研究,分析在何种情况下,人类的挫折或挫折感会引发暴力行为;社会化研究,寻找社会化过程中原有家庭经验和现有施暴行为的关系,强调暴力是一个社会学习的过程,在家庭暴力环境中成长的孩子也学会了暴力行为。

施暴者认知偏差认为男人的暴力行为是认知和行为方面不正常的表现。心理学研究表明,施暴者个人的认知、行为和情感方面的缺陷导致了他们的施暴行为,这些缺陷包括:自卑、不会表达自己的思想、害怕与他人建立亲密关系、多疑、沟通技巧差等。

人类攻击的本能的观点认为在人类的内在构成中,就有一种攻击性的张力,它是我们有机体的一部分,这种攻击性有助于人类自远古生存至今。攻击性的能量组成了内在的驱动力,深入我们的机制中,需要定期释放。如果不能释放,压力就会积累,直至爆发。因此,攻击的出现是一种对压力过大的环境反应,这种反应是受人类自然性和生物性驱使的。

根据阿德勒(Adler)的理论,每个人都有一种强烈的不满足感。由于男性总是以强者的身份出现,所以,他们更容易产生一种权力欲来解决冲突,只有当男性使用暴力时,才会感到安全、有权威感。卡普兰(Kaplan)在1972年提出了自我态度的观念来解释暴力行为,他认为暴力是个人与消极的自我态度进行斗争的结果。缺乏自尊的人很容易采取异常的行为模式(如暴力)来获得积极的自我认同,希望在别人眼中会有一个正面的印象。

社会学习理论认为暴力是一个社会性习得行为,通过直接体验或观察而学习到。认为

---

① 张亚林、曹玉萍:《家庭暴力现状及干预》,人民卫生出版社2011年版,第284～286页。

童年时代目睹过家庭暴力的男孩,成年后有很大可能成为施暴者。[①]

(二)对施暴者的心理干预

对于施暴者的治疗,首先要注意的是其精神卫生状况。精神疾病患者,可因症状影响而丧失或削弱辨认和控制能力,造成家庭暴力。因此,首先需要针对施暴者进行相应的评估和治疗。对于具有严重精神心理疾患者,如精神分裂症等,应给予药物治疗。

对于非精神病性施暴者,目前国际上应用广泛且卓有成效的治疗方式主要有:

1.德卢斯模式

德卢斯模式最初起源于美国明尼苏达州的德卢斯物质滥用干预计划,彭斯(Pence)等在此基础上根据女权主义理论创立了这一心理教育方法。这一模式认为,家庭暴力主要起源于社会文化中男尊女卑的思想,是男性自身霸权的一种表现形式。其治疗方式主要是使男性认识到社会对于受虐女性的支持和对暴力行为的反对,并促使施暴男性进行认知重构。

2.认知行为治疗

认知行为治疗是另一种应用较为广泛的暴力干预方法。这种疗法关注的重点在于施暴者的暴力行为以及隐藏在行为后的认知以及行为方式。它认为暴力行为是习得的,同理,非暴力行为也能通过学习获得。暴力持续的原因在于使用者获得了收益,如身体的放松、受暴者的顺从、支配感等。

认知行为治疗的过程分为几个步骤。首先是对施暴者的评估,需要收集施暴者曾经的家庭暴力的受虐史、目睹史以及家庭外的相关暴力史,并了解其目前的暴力行为;另外则需要对其进行心理评估,包括人格等测量。由于施暴者经常会否认或者忽视自己的暴力行为,通常还需要访谈受暴者以获得准确的信息,然后才开始治疗。行为干预方面,治疗师向施暴者指出暴力行为的利与弊,并通过技能训练(交流、社会技能训练等)和愤怒控制技巧(倒计时、放松训练等)使施暴者能够减少冲动行为;认知干预方面,在放松的同时进行自我对话和换位思考,使其认识到除了暴力之外还有其他选择方式。

辩证行为疗法是在传统认知行为疗法基础上发展而来的一种新型认知行为取向的心理治疗,这一疗法的中心手段是让施暴者保持警觉心,包括集中注意力和理智思考,同时也包括了技能训练、行为解析、技能一般化应用以及家庭练习等行为疗法的内容。

3.夫妻情感集中疗法

该疗法以成人亲密的依恋理论为基础。它认为紧张的夫妻关系和僵化的交流妨碍彼此感情吸引,后者又将导致夫妻采用负性处理方法去应对关系问题,从而形成恶性循环。这种模式限制了彼此亲近和回应,后者则是情感和依恋的基础。由于它重视夫妻间内心体验和含蓄的交流方式,所以被验证为目前最有可能将紧张关系修复为亲密关系的方法之一。

4.阻断暴力周期理论

暴力周期理论,也称为暴力代际间传递,是指通过习得性的行为,暴力家庭中成年人的暴力直接被传递给下一代,由此形成暴力在家庭中不断循环再生。一个儿童处于暴力家庭中成长,若遭受或目睹了暴力,将倾向成为容易诉诸暴力的成年人。这样的儿童会因为没有

[①]　朱东武、齐小玉:《城市社区多机构干预家庭暴力的实践》,中国社会科学出版社 2011 年版,第16～17 页。

机会学习适当解决冲突的技能,在成年后成为家庭暴力的施暴者。基于此原因,干预家庭暴力的主要目的在于尽可能减少暴力向下一代的传递,从而阻断循环。治疗家庭暴力心灵创伤是阻断代际传递的关键,对目睹家庭暴力的儿童、对家庭暴力中的夫妻做心理干预,引入社会心理组织进行心理治疗,是阻断家庭暴力的有效手段。[①]

四、家庭暴力的预防性干预

张亚林课题组通过总结国内外对于心理治疗的尝试和实践,提出了"群体的心理教育—家庭的心理咨询—个体的心理治疗"三结合的家庭暴力心理干预模式。应用该方法在长沙某两个社区的实践表明,通过集体进行婚姻心理健康和家庭暴力知识的教育,并借鉴"预防和促进关系教程"进行家庭或个体为单位的交流技巧的训练、解决夫妻之间矛盾冲突的训练和明确夫妻关系中潜在的问题和期望的训练,取得了良好的效果,有效降低了家庭暴力行为的发生率。[②]

第二节 社会学视角对家庭暴力的解读

社会学研究注重分析身处的大文化和大社会之中的次系统、次文化间的关系,在对家庭关系(暴力或亲密关系)的研究中,把宏观社会制度结构与微观制度结构相联系。

一、社会系统理论

这个理论观点是来自结构功能论的概念架构,强调家庭暴力系来自整个社会次系统之间的不均衡。基于此一概念架构,会以均衡、正功能、负功能、隐性功能、内在系统、外在系统、整合、病态等概念来解释家庭暴力。社会系统理论解释家庭暴力时,强调微观与宏观层面的相互影响,把重点放在暴力产生、引发的过程,因此视家庭暴力为一种系统与系统之间环环相扣所导致的持续性情境。探讨家庭暴力所可能导致的负功能与隐性功能,同时也研究家庭次系统及其他制度(或其他次系统)间的整合问题,以及如何维持家庭次系统和整个社会系统的稳定。

二、社会资源理论

社会资源理论解释了家庭中权力和资源之间的微妙关系。一方面,资源可以帮助家庭成员达到自己的目标,满足自己的需要;另一方面,家庭成员将权力看作一种行为的潜在力量。资源和权力二者呈正相关的关系,所以,谁拥有更多的资源谁就有更大的权力,也因此更可能使用暴力。Blood & Wolfe 于 1960 年在《丈夫与妻子》(*Husbands and Wives*)一书中,首先讨论婚姻关系中的权力分配概念,Blood & Wolfe 指出在一个家庭中权力(power)和资源(resources)之间的微妙关系。权力的取得是经由个人资源对家庭的有效性;资源,不

---

① 张亚林、曹玉萍:《家庭暴力现状及干预》,人民卫生出版社 2011 年版,第 286~287 页。
② 张亚林、曹玉萍:《家庭暴力现状及干预》,人民卫生出版社 2011 年版,第 286~287 页。

一定是经济的(例如金钱和财富)，同时也包括人际技巧(如社交能力)、取得声望的特性(如教育和职业)或是个人特质(如自尊、成就取向和情绪稳定)。Blood & Wolfe 指出在一个家庭中能提供最多资源的配偶，在权力的掌握上也较有利。因此，夫妻中谁能为家庭提供最多的资源，谁就拥有较高的权力。[①]

Goode 以权力的概念解释家庭暴力，认为当一个人有更多资源时(例如社会的、经济的、个人的)，对他人就会有更大的强制力(force)及权力(power)，也就更可能使用暴力。例如，资源较少的妻子通常比资源较多的丈夫体验到更多的挫折及痛苦。Goode 也指出当一个人缺乏其他合法的手段来当作其权力的基础时，暴力便成为一种资源。家庭中缺乏资源的一方(主要是指丈夫)，为了要妻子顺从他的要求，可能会使用暴力作为最后的资源。[②] O'Brien 提出"地位不一致论"也说明，当妻子一旦拥有更高的教育程度或社会地位时(即女性拥有较多的资源时)，丈夫可能较易使用暴力来维持一家之主的权威。[③]

三、社会控制理论

将社会控制理论引用来解释家庭暴力，指预防发生家庭暴力所采取的正式和非正式制裁，这些制裁会提高使用家庭暴力的成本。从警察干预的正式社会控制，到"亲朋好友不欢迎"的非正式社会控制。由此可见，假使对于家庭关系缺乏有效的社会控制，会增加家庭成员之间施暴的可能性。社会控制包括制度化的正式控制和通过文化内化的非正式控制，其中暴力次文化是一种非正式社会控制内化的结果。暴力次文化论主张社会价值和规范提供了暴力行为的意义和方向，因此在这些价值和规范的情境中会加速或是产生暴力，暴力次文化理论解释了为何有些社区、社会存在更多的暴力，特别是当有些文化规则合法化或是要求使用暴力时。

在此基础上，权力控制理论(power-control theory)，从性别阶层化的角度，讨论不同的公、私社会领域对于性别角色社会化的影响，进而造成偏差行为的性别差异，以此来解释为何男性会在亲密关系中施暴。[④]

四、社会冲突理论

冲突理论是社会学最早的理论取向之一，米尔斯、达伦多夫、科塞等一些激进的社会学者在批判吸收马克思、韦伯和齐美尔等人的思想基础上，加以修正和发展，形成现代社会学理论的一个重要流派即社会冲突论。将社会冲突论运用到解释家庭暴力行为，就是家庭冲突的升级和家庭矛盾的激化。家庭冲突的形式一般表现为：辩论、争吵和暴力行为等，这些

---

①　Robert O. Blood, Donald M. Wolfe, *Husbands and Wives：The Dynamics of Married Living*. New York：Free Press，1960，pp.269-270.

②　Goode，W. E.，Force and Violence in the Family，*Journal of Marriage and the Family*，1971，Vol.33.

③　O'Brien，J.E.，Violence in Divorce Prone Families，*Journal of Marriage and the Family*，1971，Vol.30.

④　Hagan，John，A.R. Gillis，J. Simpson，The Class Structure of Gender and Delinquency：Toward a Power-control Theory of Common Delinquent Behavior，*American Journal of Sociology*，1985，Vol.90，No.6.

不同的形式反映的是冲突的烈度不同,其中家庭暴力是严重家庭冲突的体现,冲突烈度最强。

五、社会交换理论

社会交换理论是 20 世纪 60 年代兴起于美国,进而在全球范围内广泛传播的一种社会学理论。社会交换理论认为,一种行为的产生不是想逃避惩罚和应付的代价,就是为了得到报酬。将社会交换理论运用到对女性的家庭暴力问题上,可以有这样的假设:1.丈夫认为使用家庭暴力所得到的报酬要远远大于代价;2.社会对丈夫殴打妻子的暴力行为缺乏有效的控制,使得丈夫相对减少了施暴后应付的代价;3.丈夫认为争强好斗是男人的特征,或者社会上男尊女卑的性别不平等观念使施暴者产生"打老婆"的动机。

第三节 社会工作介入家庭暴力干预的理论基础

社会工作始于 19 世纪末 20 世纪初的西方慈善事业,现已成为一种专业的助人服务活动。在社会工作领域,对家庭暴力干预形成支撑的理论基础有优势视角理论、社会支持理论、增权与倡导理论。

一、优势视角理论

优势视角是以优势为核心,对受助者进行帮助时强调将关注点聚焦在受助者身上,尽可能发挥受助者自身的能力和优势,并利用受助者的这些优势来进行自我帮助和发展。优势视角是起源于 20 世纪 80 年代美国社会工作领域的一种新思维模式和实践方式,其概念框架是基于对问题模式的反思而建构起来的,其核心在于对案主的优势和资源的洞察,强调以人的优势为核心,对案主进行帮助时将关注点聚焦在发现并发挥案主自身的优势和潜能上,利用这些优势对案主进行帮助并使其得到自我发展。优势视角反对将服务对象问题化,但这并非是否认"案主存在问题"这一现实情况,也不是迟迟不向案主提供帮助,只是主张社会工作者不应从病理学的角度来分析案主、诊断案主的问题,使案主对自身的问题过度注意,而是应该致力于使案主挖掘和发挥自身的潜能和优势,其中包括案主的人格特质优势、特长和技能,以期能够提高案主自己解决问题的能力,以更人性化的手段达到助人目的。优势视角的基本假设主要有以下几点:(1)每个个人、团体、家庭以及社区都有他们各自巨大的力量和独特的优势;(2)尽管贫困、创伤、歧视或者困苦等都具有一定的伤害性,但它们也有可能会成为挑战和机遇;(3)工作者与案主应该是一种合作的关系,这样工作者才能更好地服务于案主;(4)工作者和案主应该是互相信任的关系,这有利于工作者真正为案主找到合适的服务方案与目标;(5)案主所在环境充满着资源,要合理利用以有利于个案的开展。

二、社会支持理论

社会支持理论认为个人是存在于社会环境之中的,每个人要生存和发展,都必须要与其他人相互合作,甚至是依赖他人帮助。人类在生命发展历程中,都不可避免地会遭受挫折和困境,需要资源为其提供支持,一个人所拥有的能够为其提供支持的资源和网络越强大,就越能更好地适应社会。通常情况下,个人的社会支持网络由正式社会支持和非正式社会支持两部分组成,正式社会支持网络包括政府、社会组织等;非正式社会支持网络有家庭、亲朋好友、邻里、同事等。社会支持表现为这些关系提供的情感、认知和物质支持。情感支持是指能够让个体感觉到被尊重、被需要和被爱的具有安慰作用的感情或者行为;认知支持是指使个人了解自身世界和据此做出调整的信息、知识或者服务;物质支持是指能够解决现实问题的物质或者服务。大量研究指出,大多数妇女无法摆脱暴力关系的主要原因是缺乏有效的社会支持。基于社会支持理论开展社会工作介入家庭暴力,就是要帮助受虐妇女提高个人能力、自身素质,让她们拥有更多可获得的社会支持,通过社会工作介入,帮助受虐妇女挖掘身边资源,扩大、重构受虐妇女的社会支持网络,获取来自政府、法院、妇联、家人、朋友等多方面的帮助,使受虐妇女自身获取更多支持。

三、增权和倡导理论

1.增权理论

增权理论是现代社会工作一个重要的理论视角,它认为个人的无力感源于环境对个人的压迫,因此,增权不是赋予服务对象权利,而是充分挖掘服务对象的潜能,提升其自我意识,促使服务对象形成内在积极的自我概念,帮助其获得权利感以及控制生活的能力。增权理论基于如下假设:第一,处于弱势及边缘化地位的个人、群体及社区之所以会产生强烈的无能感、无力感与他们的经验密切相关。确切地说,个人及群体的无能感、无力感是他们的负性经验所导致的,是与环境互动的结果。诸如歧视及资源分配不均都可以导致个体的无权感,而这些无力感及周围环境中的诸如制度、政策等障碍反过来又会阻碍他们个人潜能的发挥及与环境的有效互动。第二,个人、群体及社区的权能可以改变。第三,案主是有价值、有能力的。增权理论通常涉及个人、人际关系、社会参与三个层面,可依此开展社会工作干预:(1)通过尊重、接纳引导案主形成正确的自我认知,通过评估案主的资源和优势,帮助其建立自信;(2)通过小组或者集体行动让案主与参与者一起工作,提升案主的自我形象,并帮助案主联结资源;(3)积极进行政策倡导,为遭受家暴的妇女争取更多的社会资源和支持。

针对受暴妇女增权,就是把施暴者剥夺的权利重新归还妇女。增权是一个持续的、反复的过程。受暴妇女设定对个人有意义的增权目标,调动内部资源(如自我效能感、知识、技能等)和外部资源(如社区资源与支持),积极采取行动,努力实现其增权目标。同时,持续地评估进展,并确保在此过程中没有出现新的失权。很多实证研究发现,社会工作增权视角对受暴妇女重获生活自主抉择权起到了积极作用。[①]

2.倡导理论

倡导的目标则是要代表弱势的案主或群体争取利益或对社会结构、文化做出改变。"增权"与"倡导"都是社会工作行动的重要概念,对个人增权,向社会倡导,都是对原有的权利结构尝试改变的过程。增权强调对个人的尊重,维护个人的权益。向社会倡导则是向社会争取对个人的福利及权利。家庭暴力防护的过程就是对妇女增权的过程,对社会倡导性别平等的过程,为妇女争取合法权益的过程。同时增权最重要的是从个人本身的能动性出发,唤

---

① 王玲、吴清禄、蔡惠敏:《社会工作增权视角下妇女庇护所防治家暴实践》,载《社会工作》2016年第5期。

醒个人的权力感受或观念,增强其能力,达到改善现状的过程。而面向社会中同一群体的增权的过程就是社会倡导的过程,唤醒的是同一群体的权力感受或观念,使得社会权利结构建立新的平衡。

第四节　社会工作介入家庭暴力的干预实践

社会工作是提供专业社会服务的职业性助人活动,可以为家庭暴力干预提供专业性的服务和支持。社会工作介入家庭暴力的防治在西方国家和中国香港、台湾地区已积累了丰富的经验,美国的第一家受虐妇女庇护所于20世纪60年代在加利福尼亚成立,而在中国香港,针对家庭暴力受暴者的社会救助网络建于20世纪80年代中期。2016年,我国《反家庭暴力法》的颁布实施,不仅为社会工作提供了法律保障,也明文规定了社会组织的职责,确定了社会工作介入家庭暴力的责任和义务。如《反家庭暴力法》第9条规定,各级人民政府应当支持社会工作服务机构等社会组织开展心理健康咨询、家庭关系指导、家庭暴力预防知识教育等服务;第14条规定,社会工作服务机构及其工作人员可帮助无民事行为能力人、限制民事行为能力人、疑似遭受家暴者进行报案。在中国内地,社会工作介入家庭暴力还处于萌芽和探索阶段,仍需要一段较长的时间来不断推进它的发展,在这个过程中,中国香港的反家庭暴力服务内容和模式具有很大的借鉴意义。

一、中国香港的经验

(一)服务内容

香港特区政府设立了三大政策目标,即致力预防家庭暴力,由问题的根源处理家庭暴力;确保家庭暴力受害人的安全及提供支持,原则是以受害人及其孩子的安全为先;停止施暴者的家庭暴力行为,包括法律严惩及社工辅导服务。

1.预防措施(宣传及社区教育)

香港特区政府推行一项名为"凝聚家庭齐抗暴力"的宣传活动,由社会福利署召集成立的工作小组督导,成员包括政府新闻处和非政府机构的代表。目的在于提高市民对预防家暴的意识,并强调家人的关怀是面对挑战时的重要支持,鼓励市民及早寻求协助,预防暴力事件,包括虐待配偶、虐待儿童、虐待长者和性暴力。在各母婴健康院、幼儿中心、儿童及青年中心、学校社会工作服务单位等地点,举办类似以家庭生活教育为题的小区教育活动和组织支持互助小组,制作宣传单及展览等。

2.支持服务

在家庭服务方面,每个综合家庭服务中心包括家庭资源组、家庭支持组和家庭辅导组三部分,提供连贯的预防、支持和补救性质的服务,并提供延长时间的常规服务,让有需要的人士能够获得便捷的服务。在房屋援助方面,社会福利署主动与房屋署商讨,把有条件租约计划的适用范围扩大至没有子女,或携受虐待的子女离开婚姻居所而正寻求离婚的家庭暴力受暴者,以帮助他们解决住宿问题。在对家庭暴力受害人支持方面,尤其是那些正进行司法程序的人士,可提供法律程序及社区支持服务的信息和情绪支持,并在有需要时获陪伴出席聆讯。在幼儿照顾服务方面,社工为那些有处境危险,或很可能受到家庭暴力威胁的受虐儿童安排寄养服务和入住儿童之家,并为不适宜返回家中居住的受虐儿童或目睹家庭暴力事件的儿童提供住宿服务。

3.专门服务及危机介入

专门服务及危机介入主要指成立保护家庭及儿童服务课。由社会福利署成立,负责处理大部分的虐儿和虐待配偶个案,汇集受虐儿童、有虐待配偶问题的家庭,以及目睹父母被虐待和婚姻破裂而受困扰的儿童所需的资源。此外,加强督导支持和推广服务专门化。主要业务为:以个别辅导和小组活动的方式,主动接触可能需要实时评估危机状况及紧急介入的个案;对《保护儿童及少年条例》声明需要受照顾保护令监管的受虐儿童,给予法定照顾或保护;其他的服务,包括住宿安排、体恤安置、经济援助、医疗护理、法律援助及其他受害人支持服务等。成立家庭危机支持中心,为女性、男性和儿童提供临时住宿服务,让极受困扰或面临危机的人士入住,作短期缓冲,并提供专业辅导协助他们处理家庭危机,避免因一时冲动而酿成惨剧。

(二)服务模式

香港特区政府坚持家庭暴力服务必须不同的政府部门、非政府机构、专业人士以至社会大众同心协力,互相配合,特别是在与非政府机构合作方面。政府一直采取跨专业和跨界别的合作模式,并通过行之有效的机制,确保各有关方面之间能有效合作。这种合作模式以成立关注暴力工作小组为主要平台,该工作小组负责建议在香港处理虐待配偶和性暴力个案的策略和模式。成员包括卫生福利及食物局、保安局、教育统筹局、社会福利署、法律援助署、香港警务处、民政事务总署、房屋署、卫生署、医院管理局、律政司、政府新闻处、香港社会服务联会及非政府机构的代表。在地区层面,成立家庭及儿童福利服务地区协调委员会,成员包括政府部门及区内非政府机构的代表、小区领袖等。另外,由社会福利署地区福利办事处召集地区联络小组,成员包括保护家庭及儿童服务课、综合家庭服务中心、警方及其他有关机构的代表。[①] 事实上,目前内地不少地区的反家暴机制就是在充分借鉴香港经验的基础上,结合本土情况不断探索形成的。

二、中国内地社会工作介入家庭暴力的实践

(一)《反家庭暴力法》出台之前的社会工作干预实践

在《反家庭暴力法》出台之前,已经有大量针对家庭暴力问题的社会工作干预实践、项目设计和理论模式建构。1994年,中国社会工作者协会开通了我国第一条家庭暴力投诉热线,开启了专业社会工作介入家庭暴力干预的先河。陕西省妇女理论婚姻家庭研究会于2001年设立了家庭暴力预防与辅导专线,这是全国范围内首个融社会工作的方法于家庭暴力治理,并积极为遭受家庭暴力侵害的妇女提供救助服务的项目。2001—2005年,北京红枫妇女心理咨询服务中心与天津市妇联合作,在河北区鸿顺里街道开展了"家庭问题社区干

---

① 卢玮:《香港反家庭暴力服务的整合运作与启示》,载《齐齐哈尔大学学报(哲学社会科学版)》2017年第1期。

预实验项目",调动和整合社区的各种资源并组成干预网络,将社会工作专业理论和方法引入社区的反家暴行动。2000 年 6 月,中国法学会启动了大型的"反对针对妇女的家庭暴力的对策研究与干预"项目,2000—2007 年,作为分项目之一的"城市社区多机构综合干预家庭暴力研究"在北京市丰台区右安门街道的试点社区开展了一系列深入细致的反对家庭暴力活动,项目负责人都是受过社会工作专业训练的教师,在推进项目时始终渗透了专业元素,他们自觉扮演了"资源中介者"、"支持者"和"使能者"的角色,最终实现项目的目标。[1]2011 年 6 月 21 日,深圳市鹏星家暴防护中心在"反家暴社工援助项目"的基础上正式成立,探索社会工作协作模式下的反家暴实务模式,经过几年的实践,中心总结出了家庭暴力三级干预服务模式。[2] 这些关于反家庭暴力的实践研究取得了良好的效果,为社会工作介入反家庭暴力提供了宝贵的经验,然而实践中发现,依照《婚姻法》《妇女权益保障法》《未成年人保护法》《治安管理条例》等来做家庭暴力的干预工作,在法律的执行层面存在很多困难,常常难以真正保护到家暴受害人的人身安全及合法权益。2016 年《反家庭暴力法》的正式出台,为切实有效干预家庭暴力案件提供了法律保障,也为社会工作在反家庭暴力中扮演重要角色铺平了道路。

(二)《反家庭暴力法》出台后的社会工作干预路径

家庭暴力问题的解决和预防需要政府、群团组织、社会服务组织、医疗机构以及社会力量的多方共同努力,而社会工作者作为制度化、专门化解决问题的社会服务机构的主要工作主体,强调从微观的具体问题即家庭暴力双方的现实需要出发,为他们提供各种人性化的助人服务,同时还致力于各种资源的利用和整合,营造健康的互助社会氛围。

具体来说,社会工作在家庭暴力防治工作中的作用主要有以下几个方面。

1.整合资源,建立反家暴的社会支持网络

社会工作在反家暴过程中,一项非常重要的任务就是构建受暴妇女的社会支持网络,帮助她们完善正式社会支持网络和非正式社会支持网络。

(1)构建受暴妇女的正式社会支持网络。在处理家庭暴力案件中,国内外的实践经验都反映出多方合作协调介入是最好的解决途径。社会工作人员应发挥"资源链接者"的作用,致力于推进政府部门和非政府部门跨专业、跨界别合作模式,确保不同部门的工作人员能够互相协调、互相合作,整合全社会资源来防治家庭暴力。结合本土经验,可规定某个政府职能部门作为主导方,针对家庭暴力事件的处置介入程序进行详细规定,并明确有关部门,如妇联、居委会、村委会、街道办事处、政府救助管理机构、公安机关、医疗机构、社会工作服务等机构的职责分工与合作流程。由地方各级民政部门,成立防治家庭暴力工作小组,由地方各级民政部门领导来担任防治家庭暴力工作小组的主席,并邀请妇联、共青团、公安、司法、教育、卫生部门、街道办事处、居委会或村委会,以及非政府部门的负责人成为工作组的成员。该工作小组应负责制定处理家庭暴力个案程序指引,警方、医院、学校以及居委会或村

① 朱东武、齐小玉:《城市社区多机构干预家庭暴力的实践》,中国社会科学出版社 2011 年版,第29 页。

② 张智辉、魏琪珊:《社会工作参与反家暴行动的研究——以"馨宁之家"家庭暴力防护项目为例》,载《社会福利(理论版)》2016 年第 9 期。

委会应有清晰的流程和指导,规范警务人员、医务人员、教师、社区工作人员处理家庭暴力个案的危机评估与危机控制的手段与方法,确保他们发现个案时能在第一时间采取积极有效的应对方法。

(2)建立受暴妇女的非正式社会支持网络,指社会工作者以家庭和社区为中心,增强受害者与家庭成员、亲戚、朋友间的联系,从而在精神、情感等各方面获得支持;在社区内开展活动,鼓励受暴妇女积极参与社区服务等,加强与社区居民之间的互动,形成良好的社区氛围。

2.提供心理辅导等支持性服务

从前述香港特区政府的三大策略可看出,无论预防、支持介入还是设立专门服务中心,其对象都是以家庭为基本单位,治疗小组也以施暴者和受暴者甚至受伤害子女之间情感重建为服务宗旨,希望服务对象能够重新回归家庭,最终回归社会。因此,社工在开展家庭暴力服务时,强化家庭成员对家庭的归属感是根本理念,在此理念指引下,整个服务的过程实际就是家庭内部情感支持系统的构建过程。

(1)对受暴者的支持服务。社工应坚持助人自助理念,本着服务对象自决原则,对受暴者及时关注,运用同理、倾听、表达专注等专业技巧,对其进行心理辅导和治疗,安抚其情绪,发展正向的自我概念。改善受暴者的不良认知图式,引导其树立正确的观念,增强其应对问题的能力。激发其自身潜力的发挥,让服务对象学会自己解决问题以提升其适应社会的能力。针对受暴者的个案辅导,主要包括五点内容:①处理情绪困扰及创伤。②改变非理性或负性认知。③协助受暴者获取相关政策及资源。包括:热线辅导、庇护中心和临时居所、经济援助、法律援助、医疗服务、住房等。④提高生活技能。工作人员可针对社交、理财、家政、养育、工作技能等方面进行辅导。⑤提供具体化服务。如教受暴者学会正确反抗暴力和自我保护的技巧,提供应对暴力的能力。

社会工作者还可运用小组工作方法,建立受暴妇女互助小组。把遭受家暴的妇女组织起来,有针对性地对其开展辅导活动。在小组中,引导组员宣泄负性情绪,缓解心理压力,建立对小组的信任和归属感,让受暴者不再感到孤独和无助;鼓励组员交流互动,帮助她们重建自信心,找到解决问题的途径和方法。该小组成员可以由几名长期从事反家庭暴力活动并受过社会工作专业培训的工作者和受到家庭暴力的人员组成。小组的目标是通过有相同或类似经历的人彼此交流,舒缓情绪和心理压力,提供情感上的相互支持,通过集体行动,共同争取权益,以达到解决问题的目的。①

(2)对施暴者的心理辅导。施暴者往往存在以下问题:第一,认知偏差导致的自卑、敏感、多疑;第二,性格暴躁,攻击性强;第三,有酗酒、赌博等不良嗜好;第四,大男子主义严重,把施暴当作获得和维持权威地位的手段等。社工对施暴者进行心理辅导和治疗,应从以下方面入手:①鼓励施暴者正视自己认知、情感等方面的缺陷,纠正其存在的认知偏差问题;②引导施暴者学习有效的情绪宣泄和沟通技巧,消除其内心的暴力倾向,改变行为模式;③引导施暴者改变不良的生活习惯,引导施暴者树立性别平等的观念,学会尊重、宽容、爱;④协助其停止暴力行为,学习以非暴力的方式解决问题;⑤增进自我认识,改变暴力思想及行为;⑥学习控制情绪、处理愤怒、减压及化解冲突的方法。

---

① 李爱芹:《浅析家庭暴力问题的社会工作介入》,载《社会工作下半月(理论)》2009 年第 3 期。

3.开展反家庭暴力的预防宣传、培训工作

开展反家庭暴力的预防宣传、培训工作主要是用社区倡导的手法，充分调动家庭和社区的资源，强化和巩固、保持家庭的自动平衡状态，营造良好的社会氛围。加强反家庭暴力的宣传工作，与学校、社区、媒体等密切合作，开展街头宣传、讲座、文艺演出等多种形式的活动。通过宣传教育推动社会性别主流化，建立男女平等的性别观念，改变社会大众把家暴当作"家务事""家丑不可外扬"的错误认知，使其了解家庭暴力的危害和应对措施等。成立家庭暴力教育中心，面向社会人群举办婚姻家庭教育课程，帮助参加者了解婚姻的不同阶段易产生的问题及相关的生理、心理、法律知识，帮助人们科学理智地面对婚姻家庭的矛盾和冲突；利用小组工作的方法和技术，改善夫妻关系、亲子关系，提高家庭管理和家庭生活的品质。推动对民警、妇联、民政、社区工作者等反家暴一线人员进行培训。随着《反家庭暴力法》的出台，反家庭暴力的行政干预、司法干预、社会救济终于有了法律依据，但是在法律宣传和实际执行当中还有许多工作要做，社工的宣传服务、指导服务、转介服务以及推动立法工作，便显得格外重要。

4.建立专门的妇女救助机构，为受虐女性提供庇护服务

建立专门的妇女救助机构，为受虐妇女提供庇护服务已成为当今世界救助受害妇女的有效措施之一。西方的家庭暴力受虐妇女的庇护服务始于 20 世纪 70 年代，现已形成比较成熟的运作模式。我国第一家妇女庇护场所则成立于 1995 年。通过建立专门的妇女救助机构，为遭受丈夫殴打又没地方躲避的妇女提供临时救助，使其能够在第一时间获得保护，并为其后续的康复治疗或家庭关系重构提供场所。机构应视受虐妇女的情况为她们提供专业化的心理辅导、行为训练、婚姻家庭生活指导及电话咨询等服务，同时也可为缺乏社会资源的妇女提供医疗和法律服务。这是一个系统工程，需要妇联、司法、医院、民政等部门共同参与、相互配合。因此，应完善各地的庇护中心，使庇护中心具备短暂住宿、安全庇护、心理辅导、链接社区和经济资源、提高生活技能等功能，帮助受暴者重建和谐生活。[①] 家庭暴力是一个复杂的社会现象，需要运用多学科、多视角去审视，同时，反家暴是一个系统工程，需要多部门统筹，协调运作。

社会工作作为提供专业社会服务的职业性助人活动，可以为家庭暴力干预提供专业性的服务和支持。2016 年《反家庭暴力法》的正式出台，为切实有效干预家庭暴力案件提供了法律保障，也为社会工作在反家庭暴力中扮演重要角色铺平了道路。具体说来，社会工作可以在如下方面发挥独特的作用：整合资源，建立反家暴的社会支持网络；提供心理辅导等支持性服务；开展反家庭暴力的预防宣传、培训工作；建立专门的妇女救助机构，为受虐女性提供庇护服务。

 **参考文献**

1.陈敏：《呐喊：中国女性反家庭暴力报告》，人民出版社 2007 年版。

2.刘梦：《中国婚姻暴力》，商务印书馆 2003 年版。

---

① 刘淑娟：《增权理论视阈下针对妇女家庭暴力研究》，载《东北师大学报(哲学社会科学版)》2010 年第 6 期。

3.吕频:《中国反家庭暴力行动报告》,中国社会科学出版社 2011 年版。

4.荣维毅、宋美娅:《反对针对妇女的家庭暴力——中国的理论与实践》,社会科学出版社 2002 年版。

5.许莉娅:《个案工作》,高等教育出版社 2013 年第 2 版。

6.薛宁兰:《社会性别与妇女权利》,社会科学文献出版社 2008 年版。

7.张李玺:《妇女社会工作》,高等教育出版社 2008 年版。

8.张李玺、刘梦:《中国家庭暴力研究》,中国社会科学出版社 2004 年版。

9.张亚林、曹玉萍:《家庭暴力现状及干预》,人民卫生出版社 2011 年版。

10.朱东武、齐小玉:《城市社区多机构干预家庭暴力的实践》,中国社会科学出版社 2011 年版。

第七章 法律检索:如何在网海中寻找精彩

导 语

　　美国是判例法国家,法律渊源复杂,数量繁多,其原始资料来源于联邦和50个州的司法机构、立法机构和行政机构,内容之广泛、数据之庞大是世界上任何国家所不可比的。法律检索正是法学院学生获得信息与能力的重要路径之一。随着信息技术的快速发展,电子信息不断融入人们的生活、工作等各方面,随之网络信息资源数量变得越来越巨大,且高速增长,种类繁多,信息庞杂,这决定了网络信息检索相较于其他种类的检索,具有高效、便捷的性质。也正是由于网络信息资源数据巨大、内容丰富,较为全面地解决了我们所要检索的各方面信息,或者也为我们提供了多种发布生成检索信息的渠道。正因为此,网络信息检索占据了我们检索的绝大部分比例,也为我们提供了无数的精彩并解决了无数的疑惑。在对上述检索理论进行全面了解的基础上,为贯彻法学教育理念,培养学生的法律检索能力,接下来主要针对法律检索的实际操作与学习展开论述。因此美国的法学院将法律知识能力培养作为基础,实际的职业能力,也就是"获取法律"能力在美国的法律实践中显得格外重要。法律博士J.D.是美国绝大多数州职业律师必须具备的基本学历,是美国律师人才资源的主体。J.D.教育是律师职业教育,重视培养学生的综合职业能力,致力于启发学生应用法律知识和解决实际问题的能力。J.D.教育非常注重"获取法律"能力的培养,法学院在教学活动中从课程的设置、教学方法以及学习环境,都紧紧地围绕这个主题来开展,包括判例教学法、法律图书馆、计算机检索等来保证法律实用技术知识的掌握和运用。

● **教学目标**

1.了解法律检索的概念及其在法律理论学习和实际工作中的重要性。

2.掌握法律检索的实际操作流程,熟悉网络法律检索和数据库法律检索的方法。

● **教学方法**

头脑风暴、过程演练、分组讨论、反馈与评估。

● **课堂设计**

1.根据本章内容与要求,根据学生人数分组,进行不同分工。

2.根据具体教学时间安排演练时间,在每组演练完毕之后要留出时间让参与者进行反馈与分析。

3.老师主导与学生主体密切配合:强调学生先提出方案,老师点评与引导。老师不能直接给答案,旨在训练学生独立思考与设计方案的能力。

4.注意学生点评与互评、总结与反馈。

● **要点把握**

1.了解法律检索的基本理论,对如何穷尽一切资源进行法律检索有基本认识。

2.掌握法律检索的实操训练,最大限度地提升学习的积极性与主动性。

3.基于时代发展、司法改革的情况与法律规定的变化不断调整教学方案,尤其是《民法典》的出台导致的婚姻家庭系列法律制度的承继和扬弃。

4.强调保密和贯彻人格权保护原则。课堂运用个案均源于真案,所有信息均须作技术性处理。

● **问题设计**

1.何谓法律检索? 法律检索的基本流程是什么?

2.常用法律检索引擎有哪些? 如何使用?

3.常用法律数据库有哪些? 如何使用?

第一节　案件直击

 案情简介

原告郑某丽与被告倪某斌于 2009 年 2 月 11 日登记结婚,2010 年 5 月 7 日生育儿子倪某某。在原、被告共同生活期间,被告经常击打一个用白布包裹的篮球,上面写着"我要打死郑某丽"的字句。2011 年 2 月 23 日,原、被告因家庭琐事发生争执,后被告将原告殴打致轻微伤。2011 年 3 月 14 日,原告向法院提起离婚诉讼,请求法院依法判令准予原、被告离婚;婚生男孩倪某某由原告抚养,抚养费由原告自行承担;原、被告夫妻共同财产依法分割;被告赔偿原告精神损失费人民币 30000 元。

针对上述问题进行法律检索分析,目标问题为倪某斌存在哪些家庭暴力行为?

一、法律检索过程

(一)法律检索的内涵

上述问题属于法律实务问题。要解决该问题,必须从法律角度出发,根据法律常识,家庭暴力属于我国《反家庭暴力法》等法律法规里面的概念,应当对具体规定进行查找,对问题进行剖析。查找法律法规的过程就是法律检索。

(二)法律关系分析

结合上述法律问题,首先明确家庭暴力行为的概念是什么;其次,明确倪某斌的行为中,

与家庭暴力有关的行为有：

1.在原、被告共同生活期间，被告经常击打一个用白布包裹的篮球，上面写着"我要打死郑某丽"的字句。（以下简称"行为1"）。

2.原、被告因家庭琐事发生争执，2011年2月23日，被告将原告殴打致轻微伤。（以下简称"行为2"）。

倪某斌的上述两个行为是否属于家庭暴力行为，应当结合家庭暴力行为的概念及范围进行检索，查找到对家庭暴力行为的相关法律法规再进行判断。

二、法律检索的实施

1.根据日常经验及对网络的了解，关键词可设置为"家庭暴力"，法律检索的搜索引擎可以选用百度，可以得到内容清晰的检索页面，但检索结果均未能从法律角度解决实质问题。现可调整检索的关键词为"反家庭暴力法"，根据检索可得到：由中华人民共和国第十二届全国人民代表大会常务委员会第十八次会议于2015年12月27日通过，自2016年3月1日起施行的《反家庭暴力法》第2条规定："本法所称家庭暴力，是指家庭成员之间以殴打、捆绑、残害、限制人身自由以及经常性谩骂、恐吓等方式实施的身体、精神等侵害行为。"

2.通过中国裁判文书网公布的典型家庭暴力案例进行检索，通过中国知网对家庭暴力行为的论文进行检索，得知家庭暴力行为包括以多种手段和方式实施的身体、精神等侵害行为。

三、形成检索结果

引用关于家庭暴力的相关法律规定，分析可得知上述倪某斌的行为1构成精神暴力，对郑某丽的精神造成威胁，属于家庭暴力行为；行为2对郑某丽的身体造成威胁，属于家庭暴力行为。

第二节　法律检索的概念和作用

一、法律检索概述

（一）法律检索的概念

检索是一种汉语词汇，现代汉语词典中将其解释为检查索取所需要的文字或资料。法律检索是指从用户特定的信息需求出发，对特定的法律信息集合采用一定的方法、技术手段，根据一定的线索与规则从中找出相关法律信息。法律检索的基本原理是：通过一定的规则或方法，对已经一定载体发布或公布过的分类不确定的大量文字和资料进行搜集、分析、加工、重新组织并存储，以便获取并利用相关检索法律文字或资料，解决相关法律问题。

（二）检索的分类

1.按查找对象不同，可将检索分为事实检索、数据检索、概念检索以及文献、史料、电子

信息检索

根据查找对象的不同,将文献信息检索分为文献检索、事实检索、数据检索以及概念检索。[①] 编者认为,同样根据查找对象的不同,可将检索分为概念检索、数据检索、事实检索和文献、史料、电子信息检索。具体含义如下:

(1)概念检索(concept retrieval)。指查找特定概念的含义、作用、原理或使用范围等解释性内容或说明。例如:通过网络、词典、书籍或其他方式查询配偶指的是什么。

(2)数据检索(data retrieval)。指以数据为检索对象,从已收藏数据资料中查找出特定数据的过程。例如:检索梁山伯与祝英台的凄美爱情故事流传起源时间;检索我国近 5 年来离婚案件中,因家庭暴力被判决离婚的案件所占比例为多少。

(3)事实检索(fact retrieval)。指通过对存贮的文献中已有的基本事实,或对数据进行处理(逻辑推理)后得出新的(即未直接存入或所藏文献中没有的)事实过程。例如:甲和乙离婚,乙拒绝履行判决书确定的给付赔偿金的义务,法院通过查询系统检索乙的财产情况。

(4)文献、史料、电子信息检索。这与《文献信息检索》一书中所述的文献检索有所区别,《文献信息检索》阐述文献检索指从一个文献集合中找出专门文献的活动、方法与程序,是利用检索系统的工具查找文献线索,获取情报信息的过程,本质是文献需要与文献集合的匹配。而本章中所要阐述的文献、史料、电子信息检索是在《文献信息检索》对文献检索的定义的基础上加以丰富,区别在于检索对象上的增加。文献、史料、电子信息检索的检索对象包括,自出现人类文明以来能通过一定载体如甲骨、石刻、竹书、青铜、崖画、纸张书籍、磁带、磁盘、光盘,集成电路卡以及网络等,所记录形成的文献、史料、电子信息。

2.根据记录检索信息不同,将检索信息分为中文数据库检索与外文数据库检索

中文(包括文言文、繁体字、汉字等中国文字)记载的检索过程称为中文数据库检索,将检索信息为其他国家文字所记载的检索过程称为外文数据库检索,其中外文数据库检索又包含多种文字的检索种类。依据不同的标准,会有多种不同的分类种类。上述检索的分类,相互之间并非严格区分和独立,根据检索内容相互之间存在相互包含的情况。文献、史料、电子信息检索相较于其他三类检索,所包含的内容更为广泛,文献、史料、电子信息检索具体信息可能包含数据检索、事实检索和概念检索中的一种信息或多种信息,甚至不同的文献、史料、电子信息检索所得信息需要多个不同的检索文献、史料、电子信息。

(三)网络信息检索

1.网络信息检索属于按照查找对象分类中的电子信息检索

这是基于因特网所产生的一种信息检索方式,是在 20 世纪 70 年代所形成的相对独立的计算机检索的基础上发展起来的。因特网的发展和信息技术的提高,纷纷促使各网络机构研究开发了多种能在广域网环境下工作的新型检索工具,于是"网络检索"这一新的分支学科应运而生。

2.高效进行网络信息检索的路径

网络信息检索,离不开检索的基本原理,要高效进行网络信息检索,必须对网络信息资源、网络信息检索方法、网络信息检索工具进行全面了解,逐步养成确认和分析问题的能力,

---

[①]　申燕:《文献信息检索》,中国纺织出版社 2016 年版,第 6 页。

进一步根据问题进行检索并获取相关信息,最终形成检索结果或解决所要检索的疑问。

(1)网络信息资源。网络信息资源是指通过计算机网络可以利用的各种信息资源的总和。从内容上,可将其划分为网络信息库(包括联机数据库和光盘数据库)、联机馆藏目录库(由众多图书馆建立的馆藏机读目录数据库并通过网络对外开放)、电子出版物(包括电子图书、电子期刊和电子报纸等)、政府机构信息服务系统向公众提供的信息以及新闻娱乐信息(包括各种新闻、广告、讨论组以及各种开放软件)。

(2)网络检索工具。搜索引擎就是人们对网上各种网络信息资源进行标引和检索的工具。搜索引擎的工作原理可分为三个过程,即信息采集和存储阶段,通过人工或自动采集的方式将信息资源按照规范方式分类标引并组建索引数据库;建立索引数据库阶段,信息采集存储后,搜索引擎对已收集的信息进行整理建立索引数据库,并定时更新数据库内容;建立检索界面阶段,即每个检索引擎向用户提供一个良好的信息查询界面,接受用户在检索界面中提交的搜索请求,并根据用户的搜索请求在索引数据库中查找,把查询命中的结果通过检索界面返回给用户。

搜索引擎的基本检索功能,包括词组检索、截词检索、字段检索、自然语言检索、多语种检索等。词组检索指将一个词组当作一个独立的运算单元进行严格的匹配,以提高检索的精度和准确度;截词检索指在检索式中使用截词符来代替相关字符,扩大检索范围,在搜索引擎中常用的截词符是星号"*";字段检索,如主机名、域、统一资源定位地址等,用于限定检索词在数据库中出现的区域,以控制检索结果的相关性,提高检索效果;自然语言检索是指用户在检索时,直接使用自然语言中的字、词或句子组成检索式进行检索,检索式的组成不再依赖于专门的检索语言,使检索变得简单而直接;多语种检索,按照用户设定的不同语种方式自由切换或联合检索,并向用户反馈检索结果。日常生活中,较为常用的检索为自然语言检索。上述提及的检索语言指的是用于各种检索工具的编制使用,并为检索系统提供统一的、作为基准的、用于信息交流的一种符号化或语词化的专用语言。

搜索引擎,按照其工作方式主要可分为三种,即全文检索型搜索引擎、分类目录型搜索引擎和多元搜索引擎。全文检索型搜索引擎处理的对象是互联网上所有网站中的每个网页,其数据库由网络自动索引软件在网上漫游,不断收集各种新网址和网页,形成巨量记录的数据库,当用户进行检索时,每个引擎都以其特定的检索算法在其数据库中找出与用户查询条件匹配的相关记录,按相关性大小顺序排列并将结果返回给用户,反馈内容并非用户最终要获取的检索结果,而是多条包括网址或相关文字的检索线索,通过检索线索中指向的网页,用户可以找到和检索内容相匹配的内容。其特点是检索面广、信息量大、信息更新速度快等,适用于特定主题词的检索;缺点是检索反馈网址或相关文字中包括一些无用的信息,需要用户筛选,降低了检索的效率和检索效果的准确性。分类目录型搜索引擎提供按类别编排因特网站点的目录,是由网站工作人员在广泛搜集网络资源,在由人工进行加工整理的基础上,按照某种主题分类体系编制的一种可供检索的等级结构式目录,在每个目录分类下提供相应的网站资源站点地址,使因特网用户能通过该目录体系引导,查找到和主题相关的网上信息资源,其优点是所收录的网络资源经过专业人员的人工选择和组织,提高了检索的准确性。但相应地,需要花费大量的人力和时间整理组织信息,数据库规模相对较小,没有统一的分类标准和体系,若用户对分类判断与搜索引擎有所偏差将难以找到所要信息。多元搜索引擎又称集合式搜索引擎,即用户输入检索词后,该引擎自动利用多种检索工具同时进行检索,将多个搜索引擎集合在一起,向用户提供一个统一的检索界面,将用户的检索提问同时发送给多个搜索引擎,同时检索多个数据库,并将它们的反馈结果进行处理后提供给用户,或让用户选择其中的某几个搜索引擎进行工作,可让用户省时省力,检索较为全面。

(3)常用搜索引擎介绍。①百度中文搜索引擎(http://www.baidu.com)。百度是全球最大的中文搜索引擎、最大的中文网站,包括:以网络搜索为主的功能性搜索,以贴吧为主的社区搜索,针对各区域、行业所需的垂直搜索,MP3 搜索,以及门户频道、IM(Instant Messaging,即时通信)等,全面覆盖了中文网络世界所有的搜索需求,在中国的搜索份额超过80%。百度提供关键词检索,用户只需在浏览器的地址栏中输入百度的网址,按回车键打开百度首页,在文本框中输入查询内容并按一下回车键或点击"百度搜索"按钮即可查询到满足条件的相关资料。如果需要更精确的搜索结果,可以单击首页右侧的"高级搜索",打开百度高级搜索页面,在该页面中,可以对搜索结果进行更多的设定,例如对各种语言、时间、地区、搜索结果显示条数等作出设定。

②谷歌(Google)搜索引擎(http://www.google.com)。Google 是目前因特网上最优秀的支持多种语言的搜索引擎之一,由谷歌公司唯一提供服务的搜索引擎,采用自动索引软件网络蜘蛛按某种方式自动地在因特网中搜集和发现信息,并采用先进的网页识别技术,根据因特网本身的链接结构对相关网站用自动的方法进行分类、清理、整合,任何网页均可直接地链接到另一网页,使信息在网站之间畅通无阻,从而为用户提供面向网页的前文检索服务的因特网信息查询系统。

③部分法律专业资源特色网站。第一,北大法律信息网(http://www.chinalawinfo.com)。北大法律信息网是北大英华科技公司和北大法制信息中心共同创办的综合性法律网站,主要提供法律法规文献检索服务与法律咨询服务。该网的"中国法律检索系统"可查询 6 万多篇自新中国成立以来的法规文件,包括全国人大发布的法律、国务院发布或批准的行政法规、国务院各部门发布的部门规章、最高人民法院和最高人民检察院颁布的司法解释、各地方人大和政府发布的地方性法规规章、中国政府与外国政府签订的经济和科技协定、国际公约和商业惯例等内容。北大法律信息网的法律法规信息较多,在其首页上点击"北大法宝"进入该栏目主页。在该栏目下,分别从"法律法规""司法案例""法学期刊""英文译本"等细目来提供法律法规信息。如果要深度挖掘法律法规,可从"北大法宝"的检索框进行检索,选择"标题""全文""同篇""同段""同句"等方式进行检索;当然也可点击其页面左侧进行检索,选择从"效力级别""发布部门""时效性""法规类别"等类目中进行浏览查询。第二,中国裁判文书网(http://wenshu.court.gov.cn)。2013 年 7 月,《最高人民法院裁判文书上网公布暂行办法》正式实施。依据该办法,除法律规定的特殊情形外,最高人民法院发生法律效力的判决书、裁定书、决定书一般均应在互联网公布。2014 年 1 月 1 日,《最高人民法院关于人民法院在互联网公布裁判文书的规定》正式实施。该司法解释明确,最高人民法院在互联网设立中国裁判文书网,统一公布各级人民法院的生效裁判文书;中西部地区基层人民法院在互联网公布裁判文书的时间进度由高级人民法院决定,并报最高人民法院备案。人民法院建立审判流程、裁判文书、执行信息三大公开平台,中国裁判文书网已经成为全球最大的裁判文书网,截至 2015 年 11 月 1 日,公布裁判文书 1165 万份,总访问量达到 3.4 亿人次。2018 年 2 月 27 日,从人民法院司法公开工作座谈会上获悉,中国裁判文书网共公布全国各级法院生效裁判文书 4260 余万篇,访问量超过 132 亿次,访客来自全球 210 多个国

家和地区,已经成为全球最大的裁判文书网。用户可通过输入案由、关键词、律师、法院、当事人名字等,多维度地在该网页中查询到法院审判并公布的各种判决书、裁定书以及执行文书,为查询各种案例提供了重要的渠道。

随着信息技术的快速发展,电子信息不断融入人们的生活、工作等各方面,随之网络信息资源数量变得越来越巨大,且高速增长,种类繁多,信息庞杂,决定了网络信息检索相较于其他种类的检索,具有高效、便捷的性质。也正是由于网络信息资源数据巨大、内容丰富,较为全面地解决了所要检索的各方面信息,或者也为我们提供了多种发布生成检索信息的渠道。正因为此,网络信息检索占据了检索的绝大部分比例,也提供了无数的精彩并解决了无数的疑惑。

在对上述检索理论进行全面了解的基础上,为贯彻法学教育理念,培养学生的法律检索能力,接下来主要针对法律检索的实际操作与学习展开论述。

(四)法律检索的方法和步骤

法律检索作为本章学习的主题,先对法律检索的概念进行分析与总结。法律检索指的是基于法律问题和法律事实,应用相关文献、书籍或网络等载体,对相关事实或问题进行法律法规、规章制度、政策文件等规范性文件或者与法律相关的判例、论文等,进行搜索,以期达到解决法律问题或查清法律事实的目的。法律检索是一项遵循一定规则的技能,而要高效准确地进行法律检索,必须了解法律检索的方法和步骤。戴维·斯托特(David Stott)的《法律检索之道》一书将有效的法律检索分为以下三个阶段:检索的计划阶段、检索的实施阶段、检索结果的撰写阶段。除上述三个阶段外,置于上述三阶段之前的还应当具有法律检索思维及一定的法律知识储备。

1.具备法律检索思维及一定的法律知识储备

对法律检索数据库以及法律检索工具进行系统学习与了解,遇到法律检索目标(法律问题、案件等)时,具有法律检索的意识,并能从中分析属于哪一类法律检索数据库中信息,运用哪一种法律检索工具更有利于实现法律检索目的等。具体到生活学习中,就是要加强对各种法律法规的学习了解,如对民事案件案由、刑事罪名等能有较好的理解,并对各种法律专业学科的网站及书籍等进行了解,具备一定法律知识储备,廓清法律资源整体分布状况。

2.检索的计划阶段

《法律检索之道》一书指出,检索计划应采取如下步骤:事实收集;事实分析,并找到相关法律原则;找出事实要点和法律要点;制订检索计划。[①] 该步是进行法律检索的起始步骤,若不能全面准确把握检索目标,很可能把整个法律检索都带往歪路上,并浪费大量时间得出一个不全面甚至错误的检索结果。为此,我们主要从以下几点对该问题进行把握:第一,认真分析案件事实;第二,正确区分纠纷属民事纠纷、刑事纠纷或行政纠纷,准确分析各主体间的法律关系;第三,根据前两点,设置供检索的紧密相连的两个或两个以上关键词;第四,根据关键词,选择较为容易检索的法律数据库。完美的检索计划,来源于长期的积累与练习,并严格践行对上述几点的把握与运用。

---

① [英]戴维·斯托特:《法律检索之道》,郭亮译,法律出版社2006年版,第7页。

3.检索的实施阶段

检索实施阶段是法律检索的核心阶段,也是最耗费时间的阶段,其具有灵活性、多变性以及不确定性等特点。因为法律数据库资源量大,进行检索时,应当根据检索计划进行尝试检索。若所实施的检索未能较好地解决设定问题或未能找到检索信息,我们应当及时调整检索关键词,或调整检索方式,甚至变换检索引擎。

(1)法律规范的常规数据信息。根据我国法律效力等级划分,我国法律规范包括法律、行政法规、地方性法规、国务院部门规章和地方人民政府规章,可通过公报、汇编和网站等载体进行检索,如法律检索途径主要有如下三种:《全国人民代表大会常委会公报》及其合订本检索、法律汇编检索、网络检索;行政法规的检索途径主要有三种:《国务院公报》检索、行政法规汇编检索、网络检索;地方性法规(包括自治条例和单行条例)的检索途径主要有四种:公报检索、当地重要报纸、汇编检索、网络检索;部门规章的检索途径:部门公报、国务院公报、全国范围内发行的有关报纸;地方政府规章检索途径主要有:本级政府公报、本行政区域范围内发行的报纸。

(2)其他一些法律资源的检索。司法解释资源的检索应主要面向连续性法律出版物、综合性法律工具书、专门性工具书、注释性出版物、司法指导性出版物、电子数据资源六种基本大类。目前我国案例信息的载体主要为三种外在形式:纸质印刷品、电子光盘出版物、专业互联网站,大量案例信息堆积在这三种基本类型的出版物中。

(3)网络信息资源的检索。信息时代的发展,建立了多个网络法律信息资源数据库。网络法律信息资源数据库具有收录的法律信息资源较为全面、法律法规分类明确、关键词标引明确、检索方便等特点,大大提升了检索的效力,极大地促进了当下法律工作的信息化。网络的普及,使得法律检索主要利用网络检索完成。网络检索工具主要分为目录型检索工具、搜索引擎和多元搜索引擎。目前较好的中文搜索引擎有:百度(http://www.baidu.com)、谷歌(http://www.google.com)、雅虎(http://www.yahoo.com.cn)、MSN(http://www.msn.com.cn)、中国搜索(http://www.zhongsou.com)、新浪爱问(http://www.iask.com)、搜狗(http://www.sogou.com)、网易搜索引擎(http://so.163.com)。

4.法律检索结果的整理、复核与形成

在我们完成所需信息的检索、搜集以后,就需要对相关检索结果进行整理。因为检索信息数据量大,检索结果不确定等特性,需要对相关检索结果进行复核,例如:所检索到的法律法规已经被修改,不再适用;所检索到的法律法规发生效力冲突等。接下来应当将检索目标与检索所得信息进行综合分析,如检索结果的价值以及法律、法规条文中是否存在歧义、不确定性或模糊。克服上述问题后,我们已经对检索目标进行分析并得出相关意见时,接着要做的就是如何将检索结果展示出来。对此,可根据实际需要,选择书面备忘录、建议信、口头陈述或撰写检索报告的方式与当事人进行交流。

日常法律工作中,检索报告的形成是一个烦琐且比较体现法律职业能力的过程。首先,我们应当提高自身的法律检索能力,为高效开展法律工作积极做准备;其次,法律检索所呈现的结果,应当灵活把握,针对不同的检索目标、不同的受众主体制作或呈现不同的检索结果。对于初学法律检索的法律人员,可按照下列方式进行:

(1)检索时,对每一次检索都应当做好记录,包括检索计划的指定,关键词的选择以及检索的事实均全部加以记录,并勤于练习,逐步加大检索难度,针对复杂的法律检索工作进行记录并逐步尝试撰写检索报告。

（2）养成善于分析法律问题的习惯，克服求全的心态，以检索目标和检索结果接受主体为核心进行检索。

（3）不盲目引用模板，而是以简洁、明了、易懂、有层次结构的方式呈现检索结果。

二、法律检索的作用

通信技术、计算机技术等现代信息技术的发展与应用，全面奠定了21世纪必将是一个信息大爆炸的信息时代。信息技术的发展，从无到有，从有到全面发展，逐步贯穿到我们生活的方方面面。查找法律信息是为了了解法律及其相关知识，是法律研究从业人员相互之间进行思想交流与沟通的重要方式。而法律检索，正是为了法律从业研究人员高效工作、生活的一种良好技能。法律检索的作用主要体现在如下几方面：

1.拓宽学习渠道。拓宽了法律诊所学生的学习渠道，提升了学生的研究水平，检索提供更为全面与广阔的学习平台。

2.增加对法律诊所学生实务技能的直接指导。一些高校法律诊所逐步开设相关法律检索技能课程，使其成为法律诊所课程的重要组成部分。相关课程采用实用、以经验为基础的教学方式，逐渐增加对实务技能的直接指导。这为学生进行法律援助实务打下良好基础。

3.具备法律检索能力，有助于优化法律诊所学生法律援助质量。具备法律检索能力有助于学生免除冗杂的记忆活动，在法律信息数据库中快速地获取所需法律信息，准确分析法律问题，准确判断案件事实，促进法律问题及时解决，高效开展法律援助工作。

4.网络技术的发展以及法律检索的发展，有效普及了法律知识。法律诊所学生可以利用检索相应技术，帮助人们在生活中通过网络学习更多的法律知识。在遇到法律问题时能理性选择运用法律武器维护权益。法律检索运用促进了法制的宣传和提高了人们的法律意识。

但凡事均有多面性，法律检索的发展也不例外。随着数字化文献资源的极大丰富和全面贯穿我们生活的方方面面，信息传递越来越高效，信息检索越来越便捷，信息检索对象具有容易复制、信息量大等特点，造成了许多法律知识产权被侵害。对此，我国相关立法相较于信息发展速度较慢，原有法律法规确实存在一些漏洞，迫切需要推进立法，对相关侵权行为加以约束；信息检索人员，应当积极提高遵纪守法的思想意识，充分意识到在享受检索信息给我们带来的便捷的同时，不能侵犯他人的劳动成果。

法律检索对法律诊所学生的作用主要体现在如下几方面：检索在培养学生获取和利用信息、提高信息素养方面起到积极作用，也极大地提高了学生的实务操作能力，并为学生踏入社会尽快适应社会工作打下基础。主要体现在如下几方面：

1.改变传统法学学习与教育模式

丰富的法律数据库，为学习环境增加了无数可供学习的学习内容和学习形式，法律检索课程的设置，能改变传统教育的方式，让学生更多了解事务操作和更多地运用案例，法律检索课程教授有利于提高学生的法律思维和判断能力。

2.有助于培养法律诊所学生解决问题的技能

法律检索课程的开设，偏重于与实务相关且能解决问题的技能的培养与训练，有利于培养合格的法律职业从业人员，为社会输送更具有解决社会问题能力的毕业生。

3.拓宽并创新法律诊所学习模式

用法律检索的工具开拓学习交流的渠道,让学生能及时了解法律援助的动态、掌握处理案件的技术、我国法制前沿的信息,让学生充分全面研究我国法制理念及理论,并为法制理念的创新提供了可能。

法律检索课程教育意义重大,应当作为每一个法科学生的必修课程。可以像美国一样,安排一批专业人员,致力于法律文献的编排和管理工作,帮助和指导他人从事法律检索。在美国,这些专业人员就是法律图书馆的管理人员。也可以安排由既有法律学位,又有图书馆学学位的法律图书馆馆员教授法律检索这门课程。毫无疑问,我国法律院校的学生如果受到这样的法律检索的训练,他们的学习和实际工作能力将会有很大的提高。

第三节　法律检索在处理案件时的应用

案情简介

2011 年 8 月,大陆的原告樊某某嫁给台湾金门的被告倪某某为妻。2014 年,原告樊某某向法院提起离婚诉讼,称婚后经常受到被告倪某某殴打,并向法庭提交了当地派出所出具的报警回执单及伤情照片等证据。请求人民法院给予人身安全保护,并依法判令准予原、被告离婚。诉讼期间,法院经审查依法作出人身保护裁定,禁止被告倪某某殴打、威胁、跟踪、骚扰原告樊某某。

问题讨论:

1.被告倪某某的行为是否属于法定规定的家庭暴力行为?

2.法院是否应当判决准许原、被告离婚?

当你对本章关于检索的原理以及法律检索的步骤进行系统学习后,遇到上述问题时,你将掌握了通过检索分析的方式解决上述问题,并不再会找不到解决问题的全面依据。接下来,我们将遵循本章所教授的法律检索步骤进行检索,具体步骤如下。

一、强化法律检索思维

根据日常所学习的法律知识,已对关于家庭暴力行为、离婚纠纷的相关法律规定有了初步掌握,意识到能通过法律检索和分析,全面充分解答上述法律问题。

二、法律问题检索计划阶段

上述法律问题为倪某某的行为是否构成家庭暴力。检索时,应当考虑家庭暴力行为是指哪些行为,关键词应为"家庭暴力"或"家庭暴力行为"。针对检索引擎的选择,因所解决的问题为法律问题,应当选择法律专业学科的引擎,例如北大法律信息网或者法律之星等法律相关引擎,更能高效地获得准确的法律信息。针对本案,法院是否应当判准许原、被告离婚?就该问题进行分析,判断法院是否应当判决准许离婚属于离婚纠纷诉讼,如果认定夫妻感情已经破裂应由法律法规明确规定在哪些情形下属于夫妻感情确已破裂?哪些情形下法院应当判决准许离婚?关键词应当为"夫妻感情确已破裂""应当判决离婚"等,法律诊所学生可根据实际情况检索并对关键词进行调整,而选择法律检索引擎时与上个问题选择一致。

三、法律问题检索实施阶段

1.就"家庭暴力"在北大法律信息网上进行检索

首先在其他能打开北大法律信息网页面的引擎中将北大法律信息网打开。打开上述页面后,将关键词"家庭暴力"带入检索目标。检索结果中出现诸如《反家庭暴力法》以及5篇司法解释、最高人民法院发布《反家庭暴力法》实施一周年十大典型案例、《最高人民法院发布涉家庭暴力犯罪典型案例》《涉及家庭暴力婚姻案件审理指南》《民政部、全国妇联关于做好家庭暴力受害人庇护救助工作的指导意见》。就检索结果,现在需要完成的是查找"家庭暴力"的定义。在该检索目标问题中,倪某某行为构成家庭暴力,满足离婚纠纷关于家庭暴力的认定。

2.法院是否因家庭暴力应当判决准许上述案件原、被告离婚

首先将关键词"夫妻感情破裂"输入北大法律信息网引擎中进行检索。以关键词"夫妻感情破裂"为标题在北大法律信息网中进行精准检索,并未检索到相关内容,此时,考虑调整精准检索为模糊检索,需要注意的是,北大法网的模糊检索需要注册会员方可进行检索使用。从检索结果显示可见,最高人民法院印发《关于人民法院审理离婚案件如何认定夫妻感情确已破裂的若干具体意见》(已废止)《关于人民法院审理未办结婚登记而以夫妻名义同居生活案件的若干意见》(已废止)《最高人民法院关于人民法院审理离婚案件如何认定夫妻感情确已破裂的若干具体意见》(已废止),而打开《最高人民法院关于人民法院审理离婚案件如何认定夫妻感情确已破裂的若干具体意见》(已废止)的链接,可检索相关内容:其中第13条明确"受对方的虐待、遗弃,或者受对方亲属虐待,或虐待对方亲属,经教育不改,另一方不谅解的"视为夫妻感情已经破裂。然而问题尚未清楚,继续调整检索方式,将标题检索变为全文检索,检索到的内容可见《婚姻法》(2001)等,打开该链接,检索到相关内容。不难发现,《婚姻法》(2001)已经因为《民法典》于2021年1月1日实施而自动失效,因此需要检索《民法典》有关规定。点开《民法典》的相关链接,检索到《民法典》第1079条规定:"夫妻一方要求离婚的,可以由有关组织进行调解或者直接向人民法院提起离婚诉讼。人民法院审理离婚案件,应当进行调解;如果感情确已破裂,调解无效的,应当准予离婚。有下列情形之一,调解无效的,应当准予离婚:(一)重婚或者与他人同居;(二)实施家庭暴力或者虐待、遗弃家庭成员;(三)有赌博、吸毒等恶习屡教不改;(四)因感情不和分居满二年;(五)其他导致夫妻感情破裂的情形。一方被宣告失踪,另一方提起离婚诉讼的,应当准予离婚。经人民法院判决不准离婚后,双方又分居满一年,一方再次提起离婚诉讼的,应当准予离婚。"

上述检索中,不但检索到"夫妻感情确已破裂"的认定情形,而且检索到离婚诉讼纠纷中"法院应当判决离婚"的情形。除上述法律法规检索外,可以通过北大法律信息网等引擎就案情相类似的案例进行检索,针对有争议的问题,可以进一步通过北大法律信息网、中国知网等引擎,就相关问题的立法背景、专家观点等文章、论文进行检索,并根据检索所得案件判决情况、立法时客观社会背景、论文阐述观点,更加全面地分析与解答检索问题。

3.法律检索结果整理、复核与形成阶段

上述法律检索实施阶段中,已能明确倪某某的行为属于导致夫妻感情已经破裂的家庭暴力行为,法院应当认定夫妻双方感情已经破裂,且应当判决准许原、被告离婚。而如何形

成完整的检索结果,有赖于对检索结果的整理、检查并完整撰写。原告樊某某与被告倪某某离婚诉讼纠纷案法律检索报告可见如下:

(1)法律检索目标。第一,被告倪某某的行为是否属于法定规定的家庭暴力行为;第二,法院是否应当判决准许原、被告离婚。

(2)实施检索前的准备。初步判断相关问题为离婚诉讼纠纷,可能涉及的法律关系为离婚纠纷或侵权纠纷,法律法规为《民法典》《反家庭暴力法》等法律法规,可通过北大法律信息网、法律之星等引擎进行检索。

(3)检索计划及实施检索。利用北大法律信息网检索到下列内容:第一,《民法典》关于应当判决离婚的情形中包含存在家庭暴力行为,具体内容省略,详见法律法规规定。第二,《涉及家庭暴力婚姻案件审理指南》关于家庭暴力的详细规定,具体内容省略,详见法律法规规定(书写法律检索报告时应当列明具体法律法规)。第三,《反家庭暴力法》关于家庭暴力的定义的具体规定,具体内容省略,详见法律法规规定(书写法律检索报告时应当列明具体法律法规)。第四,最高人民法院公布十起涉家庭暴力典型案例,有与本案案情相类似的案例公报,具体内容省略,详见法律法规规定(书写法律检索报告时应当列明具体法律法规)。

上述检索到的法律法规均现行有效,且相关案例的案情与本案案情相似,判决结果与检索结果相符合。

(4)检索结果。被告倪某某的行为属于法定家庭暴力行为,法院应判决准许原、被告离婚。

第四节　国外研究视点

一、在课程设置方面,有专门实践和法律检索课程

如"法律审判""法律辩护"等,直接聘请有经验的法官和律师担任主讲教师;"法律援助"课程规定学生每个星期必须在当地的法律援助事务所实习8~12个小时。开设法律实用技能的课程,如"法律检索""法律写作""国际法检索方法""历史法律文献检索"等。

二、教学方法方面,采用案例教学法

通过研究法官的判决书来掌握法律的基本原则和法律推理。通过重点性的判例教学,把律师职业中必须具备的知识能力、思维能力和获取信息能力有机融合在整个教学过程中,加强了能力的训练,最大限度地使知识本身转化为一种认识法律的能力,使知识本身不断地增值,以保持律师职业生涯对知识创新连续性的需要。

三、发挥法律图书馆作用

法学院图书馆的馆藏资源丰富,软件和硬件设施都比较好,资源体系完整有序,信息设备先进。法律图书馆成为学生法律实习活动的中心,图书馆法律咨询人员具有专业知识和丰富的经验,能够帮助和引导学生学习和提高获取法律信息及法律检索的能力。

四、商业性法律信息公司为法学院学生提供免费培训

美国的 WESTLAW 和 LEXIS 公司长期在法学院免费提供法律全文数据库检索服务的检索技术的培训,旨在帮助学生掌握该公司法律信息系统的检索技术。作为计算机法律检索的代表,这两个公司的法律检索技术已经被广泛地运用在法律的检索中,早已成为律师法律实践中不可缺少的工具。美国的法律教育的方式,在以判例教学的基础上,通过对学生"获取法律"能力的培养,为学生提供了系统的法律实践能力培训,帮助学生尽快适应和融入律师行业。在这些方面,我国的部分高校虽然也开展了"法律诊所""法律援助"等实践课程,但对法律检索能力的培养还是缺失的,导致学生毕业后从事律师工作无所适从。基于这样的现状,"如何培养自己的法律检索能力"是摆在每个实习律师面前的难题。

第五节　视野拓展

案情简介

程某(女)与李某系夫妻关系,婚后生一子李某程。某天,因李某程哭闹,李某在吸毒后用手扇打李某程头面部,造成李某程硬膜下大量积液,左额叶、左颞叶脑挫伤,经鉴定为重伤二级。后李某被判处有期徒刑 7 年。中华少年儿童慈善救助基金会(以下简称"基金会")对李某程及程某展开救助,为李某程筹集部分医疗及生活费用。基金会与程某签订《共同监护协议》,约定由基金会作为李某程的辅助监护人,与程某共同监护李某程,并由程某向北京市通州区人民法院起诉撤销李某的监护人资格,同时确认基金会为李某程的辅助监护人。还约定,为了使李某程更好地康复,经征得程某同意,基金会可以寻找合适的寄养机构照料李某程。程某向北京市通州区人民法院提出申请,请求撤销李某对李某程的监护人资格;指定基金会作为李某程的辅助监护人,与程某共同监护李某程。基金会以第三人身份参加诉讼。

问题讨论:

1.撤销监护人资格制度的内容有哪些?

2.法院是否应当支持程某的请求?

本节为学生实践课程,由老师指导,学生提问并分组全程实操,课堂上完成,老师进行评析。

1988 年,北京大学法制信息中心和上海交通大学电脑应用技术研究所联合承担了国家科委重点科技项目"中国法律检索系统"的研究和开发任务,并得到全国人大常委会法工委、国务院法制局、国家科委等有关部门的大力支持,广泛听取了法律工作者和有关专家的意见,吸取国内外已有法律检索系统的优点,成功地开发了该系统。自 1989 年以来,在国内已有数十家企事业单位使用该系统,取得了很好的社会效益。著名法学家张友渔教授特地为该系统题词,表示祝贺和鼓励。

目前,中国法律检索系统包括中国法律法规、北京市地方性法规和政府规章、国内经济法、涉外经济法、港台经济法、中国科技法、中外经济科技协定、知识产权法、法律解释和中国判例等十一个数据库,是我国最庞大的法律数据库。该系统能够在国内的主流微型计算机

上运行,用户可以通过法律类别、发布部门、日期和关键词等多种途径迅速准确地查找到所需的法规。在鉴定会上,与会专家一致认为,中国法律检索系统法制信息完善,人机界面友好,管理功能齐全,所使用的检索技术和达到的检索速度均属国内领先水平,已达到世界一流法律检索系统的水准。

据悉,《中国法律检索系统》还将逐步建设我国外贸、市场监督、金融、商业、卫生、文化等专题法规数据库。并在此基础上积累经验,研制出信息更完整、智能性更强、功能更全的法律信息系统,为今后全国性的法律信息联机检索和大规模人工智能电脑辅助法律研究系统的实现打下扎实的基础。

 相关法律规定

一、《律师办理公司诉讼业务的一般操作指引》

第 10 条　法律检索

10.1 律师在了解争议问题和相关事实后,应当围绕争议的法律问题,进行适当的法律检索,确定处理争议可能适用的法律。

10.2 律师进行法律检索,检索范围包括但不限于法律、行政法规、行政规章、规范性文件、地方性法规、司法解释、最高人民法院个案批复、最高人民法院院长讲话、最高人民法院会议纪要、最高人民法院及各地法院案例和地方法院的业务指导意见。

10.3 如果对争议问题的法律适用存在较大争议,或法律依据不明确时,律师应注意搜集、整理相关理论文章的相关观点。

二、《中华全国律师协会关于开展"全国律协－北大法宝'助力成长'计划"的通知》(律发通〔2008〕11 号)

三、《司法部办公厅关于做好"法律之星"软件发送工作的通知》(司办通〔2002〕10 号)

第八章 人身安全保护令的应用：
不再做沉默的羔羊

导　语

　　人身安全保护令作为一种新的民事救济措施,其保护方式主要依赖于停止损害,而非常用的损害赔偿。在暴力周期理论的影响下,品格证据的运用逐渐凸显。品格证据是植根于暴力周期理论的经验规则判断,并赋予暴力历史高度盖然性的特征。根据相关理论研究,家庭暴力发生期往往发生于紧张关系建立期之后。如果受害人正处于与施暴人紧张关系之中,则极有可能发生家庭暴力,法院应当认定主张成立。由于品格证据在家庭暴力证明当中的重要性,域外立法普遍关注到侵权行为人暴力历史的重要性,将其作为是否签发、延长、变更、撤销保护令的判断依据。在美国,不少具有管辖权的法院认为,暴力历史达到了签发保护令的证明标准。① 在People v. Blackwood一案中,法院认为,在存在暴力历史的前提下,即便没有证人证言仍然可以认定申请人未经证实的证言满足了更高的证明标准。② 对暴力历史的承认是对未来清楚与现存危险的认定,成为签发保护令的当然证据。因为品格证据规则是英美证据法上最为复杂的规则之一,所以我国并没有对品格证据的性质、地位予以明确规定。但是,我国传统法治文化本身就具有很强的道德意味,通常某个人的伦理品性、道德品质和社会评价是其作为人的整体非常重要的一部分。③ 将品格证据引入立法不会大规模地出现水土不服情况。与品格证据有关的理论和立法实践开始向品格证据敞开大门,逐渐地将完全不具备可采性品格证据转向限定范围内的可采证据,典型为婚姻、继承、民事侵权类案件。④ 事实上,《最高人民法院关于民事诉讼证据的若干规定》第78条已经对品格证据作了一些规定。⑤ 因为品格证据有利于平衡诉讼双方的地位,有利于尽快分清双方权利义务关系,明晰双方的责任。⑥ 类似地,在我国同样借助暴力周期理论和《最高人民法院关于适用〈中华人民共和国民事诉讼法〉的解释》第93条的规定,将暴力历史作为一种具备高度盖然性的证据,符合从"已知的事实"可以推定出另一事实——家庭暴力发生——的证明标准。

---

　　① Catherine F. Klein, Leslye E. Orloff, Providing Legal Protection for Battered Women: An Analysis of State Statutes and Case Law, *Hofstra Law Review*, 1993, Vol.21, No.4, p.81.

　　② 476 N.E.2d 742, 743 (11. App.Ct. 1985).

　　③ 宋泫沙:《英美法系与大陆法系品格证据之比较研究》,载《政治与法律》2012年第5期。

　　④ 李梦醒:《品格证据在民事诉讼法领域的构建研究》,兰州大学法学2016年硕士学位论文。

　　⑤ 《最高人民法院关于民事诉讼证据的若干规定》第78条:"人民法院认定证人证言,可以通过对证人的智力状况、品德、知识、经验、法律意识和专业技能等的综合分析作出判断。"

　　⑥ 刘欣:《品格证据在民事诉讼中的适用》,载《新疆社会科学》2011年第2期。

教学目标

通过法律诊所学生认识帮助当事人申请人身安全保护令目标与主要教学方法，了解反家庭暴力法律诊所运行模式与人身安全保护令的密切关联，以及如何有效地为弱势群体提供法律服务。掌握相关理论、并通过法官、律师等探讨法律诊所源起，法律诊所与法律援助之间的关系。

教学方法

头脑风暴、角色扮演、案件模拟、分组讨论、反馈与评估。

课堂设计

1.根据本章内容与要求，根据学生人数分组，进行不同分工，扮演角色不同。

2.根据具体教学时间安排模拟时间，在每组模拟完毕之后要留出时间让参与者进行反馈与分析。

3.强调学生先提出方案，老师点评与引导且不能直接给答案。旨在训练学生独立思考与设计方案的能力。

4.注意学生点评与互评、总结与反馈。

要点把握

1.了解人身安全保护令的基本理论，对如何学习与提供安全保护令有基本认识。

2.掌握应用人身安全保护令的方法，最大限度地维护当事人权益。

3.要基于时代发展和司法改革的情况探讨应用人身安全保护令的具体方法。

问题设计

1.何谓人身安全保护令？如何用人身安全保护令进行法律援助？

2.如何评估适用人身安全保护令的条件？

第一节　案件直击

案情简介

男子因违反人身安全保护令被行政拘留为全国首例[①]

莆田城厢区的张女士1992年打工时认识了李某。两人于同年登记结婚，婚后育有一子。张女士诉称，自结婚以来，李某游手好闲，无所事事，张女士独自负担家庭开支。每当李某手头拮据得不到满足时，便对她拳脚相向。张女士无法忍受，向法院提起离婚诉讼。但李

① 杜雯雯：《男子因违反人身保护令被行政拘留为全国首例》，http://www.chinanews.com/fz/2013/09-25/5320938.shtml，最后访问时间：2022年12月30日。

某在答辩中否认了张女士的说法，称自己一直在为事业打拼，并深爱着张女士，不愿离婚。案件审理期间，张女士向法院申请人身安全保护，并提供了报警回执单及李某发给张女士的威胁短信。2016年8月，莆田城厢区法院发出人身保护令，禁止李某殴打、威胁、骚扰、跟踪张女士及其近亲属，法院同时也向辖区派出所及张女士所在的居委会送达了保护令和协助执行通知书。9月3日，张女士向派出所报案，称自己在娘家被李某殴打。10日，莆田市城厢区法院开庭审理该案。庭审中，李某对法院从派出所调取的受案回执、询问笔录和公安机关的监控视频均没有异议。据此，法院认为李某违反了人身保护令。17日，莆田市公安局凤凰山派出所作出对李某行政拘留5日的处罚决定。

一、申请人身安全保护令的依据

《反家庭暴力法》第4章专章规定了人身安全保护令制度，为了解决人身安全保护令申请过程当中的部分程序性问题，最高人民法院于2016年7月发布了《关于人身安全保护令案件相关程序问题的批复》。早在2008年3月，为了提高法官办案效率和分配正义的质量，保障家庭暴力受害人的人身和财产权利，最高人民法院中国应用法学研究所编写发布了《涉及家庭暴力婚姻案件审理指南》，其中第3章较为系统地规定了人身安全保护裁定的整体制度。

（一）《反家庭暴力法》

为了预防和制止家庭暴力，保护家庭成员的合法权益，维持稳定和谐的家庭社会环境，第十二届全国人民代表大会常务委员会第十八次会议通过我国历史上第一部《反家庭暴力法》，并于2016年3月1日起施行。该法第四章比较详细完整地设计了独具特色的“人身安全保护令”制度，成为反家庭暴力的重要民事救济措施。根据立法，人身安全保护令作为一个独立完整的救济体系，其内容包括：保护令的申请人（第23条）、申请方式（第24条）、管辖法院（第25条）、作出保护令的形式（第26条）、申请条件（第27条）、签发期限（第28条）、具体内容（第29条）、保护令的时效（第30条）、异议（第31条）、送达和执行（第32条）。为了保障具体救济措施能够得到有效执行，在立法第五章还规定了违反人身安全保护令应当承担的行政和刑事责任。值得注意的是，在附则部分，立法提出了具有非常重要意义的“参照适用”规则（第37条）。

（二）最高人民法院《关于人身安全保护令案件相关程序问题的批复》

在北京市高级人民法院提出《关于人身安全保护令案件相关程序问题的请示》（京高法〔2016〕45号）的背景下，最高人民法院发布了《关于人身安全保护令案件相关程序问题的批复》。专门就是否收取诉讼费、是否需要提供担保、适用程序和复议等问题进行批复，在倾斜保护受害人的指导思想下，解决了部分程序上的难题。

（三）最高人民法院中国应用法学研究所《涉及家庭暴力婚姻案件审理指南》

鉴于家庭暴力问题的严重性和特殊性，普通婚姻家庭案件的审理方式已经不能满足家庭暴力案件的审理要求，在许多法院尤其是基层人民法院呼唤有一本为办理涉及家庭暴力的婚姻案件而编制的操作指南的前提下，最高人民法院中国应用法学研究所谨慎地在法律允许的框架内进行的有益尝试所积累的宝贵经验，编写了《涉及家庭暴力婚姻案件审理指南》（以下简称《指南》）。《指南》集法律研究、实践经验、域外借鉴、法律精神于一体，是人民法院司法智慧的结晶。但是，中国应用法学研究所既不是立法主体，也不是司法解释的发布主体，《指南》深刻认识到这一问题之后，明确表示"本指南不属于司法解释，而是为法官提供的参考性办案指南"。其作用不在于成为法官裁判案件的法律依据，但可以在判决书的说理部分引用，作为论证的依据和素材。《指南》在其第三章"人身安全保护措施"详细地规范了"人身安全保护裁定"的具体内容。不难看出，之所以将人身安全保护令命名为"裁定"，是因为在当时的环境下，还没有充分认识到保护令的重要作用，而仅仅是作为离婚的一个附属程序，①无法实现及时、有效保护的立法目的。② 相比较《反家庭暴力法》的相关规定，《指南》在一定程度上起到了补充作用，对司法实践有着重要的影响。首先，裁定的内容更为丰富，可以执行的具体措施范围更广；其次，明确将保护裁定划分为紧急和长期两类并制定有效期；再次，对证明、送达方式等具体问题作了规定；最后，还规定了裁定相应的执行程序。由于《指南》非立法的性质定位，我们不能认为《反家庭暴力法》是立法的退步，但是《指南》具体规定可以作为日后立法完善的重要借鉴。

（四）中国法学会《家庭暴力防治法（专家建议稿）》

2000 年和 2006 年，中国法学会反家庭暴力网络专门就家庭暴力问题两次提出专家建议稿，并于 2009 年向全国人民代表大会提交审议，极大地推动了《反家庭暴力法》的出台。尽管建议稿的地位远不如立法和《指南》，但是其第四章民事干预中的民事保护令制度，充分研究借鉴了域外先进的立法经验，构建了民事保护令完整的制度体系。例如，建议稿详尽地规范了申请人的范围、申请的形式、内容、条件、费用，明确了法院的管辖、组织形式、审理的时间、原则、方式，签发保护令的意义以及执行的具体措施等。在人身安全保护令制度的适用中有非常重要的指导意义。

二、人身安全保护令的申请人

（一）申请人范围的确定

1.受害人本人及代为申请人

《反家庭暴力法》第 24 条、第 25 条将保护令的申请主体称为"申请人"，而第 23 条又称之为"当事人"。也就是说在立法看来，保护令的申请主体包括了两种概念，即受害人本人和受害人无法申请下的其他相关主体。出于倾斜保护受害人的目的，根据《反家庭暴力法》第23 条之规定，适格的申请人应当包括：受害人及相关申请人。如果受害人本人因民事行为能力问题以及受到强制、威吓等原因无法申请的，可以由近亲属、公安机关、妇女联合会、居

---

① 《涉及家庭暴力婚姻案件审理指南》第 31 条："诉前提出申请的，当事人应当在人民法院签发人身保护裁定之后 15 日之内提出离婚诉讼。逾期没有提出离婚诉讼的，人身安全保护裁定自动失效。"

② 李瀚琰：《人身安全保护令独立性的制度价值及其实现》，载《安徽大学学报（哲学社会科学版）》2017 年第 2 期。

民委员会、村民委员会、救助管理机构代为申请。①

2.同居生活主体

传统家庭法理念中，家事主体的范围一般认定为血亲、姻亲和法律拟制亲属，包括夫妻关系、父母子女关系、收养关系、祖孙关系和兄弟姐妹关系。然而，传统意义上的家庭法主体已经不能够满足对家庭暴力受害人的保护。为此，《反家庭暴力法》把视角从家庭保护转向社会保护，以保障生活在婚姻家庭等亲密关系中的人们免遭暴力侵害，平等相处，充分享有人格尊严权、健康权、生命权等基本权利为目标，突破了原有以婚姻作为联结点的现状，将家事主体的范围界定从"亲属身份说"扩展到"同居生活事实说"，同居生活者均被列入家庭成员的范围。具体表现为：一方面，《反家庭暴力法》第37条明确将联结点从"婚姻关系"扩张到了"家庭成员以外共同生活的人"；②另一方面，《反家庭暴力法》第23条将保护令适用的主体规定为"当事人"，当事人的范围"并不需要以共同生活为必要条件，只要其具有法律确认的亲属关系就可以认定为家庭成员"③。因此，即使是没有婚姻亲属关系的同居主体，同样可以作为保护令的申请人寻求救济。

(二)申请人先后顺序的确定

《反家庭暴力法》对申请人进行了先后排序，只有在受害人无法申请的情况下，才能代为申请，且代为申请人的申请行为非义务性质。结合前文的分析，建议立法严格规范代为申请人的范围和职责：当代为申请人是私权主体时，例如亲属、受委托的朋友，没有先后顺序。当代为申请人是公权主体时，受旁观者效应影响，过多的代为申请人而会造成部门之间相互"踢皮球"的现象，使得保护令不能得到及时的签发。同时，代为申请人内部也应当确定排序，因为公安机关与法院同属于政法系统内部，且不存在公安机关签发保护令的情形，应以公安机关作为代申请人的首选。其他依次为居民委员会、村民委员会、妇女联合会、救助管理机构，一旦收到当事人诉求，应当立即向法院申请保护令。

三、人身安全保护令的申请内容

根据家庭暴力的危险程度，美国将民事保护令划分为紧急保护令和长期保护令，我国台湾地区将民事保护令划分为紧急保护令、暂时保护令和通常保护令。类似做法还有英国以及我国香港等。紧急保护令与长期保护令在证明标准、程序规则、效力和具体措施上差别较大，其内容也不尽相同。在我国，立法没有明确划分保护令的种类，只是根据《反家庭暴力法》第28条的规定区分情况是否紧急，④强调"情况紧急的"要在二十四小时内作出决定。

---

① 《反家庭暴力法》第23条："当事人因遭受家庭暴力或者面临家庭暴力的现实危险，向人民法院申请人身安全保护令的，人民法院应当受理。当事人是无民事行为能力人、限制民事行为能力人，或者因受到强制、威吓等原因无法申请人身安全保护令的，其近亲属、公安机关、妇女联合会、居民委员会、村民委员会、救助管理机构可以代为申请。"

② 《反家庭暴力法》第37条："家庭成员以外共同生活的人之间实施的暴力行为，参照本法规定执行。"

③ 全国妇联权益部：《反家庭暴力法的主要内容(一)家庭暴力的概念》，载《中国妇运》2016年第3期。

④ 《反家庭暴力法》第28条："人民法院受理申请后，应当在七十二小时内作出人身安全保护令或者驳回申请；情况紧急的，应当在二十四小时内作出。"

出于紧急保护令与长期保护令在实践中的重要作用和立法对于"情况紧急"的表达，暂且认为立法者的意图在于借鉴保护令种类的划分模式，以默示的形式表明人身安全保护令可以划分为紧急保护令与长期保护令两类。根据《反家庭暴力法》第29条之规定，①统一不加区分地将保护令的内容划分为禁制令、迁出令、远离令和其他措施。

（一）禁制令

《反家庭暴力法》第29条第1项、第2项是禁制令的依据。禁制令通过直接阻止被申请人实施暴力行为达到保护目的，是保护令体系中的首要措施。禁制令的类型主要有三种：首先，禁止施暴人继续实施家庭暴力。其次，禁止施暴人通过各种方式骚扰施暴人。最后，命令施暴人不得对受害人实施跟踪、窥视的行为。

（二）迁出令

《反家庭暴力法》第29条第3项是迁出令的依据。迁出令是签发主体通过保护令要求被申请人与申请人的居住、工作、经常出入场所保持一定的距离，如果申请人是未成年人，还包括学校。该保护令同样针对被申请人的作为暴力。对于大多数暴力行为来说，与申请人保持法定距离无疑是最好的解决方式之一。更为全面地考虑到了距离因素在家庭暴力当中的重要性，保护受害人不会因空间距离近接触而受到暴力伤害。

（三）其他措施

为了倾斜保护受害人的权利，《反家庭暴力法》第29条第4项还规定了一个兜底条款。结合域外立法经验和中国的特殊国情，为了及时保护受害人的权利，可以将第4项解释为：①远离令：禁止被申请人进入申请人及其亲属的生活住处、工作、学校和其他特定的场所。②禁止联系令：禁止被申请人通过电话、电邮、社交软件等一切方式与申请人及其亲属、提供帮助的其他人取得联系。③财产令：禁止被申请人作出转移、出售、损害财产的行为，责令被申请人向申请人提供一定的生活费、子女抚养费、律师费等各项费用。④赔偿令：责令被申请人赔偿因不作为暴力造成申请人的损失，包括因遗弃、虐待造成的医疗费损失、精神损失等。另外，对于"冷暴力"而言，表面上看来属于不作为行为，但是由于没有作为义务，无法通过保护令强制施暴人作为一定的行为，此时也可以适用赔偿令来弥补造成的心理伤害。⑤决定令：在人身安全保护令效力维持期间，暂时禁止施暴人对未成年子女实施监护权和探视权，防止施暴人以此为由继续对受害人实施暴力行为。

四、人身安全保护令的管辖法院

（一）地域管辖

根据《反家庭暴力法》的规定，保护令的签发主体为申请人或者被申请人居住地、家庭暴

---

① 《反家庭暴力法》第29条："人身安全保护令可以包括下列措施：（一）禁止被申请人实施家庭暴力；（二）禁止被申请人骚扰、跟踪、接触申请人及其相关近亲属；（三）责令被申请人迁出申请人住所；（四）保护申请人人身安全的其他措施。"

力发生地的基层人民法院。① 相比较专家建议稿②,立法除申请人居住地、家庭暴力发生地外,还考虑到了被申请人居住地的情形,申请人在被申请人居住地进行起诉,可以避免暴露自己的居住地点。

(二)级别管辖

根据最高人民法院《关于人身安全保护令案件相关程序问题的批复》的规定,人身安全保护令案件的审理,比照特别程序。其他家事纠纷中附带申请保护令,如果以合议庭进行审理,那么保护令的签发由合议庭作出;单独申请保护令的,由法官以独任审理的方式审理。③ 根据《反家庭暴力法》第 26 条的规定,④人身安全保护令以民事裁定的方式作出。结合我国《民事诉讼法》对级别管辖的相关规定,人身安全保护令的一审法院为初级法院。

第二节　人身安全保护令的证明

一、人身安全保护令证明的法律依据

《反家庭暴力法》没有规定人身安全保护令的证明,鉴于其民事救济措施的性质,审理过程中可以援引民事诉讼的相关规定。我国《民事诉讼法》第六章系统地规定了民事诉讼的证明问题。《最高人民法院关于民事诉讼证据的若干规定》第 2 条以及《最高人民法院关于适用〈中华人民共和国民事诉讼法〉的解释》第四部分与证据相关的规定确立了证明责任,即通常所说的"谁主张谁举证"。如果当事人不能提出相关证据或者提出证据的证明力不足,则其主张不会得到支持。《最高人民法院关于适用〈中华人民共和国民事诉讼法〉的解释》第 108 条和《最高人民法院关于民事诉讼证据的若干规定》第 64 条确立了我国民事诉讼中客观化的高度盖然性和主观化的内心确信相结合的标准。⑤

---

① 《反家庭暴力法》第 25 条:"人身安全保护令案件由申请人或者被申请人居住地、家庭暴力发生地的基层人民法院管辖。"

② 《家庭暴力防治法(专家建议稿)》第 38 条:"保护令案件由家庭暴力受害人住所地、临时居住地或者家庭暴力发生地基层人民法院管辖。两个以上同级人民法院都有管辖权的,由最初受理的人民法院管辖。"

③ 《关于人身安全保护令案件相关程序问题的批复》:"……三、家事纠纷案件中的当事人向人民法院申请人身安全保护令的,由审理该案的审判组织作出是否发出人身安全保护令的裁定;如果人身安全保护令的申请人在接受其申请的人民法院并无正在进行的家事案件诉讼,由法官以独任审理的方式审理。"

④ 《反家庭暴力法》第 26 条:"人身安全保护令由人民法院以裁定形式作出。"

⑤ 石春雷:《德国表见证明理论在家庭暴力民事诉讼中的适用》,载《大连理工大学学报(社会科学版)》2018 年第 6 期。

二、人身安全保护令证明的特殊性

（一）家庭暴力案件证明的法律特征

1.暴力发生环境的私密性

发生于私密环境下的家庭暴力难以取证是理论与实务达成的一致共识：首先，与一般暴力不同的是，家庭暴力发生的环境属于私密的家庭内部，举证双方的实力不对等会"使得家庭暴力的举证变得异乎寻常的困难"。况且家庭暴力延续的往往是一种控制与被控制的关系，受害者的举证能力在被控制中被减弱或丧失。[①] 其次，内部环境使得家庭暴力难以为外部环境所知悉，即便是亲属，也因各种原因不愿意作证，[②]受害人也因此缺少证人证言作为证据。最后，受害人也常认为家庭暴力属个人私事，不愿意张扬，通常也不会主动求助，更不会主动去收集证据以待起诉。

2.家庭暴力证据调查困难

人身安全保护令作为一种民事救济措施，却是公权力介入家庭暴力的结果。[③] 通过国家权力平衡施暴人与受害人之间的法律地位，是《反家庭暴力法》提供民事救济的目标。因此当事人双方证明能力存在差异时，通过改变证据规则减轻受害人的举证责任是实现双方法律地位平等的重要途径。然而，我国公法主体介入家庭暴力的形势不容乐观，根据立法第15条和第20条的规定，调查取证的主体应当为公安机关。受制于传统观念的影响，公安机关往往不能积极处理家庭暴力案件，接到报警后或不予处理，或仅作为家务纠纷对待，进行简单的调解与劝阻，而不作记录、不出具损伤法医鉴定委托书。[④] 同时，作为诊断和治疗的医疗机构也不会主动为受害人保存家庭暴力致伤的证据，不仅为公安机关取证带来困难，也使得受害人无法证明损害事实与行为之间存有因果关系。

3.家庭暴力证据保存困难

在我国立法中，一方面，大部分公民并不具有基本的民事诉讼证据制度素质，对证据的类型以及证据保留的方式并不十分了解，[⑤]在整个家庭暴力的预备、进行和后续中都不能及时地保存合法的证据材料；另一方面，反家庭暴力的工作也一直秉持着"尊重受害人真实意愿，保护当事人隐私"的原则，尽可能地通过私法解决家庭暴力问题。而在国际立法方面，与家庭暴力相关的立法也仅体现在国际私法条约中，这些私法条约只是致力于解决不同管辖权下的法律冲突问题，[⑥]而非家庭暴力的证明。

---

① 周安平：《〈反家庭暴力法〉亟须解决的几个问题——对〈反家庭暴力法（草案）〉的分析》，载《妇女研究论丛》2015年第2期。

② 陈苇、段伟伟：《法院在防治家庭暴力中的作用实证研究——以重庆市某区人民法院审理涉及家庭暴力案件情况为对象》，载《河北法学》2012年第8期。

③ 李瀚琰：《民事保护令研究》，安徽大学法学2018年博士学位论文。

④ 王竹青、王丽平：《论受虐妇女综合症理论在家庭暴力案件审理中的运用》，载《妇女研究论丛》2013年第5期。

⑤ 陈苇、段伟伟：《法院在防治家庭暴力中的作用实证研究——以重庆市某区人民法院审理涉及家庭暴力案件情况为对象》，载《河北法学》2012年第8期。

⑥ Barbara Stark，*International Family Law*，Ashgate Publishing Ltd.，2005，p.227.

（二）人身安全保护令的证明标准

1.一般民事案件的"高度盖然性"证明标准

在民事诉讼中，为保障事实认定结果之客观、公正及当事人之程序参与权，法院进行证据调查，原则上必须以法律所规定的证据方法为其范围，并遵循法定程序为之。[①] 历史上，为了强行与资本主义的证明规则划清界限，加之苏联民事诉讼制度以及错误理解马克思主义认识论的影响，很多观点坚持认为完全还原案件的本原是可行的。[②] 从而造就了发现真实在中国司法传统中地位至高无上，并成为新中国几十年民事司法最重要的正当性原理之一，[③]更内在地影响着民事诉讼证明标准的选择。[④] 作为一种司法理想，立法逐渐将目光转向了法律真实。在法律真实的要求下，现代诉讼理论排除了传统案件事实认定仅承认非真即伪的两分结果状态，在真伪两分的状态之外又界定出一种真伪不明的中间状态。[⑤] 由于法官不能拒绝裁判，在证据真伪不明时，法官必须对证据的证明力作出认定并形成判决，便形成了"在事实不明而当事人又无法举证时，法院认定盖然性高的事实发生，远较认定盖然性低的事实不发生更能接近真实而避免误判的"盖然性规则。[⑥] 与英美法系当事人主义诉讼模式不同的是，大陆法系国家不以当事人的激烈对抗为前提，而是整个诉讼程序掌握在法官的控制之下形成的自由心证，因而大陆法系对盖然性的要求不是盖然性占优而是高度盖然性。我国的社会主义法系与大陆法系在诉讼制度上具有共通性，因此在民事诉讼中，为了确定处于真伪不明状态下证据的证明力问题，立法确立了高度盖然性的证明标准，[⑦]在学界取得了一致认同。[⑧]

2.特殊证明标准的确立

尽管高度盖然性证明标准的确立降低了民事诉讼当事人的证明责任，但是在家庭暴力案件中，证据规则向家庭暴力的受害人提出了过高的证明要求，造成了人身安全保护令适用困难局面的出现。其原因在于，现有的证明标准没有区分家庭暴力案件与一般民事案件证明规则的特殊性，既忽略了家庭暴力案件中受害人收集证据的主动意识和暴力发生的私密环境，又过高估计了民事案件中弱势群体的证明能力，从证明责任和证明标准两个方面对人身安全保护令的证明标准产生了负面影响。尽管高度盖然性向受害人提出了过高的证明要求，但是作为民事诉讼的基本制度，改变根本证明体制是不可行的。因此，对经验法则作出

---

① 占善刚：《证据法定与法定证据——兼对我国《民诉法》第 63 条之检讨》，载《法律科学（西北政法大学学报）》2010 年第 1 期。

② 张建伟：《从积极到消极的实质真实发现主义》，载《中国法学》2006 年第 4 期。

③ 霍海红：《提高民事诉讼证明标准的理论反思》，载《中国法学》2016 年第 2 期。

④ 陈志辉：《证明标准建构的新视角——以发现真实相关理论为基点》，载《延边大学学报（社会科学版）》2005 年第 1 期。

⑤ 胡学军：《我国民事证明责任分配理论重述》，载《法学》2016 年第 5 期。

⑥ 毕玉谦：《试论民事诉讼中的经验法则》，载《中国法学》2000 年第 6 期。

⑦ 《最高人民法院关于民事诉讼证据的若干规定》第 73 条："双方当事人对同一事实分别举出相反的证据，但都没有足够的依据否定对方证据的，人民法院应当结合案件情况，判断一方提供证据的证明力是否明显大于另一方提供证据的证明力，并对证明力较大的证据予以确认。"

⑧ 霍海红：《提高民事诉讼证明标准的理论反思》，载《中国法学》2016 年第 2 期。

合理的外部证成以达到证明标准，对倾斜保护家庭暴力的受害人有着重要意义。

为了保障受害人的基本人权，合理约束法官的自由裁量权，美国在紧急保护令证明制度上建立了"合理第三人"标准：法官通过一个普通人的视角来判断是否存在"合理的证据/理由"，①该证据或者理由能够使法官内心确信"清楚与现存危险"已经发生。② 类似的，我国学者也开始呼吁建立人身安全保护令证明领域的"第三人"标准，即在某特定情形中一个具有普通智力、理智、审慎、注意或预见的人会采取的行为、得出的结论或具有的期望。③ 不难看出，合理第三人与第三人都是法官和当事人以外的中立个体，其判断是否符合证明标准的动因主要还是来自日常的生活经验。适用该标准的前提在于对现存危险事实特征的立法响应，成为运用特殊证明规则的前提基础。

（三）人身安全保护令的证明责任

证明责任的分配在于双方的证明实力差距，而非施暴人与受害人之间的角色扮演，建立举证责任倒置，完全由被申请人主张所有事实违反了程序正义的要求。这一点在《指南》当中有很好的体现，在其第 40 条之规定，原告提供证据证明受侵害事实及伤害后果并指认系被告所为的，举证责任转移至被告，明显可以看出，立法意见并没有偏向于建立完全的举证责任倒置，而是通过转移证明因果联系的方式部分地转移了证明责任。在证明责任的其他方面，《指南》都提供了非常良好的指导意见，在审理过程中可以参照适用。

三、家暴史的证明作用

既然暴力行为可预测，那么家庭暴力治理理应重在预防。在人身安全保护令制度比较发达的国家里，大多能够及时采纳受害人提供的符合初步证明标准的证据，及时签发紧急保护令以避免难以挽回的损失。对比一般侵权行为的救济，立法深刻反思了家庭暴力的现状及特征，考虑到家庭关系内部当事人的性别差异或者体能差异，在制度效率和公平价值中选择前者作为主导来实现实质正义。与此不同的是，高度盖然性的证明标准追求的实质正义是在当事人举证能力相当前提下的程序公正，这种程序公正只有以损害结果作为侵权行为的构成要件，才能对受害人施以事后的救济。如此一来，如果立法偏执地认为查明事实的意义优先于向受害人提供民事救济措施，这无异于将法院自身置于当事人的地位探求所谓的唯物主义真理，而不对当事人的基本人身权提供保护，反而会激化家庭成员之间的矛盾。

四、特殊主体的举证功能

暴力历史证据种类的增加必然要求证据收集主体的扩大。《反家庭暴力法》第 14 条建

---

① Robert H. Mnookin, Child-Custody Adjudication: Judicial Functions in the Face of Indeterminacy, *Law & Contemporary Problems*, 1975, Vol.39. No.3, p.271.

② Catherine F. Klein, Leslye E. Orloff, Providing Legal Protection for Battered Women: An Analysis of State Statutes and Case Law, *Hofstra Law Review*, 1993, Vol.21, No.4, p.226.

③ 陈明侠：《家庭暴力防治法基础性建构研究》，中国社会科学出版社 2005 年版，第 110 页。

立的强制报告制度,①其报告主体也是证据的收集主体。报告主体包括学校、幼儿园、医疗机构、居民委员会、村民委员会、社会工作服务机构、救助管理机构、福利机构及其工作人员,建立单位部门责任追究制。报告的内容为遭受或者疑似遭受家庭暴力的家庭暴力事件。强制报告制度能在第一时间为遭受家庭暴力的无民事行为能力人和限制民事行为能力人开启保护之门,最大限度涵盖家庭暴力的主要受害群体。② 对应新增的证据种类,像伤情鉴定意见、病历、社会团体的相关记录等与强制报告的医疗机构、社会救助机构具有一致性,其报告的内容也能够成为法院认定除当事人和法院自身收集以外的证据,将举证主体扩大到所有的强制报告机构及其工作人员,为提供施暴人已有的暴力行为创造条件。2018 年 7 月,最高人民法院出台了《关于进一步深化家事审判方式和工作机制改革的意见(试行)》,建立了"家事调查员"制度。家事调查员涵盖的主体非常广泛。③ 根据《关于进一步深化家事审判方式和工作机制改革的意见(试行)》的规定,人民法院可以委托家事调查员调查当事人的个人经历、性格、教育程度、身心状况等与品格相关的证据,同时也建立了调查员的强制报告制度,④在家庭暴力防治过程中发挥了重要的作用。

第三节　人身安全保护令的执行

一、人身安全保护令的执行依据

根据《反家庭暴力法》第 32 条之规定,保护令的执行主体与送达主体在范围上具有一定的重合,即公安机关以及居民委员会、村民委员会等有关组织。⑤ 第 34 条规定了违反保护令的从训诫、罚款、拘留到刑事处罚的进阶式责任。⑥ 这两个条款从宏观上建立了我国人身安全保护令执行体系,这个体系以人民法院为执行主,其他组织协助执行为辅,以民事制裁和刑事处罚为保障。

《涉及家庭暴力婚姻案件审理指南》和专家建议稿分别规定了公安机关作为执行主体,法院作为执行监督主体的体制和法院与公安机关平行执行财产类保护令和人身类保护

---

① 《反家庭暴力法》第 14 条:"学校、幼儿园、医疗机构、居民委员会、村民委员会、社会工作服务机构、救助管理机构、福利机构及其工作人员在工作中发现无民事行为能力人、限制民事行为能力人遭受或者疑似遭受家庭暴力的,应当及时向公安机关报案。"

② 《妇女研究论丛》编辑部:《聚焦〈反家庭暴力法〉亮点,进一步推动贯彻落实——〈反家庭暴力法〉专家座谈会笔谈》,载《妇女研究论丛》2016 年第 1 期。

③ 《关于进一步深化家事审判方式和工作机制改革的意见(试行)》第 17 条。

④ 《关于进一步深化家事审判方式和工作机制改革的意见(试行)》第 25 条。

⑤ 《反家庭暴力法》第 32 条:"人民法院作出人身安全保护令后,应当送达申请人、被申请人、公安机关以及居民委员会、村民委员会等有关组织。人身安全保护令由人民法院执行,公安机关以及居民委员会、村民委员会等应当协助执行。"

⑥ 《反家庭暴力法》第 34 条:"被申请人违反人身安全保护令,构成犯罪的,依法追究刑事责任;尚不构成犯罪的,人民法院应当给予训诫,可以根据情节轻重处以一千元以下罚款、十五日以下拘留。"

令，①并由公安机关协助法院执行的模式。② 违反责任方面，在《涉及家庭暴力婚姻案件审理指南》中违反保护令的责任援引《民事诉讼法》第114条③，责任形式为罚款、拘留，构成犯罪的，依法追究刑事责任。《家庭暴力防治法（专家建议稿）》分别在第58条④、第106条⑤规定了违反保护令的责任：罚款、拘留和拒不执行法院判决、裁定的规定定罪处罚。

二、人身安全保护令的执行模式考察

（一）主动执行模式考察

1.我国台湾地区执行体系概况

主动执行是以积极的态度促进保护令权利义务的实现，注重保护令的前端效果，而非只在保护令被违反时采取救济措施，典型如我国台湾地区的执行模式。2007年，为了回应"大法官会议"第599号解释，我国台湾地区立法机构在原先的基础上发布了新的"家庭暴力防治法"，其中有关执行方面增订的内容包括四个方面：根据具体保护令内容规定不同的执行机关；增加有关警察执行的规定；增加执行异议规定；增加免征声请和执行费用的规定。新规定从两个方面建立了我国台湾地区的执行体制：其一，根据不同的执行主体分配不同的执行职能；其二，根据被申请人违反保护令的行为处以"违反保护令罪"。

2.我国台湾地区保护令执行主体划分

（1）法院。依据"家庭暴力防治法"第14条第8款、第9款、第11款和第21条第1款之规定，法院主要执行与财产有关的金钱给付令和不动产之禁止使用、收益或处分令。金钱和不动产本身差异决定了执行管辖权的不同，前者由执行标的物所在地或执行行为地之法院管辖，后者由不动产所在地法院管辖。此外，与财产有关的保护措施一般以通常保护令的形式下发，为被申请人提供了救济区间，因此无需送达被申请人即可发生执行效力，且执行期间以一年为限，免征执行费。但法院可依当事人撤销、变更、延长之声请，改变执行期间。

（2）警察机关。出于警察职能的专业性、执法的强制性和工作的全天候性，我国台湾地区将警察机关列为保护令的主要执行主体，承担了大部分与人身权有关的保护令执行工作。依据"家庭暴力防治法"的相关规定，包括禁制令、迁出令、远离令、暂时监护权令均由警察机关执行。因为部分财产直接交付行为需要在被申请人与申请人之间完成，存在一定的暴力风险，此时立法更加关注的是申请人人身权的保护。

（3）直辖市、县（市）主管机关。由于未成年子女工作的特殊性，为了避免父母行使探视

---

① 参见《涉及家庭暴力婚姻案件审理指南》第36条"人身安全保护裁定的生效与执行"。

② 参见《家庭暴力防治法（专家建议稿）》第56条"保护令的执行"。

③ 《民事诉讼法》第114条："诉讼参与人或者其他人有下列行为之一的，人民法院可以根据情节轻重予以罚款、拘留；构成犯罪的，依法追究刑事责任：……（六）拒不履行人民法院已经发生法律效力的判决、裁定的。人民法院对有前款规定的行为之一的单位，可以对其主要负责人或者直接责任人员予以罚款、拘留；构成犯罪的，依法追究刑事责任。"

④ 《家庭暴力防治法（专家建议稿）》第58条："家庭暴力施暴人违反保护令的，人民法院、公安机关可以根据民事诉讼法的规定，对家庭暴力施暴人按照情节轻重予以罚款、拘留。"

⑤ 《家庭暴力防治法（专家建议稿）》第106条："……（四）违反保护令情节严重的，依照刑法有关拒不执行法院判决、裁定的规定定罪处罚。"

权的过程中对子女造成伤害,我国台湾地区将暂时探视权令交由直辖市、县(市)主管机关负责执行。同时,鉴于直辖市、县(市)主管机关在医疗工作中的专业地位,颇具特色的处遇计划令也由其执行。

(二)被动执行模式考察

1.美国执行体系概况

与我国台湾地区不同的是,美国民事保护令执行的重点不在于被申请人义务的实现,而在于对拒不执行保护令的事后处罚。同时,在联邦立法层面,美国积极推动各州之间对保护令效力的承认,以敦促保护令的执行。

在美国,虽然保护令属于民事救济,但是违反保护令可能遭致刑事处罚,这么做的目的是使施暴人慎重考虑违反保护令的结果,自觉遵守民事保护令。[1] 对违反保护令的行为展开刑事追诉,以藐视法庭罪起诉施暴人,使被申请人受到刑事处罚是保护令执行环节最为重要的组成部分。美国部分州将藐视法庭罪分为民事藐视法庭罪与刑事藐视法庭罪,部分州则直接认定为刑事藐视法庭罪,并根据犯罪程度定性为轻罪(misdemeanor)和重罪(felony),在刑事重罪中签发的保护令,保护令的效力可以长达五年,或者从刑满释放之日或者实际监禁之日起算,对于一级轻罪,持续时间不超过三年,其他案件则不超过一年。民事与刑事藐视法庭罪之间界限存在争议,主要表现为"制裁的特征与目的"区别说、程序区别说和"事实发现的难易程度"区别说,[2]总体认为,前者是以实行法院命令的事项为目的而采取的间接强制手段,而后者是对已经作出行为所采取的、以制裁为目的的强制手段,所以后者成为保护令立法的主流,也成为讨论的重点。

2.美国违反保护令的刑事藐视法庭罪

(1)构成刑事藐视法庭罪的行为。在美国的家庭暴力民事诉讼程序中,低证明责任、对受害者的特别救济以及对违反保护令的施暴人的刑事处罚并列为保护令的三大程序优势。[3] 通过判例法,美国广泛地建立了在签发民事保护令后被认为构成刑事藐视法庭罪的行为,具体包括但不限于以下几种情形:非法接近、威胁杀死或者伤害申请人[4],通过个人或者电话通信与受害人取得联系[5],诱拐或者隐藏儿童,婚内强奸、性骚扰、殴打、攻击受害人人身或者故意损害受害人财产,通过进入一定的范围或者受害人房屋的方式违反远离令和

———————————

① Christina DeJong & Amanda Burgess-Proctor, A Summary of Personal Protection Order Statutes in the United States, *Violence Against Women*, 2006, Vol.12, No.1, p.70.

② 于改之:《刑事犯罪与民事不法的分界——以美国法处理藐视法庭行为为范例的分析》,载《中外法学》2007 年第 5 期。

③ Judith A. Smith. Battered Non-Wives and Unequal Protection-Order Coverage:A Call for Reform, *Yale Law & Policy Review*, 2005, Vol. 23, No.93, p.126.

④ People v. Allen, 787 P.2d 174, 175 (Colo. Ct. App.1989).被告因违反远离令进入受害人家中,试图威胁杀死受害人。

⑤ People v. Lucas. 524 N.E.2d 246, 247 (Il1. App.Ct. 1988).被告通过电话的方式威胁受害人。

禁止联系令①。

如果被告人多次出现违反保护令的行为,法院会根据其行为实行数罪并罚,这一点与我国台湾地区从一重罪形成对比。在 State v. Schackart② 一案中,被告人已经与妻子分居,他仍强制妻子脱掉衣服,五分钟后又对其妻子实施了性侵,因而被一审法院认定为性侵犯罪和加重攻击罪,被告上诉声称他的行为在同一事件中受到了两次处罚,上诉法院维持了原判,理由在于本案中被告的两个行为因具有两种不同目的从而具有不同的实质。

(2)刑事藐视法庭罪的证明。民事保护令作为民事救济措施,一般到达民事证明标准即可签发,鉴于刑事藐视法庭罪刑事法律性质,证明标准必须达到排除合理怀疑,爱荷华州最高院在审理 State v. Lipcamon③ 一案中认为,超过合理怀疑的证明标准必须是有违反保护令的故意。

值得注意的是,刑事藐视法庭完全是单独的诉讼,它完全由法院或者起诉机构发动和控制。④ 因为违反民事保护令是对司法权威的挑战,美国规定了检察机关强制起诉所有违反保护令行为的"No-Drop"⑤制度;同时,法院还可以根据与问题有切身利害关系人的请求启动审判程序,⑥此时由于缺乏律师的帮助,也没有国家公诉机关的出面,排除合理怀疑的证明标准明显对受害人提出了过高的证明要求。因此,在 People v. Blackwood⑦ 一案中,伊利诺伊州上诉法院认为,仅有受害人的证言也可以达到这种排除合理怀疑证明标准:本案中,被告人的前妻声称,被告人辱骂她,并说为她准备了一个"阴谋"。如果警察、其他家庭成员、其他见证人等,足以认定藐视行为的,还可以免除受害人的证明义务。由于刑事的藐视法庭行为没有"要求大陪审团起诉的权利",不符合美国宪法第五修正案的规定,⑧所以法院在审理此类案件时,被告的正当程序权利必须得到保障:被送达保护令的权利、证据没有达到排除合理怀疑时实行无罪推定、不能被自证其罪、要求证人出庭、与证人进行交叉询问以及反对传闻证据;根据双重危险的原则,如果被申请人没有被认定为藐视法庭罪,原告不得上诉。

(3)刑事藐视法庭罪的处罚。根据美国宾夕法尼亚州 1976 年《家庭暴力法保护法》的规定,刑事藐视法庭罪一般会被处以罚金或者监禁或者兼而有之,该法在 1978 年修正案中,规

---

① Siggelkow v. State，731 P.2d 57，59（Alaska 1987）；People v. Zarebski，542 N.E.2d 445，447（Ill. App.Ct. 1989）；Gordon，553 N.E.2d at 916；People v. Stevens，506 N.Y.S.2d 995，996（Oswego City Ct. 1986），and so on.

② 737 P.2d 398（Ariz. Ct. App.1987）.

③ 483 N.W.2d 605（Iowa 1992）.

④ ［美］杰克·H.弗兰德泰尔、玛丽·凯·凯恩、阿瑟·R.米勒:《民事诉讼法》,夏登峻、黄娟、唐前宏等译,中国政法大学出版社 2003 年第 3 版,第 715 页。

⑤ Tamara L. Kuenneni，"No-drop" Civil Protection Orders：Exploring the Bounds of Judicial Intervention in the Lives of Domestic Violence victims，*UCLA Women's Law Journal*，2007，Vol. 16，No.39，p.44.

⑥ 刘风景、卢军:《英国藐视法庭法的启示》,载《山东审判》2006 年第 5 期。

⑦ 476 N.E.2d 742（il. App.Ct. 1985）.

⑧ 于改之:《刑事犯罪与民事不法的分界——以美国法处理藐视法庭行为为范例的分析》,载《中外法学》2007 年第 5 期。

定监禁的时间最长不超过 6 个月、罚款的数额最高不超过 1000 美元。① 这种处罚方式不仅在美国,在世界范围内也成为主要的责任形式。

三、人身安全保护令执行指南

当前,我国对人身安全保护令的执行状况不容乐观,借鉴域外立法,对于缓解我国人民法院执行压力、提高行政机关执行效率等有着重要的意义。

(一)人身安全保护令的执行机构

1.人民法院

人民法院对施暴人的财产可以采取查封、扣押、冻结、划拨、拍卖、变卖等措施的优势决定了应由法院来执行与财产相关的保护令。由于《反家庭暴力法》第 29 条并没有明确除人身以外的财产保护令内容,充分发挥第 29 条第 4 项的兜底作用,将与财产类保护令的执行交由法院,增加禁止被申请人作出转移、出售、损害财产的财产令以及责令被申请人赔偿因作为或者不作为暴力造成申请人人身或财产损失的赔偿令供法院执行。

2.公安机关

由于公安机关工作时间的特殊性、执法人员的专业性、调查职权的强制性,②适宜执行人身类的保护令,具体操作如下:首先,借鉴江苏省《关于依法处理涉及家庭暴力婚姻家庭案件若干问题的指导意见(试行)》所创立的送达模式,由申请人、被申请人住所地或经常居住地公安局(分局)接收法院裁定,再由公安局(分局)转送裁定给申请人、被申请人并负责主动执行;其次,明确《反家庭暴力法》第 29 条前 3 款列举的保护令都应当由公安机关执行;最后,还可以学习我国台湾地区的经验,在法院遇到执行困难时请求警察机关协助,以免出现暴力抗法的情形。

3.公安机关与人民法院间的良好衔接

我国公安机关无权签发人身安全保护令,所以保护令的执行只存在由法院向公安机关执行的单向流动。当前我国保护令的签发仍属于诉讼程序,尚不具备建立公安机关签发保护令的基础,因而公安机关可以根据保护令的具体内容向法院申请执行的自由裁量权。实体上,以当事人拒不执行财产类的保护令为前提;程序上,以公安机关履行强制执行的催告后,向具有管辖权的人民法院申请执行为条件,由人民法院在法定期限内作出是否执行的裁定。

4.居民委员会和村民委员会的监督和庇护作用

居民委员会和村民委员会的性质决定了其没有强制执行权的特征,但是他们可以根据自身的优势,监督被执行人履行义务的情形,一旦发现拒不执行的情况,协助处于困境中的申请人报警、申请强制执行。同时,充分发挥两委会的财力和人力优势,建立妇女庇护所等机构,缓解申请人暂时的经济困难或者为申请人提供隐秘的避难场所。

---

① Margaret Klawt & Mart Scherfp, Feminist Advocacy: The Evolution of Pennsylvania's Protection Abuse Act, *Hybrid: A Journal of Law and Social Change*, 1993, Vol.1, No.34, p.22.

② 李琼宇、贺栩溪:《家庭暴力民事认定中的警察参与——兼论警察对轻微家庭暴力事实的先行判断》,载《妇女研究论丛》2017 年第 4 期。

(二)对违反人身保护令行为的处罚

《反家庭暴力法》根据违反情节是否构成刑事处罚规定了两种不同性质的责任承担方式,即非刑事责任与刑事责任。

1.非刑事责任

根据《反家庭暴力法》第34条的规定,对于违反人身安全保护令的被申请人,尚不构成犯罪的,人民法院可以给予训诫,根据情节轻重处以一千元以下罚款、十五日以下拘留。非刑事责任的性质定义存有争议,对受害人的保护力度不足。[①]

2.刑事责任

从《反家庭暴力法》第34条之立法目的可以看出,刑事处罚的设立参照了我国《刑法》中拒不执行判决、裁定罪作为立法依据。根据我国《刑法》第313条的规定及其立法精神,对违法人身安全保护令的刑事处罚适用以下规则:

(1)实体法规定。首先,本罪的适用主体为人身安全保护令指向的被申请人,根据《反家庭暴力法》第32条的规定,保护令应当以送达为生效要件。如果没有被送达保护令,那么被申请人的暴力行为只可能构成一般的刑事犯罪而不能构成违反保护令罪。其次,本罪适用的行为为被执行人故意不履行保护令规定义务的情形,情节严重程度只影响量刑,不影响本罪的构成。被执行人多次违反保护令的,应当根据行为目的判断构成法定一罪还是数罪并罚。最后,本罪适用的罚则可以借鉴《刑法》拒不执行判决、裁定罪的立法,在违反保护令罪当中视情节严重程度,处三年以下有期徒刑、拘役或者罚金,或者处三年以上七年以下有期徒刑,并处罚金。

(2)程序法规定。程序的启动。由于我国尚未建立藐视法庭罪,法院也没有自行起诉的权利,所以启动只能依靠检察机关公诉或者被害人自诉。具体做法是既可以由公安机关根据受害人本人、亲属、居民委员会和村民委员会向公安机关报案,也可以由公安机关自行发现违反保护令的行为,进行调查再将证据移送检察机关。受害人本人亦可以提起刑事自诉。但是两者之间的证明标准存在差异,根据我国《刑事诉讼法》第53条的规定,公诉机关提起公诉应当以证据确实充分以达到"客观真实"为标准,[②]自诉案件的证明标准应当处于民事与刑事案件证明标准之间,只要法官根据受害人的自述能够达到内心确信,与其他证据形成完整的证据链条即可认定。

(3)本罪的执行。本罪的成立不会造成保护令的失效,因此执行的内容不仅包括违反保护令罪确定的徒刑、拘役与罚金,也要执行原保护令的内容。执行主体也因执行内容有所不同,除《刑事诉讼法》第四编执行的相关规定确定的主体外,还要注意前文有关保护令执行主体的制度设计,充分发挥同一主体在执行保护令和违反保护令罪当中的双重作用。

---

① 李瀚琰:《论人身安全保护令执行体系与中国立法的完善》,载《妇女研究论丛》2017年第6期。

② 《刑事诉讼法》第53条:"证据确实、充分,应当符合以下条件:(一)定罪量刑的事实都有证据证明;(二)据以定案的证据均经法定程序查证属实;(三)综合全案证据,对所认定事实已排除合理怀疑。"

参考文献

1.夏吟兰、林建军编著:《家庭暴力防治法制度性建构研究》,中国社会科学出版社 2011 年版。

2.陈明侠、夏吟兰、李明舜主编:《家庭暴力防治法基础性建构研究》,中国社会科学出版社 2005 年版。

3.北京大学法学院妇女法律研究与服务中心主编:《家庭暴力与法律援助》,中国社会科学出版社 2003 年版。

4.李秀华:《人身保护令准入反对家庭暴力立法维度的困境与对策》,载《中华女子学院学报》2013 年第 6 期。

5.李瀚琰:《论人身安全保护令执行体系与中国立法的完善》,载《妇女研究论丛》2017 年第 6 期。

6.Christina DeJong, Amanda Burgess-Proctor, A Summary of Personal Protection Order Statutes in the United States, *Violence Against Women*, 2006, Vol.12, No.1.

7.Catherine F.Klein, Leslye E.Orloff, Providing Legal Protection for Battered Wome n: An Analysis of State Statutes and Case Law, *Hofstra Law Review*, 1993, Vol.21, No.4.

第九章　处理多元性别群体家庭暴力案件理论与实践

近年来,我国多元性别群体的可见度有了一定提升。多元性别人士越来越勇于"站出来"让社会大众了解这一群体,并在合法权益受到侵犯时依法维权。我国政府对多元性别群体的态度也是积极正面的,数次在国际场域中表达对多元性别群体不歧视的态度。[①] 虽然有这些鼓舞人心的进展,但多元性别群体在现实生活中仍然面临着方方面面的挑战,其中,来自原生家庭和亲密关系的挑战令人最为揪心。家,本应是一个温暖的港湾,是一个人可以休憩心灵的地方。如同很多非多元性别群体一样,多元性别群体也遭受普遍和严重的家庭暴力的威胁,并且由于仍然广泛存在的社会歧视,这些家庭暴力对多元性别群体的身心造成巨大伤害。本章将对多元性别群体家庭暴力的法律与实践做简要介绍,希望能够使读者了解这一特殊群体在遭受家庭暴力时面临的特殊问题,帮助法律诊所学生处理相关问题,并给予法律人在处理涉家庭暴力案件时一定的启发。希望在社会各界的共同努力之下,减少和消除多元性别群体遭受的家庭暴力,共筑和谐社会。

● 教学目标

通过介绍中国多元性别群体遭受家庭暴力的现状和对域外经验的介绍让法律诊所学生了解如何为遭受家庭暴力的多元性别群体提供有效的法律服务,掌握相关理论和实务技巧。

● 教学方法

课堂讲授、分组讨论和汇报、反馈与评估。

---

① 2014 年 10 月,联合国消除对妇女歧视委员会对中国执行《消除对妇女一切形式歧视公约》第七、八次审议中,中国代表团指出:"在中国,(包括 LGBTI 人群在内的)任何人都受法律保护,不会因为性倾向被歧视,中国社会对他们也越来越宽容,也有专门提供研究、服务的组织。"2020 年 7 月,联合国人权理事会第 44 届会议上,联合国性倾向和性别认同独立专家(independent expert on protection against violence and discrimination based on sexual orientation and gender identity)发表了一份报告,记录了来自世界各地的扭转治疗实例,并呼吁全球禁止该做法。中国代表发言表示:"中方反对一切形式的歧视和暴力,包括基于性取向和性别认同的歧视、暴力和不容忍现象。早在 2001 年中华精神科学会就将同性恋从精神疾病分类中删除。"

● 课堂设计

1.根据本章内容与要求,进行课堂讲授。

2.根据具体教学时间安排课堂讲授,在课堂讲述完毕之后要留出时间让学生提问,由老师进行回答。

3.根据本章内容与要求,安排学生分组讨论,讨论完毕后由学生选出代表进行汇报,老师点评与引导。

4.注意学生点评与互评、总结与反馈。

● 要点把握

1.了解多元性别群体遭受家庭暴力的基本理论、现状,对有关立法和执法层面的现状有基本认识。

2.掌握为遭受家庭暴力的多元性别者提供法律服务和处理有关案件的特点与方法,最大限度地提升学习的积极性与主动性。

3.要基于时代发展与法律规定的变化不断调整教学方案。

4.强调保密原则。课堂运用个案均源于真案,所有信息均作技术性处理。

● 问题设计

1.多元性别群体遭受家庭暴力的形式主要有哪些?

2.多元性别群体家庭暴力有哪些不同特点?

3.如何处理多元性别家庭暴力?

4.域外多元性别家庭暴力相关立法有何特点?

第一节 案件直击

一、案例一:原生家庭暴力①

 案情简介

19 岁的袋鼠(女,化名)和 23 岁的蝴蝶(女,化名)是一对伴侣,二人在澳大利亚留学时相识相爱。2019 年 5 月底,袋鼠在微博上发出求助,引起网友和多元性别社群关注。求助微博显示,2019 年,蝴蝶向家人表视出柜,不被父母接受。父母及亲戚将蝴蝶哄骗回国,"软禁"在 S 市家中,并没收蝴蝶手机、电脑等通信工具,父母轮流 24 小时"看守"女儿,不让其出家门。袋鼠得知女友的遭遇后,从澳大利亚返回国内,对女友开展营救。被"软禁"2 个月后,蝴蝶趁父母不备联系上袋鼠,二人商定 5 月出逃的计划。5 月某日,袋鼠赶

---

① 编引自橙雨伞公益:《彩虹家暴:"骄傲月"里的枯萎玫瑰》,https://www.163.com/dy/article/EJ0A12A30528B640.html,最后访问时间:2022 年 2 月 17 日。

到 S 市与其汇合,在若干志愿者帮助下乘坐火车抵达 N 市,并买好了晚上回袋鼠家的机票。蝴蝶父母以绑架罪报警,N 市警方在 N 市机场找到了蝴蝶和袋鼠,然后将二人移交 S 市警方。袋鼠在公安局被询问,六小时后才得以离开。期间,蝴蝶被警方送回其父母家中。后营救蝴蝶的志愿者们前往 S 市市妇联窗口反映情况。妇联工作人员首先表示这不属于法律援助的范围,之后叫来领导,领导表示反映情况人和蝴蝶本人没关系,应蝴蝶本人来求助,志愿者们表示蝴蝶已被家人限制人身自由,且已经失联,无法亲自求助。妇联领导则表示"父母不会对孩子做什么过分的事情的,一定是爱孩子的,你们从网上得到的信息还需要多方核实"。在志愿者们的坚持下,妇联最终建议他们前往蝴蝶家所属派出所报警,并承诺会将此事从内部系统反馈给 S 市某妇联。下午,志愿者们又前往 S 市某街道派出所,警察回复此事应该先找妇联。警察表示会安排人上门确认蝴蝶的情况。离开派出所后,志愿者们又来到居委会反映情况,希望可以上门确认蝴蝶的状况并且和蝴蝶父母沟通。居委会帮忙上门敲门核实,但蝴蝶家无人应答。5 月底,志愿者们和蝴蝶及其父母等人终于在某商场地下车库相遇,志愿者们想要询问蝴蝶现在的求助意愿,但被蝴蝶父母阻止,后双方出现语言和肢体冲突,包括蝴蝶父亲为了控制蝴蝶的行动,对她施加了肢体暴力。警方到达现场后,向双方了解情况,并对蝴蝶父母进行了训诫,后警又将涉事人员带回派出所询问。警察认为蝴蝶的父母对已成年的蝴蝶有监护权,"即使是蝴蝶本人表态愿意和你们走而离开父母,我们也不能同意,因为法律上你们是陌生人,而父母则是和她有血缘关系的亲人"。警察对双方进行了调解,包括蝴蝶父母应保证蝴蝶的通信自由,警方会不定时电话联系蝴蝶对此进行确认。蝴蝶打算通过打工方式逐渐经济独立脱离家庭。第二天,蝴蝶更新微博,表示其父母要求她把其澳洲账户里的钱还给父母,国内其名下的房产过户给父母,并且不能联系袋鼠,才能让其"自由"。蝴蝶再次表达了对袋鼠的爱,以及不会放弃。她的微博表现出精神上承受的巨大压力。

 案例评析

本案是典型的多元性别群体原生家庭暴力案件。"同语"的研究显示,我国多元性别人士遭受家庭暴力与出柜状态和经济是否独立有显著相关性。[1] 在多元性别社群中,是否出柜、如何出柜等一直都是非常重要的话题。[2] 家庭是对多元性别身份接纳度最低的一个场域,联合国开发计划署的报告显示,只有 8.1% 的调查对象认为家人对其多元性别身份是接受的。[3] 传统上儒家伦理与封建家长制要求子女对家长权威的服从,以及强调"孝"作为一种重要的伦理道德,这种家庭结构和家庭价值观在当代社会仍然较为普遍。这种文化使中国家庭中子女违背父母意愿较为困难,因此多元性别子女在是否向家人出柜的问题上往往

①　李莹、冯媛主编:《〈反家庭暴力法〉的倡导与实践》,华中科技大学出版社 2019 年版,第 82 页。

②　联合国开发计划署:《"亚洲同志"项目中国国别报告》,https://www.cn.undp.org/content/dam/china/docs/Publications/UNDP-CH-PEG-Being% 20LGBT% 20in% 20Asia% 20China% 20Country% 20Report-CN.pdf,最后访问时间:2022 年 2 月 17 日。

③　联合国开发计划署:《中国性少数群体生存状况:基于性倾向、性别认同及性别表达的社会态度调查报告》, https://www.undp.org/content/dam/china/img/demgov/Publication/UNDP-CH-PEG-Being% 20LGBT%20in% 20China_CH.pdf,最后访问时间:2022 年 2 月 17 日。

都是斟酌再三。出柜的重要前提之一是经济独立,因为经济独立后,不论父母是否接受子女的多元性别身份,子女有能力负担自己的生活,这样不会陷入父母及家人对其人身控制。许多研究显示,出柜并不是一个"告知父母"的独立事件,往往是一个漫长过程,这个过程可能会伴随着父母一开始的不接受甚至家庭暴力,但也有一部分矛盾会随着时间的推移而淡化,最终达到父母即使不能完全接受也不再干涉,从而"相安无事"。因此,如果在经济独立后出柜,可以通过离开家庭环境隔绝家庭暴力,避免家庭暴力的发生。这也是多元性别群体面对现实的一种无奈选择。

本案中,蝴蝶在向其父母出柜之后,马上遭受了以限制人身自由、通信自由为表现形式的家庭暴力。家庭暴力的本质是权力与控制,父母对子女多元性别身份不接受,极易利用其在家庭中的权力优势地位,采取暴力的方式控制子女,以达到"改变"子女性倾向或性别认同的目的。本案例中,蝴蝶之所以被父母限制人身自由,并且"逃跑"失败,一个重要的原因是她没有经济独立,她还没有正式的工作,没有收入,也没有独立的居所。从家庭暴力的形式来看,父母对多元性别子女实施家庭暴力的主要目的是限制子女交往和"改变"子女的性倾向和/或性别认同,严重身体暴力的案例并不多见,主要是采取限制人身自由、经济控制的方式,因此更为隐蔽,也更容易被相关责任主体忽视。这两种形式在本案例中也有所体现。精神暴力也是一种常见家暴形式,在本案中并不明显,但从蝴蝶最终发布的微博内容来看,其承受的精神压力也很大。其他涉及多元性别子女遭受原生家庭暴力的案例中,很多父母常常使用以自身身体健康来威胁以控制子女的方式,如"我有心脏病,你是不是要气死我",或者"你要是再这样我也就不活了"等。

在遭受家庭暴力后求助方面有许多值得探讨的经验。

1.本案中的求助者并不是受暴者本人,而是其女友。这种情况在多元性别群体原生家庭暴力的情况下非常常见,多数是因为受暴者本人已经被其家人限制了人身自由和通信自由,因此没有能力求助。同时,受暴者所能找到的求助机会非常有限,往往会首先联络自己的伴侣,再由伴侣代为求助。但此种求助模式的挑战性在于,由于我国立法上不承认同性伴侣关系,伴侣与受暴者本人是"法律上的陌生人",且由于受暴事发突然以及缺乏法律知识和风险意识等原因,无法形成有效的法律委托关系。这就导致当受暴者的伴侣向反家暴主体,如公安机关、妇联、村委会、居委会等反映问题的时候,往往不被重视,难以得到有效的帮助。施暴者则是受暴者"最亲近的人"即父母,社会一般人的常识会认为,父母不会做对孩子不好的事情。本案中,这种"陌生人"和"亲人"的张力显得非常突出,妇联领导指出反映情况人和受暴者没有法律关系,而认为被控施暴的人即父母则"一定是爱孩子的";本案主持双方调解的公安机关,虽然态度很好,但仍然认为志愿者和蝴蝶没有法律上的关系,而父母是蝴蝶的监护人。

2.受害人报案或起诉有障碍。《反家庭暴力法》第13条第2款规定了"家庭暴力受害人的法定代理人、近亲属可以向公安机关报案或者依法向人民法院起诉"。但由于多元性别原生家庭暴力中,施暴者本人可能就是受暴者的法定代理人和近亲属,或者法定代理人和近亲属默许施暴者的施暴行为,因此不会为受害人报案或起诉。《反家庭暴力法》第23条第2款规定了受暴者"是无民事行为能力人、限制民事行为能力人,或者因受到强制、威吓等原因无法申请人身安全保护令的,其近亲属、公安机关、妇女联合会、居民委员会、村民委员会、救助管理机构可以代为申请",但实践中这些主体可能本身就认同父母"管教"子女的做法,从而认为这些行为不是家庭暴力,或者本身就对多元性别群体有错误的认知,如认为性倾向和性别认同可以改变、多元性别本身是错的等,因此代多元性别受暴者申请人身安全保护令的可能性较低。本案可以看到反家暴责任主体在多元性别家庭暴力知识方面的缺乏,这是一个较为普遍的现象。这种知识缺乏表现在:第一,对多元性别群体遭受原生家庭暴力的情况缺乏认识,这是造成责任主体无法有效干预多元性别群体原生家庭暴力的根本原因。第二,对家庭暴力的法律概念认识不准确。《反家庭暴力法》明确将家庭暴力的范围定义为"家庭成员之间",《民法典》第 1045 条首次明确了家庭成员的概念,即"配偶、父母、子女,和其他共同生活的近亲属为家庭成员",父母和子女之间的家庭成员关系,不以共同生活为前提条件,也就是说,即使子女和父母不在一起生活,也可以构成家庭暴力。本案中,因为上述这两点知识的缺乏,妇联、公安机关均未对蝴蝶父母的行为进行正确定性,甚至认为作为施暴者的父母"一定是爱孩子的",最终一次次地将受暴者送回到施暴者的控制范围之内。第三,对基础法律概念认识不准确。我国法律规定的监护制度指的是对无民事行为能力人和限制民事行为能力人的人身、财产及其他合法民事权益进行监督和保护的法律制度,其前提条件是被监护人为无民事行为能力人或限制民事行为能力人。对成年人来说,其无民事行为能力或限制民事行为能力必须由法院通过宣告确认,任何其他主体均无权认定某个成年人为无民事行为能力人或限制民事行为能力人。本案中,蝴蝶已经 23 岁了,作为一个完全民事行为能力人,她对自身事务完全可以自己决定,而公安机关在处理本案的过程中,忽视了蝴蝶个人的意愿和决定,甚至认为其父母仍然是她的监护人,这是基础法律概念的错误认识。

3.本案反映出一些一般性的家庭暴力干预方面问题。例如妇联和公安机关对家庭暴力的处置责任不明,导致干预家庭暴力时面临障碍等,因为上述一般性问题并非多元性别群体家庭暴力中的特有现象。

在我国,多元性别群体原生家庭暴力也有一些独具特色的变体,即父母对子女的"强制扭转治疗"(forced conversion therapy)。强制扭转治疗是一个概括性术语,用来描述各种性质的干预措施,所有这些干预措施的前提是相信一个人的性取向和性别认同,包括性别表达,在不符合特定环境和时代中其他行为者所认为的理想标准时,特别是当此人是多元性别者时,可以而且应该被改变或压抑。[1] 在实践中,它不一定是一种"医疗"措施,而是有多种形式,例如针对女同性恋和指派性别为女性的跨性别者的所谓"矫正强奸"(corrective rape)。[2]

强制扭转治疗是无效、有害且侵犯人权的行为。2018 年世界卫生组织发布了《国际疾病分类》第十一次修订本,我国国家卫生健康委员会于 2018 年年底发布了该文件的中文版,要求各地采用。在这一文件中,已经不再认为多元性别的情况属于精神疾病或精神障碍。扭转治疗将人的一种正常特征和行为视为一种疾病,并予以"治疗",缺少科学基础。在我国

[1] Victor Madrigal-Borloz,Independent Expert on Protection against Violence and Discrimination based on Sexual Orientation and Gender Identity,https://digitallibrary.un.org/record/3870697,最后访问时间:2021 年 2 月 17 日。

[2] UN High Commissioner for Human Rights,Discriminatory laws and practices and acts of violence against individuals based on their sexual orientation and gender identity : report of the United Nations High Commissioner for Human Rights,https://digitallibrary.un.org/record/719193,最后访问时间:2022 年 2 月 17 日。

实践中,这种"治疗"大多数是在无相关资质机构中(甚至包括"戒网学校""男孩学校"等)进行的,采取的是没有科学依据的手段,如(无资质人员实施的)催眠和电击治疗(厌恶疗法)、体罚甚至打骂。

在原生家庭暴力的语境中,父母因为无法接受子女的多元性别身份,企图采取扭转治疗的方式改变子女的性倾向和性别认同,以达到控制子女的目的。在我国,近年来已经有多起采用强制扭转治疗方式实施家庭暴力的案例。例如,2020 年 7 月多家媒体报道了山东跨性别女生朱某的故事,她于大约两年前向家长表示出柜,其母起初不置可否,一年前开始发生转变,给朱某的房间"调风水"、要求其去当地一家私立中医院进行性别扭转治疗。朱某曾以离家出走作为反抗,但被其母找到并"押送"回家,又送至私人诊所进行"治疗"。① 强制扭转治疗是一种比较严重的原生家庭暴力形式,对多元性别者的伤害极大,但在实践中并未引起有关部门的重视。当然,强制扭转治疗不仅仅是一个家庭暴力的问题,同时也涉及医疗服务规范的问题,以及"戒网学校"乱象等。

二、案例二:同性伴侣暴力②

 案情简介

郝某(男)和丁某(男)于 2014 年 3 月相识,是恋人关系。在二人交往过程中,郝某发现丁某控制欲越来越强,丁某不喜欢郝某在工作之外与朋友交往,不断打电话要求郝某回家,若郝某稍晚回家或没有及时接听电话,丁某就会情绪非常激动,对郝某打骂。二人交往三年后郝某迫于社会和家庭压力,不得不准备进入婚姻,丁某对此完全不能接受。2017 年上半年,在郝某和其"形婚"对象"相亲"时,忽然接到丁某的电话,丁某让郝某马上来找他,否则就威胁要自杀。郝某赶回家后,发现丁某确实用小刀割开了其手腕部位,虽然没有大碍,但这是丁某第一次实施自伤行为。郝某因丁某的控制心理压力很大,但不知应向谁求助。终于,郝某决定分手,但丁某不同意。因为二人原本住在一起,郝某没有其他住所,在分手过程中只能继续忍受丁某的身体暴力和自残行为。在几次肢体冲突中,郝某也曾经报警,第一次警察以此事为个人纠纷为由,未出警。第二次警察前往现场了解情况后,认为这是普通的两个男生打架,对双方进行了批评教育。第三次警察将二人约到派出所处理,警察教育丁某暴力是不对的,但是同时告诉二人,他们的关系是不对的,结束这段关系就不会再有这样的问题。2017 年下半年,郝某通过和工作单位协调,住进了公司宿舍。但丁某仍然不依不饶,一直给郝某发短信、打电话,一直跟踪郝某,并去其宿舍骚扰。丁某要求郝某和自己"回家",不能住公司宿舍,在郝某拒绝后,丁某就以将郝某的性取向向其单位领导反映来威胁,要求郝某辞职。郝某不愿暴露自己的隐私,因此不得不辞职,但仍然不愿意和丁某和好。郝某换了新的

① 《性别扭转治疗:一个跨性别女孩的残酷"成年礼"》,https://new.qq.com/omn/20200722/20200722A057D800.html,最后访问时间:2022 年 2 月 17 日;水瓶纪元:《寻找可橙:矫正治疗风波背后,跨性别女孩的自救行动》,https://www.allnow.com/post/5fd622a9c84b905ab2b38e1b,最后访问时间:2022 年 2 月 17 日。

② 本案例改编自笔者了解到的真实案例。参见李莹、冯媛主编:《〈反家庭暴力法〉的倡导与实践》,华中科技大学出版社 2019 年版,第 88、96 页;安徽省合肥市中级人民法院(2018)皖 01 刑初 80 号刑事判决书。

工作,并尽力不让丁某找到自己。

2018 年,丁某通过郝某手机软件定位找到了郝某。二人在郝某单位门口交谈时发生争执。丁某用案发前一日购买的水果刀向郝某背部、颈部等部位连捅数刀,致郝某倒地。随即赶到现场的办公楼保安及周围群众合力夺下丁某手中的尖刀,并将丁某控制,后交由民警带走。郝某被送往医院救治,经抢救无效死亡。丁某被判刑。

 案例评析

本案是典型的同性伴侣亲密关系暴力案件。多元性别群体所遭受的亲密关系暴力在形式上有类似之处。但由于社会大环境忽略,多元性别群体遭受亲密关系暴力往往更隐秘,更难得到干预,并且由于未及时干预和处理,可能会越来越严重,最终造成非常恶劣的结果。本案中,丁某作为施暴者,其行为违法且道德上应受谴责,但是也要看到多元性别群体所遭受的社会压力在一定程度上激化受暴者和施暴者间的矛盾。丁某的第一次自伤行为发生在郝某迫于社会和家庭压力"相亲"时,此时虽然郝某并没有要和丁某分手,但对于丁某来说,其伴侣打算形婚给其带来了巨大的不安全感。因为一般情况下,虽然形婚表面上能够解决社会和家庭压力,但实际上可能有太多的不确定性,例如形婚后社会和家庭压力可能会迫使形婚双方生育子女,而如果真的生育子女又会使得这种合作婚姻的关系复杂化;另外,形婚双方和其各自伴侣如何协调"表演"出来的生活和"真实"的生活也难以预估。实践中,即使没有形婚这样的问题,同性伴侣的稳定感、安全感也比异性伴侣略低,因为双方没有法律制度保障,在未出柜的情况下也缺乏双方父母作为关系润滑剂的存在。安全感低可能导致一些人更不愿意放弃已有的亲密关系,哪怕这种亲密关系已经存在诸多问题。这种动机可能导致控制欲的增强。

本案也体现了一种多元性别伴侣亲密关系暴力的独特形式,即以出柜相威胁的"分手暴力"。所谓分手暴力,指的是不愿分手的一方为迫使想要分手的一方继续留在亲密关系当中而采用的种种亲密关系暴力行为。总体来说,多元性别群体向他人出柜的比例很低,联合国开发计划署的一份报告指出,只有 14.6% 的多元性别人士在家庭中完全公开自己的身份,在学校和职场中这一比例更低,分别只有 5.1% 和 5.4%。[①] 而多元性别人士之所以选择不出柜,主要是担心自己的身份公开后遭遇歧视。前文提到的报告显示,多元性别群体出柜与其在家庭、学校遭遇歧视呈正相关;而虽然在职场出柜和遭受歧视并无显著的正相关关系,但从职场极低的出柜比例来看,这可能是由于多元性别群体只有在确定没有歧视风险的情况下,才会主动选择在职场上出柜,但即便如此,调查仍然显示出在职场上的歧视发生率达 21%。[②] 可见,如果施暴者以出柜相威胁,很可能可以达到控制对方的目的。本案中,郝某本来已经通过和工作单位协调获得了公司宿舍,得以

---

① 联合国开发计划署:《中国性少数群体生存状况:基于性倾向、性别认同及性别表达的社会态度调查报告》,https://www.undp.org/content/dam/china/img/demgov/Publication/UNDP-CH-PEG-Being%20LGBT%20in%20China_CH.pdf,最后访问时间:2022 年 2 月 17 日。

② 联合国开发计划署:《中国性少数群体生存状况:基于性倾向、性别认同及性别表达的社会态度调查报告》,https://www.undp.org/content/dam/china/img/demgov/Publication/UNDP-CH-PEG-Being%20LGBT%20in%20China_CH.pdf,最后访问时间:2022 年 2 月 17 日。

离开施暴环境,但由于丁某以出柜相威胁,郝某为了保护自己的隐私以及避免遭遇就业歧视,不得不选择辞职换新的工作。这种暴露隐私的担心使得多元性别受暴者在遭受亲密关系暴力时的应对十分被动。

在求助和干预方面,多元性别群体也处于被忽视甚至被歧视的处境。本案中,在亲密关系暴力的最初阶段,丁某就已经表现出较为危险的控制欲,并且已经有身体暴力和通过自伤威胁郝某等极端方式的精神暴力,但由于支持系统的缺失,受暴者不知应该如何求助,也没有进行有效求助。这可能也暴露出由于我国《反家庭暴力法》等相关法律对同性亲密关系暴力的忽视,导致当事人没有意识到施暴者的行为已经构成家庭暴力,并且未意识到自己是受到法律保护的,这就使得同性伴侣亲密关系暴力的发生非常隐秘。当郝某提出分手之后,丁某对其的暴力升级,郝某也采取了报警求助的方式,但公安机关作为反家暴责任部门则处理欠妥,且暴露出其缺乏干预同性亲密关系暴力的能力。这表现在:第一,郝某第一次报警时,警察以"个人纠纷"为由,未出警。这种做法是错误的,因为郝某和丁某是正在同居的(前)同性伴侣,根据《反家庭暴力法》第 37 条"家庭成员以外共同生活的人之间实施的暴力行为,参照本法规定执行"的规定,郝某和丁某之间可以参照《反家庭暴力法》规定执行,但警察将二人之间的亲密关系暴力归为"个人纠纷",缺乏对家庭暴力的正确认知。当然也可能是郝某自己在报警时未认识到这是家庭暴力,或者在报警时由于担心暴露自身的性倾向而未说明二人的关系,但反家暴责任主体的工作人员均应当具有一定的性别敏感性,并且具备及时准确识别家庭暴力的能力。第二,郝某第二次和第三次报警时,警察依法出警,但仍然没有认定此为亲密关系暴力。警察还认为两个男生打架不会有什么大问题,这种看法是对同性伴侣亲密关系暴力的巨大认知误区。警察没有及时识别出丁某对郝某的行为已经构成亲密关系暴力,而认为只是普通的两个男生打架,也显示出警察多元性别知识的匮乏以及对多元性别群体的忽视,这种现象并非个例。另外,人们一般认为,因为男女两性在平均体力上存在差异,因此在一般的亲密关系暴力中,男性对女性实施身体暴力会给女性造成很大的伤害,所以比较"严重",但多元性别伴侣之间因为是两个同性别的人,所以即使有身体暴力存在,也不会"太严重"。但事实上,即使是同样性别的人,个体之间的差异也有可能很大,况且另一种常见情况是恰恰由于身体力量上差异不大,施暴者会使用凶器实施身体暴力,总之,同性伴侣暴力也会造成严重的身体伤害。第三,郝某第三次报警时,警察仍未认定亲密关系暴力的存在,但指出了暴力是不对的。然而令人遗憾的是,警察所谓的"他们的关系是不对的,结束这段关系就不会再有这样的问题"又一次显示出公安机关多元性别知识的缺乏,这种言论不仅是歧视性的,而且会给受暴者造成二次伤害,使得受暴者认为其之所以遭受亲密关系暴力是因为自己的多元性别者身份。应当指出的是,妇联是反家暴责任主体中的一个重要部门,在反家暴干预中起到十分重要的协调各方、调配资源的作用。遗憾的是,虽然《反家庭暴力法》规定了妇联为反家庭暴力的责任主体,但实践中妇联一般认为男性之间的亲密关系暴力并不属于其干预的范畴,导致当男性多元性别者遭受亲密关系暴力时,更加缺乏求助的渠道。

三、案例三：已婚多元性别者遭受配偶家庭暴力[①]

案情简介

S(女)和丈夫 H 于 2005 年登记结婚,2006 年生育一子,孩子出生后,H 要求 S 放弃事业在家抚养孩子。2008 年,孩子上幼儿园后,S 想回到职场继续工作,H 虽不同意,但也没有坚持。2008 年至 2016 年,S 交往了几位女朋友,有时也会将她们带回家留宿,H 明知,但并未干涉,而是采取放任的态度,对 S 说:"你们也就是随便玩玩,别耽误带孩子就可以了。"2016 年 S 认识了 T(女),并开始与其交往。但 H 此次一反常态,表现得非常嫉妒。一日,S 与 T 在屋内睡觉,H 忽然拿着一个酒杯闯入房间,打开灯在一旁喝酒,S 与 T 想要离开,但 H 不让二人出门。H 还利用各种手段查找 T 的家庭电话等私人信息,并频繁打电话、发短信威胁。H 也开始限制 S 与其他人的交往,有一次甚至动了手。2017 年的一天晚上,S 和 T 去酒吧玩,H 前往酒吧想要"教训"T,遭到 S 阻拦。H 就将 S 强行拽上车,并在 S 反抗的过程中殴打她。S 向警方求助。警方将二人带到派出所谈话,在了解到 S 和 T 的交往情况后,认为两人关系变态。警方将 S 遭受家庭暴力的情况告诉了 S 的家人,但未做进一步处理。此后,H 控制了 S 的车和钱,不允许 S 再去找 T,还威胁将 S 的事公开。2018 年,S 向法院起诉离婚,H 不同意离婚,辩称二人系自由恋爱,婚前有感情基础,婚后感情也好,并且育有一子已经 12 岁。虽然双方目前存在一些误解,主要是因为 S"和一位女友关系亲密",H 作为丈夫才会对原告交友活动有所干涉。但 H 愿意原谅 S 生活作风问题,并且改正自己的过激方式,让家庭生活更和谐。法院遂判决不准离婚。

案例评析

本案是较为典型的已婚多元性别者遭受配偶家庭暴力的案件。联合国开发计划署 2016 年的一份报告显示,"80 后"性少数群体调查对象有 13.5% 已婚,"70 后"有 42.7% 已婚,"60 后"及之前有 53.4% 已婚,这些已婚性少数群体中,有 81.1% 处于同直婚之中,13.2% 为形婚,2.6% 在国外与其伴侣结婚。可见,处在婚姻中的多元性别者数量可观,且绝大多数处于同直婚中。[②] 女性多元性别者在婚姻中处于双重不利境况。第一作为女性,多数情况下是婚姻中处于弱势地位的一方;第二是作为多元性别者,即使是因为种种社会、家庭压力,甚至家人威胁、胁迫而结婚(这在女性多元性别群体中并不少见),也往往被认为是婚姻中的过错方和出轨者。本案中,从 H 一开始对 S 交往女友的反应来看,他并不认为妻子与女性的关系是一个需要被严肃对待的问题,也就未予干涉。这是一种较为典型的反应。结合后来 H 的表现,可以推测出这并不意味着 H 不想或者不能控制 S,而仅仅是他在那个

---

①　本案例改编自笔者了解到的真实案例。参见李莹、冯媛主编:《〈反家庭暴力法〉的倡导与实践》,华中科技大学出版社 2019 年版,第 89 页;S 市虹口区人民法院(2015)虹民一(民)初字第 525 号民事判决书。

②　联合国开发计划署:《中国性少数群体生存状况:基于性倾向、性别认同及性别表达的社会态度调查报告》,https://www.undp.org/content/dam/china/img/demgov/Publication/UNDP-CH-PEG-Being%20LGBT%20in%20China_CH.pdf,最后访问时间:2022 年 2 月 17 日。

时间段内对 S 的交友行为是"纵容"的。在 S 与 T 交往之后,H 的反应发生了变化,对 S 的家庭暴力行为开始发生。从案例中可以看到有肢体暴力、言语暴力和经济控制等方式,并且又发生了以出柜相威胁的暴力的具体形式(参见前述案例二中对"分手暴力"的分析)。在求助和干预方面,可以看到 S 除了在遭受即刻的身体暴力时报警,并无其他求助行为。这可能是因为 S 不知道求助渠道,也可能是因为 S 担心自己遭受歧视而不愿意报警处理,也可能是因为 S 认为自己确实存在出轨行为,在道德上有所亏欠。但公安机关的处理仍然存在问题,首先,认为两人关系"变态"是缺少依据的(参见前述案例一中有关多元性别的情况不属于精神疾病的部分)。其次,这种言论可能会给受暴者造成二次伤害,即使 S 的出轨行为在道德上应予以否定评价,家庭暴力显然是更违反道德并且违法的行为,这种言论是在谴责受害者。最后,公安机关对家庭暴力本身并未实施有效干预。家庭暴力因素在离婚诉讼中的影响在本案中也有所体现。从已有的公开裁判文书中涉及多元性别者的家庭暴力相关案件来看,第一,并无认定配偶一方为多元性别者的案例;第二,也无认定家庭暴力存在的案例。这可能是因为法院认为是否为多元性别者不影响离婚相关的事实认定和法律适用;而对主张家庭暴力的一方来说,并未提供充分的证据证明,但这可能也从一个侧面反映出我国反家暴主体在有效干预家暴问题上做得还不够。

第二节　中国多元性别群体遭受家庭暴力的现状

一、多元性别群体的"权控轮盘"

1984 年,位于美国明尼苏达州度鲁斯的"家庭虐待干预项目"(domestic abuse intervention project)开发了"权力与控制轮盘"(power and control wheel)这一工具(见图 9-1),[①]用来直观地描述并理解家庭暴力背后的模式、行为及意义等。这一工具已经被翻译成超过四十种语言,在世界上广泛使用。

伯克(Burk)于 2005 年,塔克(Tucker)于 2009 年先后对权力与控制轮盘作了针对多元性别群体的修改版(见图 9-2)。这一修改版的权控轮盘体现了多元性别群体在遭受家庭暴力时的若干独特特点。例如,轮盘指出威胁"出柜"某人,是一种非常有力的控制手段,这是一种侵犯多元性别人士隐私权的方式,并且很有可能会带来一系列负面影响,包括使他们陷入孤立无援的处境,并遭受社会歧视而被家庭排斥、失去工作、失去孩子的抚养权等。当然,多元性别群体遭受家庭暴力的情况在中国也有地方特点,可能是这一轮盘没有涵盖的,笔者利用轮盘这一工具想要强调的内容是,由于社会大环境存在对多元性别群体的污名化和歧视,这一群体在遭受家庭暴力时面临的特别挑战。

---

① Domestic Abuse Intervention Programs，Power and Control Wheel，https://www.theduluthmodel.org/，最后访问时间:2021 年 2 月 17 日。

图 9-1　家庭虐待干预项目开发的权力与控制轮盘①

图 9-2　权力与控制轮盘多元性别群体修改版②

———————————

①　联合国:《什么是家庭虐待》,https://www.un.org/zh/coronavirus/what-is-domestic-abuse,最后访问时间:2022 年 2 月 17 日。

②　由 Roe 和 Jagodinsky 改编自家庭虐待干预项目开发的"权力与控制轮盘",刘明珂编译,Roe & Jagodinsky,Power and Control Wheel for Lesbian,Gay,Bisexual and Trans Relations,https://www.loveis-respect.org/lir-files/LGBT-Power-and-Control-Wheel.pdf,最后访问时间:2021 年 2 月 17 日。

权力与控制轮盘多元性别群体修改版为我们提供了认识多元性别群体家庭暴力的工具。该轮盘的核心部分与原版轮盘相同,表示多元性别群体的家庭暴力的本质也是权力和控制,这也是多元性别群体的家庭暴力应当获得与非多元性别群体家庭暴力同样的对待和处理的原因。该轮盘与原版轮盘最大的不同在于增加了最外圈的"歧视性环境"。所谓歧视性环境指的是当前社会对多元性别群体总体上仍然是歧视性的,具体表现在有关法律法规和政策仍然在一定程度上忽视了多元性别群体的具体情况和诉求,导致在立法层面缺乏对这一弱势群体的保障;有关执法和司法机关的工作人员仍然对这一群体缺乏了解,导致在法律落实的层面上可能不能给多元性别群体提供完善的保障。这一现状使得多元性别群体在遭受家庭暴力后处于更为危险的境地。除此之外,轮盘的内圈表示多元性别群体遭受家庭暴力的具体表现与原版轮盘有若干不同之处,可以通过对比阅读了解,本章在后文也会对其中的一些特点进行详细阐述。

二、中国多元性别群体遭受家庭暴力的现状

(一)家庭暴力的来源与发生率

多元性别群体遭受的家庭暴力主要有三种来源:第一,原生家庭暴力,即父母及监护人对多元性别人士施加的家庭暴力;第二,伴侣暴力,即多元性别人士的伴侣对其施加的家庭暴力,又称为同性亲密关系暴力;第三,婚内配偶暴力,一种是多元性别人士中的部分人可以与异性建立亲密关系,这种类型的家庭暴力和一般的夫妻间或伴侣之间的家庭暴力类似(但也会因受暴者的多元性别身份而有不同),另一种是多元性别人士因社会和家庭压力等多种原因进入婚姻后,在婚姻中遭受来自配偶的家庭暴力。

我国对多元性别群体遭受家庭暴力的发生率的已有研究数量很少,但可以从侧面反映我国多元性别群体遭受家庭暴力的普遍性与严重性。2007年北京"同语"和国内八个城市的女同/双性恋小组合作,开展了一项关于女同/双性恋人群遭受家庭暴力状况的调查研究,共回收了来自北京、S市、鞍山、成都、昆明、南宁、珠海、广州八个城市的实地有效调查问卷419份,网络有效问卷472份。这一调查研究显示,68.79%的调查对象遭受过家庭暴力,其中49.16%的调查对象遭受过来自原生家庭的暴力,42.64%的调查对象遭受过同性伴侣的暴力,27.61%的调查对象遭受过来自异性伴侣的暴力,这些数据亦说明有人同时受到原生家庭、同性伴侣及异性伴侣两种以上的暴力。[①]

(二)多元性别群体遭受家暴后的求助与干预情况

反家庭暴力是一项系统性的工程,2016年生效的《中华人民共和国反家庭暴力法》在"家庭暴力的处置"一章中规定了加害人或者受害人所在单位、居民委员会、村民委员会、妇女联合会等单位负有接到家庭暴力投诉、反映或求助后提供帮助和处理的义务(第13条);学校、幼儿园、医疗机构、居民委员会、村民委员会、社会工作服务机构、救助管理机构、福利机构及其工作人员对涉及无民事行为能力人和限制民事行为能力人的家庭暴力有强制报告义务(第14条);公安机关负有接到家庭暴力报案后及时出警、制止家庭暴

---

① 李莹、冯媛主编:《〈反家庭暴力法〉的倡导与实践》,华中科技大学出版社2019年版,第78页。

力、调查取证、协助受害人就医和鉴定伤情、依法批评教育、出具告诫书或者根据治安管理处罚法处罚的义务(第 15 条、第 16 条、第 17 条);居民委员会、村民委员会、公安派出所负有对收到告诫书的加害人、受害人进行查访,监督加害人不再实施家庭暴力的义务(第 17 条);法律援助机构负有依法为家庭暴力受害人提供法律援助的义务(第 19 条);法院有依法审理涉家庭暴力案件的义务(第 20 条、第 21 条);工会、共产主义青年团、妇女联合会、残疾人联合会、居民委员会、村民委员会等负有对实施家庭暴力的加害人进行法治教育的义务(第 22 条)。在"人身安全保护令"一章中专章规定了法院签发人身安全保护令的制度,包括当当事人因受到强制、威吓等原因无法申请人身安全保护令的,近亲属、公安机关、妇联、村居委会、救助机构可以代为申请(第 23 条)。

从上述规定可以看出,反家暴的主要责任主体有公安机关、法院、妇联、村居委会、工作单位等。这些责任主体中,公安机关处于最一线的位置,因为其既是家庭暴力受暴者求助的一线机关,负有最初受理家庭暴力的报案、制止、取证等义务,又具有出具告诫书的权力,而告诫书对施暴者有强有力的威慑作用,也是认定家庭暴力的重要证据。法院也处于较为重要的位置,因为其可以依申请签发人身保护令,但由于作为司法机关,其只能被动干预。妇联虽然是重要的责任主体,但由于其主要承担的是协调职责,并无"实权",在实践中是否能够发挥作用往往取决于地方具体情况,甚至是具体负责人的能动性和能力。其他责任主体除了强制报告义务之外,能够进行干预的权限有限。

在涉及多元性别群体的家庭暴力事件中,由于社会对多元性别相关知识的缺失,甚至对这一群体的偏见和歧视,有关责任机关的干预与处理不甚理想。前文提到的"同语"的报告显示,在 289 位有受暴情况的调查对象中,有求助经历的有 148 人,占 51.21%,这些人中只有18.98%的调查对象有向"正式支持系统"求助的经历,分别为公安机关(5.76%)、法院(4.82%)、媒体(3.31%)、妇联(2.41%)、医院(1.51%)和街道(1.2%),无人向单位求助。[①] 从求助是否能够解决问题的角度来看,高达 68.92%的调查对象认为求助"没有效果或解决小部分问题"。当然,这一调查研究是在《反家庭暴力法》生效前进行的,相关责任主体可能并不清楚自身的职责和权限,但应当注意的是调查进行时在很多地方也有地方级别的反家庭暴力法规。《反家庭暴力法》生效后,"同语"开展了针对遭受家庭暴力的多元性别群体的直接服务,在一年的时间内,共接到 37 例求助,其中有 19 例个案向反家暴责任主体进行了求助,其中向公安机关求助的 10例,占总数的 27.03%,在 17 次报警中只有 3 次明确的出警记录,2 次为自杀干预,1 次为有效干预;3 例向妇联求助,占总数的 8.11%,2 例案件中妇联作了积极的处理。[②]

(三)多元性别群体遭受家庭暴力的特点

多元性别群体遭受家庭暴力的情况是较为普遍和严重的,这一点和非多元性别群体类似。不同之处在于,社会对多元性别群体的歧视使得多元性别群体遭受家庭暴力后更容易陷入无助的境况,在没有有效干预的情况下,家庭暴力可能会升级为更严重的违法犯罪行为。多元性别群体遭受的家庭暴力主要有原生家庭暴力、伴侣暴力和婚内配偶暴力三种类型,其中原生家庭暴力是多元性别群体遭受家庭暴力的较为独特的形式,面临着和其他群体

---

① 李莹、冯媛主编:《〈反家庭暴力法〉的倡导与实践》,华中科技大学出版社 2019 年版,第 84 页
② 李莹、冯媛主编:《〈反家庭暴力法〉的倡导与实践》,华中科技大学出版社 2019 年版,第 96 页

家庭暴力不同的挑战;伴侣暴力与其他群体遭受的亲密关系暴力有相似之处,但由于多元性别者的伴侣关系不被我国法律所承认,这种暴力形式在实践中难以得到有效的干预;婚内配偶暴力虽然数量较少,但主要受暴者是女性,她们在婚姻中可能比一般女性处于更弱势的地位。

反家暴责任主体在干预多元性别群体家庭暴力案件上的表现有待完善,这一方面可能是法律在实施层面、细节方面未完善的问题,另一方面是责任主体缺乏多元性别知识和多元性别平等意识的问题。

总结来说,多元性别群体遭受家庭暴力不同于其他群体的家庭暴力的特点有:第一,由于多元性别群体在社会上可见度较低,相关资讯匮乏,无论是多元性别群体自身、反家暴责任主体还是一般社会大众都更不容易识别出家庭暴力;第二,社会层面的歧视、性别刻板的影响和暴露隐私的担心给多元性别群体造成了额外的挑战;第三,社会总体上对受暴者支持不足,正式支持系统不友善,受暴者担心隐私和歧视,求助意愿较低;第四,施暴者能够使用的家庭暴力具体方法更多,例如威胁出柜等;第五,中国的家庭结构和传统的"孝"文化,使得多元性别群体遭受原生家庭暴力的情况普遍、严重,且难以得到有效的救济;第六,当社会支持系统干预失败,更容易助长施暴者的家庭暴力行为。

第三节　多元性别群体与《反家庭暴力法》

实践中《反家庭暴力法》能否胜任对多元性别群体的保护涉及两个层面的问题:第一是立法层面的问题,即《反家庭暴力法》的内容是否完善,是否对多元性别群体是包容性的;第二是实践层面的问题,主要是反家庭暴力责任主体能否正确理解和适用《反家庭暴力法》并依法为多元性别群体提供保护。对原生家庭暴力和婚内配偶暴力来说,主要是第二个问题,这个问题的解决主要需通过对反家庭暴力责任主体进行培训,使其了解多元性别知识和具有多元性别平等意识。而同性伴侣暴力则主要是第一个问题,即《反家庭暴力法》本身是否包括了同性伴侣暴力的情况,能否保护遭受此种形式暴力的多元性别者,这是本节着重讨论的问题。

一、《反家庭暴力法》通过前的地方立法实践

《反家庭暴力法》通过之前,22 个省(自治区、直辖市)有反家庭暴力的立法性法规,7 个省份有司法文件或地方规范性文件,90 余个地区和城市制定了反家庭暴力地方规范性文件。[1] 几乎所有地方立法和文件都明确适用于"家庭成员"之间发生的家庭暴力,由于当时的《民法通则》《婚姻法》等民事法律未明确"家庭成员"的定义,地方立法和文件对家庭成员的解释不一致,有些未作解释;[2]有些采用了开放式列举方式,包括"夫妻、父母(养父母)、子女(养子女),以及有扶养关系或者共同生活的继父母、继子女、祖父母、外祖父母、孙子女、外

---

① 同语:《中国性少数群体家庭暴力研究报告》,http://www.tongyulala.org/uploadfile/2019/0409/20190409093956953.pdf,最后访问时间:2022 年 2 月 17 日。
② 参见《重庆市预防和制止家庭暴力条例》(2006 年)。

孙子女和兄弟姐妹等"①；也有扩张"家庭成员"的立法例，如"配偶、父母、子女以及其他共同生活的家庭组成人员"，但未对"其他共同生活的家庭组成人员"作进一步的解释。② 将家庭暴力理解为仅是发生在"家庭成员"之间的暴力，可能是一种望文生义，甚至翻译的问题。家庭暴力的英文是 domestic violence。domestic 一词作为形容词主要有两个意思，第一个意思是"本国的"，另一个意思是"家庭的"，因此翻译为家庭暴力没有问题，但细究 domestic 深层次含义，英文权威词典 Merriam-Webster 对 domestic 一词在"家庭的"这一含义上的解释为"of or relating to the household or the family"，即"与一户人或家庭相关的"。domestic violence 强调的并不是基于家庭关系的暴力，而是由于作为一户人而共同生活，或者因为处在一种家庭关系中，而在这个"家庭/户"单位中不平等的权利所造成的施暴者对受暴者的控制，这才是家庭暴力的实质。当然，对何为家庭暴力应由法律定义，但对这一概念的理解，应当回归其本质和原理。从这一角度讲，上述第三种立法例，即认为《反家庭暴力法》的适用范围包括"其他共同生活的家庭组成人员"应当是基于对家庭暴力概念的最准确理解。

除此之外，有些地方立法和文件还将"同居关系"纳入了告诫制度实施办法，如《温州市家庭暴力告诫制度实施办法（试行）》（2013 年）第 17 条、《江苏省家庭暴力告诫制度实施办法（试行）》（2013 年）第 16 条和《宁夏回族自治区家庭暴力告诫制度实施办法（试行）》（2013 年）第 15 条均规定："具有同居关系或者曾经有过配偶关系者之间的暴力侵害行为可以参照本办法处理。"我国法律对同居关系并无明确解释，当时仍有法律效力的《最高人民法院关于适用〈中华人民共和国婚姻法〉若干问题的解释（一）》第 2 条规定："婚姻法第三条、第三十二条、第四十六条规定的'有配偶者与他人同居'的情形，是指有配偶者与婚外异性，不以夫妻名义，持续、稳定地共同居住。"鉴于这一司法解释是对"有配偶者与他人同居"的情形进行解释，那么去掉"有配偶"这一条件，以及结合立法背景和目的（维护一夫一妻制，遏制"包二奶"现象）"与他人同居"在我国大概只限于与异性持续、稳定地共同居住。但也正是由于这样的立法背景和目的，不能沿用这种解释来理解反家庭暴力法中的同居关系，因为反家庭暴力法的目的在于保护家庭暴力的受暴者，而受暴者即使是道德上有瑕疵的"二奶"或包二奶者，也不应被排除在《反家庭暴力法》的保护范围之外；基于同样的理由，同居的同性伴侣也有被纳入同居关系的空间。

事实上，已经有地方立法在保护同性同居伴侣方面走在了前面。2009 年长春市颁行《长春市预防和制止家庭暴力条例》，将适用范围扩大到"其他共同生活的家庭组成人员"。在新闻发布会上，长春市政府新闻办强调该法突出三个特点，即中性立法、前瞻性立法和实用性立法，其中前瞻性立法包括："对于本条例的调整范围既考虑了传统家庭关系中家庭成员之间的暴力侵害，还考虑到未来长春市家庭关系的实际发展趋向，将未婚同居、单亲家庭、单身家庭、同性家庭等情况下的受害人纳入保护范围。"③

二、《反家庭暴力法》对多元性别群体的保护

《反家庭暴力法》第 37 条规定："家庭成员以外共同生活的人之间实施的暴力行为，参照

---

①　参见《海南省预防和制止家庭暴力规定》（2005 年）。

②　参见《浙江省预防和制止家庭暴力条例》（2010 年）、《长春市预防和制止家庭暴力条例》（2009 年）。

③　长春市人民政府：《〈预防和制止家庭暴力条例〉新闻发布会昨召开》，http://www.changchun.gov.cn/zw_33994/xwfb/xwfbh/201612/t20161204_1986493.html，最后访问时间：2022 年 2 月 17 日。

本法规定执行。"但对于何为"家庭成员以外共同生活的人"缺乏明确界定。在 2015 年 12 月 27 日全国人大常委会办公厅新闻发布会上,法工委社会法室负责人郭林茂在回答记者时表示,在中国还不曾发现同性恋之间发生暴力事件,因此,新出台的《反家庭暴力法》中"共同生活的人"不包括同性恋。"同居关系"之所以在《反家庭暴力法》中没有点名,是因为该项关系在我国的法律制度中是不受保护的。① "家庭成员以外共同生活的人"的具体范围仍然需要通过立法解释、司法解释以及指导案例等方式进行明确。

《反家庭暴力法》颁行后,各地先后出台《反家庭暴力法》实施细则,或修改已有的地方立法。包括山东、内蒙古自治区、吉林、广东、云南、贵州、陕西等省级《反家庭暴力法》实施细则均明确了同居关系属于"家庭成员以外共同生活的人",可以参照适用地方反家暴条例。2020 年 11 月,最高人民法院发布人身安全保护令十大典型案例,已经将"家庭成员以外共同生活的人"扩大到包括"前配偶关系"(案例三周某及子女申请人身安全保护令案)和"前同居关系"(案例八吴某某申请人身安全保护令案、案例十洪某违反人身安全保护令案)。

虽然没有地方《反家庭暴力法》实施细则和最高人民法院发布的典型案例明确同性同居伴侣属于"家庭成员以外共同生活的人",但从法律的文义解释角度,同居关系显然既可以包括异性同居关系,也可以包括同性同居关系;从《反家庭暴力法》促进社会稳定这一立法目的来看(第 1 条),也不应将同性同居伴侣排除在外;从《反家庭暴力法》的立法意图来看,反家庭暴力法在于保护每一个家庭暴力的受害者,已有的调查研究显示,同性伴侣之间的家庭暴力是存在的,反家庭暴力法不应让同性施暴者逍遥法外,更不应让同性受暴者救济无门。

第四节　域外国家(地区)涉多元性别群体《反家庭暴力法》

《欧洲委员会防止和反对针对妇女的暴力和家庭暴力公约》(Council of Europe Convention on Preventing and Combating Violenc against Women and Domestic Violence),又称《伊斯坦布尔公约》(Istanbul Convention),于 2011 年 5 月通过,是欧洲首部专门打击对妇女暴力和家庭暴力的公约。该公约承继了其他欧洲人权公约如欧洲人权公约(European Convention on Human Rights)第 14 条,第十二号议定书(Protocol No. 12)以及欧洲委员会打击基于性倾向和性别认同歧视的建议[Council of Europe Recommendation CM/Rec (2010)]中有关禁止基于性倾向和性别认同的歧视的条款。《伊斯坦布尔公约》第 4 条第 3 款明确禁止歧视,包括基于性倾向和性别认同的歧视,以保障多元性别群体不因自身的多元性别身份而被排除于《伊斯坦布尔公约》提供的保护措施之外。因此,《伊斯坦布尔公约》为多元性别女性提供了免受家庭暴力的保护和救济途径。

需要注意的是,《伊斯坦布尔公约》并不排除非女性的多元性别人士。《伊斯坦布尔公约》在"前言"部分指出针对女性的暴力和家庭暴力的结构性本质在于两性间不平等的权利关系。虽然《伊斯坦布尔公约》主要关注包括家庭暴力在内的一切形式的针对妇女的暴力,但《伊斯坦布尔公约》也承认存在针对非女性的暴力,尤其是家庭暴力,这种暴力也源自于性

---

① 新浪新闻中心:《反家暴法中"共同生活人"不包括同性恋》,http://news.sina.com.cn/c/nd/2015-12-27/doc-ifxmxxsp7071189.shtml,最后访问时间:2022 年 2 月 17 日。

别不平等的权利关系。因此《伊斯坦布尔公约》鼓励缔约国将非女性的多元性别人士纳入保护范围,但给予缔约国选择适用的权利。①

一、美国

《1994 年防止对妇女施暴法》(The Violence Against Women Act of 1994)是美国联邦层面最重要的防治家庭暴力的法律。2010 年,美国司法部发布一份备忘录,就《1994 年防止对妇女施暴法》中的刑事救济条款是否适用于施暴者与受暴者是相同性别的情形进行了澄清。司法部指出,这些条款的用语是"配偶"(spouse)、"亲密关系伴侣"(intimatepartner)、"约会对象"(dating partner),以及在"擅自跟踪罪"(stalking)中使用的"他人"(another person)。虽然在一些州中同性伴侣能缔结合法婚姻,但是根据当时有效的联邦法律《捍卫婚姻法》(The Defense of Marriage Act),spouse 只能指代异性伴侣婚姻。所以,《捍卫婚姻法》的适用范围并没有包括"亲密伴侣"。由此,没有迹象表明国会使用如此模糊不清的语词"intimate partner"来说明异性恋,故对法律的正确理解应为"intimate partner"包含同性亲密关系。② 2011 年,《1994 年防止对妇女施暴法》期满,应由国会再授权。民主党和共和党提出了不同的修改版本,民主党提出的新提案要求将保护扩大到同性伴侣暴力受暴者不受歧视;而共和党提出的版本则削弱了对多元性别群体的保护。由于意见的分歧,直到 2012 年年底,美国国会都未达成一致。经过多次协商,2013 年,美国众议院通过了《1994 年防止对妇女施暴法》,使之成为第二部多元性别群体包容的联邦法律。美国是联邦制国家,除了联邦层面的《1994 年防止对妇女施暴法》,各州都可以通过反家暴相关法律。并且,除了制定法之外,作为英美法系国家,美国的判例具有法律拘束力。2021 年 1 月,北卡罗来纳州上诉法院做出了一项判决,认定未婚但处于亲密关系当中的多元性别人士与处于同类关系中的非多元性别人士享有相同的家庭暴力法律救济措施。至此,全美 50 个州都实现了对遭受家庭暴力的多元性别人士的平等保护。

二、英国

2004 年之前,英国《1996 年家庭法》(The Family Law Act 1996)第四部分包括了有关家庭暴力防治的内容,但将"同居者"(cohabitants)界定为没有缔结合法婚姻的男女异性之间。不过《1996 年家庭法》第四部分规定的救济手段之一——禁止骚扰令(non-molestation order)的保护对象"相关联的人"包括"居住或曾经共同居住在一起。但雇佣关系、承租关系、寄宿关系和寄膳关系除外"③。据此,应当认为同性伴侣暴力的受暴者有救济手段。

2004 年,英国通过颁布和修改一系列法律,将反家庭暴力相关立法的保护对象扩大到纳入同性伴侣。英国 2004 年颁行的《2004 年民事伴侣关系法》(Civil Partnership Act

---

① Council of Europe, The Convention in brief, https://www.coe.int/en/web/istanbul-convention/the-convention-in-brief#｛％2211642301％22:[0]｝,最后访问时间:2022 年 2 月 17 日。

② The Justice Department Memorandum Opinion for the Acting Deputy Attorney General, Whether the Criminal Provisions of the Violence Against Women Act Apply to Otherwise Covered Conduct when the offender and Victim are the Same Sex. https://www.justice.gov/file/18421/download,最后访问时间:2022 年 2 月 17 日。

③ See The Family Law, Act 1996, Section 62(3)(c).

2004），确立了民事伴侣关系制度，同性伴侣可以依据此法进行登记，此制度赋予了同性伴侣类似传统婚姻中的夫妻间的权利、福利以及强制性义务。同年，英国政府颁行了《2004年家庭暴力、犯罪和受害者法》(The Domestic Violence, Crime and Victims Act 2004)，扩大了《1996年家庭法》第四部分中"同居者"的定义，包括了同性伴侣①。同年，英国政府亦修改了《1996年家庭法》，将"亲属"(relative)的概念扩大到包括现有或曾经是民事伴侣关系的人。

三、中国香港

2008年8月1日，我国香港立法会三读通过了《家庭暴力条例》(第189章)，修改亮点之一是将适用范围从仅限于配偶和异性同居关系者扩大到包括前配偶关系、前异性同居关系者等。2009年6月公布的《2009年家庭暴力(修订)条例草案》又引发了是否应为同性同居关系者提供同样的民事保障的争论。2009年12月16日，该草案三读通过，其适用范围扩大至同性同居关系者、前同性同居关系者及其子女，使得同居关系的一方，不论同性或异性，均可向法院申请强制令。该草案于2010年1月1日生效，其名称也更改为《家庭及同居关系暴力条例》。该法在"释义及适用范围"中明确规定，"同居关系(cohabitation relationship)(a)指作为情侣在亲密关系下共同生活的两名人士(不论同性或异性)之间的关系；及(b)包括已终结的该等关系"。

四、中国台湾地区

我国台湾地区于2007年3月5日在"家庭暴力防治法修正案"中扩大了原有的对"家庭成员"的解释，将现有或曾有"同居关系"者纳入"家庭成员"的范畴。"现行条文所称家庭成员，指现有或曾有事实上之夫妻关系、家长家属或家属间关系者，依'民法'第1123条第3项规定，虽非亲属而以永久共同生活为目的同居一家者，视为家属，有关社会各界重视的同志可否纳入本法保护问题，实务上可由法官依个案认定，并未排除家庭暴力防治法之适用。惟为明确规定，以避免法官审判时认定不一产生争议，将同居关系明文纳入适用范围。"②可见，虽然我国台湾地区未明确包括同性同居关系者，但明确并不排除同性同居关系者。台湾地区于2015年再次颁行"家庭暴力防治法修正案"，新增第63条之1，于2016年2月4日施行，规定："被害人年满十六岁，遭受现有或曾有亲密关系之未同居伴侣施以身体或精神上不法侵害之情事者，准用……""前项所称亲密关系伴侣，指双方以情感或性行为为基础，发展亲密之社会互动关系"。将家庭暴力防治法的保护范围再次扩大到非同居伴侣。实务中，只要同性伴侣家庭暴力的受暴者能够举证双方为亲密关系伴侣，例如脸书感情状态、合照、LINE对话记录或亲友作证，且有被施暴或遭受骚扰的事实，即可向法院申请保护令。

从上述立法例来看，已有部分国家和地区在反家庭暴力的立法和实践中包括了多元性别群体，尤其是同性伴侣暴力的形式。这些国家和地区的立法理由主要是反歧视。需要注

---

① See The Domestic Violence, Crime and Victims Act 2004, Section 3.

② 《家暴法修正草案完成修法程序　迈向完善家暴防治体系新里程》, http://old.lawtw.com/article. php? template = article _ content&area = free _ browse&parent _ path = , 1, 2169, 1484, &job _ id = 118593&article_category_id=2076&article_id=55863, 最后访问时间：2022年2月17日。

意的是,上述国家和地区在反家庭暴力立法中保护同性伴侣暴力的受暴者,并不一定以承认同性伴侣法律关系为前提,也就是说,即使在法律不承认同性伴侣之间的合法地位时,也应承认事实上的同性伴侣关系,并且为其提供反家庭暴力的保护。除此之外,可以看出上述国家和地区在反家庭暴力立法中纳入多元性别群体也经历了一个过程,即在最初的反家庭暴力相关立法中并未包括多元性别群体,但随着时间的推移,政府和社会都意识到这种保护的必要,因此通过修改已有的反家庭暴力立法的方式,为遭受家庭暴力的多元性别群体提供法平等的法律保护。

第五节　保障多元性别群体权益的建议

《反家庭暴力法》的颁行是我国保护妇女权益和落实我国"男女平等"国策的重要举措,在维护妇女儿童权益、引导家庭和睦、促进社会公平、维护社会稳定等方面发挥了积极作用。随着《反家庭暴力法》颁行近五年,各有关部门和实务工作者也在不断促进该法在立法层面和实践层面的完善。这一部分将结合本章介绍的多元性别群体遭受家庭暴力的情况对进一步落实《反家庭暴力法》,保护多元性别群体权益提出建议。

一、明确"家庭成员以外共同生活的人"包括同性伴侣

同性伴侣暴力在实践中真实存在,并且由于缺乏有效干预可能导致暴力升级,最终酿成恶性事件。我国宪法及有关法律均规定了平等原则,基于平等原则,不应对同性伴侣和异性伴侣进行不合理的区别对待。《反家庭暴力法》是保护弱者,保障受暴者权益,维护社会和谐与公平正义的法律,应为同性伴侣暴力中的受暴者提供平等的保护与救济途径;应尽快制定国家层面的《反家庭暴力法实施细则》,国务院、最高人民法院、最高人民检察院、全国妇联等也可采用联合发文形式,在细则或联合发文中明确"家庭成员以外共同生活的人"包括同性伴侣,至少不应明确排除同性伴侣的适用;应尽快出台司法解释或指导案例,明确"家庭成员以外共同生活的人"包括同性伴侣,至少不应明确排除同性伴侣的适用。

二、提高反家暴责任主体干预多元性别群体家庭暴力的能力

实践中,反家暴责任主体工作人员对多元性别群体存在着误解、认知不足甚至歧视的态度,并且在实际处理多元性别群体家庭暴力案件时显示出多元性别知识的缺乏,导致这些责任主体无法有效干预多元性别群体家庭暴力,甚至给受暴者造成二次伤害,或客观上助长了施暴者的暴力行为,未切实履行法律规定的职责。应通过培训等方式,提升反家暴责任主体的多元性别平等意识,提高反家暴责任主体干预多元性别群体家庭暴力的能力。具体而言:

第一,通过培训等方式了解多元性别基本知识,以及多元性别群体遭受家庭暴力的基本类型,各种类型的特点。避免在处理多元性别群体家庭暴力案件中发表歧视性言论、没有科学根据的言论,以及避免因言行给受暴者带来二次伤害。可以通过政府购买等方式,邀请在多元性别领域有经验的民间组织,为反家暴责任主体进行培训。

第二,严格依照《反家庭暴力法》的规定履行职责。例如,在多元性别群体遭受原生家庭暴力的案例中,父母对子女实施的暴力依法毫无疑问属于家庭暴力,反家暴责任主体不应该

以"父母都是爱孩子的""不做同性恋就好了"等错误的理由推脱责任。又如,负有强制报告责任的主体,在发现多元性别未成年人遭受或疑似遭受家庭暴力的,应及时正确识别,履行强制报告的义务。再如,公安机关、妇女联合会、居民委员会、村民委员会、救助管理机构等有权限和职责代受暴者申请人身安全保护令的主体,应正确识别多元性别群体的家庭暴力,严格依法履行职责。

第三,明确在多元性别群体原生家庭暴力中,施暴者是父母,应及时采取措施保护受暴子女的人身安全,避免返回暴力环境,对施暴者依法予以批评教育、告诫、签发保护令等处理措施。在同性伴侣暴力中,明确双方存在亲密关系,明确此种暴力为家庭暴力,及时依法采取处理措施。在婚内配偶暴力中,了解受暴者身处的双重歧视的困境,及时依法采取处理措施。

第四,妇联应认识到家庭暴力的根源是性别不平等的权利关系,不应把非女性的家庭暴力受害者排除在妇联工作范围之外,应积极处理涉及非女性多元性别者的家庭暴力。

三、在反家暴大众宣传中加入多元性别内容

多元性别社群内部和一般社会大众对于多元性别群体家庭暴力的认知度有限,因此,负有普及反家暴知识、增强公民反家暴意识的主体,包括工会、共产主义青年团、妇女联合会、残疾人联合会、广播、电视、报刊、网络、学校、幼儿园在开展反家暴宣传教育时,应加入多元性别平等和反多元性别家庭暴力的内容。可以支持在多元性别领域有经验的民间组织在多元性别群体内部组织反家暴宣传活动,增强多元性别者识别家庭暴力和求助的能力。

 相关法律规定与参考文献

一、相关法律规定

1.《中华人民共和国反家庭暴力法》

第 27 条 作出人身安全保护令,应当具备下列条件:

(一)有明确的被申请人;

(二)有具体的请求;

(三)有遭受家庭暴力或者面临家庭暴力现实危险的情形。

第 28 条 人民法院受理申请后,应当在七十二小时内作出人身安全保护令或者驳回申请;情况紧急的,应当在二十四小时内作出。

第 30 条 人身安全保护令的有效期不超过六个月,自作出之日起生效.人身安全保护令失效前,人民法院可以根据申请人的申请撤销、变更或者延长。

第 37 条 家庭成员以外共同生活的人之间实施的暴力行为,参照本法规定执行。

2.《浙江省预防和制止家庭暴力条例》(2010 年)。

3.《长春市预防和制止家庭暴力条例》(2009 年)。

4.《海南省预防和制止家庭暴力规定》(2005 年)。

二、参考文献

1.李莹、冯媛主编:《〈反家庭暴力法〉的倡导与实践》,华中科技大学出版社 2019 年版。

第十章　家庭暴力案件中的举证：为何证据总是被遮蔽[*]

导　语

　　证据是案件胜败的利器。《民法典》确立了离婚过错损害赔偿制度,反映出法律和道德的深度追求。但按照"谁主张,谁举证"的原则,无过错方当事人负有举证证明对方存在法定赔偿事由的义务。实践中,不乏因怀疑对方存在家庭暴力、婚外情而未雨绸缪搜集证据、以备不时之需的现象。鉴于我国法律就此规定得不完备,实际案件中出现了种种尴尬。法院很难在保护无过错方要求赔偿权利的同时,又保护涉案有关方的隐私权,同时还不损害公序良俗。只要不违反法律禁止性规定,当事人可采用某些"特别"方式对自己的权利进行救济。例如:1.关于雇佣私人侦探问题。私人侦探受雇用后,采取化装、跟踪、窃听、偷拍等手段收集证据很有效。但理论界对这种行业存在的利弊有很大争议。我国目前并没有赋予私人侦探合法身份,雇佣私人侦探进行"民间取证"不宜提倡。但是证据取得者的名称、身份并不重要,关键是取得证据的手段是否合法。2.私自录制的录音录像的效力问题。《最高人民法院关于民事诉讼证据的若干规定》规定,只要不违反法律的一般禁止性规定,不侵害他人合法权益,不违反社会公共利益和社会公德,未经对方同意的录音录像也可以作为证据。它意味着未经对方同意私自录制的音像资料可以作为证据使用,除非这些资料的取得方法违反了法律强制性规定或侵犯了他人的合法权益。《最高人民法院关于民事诉讼证据的若干规定》第93条规定,存有疑点的视听资料不能单独作为认定案件事实的依据。有疑点的视听资料是指该视听资料有瑕疵,即其真实性值得怀疑,只有在补正后才能单独或与其他证据共同作为认定案件的证据。诉讼实践中,很多当事人提供的视频资料、录音证据不完整、不清晰,因而不能达到其预想的证明效果。当事人在提交此类证据前,应对其加以审查,确保证据的真实性。

● **教学目标**

　　通过本章学习,让诊所学生认识到涉及家庭暴力婚姻案件的重要性,掌握举证规则及举证责任转移,学会收集证据、分析证据,增强为当事人服务的能力。

---

　　* 本章系基金项目:江苏高校哲学社会科学研究项目(项目编号 2019SJB928)"独立学院大学生法律意识的培养研究"成果。

● **教学方法**

案件模拟、分组讨论。

● **课堂设计**

结合案例,分设当事人组、律师组、审判组。模拟证据收集、证据说明、结合案情就举证、质证、辩论等阶段检验诊所学生学习方法及效果。

● **要点把握**

1.了解举证规则及举证时限。
2.掌握证据的种类及涉家庭暴力案件举证责任转移的情形。
3.学会分析证据的真实性、合法性、关联性。

● **问题设计**

1.家庭暴力产生和发展规律分析。
2.家庭暴力类型与证据的关系。
3.涉及家庭暴力离婚案件的举证责任分配及举证责任转移。
4.试以案件所列证据进行"三性"分析。

第一节 案件直击

 案情简介①

朱某在一审法院起诉称:朱某与尹某于 1999 年 1 月经人介绍相识,2000 年 12 月 27 日结婚,由于婚前双方了解不够,婚后一直感情不好。2005 年 3 月 11 日生有一子。婚姻关系存续期间,尹某多次对朱某实施家庭暴力并进行人身侮辱,甚至在朱某坐月子的过程中依然对朱某实施家庭暴力,朱某为此多次报警,并因身体伤害到医院进行治疗。家里的任何事情的处理最终都是以暴力结束。尹某曾因家庭琐事把尿液泼到朱某身上,尹某就自己的行为也曾向朱某承认过错误,对财产问题作出过承诺。现朱某起诉要求与尹某离婚;判令婚生子由朱某抚养,尹某每月支付抚养费 1500 元;判令尹某少分夫妻共同财产;判令尹某支付朱某精神损害赔偿 1 万元;尹某承担本案诉讼费。尹某在一审法院答辩称:尹某同意离婚。尹某没有对朱某实施过家庭暴力,夫妻之间是有争吵和纠纷;尹某要求抚养孩子;依法分割共同财产。一审法院经审理查明:朱某与尹某在共同生活中,经常为生活琐事争吵,2008 年,朱某至法院起诉离婚,后被驳回。双方自 2008 年开始经常为生活琐事发生争吵,并多次报警。双方婚后购买了位于北京市某区房屋两套,其中一处房屋尚欠 360368.64 元贷款未还。经

---

① 杨心忠、赵蕾等:《婚姻家庭纠纷裁判精要与规则适用》,北京大学出版社 2014 年版,第 422~423 页。

评估,一处房屋现值 207.09 万元,另一处房屋现值 108.09 万元。2003 年 9 月 27 日,尹某书写保证书一份,写明:"在任何情况下,朱某的财产按下面的方式计算:朱某的财产 =(总财产 - 24 万元人民币)/2 + 24 万元人民币。"

庭审中,朱某为证明尹某对其实施家庭暴力,提交了尹某于 2003 年 7 月 21 日及 2003 年 9 月 28 日所写的打人经过两份,内容为:"在近三个月之内,我三次对朱某实施了家庭暴力,都是些小事,如系鞋带、吃饭、吃橙子,这些事都是我不对,不应该打人,应该到外面去冷静一下。以后要信受(守)诺言,保持良好的修养和信誉。如果再犯,决(绝)不宽恕。"9 月 23 日,在相川某饭店 501 号房间,尹某与朱某在饭桌上吵架,之后尹某问朱某修板凳的螺丝在哪里,朱某说在桌子里,尹某找了后没有找到,就对朱某实施了长达 4 个小时的家庭暴力。此外,朱某还提交了其 2008 年至 2016 年的诊断证明,记载内容多为全身多发软组织挫伤或身体某部位软组织挫伤,同时,朱某表示双方在共同生活中多次发生争执,尹某对其实施家庭暴力,为此其多次报警。经法院至北京市某派出所询问,被告知双方经常报警,出警后发现他们打架均为双方互动手、互相摧残,但未发生致伤需要验伤的情况。

一审法院判决:1.准许朱某与尹某离婚。2.双方之子由朱某抚养,尹某自 2016 年 12 月起每月给付子女抚养费 1500 元,至其 18 周岁时止。3.位于北京市某区房屋归朱某所有;位于北京市某区房屋归尹某所有,贷款由尹某自行偿还;朱某给付尹某补偿款 466084.32 元,均于本判决生效后 7 日内执行。4.尹某于本判决生效后 7 日内给付朱某精神抚慰金 1 万元。尹某不服一审法院判决,提出上诉。二审法院驳回上诉,维持原判。

 案例评析

朱某与尹某虽系自主结婚,但婚后双方经常产生矛盾,多次报警,严重影响了夫妻感情,现双方均同意离婚,法院对此不持异议。子女抚养一节,应本着有利于子女健康成长的原则,并考虑到双方的具体生活状况予以判定,抚养费的数额以当事人的主张依法判决。共同财产、住房问题依法分,具体分割方式本着照顾子女和女方权益的原则依法判决。现双方之子在北京市某小学就读,考虑到孩子的学习、生活方便,故将离学校较近的房屋判归抚养孩子的一方所有,由一方给予另一方房屋差价补偿款,双方就房屋内的物品达成一致,法院对此不持异议。此外,根据尹某所写保证书,朱某亦表示同意,该保证书应属于双方婚内对共同财产的约定,故在共同财产分配时予以考虑。当事人对自己的主张有责任提供证据,根据尹某所写的打人经过可以证实其曾对朱某实施家庭暴力,在尹某未提供相反证据的情况下,法院认定尹某曾对朱某实施家庭暴力,故朱某要求尹某支付精神损害赔偿的请求予以支持。

本案虽然有尹某自己书写的保证书可以证明存在家庭暴力,但一般案件中,当事人很少会自己书面承认实施过家庭暴力,受害者在没有离婚的想法时,也不会注意保存对方实施家庭暴力的证据。基于家庭暴力受害人举证难的问题,一概适用"谁主张,谁举证",不利于对受害人的保护。人民法院应当合理分配举证责任,在主张存在家庭暴力的当事人提出有关病历、照片、法医鉴定书、派出所出警证明等证据的情况下,可以结合案件的具体情况推定家庭暴力事实的存在,由被告举出反证证明原告的伤情不是被告的家庭暴力行为所致,否则由被告承担举证不能的责任。

一旦认定家庭暴力,根据《民法典》第 1091 条的规定,有家庭暴力情形,导致离婚的,无过错方有权请求损害赔偿。但是否支持受害人要求离婚时判令对方少分财产,我国法律没

有这方面的规定,因此该请求一般不予支持。

第二节　举证规则

　　与其他民事诉讼一样,离婚诉讼中也涉及大量的证据。因为离婚诉讼往往还涉及财产分割及子女抚养问题,所以证据的形式及数量还是比较多的。在婚姻诉讼中,证据种类与其他民事诉讼基本一致,但由于离婚诉讼的特殊人身性质,尤其是在当今复杂变化的社会环境中,涉及暴力离婚诉讼(下简称"离婚诉讼")中关于证据的采集、认定都有其特殊性。下面就几个热点问题进行讨论。

一、离婚诉讼中的非法取证问题

　　离婚案件的取证相对于普通民事案件要复杂和困难。尤其是在证明夫妻一方在婚姻关系中存在家庭暴力的问题上,证据的取得和保存都有一定的难度。以"第三者"现象导致的离婚案件为例,这类案件的取证问题总是社会的热门话题。私家侦探就是在这种背景之下产生的。在目前法院受理的离婚案件当中,有很大一部分案件的起因就是因为第三者插足,导致家庭暴力的存在。据统计,目前由于第三者导致离婚的比率已占到整个离婚原因的40％以上。然而这类案件在证明婚姻一方存有过错及家庭暴力时的取证问题上,总是遭遇到非法取证的阻碍。《最高人民法院关于民事诉讼证据的若干规定》第68条规定:"以侵害他人合法权益或者违反法律禁止性规定的方法取得的证据,不能作为认定案件事实的依据。"采用上述途径获取证据的行为就是非法取证。

二、证人证言问题

　　我国《民事诉讼法》第66条将证人证言列举在八类证据范围之内,可见,证人证言在民事诉讼中的重要地位。证人是指知晓案件情况并向法庭出庭作证的人。

　　证人证言是证人就其所感知的案件情况向法院所作的陈述。为了更好地理解证人制度,需要弄清以下几个问题。

　　(一)证人资格

　　《民事诉讼法》第75条规定:"凡是知道案件情况的单位和个人,都有义务出庭作证。有关单位的负责人应当支持证人作证。不能正确表达意思的人,不能作证。"

　　1.自然人证人

　　"知道案件情况"和"正确表达意思"成为对证人资格的限制规定。"知道案件情况"表明对传闻证据并不加以任何限制。"正确表达意思"说明未成年人也属于证人的范畴。证人作证能力与民事行为能力不同,无民事行为能力或者限制行为能力的人只要具有辨别是非的能力、正确表达的能力和对事实的感知、记忆能力,也可以作为证人。《最高人民法院关于民事诉讼证据的若干规定》第67条第2款规定"待证事实与其年龄、智力状况或者精神健康状况相适应的无民事行为能力人和限制民事行为能力人,可以作为证人。"故家庭成员中未成年人可以对其知道的家庭暴力行为作证。

2.单位证人

单位作为一个拟制的社会成员,虽具有诉讼权利能力和行为能力,但出席庭审并以口头方式作证,只能由其内部成员以单位的名义完成。

(二)证人作证方式

证人出庭作证和替代性作证方式。《民事诉讼法》第76条规定:"经人民法院通知,证人应当出庭作证。有下列情形之一的,经人民法院许可,可以通过书面证言、视听传输技术或视听资料等方式作证:(一)因健康原因不能出庭的;(二)因路途遥远,交通不便不能出庭的;(三)因自然灾害等不可抗力不能出庭的;(四)其他有正当理由不能出庭的。"

1.证人出庭作证

根据本条规定,证人出庭以人民法院通知为前提。这意味着修改后的《民事诉讼法》采用和《最高人民法院关于民事诉讼证据的若干规定》相同的思路,即将人民法院通知的职权行为比照人民法院调查收集证据的行为,作同样的处理。在需要人民法院依职权主动调查收集证据的场合,人民法院可以依职权通知证人出庭作证;除此之外,证人出庭作证的,当事人应当向人民法院提出申请,人民法院根据当事人的申请通知证人出庭。而当事人申请证人出庭的行为本身可以视为当事人的举证行为,适用举证责任以及其他有关当事人举证的规范调整。

2.证人出庭之外的作证方式

出庭作证是证人提供证言的基本方式,无正当理由不出庭作证而以书面等方式提交的证人证言,属于有瑕疵的证据,本身不能单独作为认定案件事实的依据,只有在待证事实存在其他证据的情况下,作为补强证据补强其他证据的证明力。

但在一些特定的情况下,证人确实存在不能出席法庭审理的客观障碍,因此各国在证人出庭作证的原则之外,设有例外情形。《民事诉讼法》第76条规定,归纳为四种情形。根据本条的规定,在四种情形下,证人可以不出庭而以其他方式作证:①因健康原因不能出庭的。证人因健康原因无法出庭作证,属于存在客观上不能出庭的正当理由。②因路途遥远,交通不便不能出庭的。法庭审理具有时限性,在证人路途遥远、交通不便的情况下,要求证人出庭作证,很难满足时限性的要求,增加当事人的诉讼成本和证人作证的成本。这种情况下,准许证人以其他方式作证是适当的。这里的路途遥远和交通不便,应当理解为证人以其他方式作证的必要条件,即证人须同时满足路途遥远且交通不便的条件。现代社会交通发达,单纯的路途遥远不能成为证人不出庭的理由;而交通虽不便但路途较近的情况,也不能成为证人不出庭的正当理由。③因自然灾害等不可抗力不能出庭的。不可抗力是不能预见、不能避免、不能克服的客观情况,证人因不可抗力不能出庭的,是证人可以通过其他方式作证的当然理由。④其他有正当理由不能出庭的。此项规定属于兜底条款,由人民法院的审判人员在审判实践中根据具体情况判断证人是否存在可以不出庭作证的正当理由。《最高人民法院关于民事诉讼证据的若干规定》中规定的"特殊岗位确实无法离开的",《民事诉讼法》修改中没有采纳为单独一项,审判实践中如果确实存在证人基于特殊岗位原因无法出庭的情形,可以解释为"其他有正当理由不能出庭的"。

根据本条的规定,证人在出庭作证之外,可以通过书面证言、视听传输技术或者视听资料等方式作证。此前的《民事诉讼法》中,对于证人确有困难不能出庭的,只规定了以提交书面证言的方式作证。随着现代科学技术的进步和审判实践的发展,视听资料、视听传输技术手段开始进入民事诉讼之中。为适应实践发展的需要,《最高人民法院关于民事诉讼证据的若干规定》第76条规定证人在出庭作证之外,可以通过书面证言、视听资料或者双向视听传输技术手段作证。司法解释的规定被本条所吸收。

与书面证言相比,视听资料能够比较全面地反映证人作证的环境,较好地保证证人证言的可信性。视听传输技术是现代科技发展的产物,与书面证言和视听资料相比,视听传输技术具有即时性、互动性的优点,全面反映证人作证时的现场情况,能够使询问证人的程序及时展开,更好地保障证人证言的真实性。

(三)证人费用的承担

《民事诉讼法》第77条规定:"证人因履行出庭作证义务而支出的交通、住宿、就餐等必要费用以及误工损失,由败诉一方当事人负担。当事人申请证人作证的,由该当事人先行垫付;当事人没有申请,人民法院通知证人作证的,由人民法院先行垫付。"实践中,当事人所需垫付的费用应当缴付给人民法院,由人民法院支付给证人,当事人不能直接向证人支付费用。

1.证人作证经济补偿金的来源

证人作证经济补偿金的来源应根据法院最终的审判结果而定,证人作证费用最终由败诉一方的当事人承担,这是法律规定的一般规则。但是并非所有的案件审判结果都是一方当事人败诉,因此在原告撤销诉讼的情况下,作证费用应当由原告承担;双方都负有责任时,人民法院按照责任比例确定双方当事人承担的作证费用;案件是调解方式结束诉讼的,双方当事人协商承担作证费用的比例,如果协商不成,由人民法院按责任比例由双方当事人分担作证费用;由于一方当事人的原因造成额外支出证人补偿金的,由引起原由的一方当事人承担额外支出的证人补偿金。

2.证人作证经济补偿金的预先支付

证人作证经济补偿金的预先支付,应根据引导证人进入诉讼的主体而定,证人因出庭作证而支出的合理费用,一般由要求证人出庭作证的一方当事人或依职权要求证人出庭的人民法院预先支付。

三、申请法院调取证据

当事人申请调查取证权,是指民事诉讼中当事人及其诉讼代理人在收集证据时遇到客观上的障碍,无法获得必要的证据时,请求法院给予帮助,申请法院帮助其调查收集证据的权利。在目前的民事诉讼中,举证责任在于诉讼的各方当事人,所以当事人收集证据的能力会直接影响诉讼的结果。如果当事人不能收集到对自己有利的证据,不能提出证据来证明所主张的事实,就可能败诉。当负有举证责任的当事人持有证据,或者比较容易获得该证据时,收集证据的问题并不存在或不突出,但如果重要的证据为对方当事人占有,或者为诉讼外的第三人占有而他们又出于某种原因不愿意提供给举证人时,收集证据的问题就开始凸显。针对当事人收集证据可能遇到的自身难以克服的困难,《最高人民法院关于适用〈中华人民共和国民事诉讼法〉的解释》第94条对当事人申请法院取证作了详细的规定。人民法院调查收集证据,应当依当事人的申请进行。下列情形属于当事人及其诉讼代理人因客观原因不能自行收集证据,当事人及其诉讼代理人可以申请人民法院调查收集证据:1.证据由国家有关部门保存,当事人及诉讼代理人无权调取的;2.涉及国家秘密、商业秘密或者个人隐私的;3.当事人及其诉讼代理人确因客观原因不能自行收集的其他证据。当事人及其诉讼代理人申请人民法院调查收集证据,应当提交书面申请。申请书应当载明被调查人的姓名或者单位名称、住所地等基本情况,以及所要调查收集的证据的内容、需要由人民法院调查收集证据的原因及其要证明的事实。

综上,当事人在离婚诉讼中,对于自己无法自行收集的证据,可以向人民法院申请调查取证。但是人民法院进行取证的前提是当事人提出申请,不能依据职权主动进行调查。尤其是在离婚诉讼之中,因为涉及财产的分割,仅凭当事人自身的力量取证相当困难,所以在离婚诉讼中,当事人申请法院调查取证的情况非常多。在一个离婚诉讼之中,可能双方当事人都会申请法院调查对方的财产状况,并依据法院调取证据的结果来分割。之所以当事人必须对该类证据加以重视,是因为法院不会主动调查,放弃调查申请有可能意味着放弃部分财产权利。如果当事人提出调查申请,法院会根据是否属于其调查范围来决定调查与否。当事人在提出调查申请的时候,一定要确认法院已经收到该申请,必要时可以向承办法官确认,如果采取邮寄或者将申请送到法院的相关部门的,应当保存好邮寄回联或者是法院出具的回执,以免日后因为申请提交与否产生争议。

四、举证责任问题

(一)举证时限

当事人在准备好诉讼证据之后,就面临举证的问题。对于举证的程序规则也是当事人比较容易忽视的,所以必须加以了解,否则会直接影响诉讼的效果。《最高人民法院关于适用〈中华人民共和国民事诉讼法〉的解释》第 99 条规定:"人民法院应当在审理前的准备阶段确定当事人举证期限。举证期限可以由当事人协商一致,并经人民法院准许。由人民法院确定举证期限的,第一审普通程序案件不得少于十五日,当事人提供新的证据的第二审案件不得少于十日。"当事人应当在举证期限内向人民法院提交证据材料,当事人在举证期限内不提交的,视为放弃举证权利。对于当事人逾期提交的证据材料,人民法院应当责令说明理由,视情形可以不予采纳该证据,或者采纳该证据,但予以训诫、罚款。

举证期限一旦明确,双方当事人就必须严格按照期限进行举证,对于超过期限提交的证据,人民法院原则上不进行质证。这里需要指出的是,如果当事人变更诉讼请求,应当重新指定举证期限。

举证期限一旦确定之后,原则上是不允许变更的。但是如果存在特殊情况可以向人民法院申请延长。当事人在举证期限内提交证据材料确有困难的,应当在举证期限内向人民法院申请延期举证,经人民法院准许可以适当延长举证期限。

(二)举证责任分配

举证责任是指当事人对自己提出的主张有收集或提供证据的义务,并有运用该证据证明主张的案件事实成立或有利于自己的主张的责任,否则将承担其主张不能成立的不利后果。《民事诉讼法》第 68 条规定,当事人对自己提出的诉讼请求所依据的事实或者反驳对方诉讼请求所依据的事实有责任提供证据加以证明。没有证据或者证据不足以证明当事人的事实主张的,由负有举证责任的当事人承担不利后果。离婚诉讼中的双方当事人在证明自己的主张时,必须辅以相应的证据,否则该主张得不到法院的认可。由于离婚诉讼具有特殊的人身性质,又牵涉到子女抚养、财产分割等问题,所以在举证问题上比较特殊。

1.亲子鉴定的举证分配

在离婚诉讼中,涉及亲子鉴定问题的案件不是很多,但是因为亲子鉴定既涉及技术层面的问题,又涉及伦理道德问题,比较复杂。当事人出于各种原因,可能不太愿意进行鉴定。但是不进行鉴定,案件真相就无法得出。《最高人民法院关于适用〈中华人民共和国民法典〉婚姻家庭编的解释(一)》第39条较好地解决了这个难题,在当事人的自由意志和人身权利保护、子女的正当权益保护、婚姻关系的正常维系之间设定了一个平衡点,针对各种问题,对当事人的举证责任进行了划分,既保障了当事人的合法权利,也保障了诉讼的顺利进行。需要提醒一点的就是,《最高人民法院关于适用〈中华人民共和国民法典〉婚姻家庭编的解释(一)》第39条对当事人一方拒绝配合作亲子鉴定的推定限定了一个前提条件,那就是“已提供必要证据予以证明”,只有在一方当事人提供必要的证据证明自己的主张时,才会导致举证责任的转移。但是当事人不能机械地认为只要提出鉴定申请,对方不予以配合,就一定会产生举证责任的转移。如果提出申请一方没有提供必要的证据证明亲子关系的存在,还是由提出鉴定申请的一方当事人承担举证不能的不利后果。

2.出资购房的证明方法

房屋问题在婚姻中扮演着极为重要的角色。在每一起离婚诉讼中都涉及房产分割。房产分割时分歧很大,很大原因是双方对诉争房屋出资存在争议。因为双方当事人在购买房屋时没有将相关的证据材料予以固定,更没有想到将来会有离婚诉讼的发生。所以在认定共同出资购买的房屋归属时出现了难题。这里所说的共同出资购买房屋,主要是指婚前共同出资购买的情况。实践中,婚前共同出资购房因为涉及出资的来源、全款购房还是贷款购房、婚前还是婚后取得产权证以及是否共同还贷等问题,在认定上也有不同的规定。但是综合上述类型的案件,在处理共同出资购房的分歧时,当事人如果能够提供出资协议、房屋买卖合同、抵押贷款合同、付款凭证、银行存取款单据等证据材料,就能够使其主张获得证据的支持。

第三节　涉家庭暴力案件的举证

一、一定情况下的举证责任转移

人民法院在审理涉及家庭暴力的婚姻案件时,应当根据此类案件的特点和规律,合理分配举证责任。对于家庭暴力行为的事实认定,应当适用民事诉讼的优势证据标准,根据逻辑推理经验法则做出判断,避免采用刑事诉讼的证明标准。原告提供证据证明受侵事实及伤害后果并指认系被告所为的,举证责任转移至被告。被告虽否认侵害由其所为但无反证的,可以推定被告为加害人,认定家庭暴力的存在。一般情况下,受害人陈述的可信度高于加害人。在案件审理过程中,双方当事人可能对于是否存在家庭暴力有截然不同的说法。加害人往往否认或淡化暴力行为的严重性，受害人则可能淡化自己挨打的事实。但一般情况下，受害人陈述的可信度高于加害人。因为很少有人愿意冒着被人耻笑的风险，捏造自己被配偶殴打、凌辱的事实。

二、加害人的悔过、保证

加害人在诉讼前做出的口头、书面悔过或保证，可以作为加害人实施家庭暴力的证据。加害人在诉讼期间因其加害行为而对受害人做出的口头书面道歉或不再施暴的保证，如无其他实质性的、具体的悔过行动，不应当被认为是真心悔改，也不应当被认为是真正放弃暴力、进行沟通的表现，而应当被认为是继续控制受害人的另一有效手段，因此不应作为加害人悔改，或双方感情尚未破裂的证据。家庭暴力加害人同时伴有赌博、酗酒、吸毒等恶习，之前做出的口头、书面悔过或保证可以视为其不思悔改的重要证据。加害人的口头、书面道歉或保证应记录在案。

三、未成年子女的证言

家庭暴力具有隐蔽性。家庭暴力发生时，除了双方当事人和其子女之外，一般无外人在场。因此，子女通常是父母家庭暴力唯一的证人。其证言可以视为认定家庭暴力的证据。借鉴德国、日本以及我国台湾地区的法律规定，具备相应的观察能力、记忆能力和表达能力的2周岁以上的未成年子女提供与其年龄、智力和精神状况相当的证言，一般应当认定。法院判断子女证言的证明力大小时，应当考虑到其有可能受到一方或双方当事人对其证言效力的不当影响，同时应当采取措施最大限度地减少作证可能给未成年子女带来的伤害。

四、专家辅助人

人民法院可以依据当事人申请或者依职权聘请相关专家出庭，解释包括受虐妇女综合征在内的家庭暴力的特点和规律。专家辅助人必要时接受审判人员、双方当事人的询问和质疑。专家辅助人的意见，可以作为裁判的重要参考。目前司法界以及社会上普遍对家庭暴力领域中的专门问题了解程度不够。这直接影响了科学技术知识在办理此类案件中所起的积极作用。有条件的人民法院或者法院内部的相关审判庭，可以建立一个相关专业机构或专家的名单、联络办法，并事先做好沟通，鼓励其积极参与司法活动。专家辅助人可以是社会认可的家庭暴力问题研究专家、临床心理学家、精神病学家、社会学家或社会工作者、一线警察、庇护所一线工作人员。他们一般应当有一年以上的直接接触家庭暴力受害人（不包括本案受害人）的研究或工作经历。

人民法院审查专家辅助人的资格时，应当首先审查其理论联系实践的能力和经验，而后审查其之前的出庭经历和获得的相关评价。

五、专家评估报告

法院可以依据当事人的申请，聘请有性别平等意识的家庭暴力问题专家、青少年问题专家、临床心理学家、精神科专家、社会学家等依据"家庭暴力对未成年人的负面影响"问题清单中的内容，对家庭暴力对未成年人造成的负面影响进行评估，并形成评估报告，以此作为法院判决子女抚养权归属的参考。评估报告的内容包括家庭暴力的负面影响是否给未成年人造成心理创伤及严重程度、目前的症状、过去的成长经历,以及父母或者直接抚养者对未成年人的经历和症状所持的态度。

六、国家机关、社会团体和组织相关的记录与证明

家庭暴力受害人在提起诉讼之前曾向公安机关、人民调解组织、妇联组织、庇护所、村委会等国家机关、社会团体和组织投诉,要求庇护,接受调解的,或者家庭暴力受害人曾寻求过医学治疗、心理咨询或治疗的,上述机构提供的录音或文字记载,及出具的书面证词、诊断或相关书证,内容符合证据材料要求的,经人民法院审查后认为真实可靠的,可以作为认定家庭暴力发生的重要证据。被告人否认但又无法举出反证,且无其他证据佐证的,人民法院可以推定其为加害人。

七、公安机关的接警或出警记录

人民法院在认定家庭暴力事实时,应当将公安机关的接警和出警记录作为重要的证据。接警或出警记录载明施暴人、受害人的,人民法院可以据此认定家庭暴力事实存在。

出警记录记载了暴力行为、现场描述、双方当事人情绪、第三方在场(包括未成年子女)等事项的,人民法院应当综合各种因素,查明事实,做出判断。

报警或出警记录仅记载“家务纠纷、已经处理”等含糊内容的,人民法院可以根据需要或当事人的申请,通知处理该事件的警察出庭作证。

八、互殴情况下对施暴人认定

夫妻互殴情况下,人民法院应当综合以下因素正确判断是否存在家庭暴力:

1.双方的体能和身高等身体状况。

2.双方互殴的原因,如一方先动手,另一方自卫;或一方先动手,另一方随手抄起身边的物品反击。

3.双方对事件经过的陈述。

4.伤害情形和严重程度对比,如一方掐住相对方的脖子,相对方挣扎中抓伤对方的皮肤。

5.双方或一方之前曾有过施暴行为等。

九、人民法院调取、收集相关证据

当事人可以申请人民法院调取、收集以下因客观原因不能自行收集的证据:

1.当事人之外的第三人持有的证据。

2.由于加害人对家庭财产的控制,受害人不能收集到的与家庭财产数量以及加害人隐匿、转移家庭财产行为有关的证据。

3.愿意作证但拒绝出庭的证人的证言。

经审查确需由人民法院取证的,人民法院可以直接取证,也可以应当事人或其代理人申请签发调查令,由其代理人到相关部门取证。

审判人员的综合判断能力。人的思想控制其外在行为,人的行为反映其思想。心理学研究发现,在人际沟通中,人的非语言动作所传达的信息超过 65%,而语言所传达的信息低

于35%。很多时候,非语言动作所传达的信息的准确性要远远超过语言所传达的信息的准确性。有的国家和地区,民事诉讼法就默示的自认作了明文规定。因此,在审理涉及家庭暴力的离婚案件中,法官应当十分注意观察双方当事人在法庭上的言行举止,特别是双方的语音、语调、眼神、表情、肢体语言等,以便对事实做出正确判断。①

第四节 应用中的举证责任

一、当事人举证与人民法院认定的难点

家庭暴力之所以在有些地区存在零认定率,原因多种,既有受害人顾及面子隐瞒受家庭暴力的情况,也有受害人虽向人民法院提出遭受家庭暴力,但人民法院以证据不足为由不予认定的情况。家庭暴力证据认定难是客观存在的,原因主要有以下几个方面:

1.举证难

由于家庭暴力发生在家庭成员之间,具有相当的隐蔽性特点,一般难以为家庭成员以外的人知悉,加之受害人多缺乏自我保护意识,疏于求医、求助及保留证据,致使证据毁损、遗失,以至于案件诉至法院时,因时过境迁受害人无法拿出有效的证据。公安机关、居(村)委会等职能部门对于家庭暴力的干预也存在重视不够现象,接到报警或求救后,仅作为家务纠纷对待;仅仅简单登记一下,未做进一步调查,不委托进行损伤鉴定,更少有采取强制措施防止暴力的再次发生,致使受害人无法得到及时的救助,失去了取得证据的机会。因此,涉家庭暴力案件普遍存在举证难的问题。

2.作证难

家庭暴力作为一种行为,最有力的直接证据是对行为过程直接目睹的证人证言,但由于家庭暴力发生在私人领域,而现在的住房多为单门独户,关起门来发生的家庭暴力难有直接的目击证人。有的即使有目击证人,通常也是与当事人有特定关系的人,如亲戚、邻居或朋友,由于顾及情面或者受到加害人的威胁、恐吓,这些人多不愿或不敢出庭作证,因此涉家庭暴力婚姻案件比一般案件的证人出庭率要低很多。而且,就算是证人证言,能够直接目击的毕竟是少数,更多的可能是在门外、隔墙听到,或听到受害人哭诉而已,一旦加害人否认,很难进行认定。

3.认定难

在涉家庭暴力婚姻案件中,由于缺少证明家庭暴力的直接、充足的证据,增加了人民法院认定上的困难。审判实务表明,虽然有近30%的案件当事人主张存在家庭暴力,但人民法院对家庭暴力的认定率平均不到10%。特别是涉及对精神暴力的认定,如冷落、疏远、不睡眠等家庭冷暴力,多以不作为的形式出现,根本无法用外在物来做载体,当事人很难举证,而且每个人对于精神暴力的耐受度是不一样的,法律很难对何种情况下构成精神暴力规定统一的认定标准。因此,审判实务中很少有对精神暴力予以认定的案例。也正是由于审判实务中存在上述难题,所以在家庭暴力的认定方面应当注意与一般民事案件有所区别,以实

---

① 叶自强:《民事证据研究》,法律出版社1999年版,第67页。

现对受害人实质意义的平等保护,万不可因为这些困难而加重受害人举证义务导致放纵施暴行为。

二、法院调查取证贯彻"司法为民"原则

普通民事诉讼处理的是当事人之间的私权纠纷,实行当事人主义,调查取证是当事人的权利与义务。但婚姻家庭案件涉及社会公益,有别于普通民事诉讼,尤其是涉家庭暴力婚姻案件普遍存在举证难、作证难的问题,人民法院在审理此类案件时不应机械适用当事人主义,而应贯彻能动司法理念,以法院职权主义来对待案件审理中法院查证的问题,不断加大依当事人申请或者依职权调查取证的力度。

当事人可以申请人民法院调取、收集以下因客观原因不能自行收集的证据:

1.当事人之外的第三人持有的证据,例如公安机关、妇联等组织机构掌握的证据。

2.由于加害人对家庭财产的控制,受害人不能收集到的与家庭财产数量以及加害人隐匿、转移家庭财产行为有关的证据。

3.愿意作证但拒绝出庭的证人的证言。

4.其他因客观原因不能自行收集的证据。

人民法院在审理涉家庭暴力婚姻案件过程中,如发现对于认定家庭暴力事实具有关键意义的证据,即使当事人未申请调查,人民法院也应依职权调查取证。取证要及时,掌握第一手材料,要依靠当地公安机关、妇联、居(村)委会、医院取证,街坊邻居也是证据来源而且比较直接。对于严重的家庭暴力侵害,应对受害人尽快进行活体检验,取得法医的伤情鉴定,到医院索取病历和医药费发票,还要收集足以证实加害人实施家庭暴力的动机、原由等方面的证据。在证据可能灭失或者以后难以取得的情况下,人民法院要根据当事人申请或者主动依职权采取证据保全措施。

尤其是在诉讼中出现受害人反言时,人民法院更应加大查证力度,而不能简单以禁反言否定受害人的陈述。在涉家庭暴力婚姻案件的审理中经常发生受害人做出与先前不一致,甚至相矛盾的陈述。应当认识到,由于公开所有发生的暴力事实会令人痛苦,因此有的受害人仅仅承认部分事实而非全部事实;有的受害人遭受家庭暴力后往往起诉积极,待开庭后与加害人见面时,由于各种原因,不愿意或者回避对某些问题的陈述与作证;有的受害人在求助过程中,如果接警的警察、承办案件的法官对家庭暴力态度漠然,则会进一步加剧受害人的无助感,产生多一事不如少一事的心理,改变先前的陈述。受害人在家庭暴力关系中长期处于被支配、控制的地位,上述情形的产生很可能是受害人根据情势所做的保护自己和孩子的正常反应。因此,人民法院不能简单按照普通民事诉讼中禁反言的规则,认定受害人陈述不可信,尤其是据此认定受害人指控的暴力事实不存在,而是应依职权调查探明是否为受害人真意。法官在遇到此种情形时,对受害人应当多一分理解与支持,尽力通过语言和行为打消受害人的顾虑,充分体现法官关怀弱者、保障正义的特点,也有利于实现真正的司法公正。

三、适时把握举证责任的转换

举证责任分配对当事人的诉讼权利会产生重大影响,同样适时把握举证责任的转移对当事人利益的影响也是举足轻重的。人民法院在审理涉家庭暴力婚姻案件时,应当根据家庭暴力案件的特点和规律,在正确合理分配举证责任的同时,根据当事人所举证据的证明

力,把握好举证责任转移的节点。对于家庭暴力行为的事实认定,要根据民事案件的优势证据原则、逻辑推理、经验法则做出判断,避免采用刑事案件的严格证明标准,同时要认识到家庭暴力的特点,对受害人的举证避免要求苛严,当原告提供证据证明受侵害事实及伤害后果并指认系被告所为的,举证责任转移至被告。被告虽否认侵害由其所为但无力反证的,可以推定被告为加害人,认定家庭暴力的存在。

举例说明问题:妻子甲起诉丈夫乙对其实施家庭暴力,并要求法院判决离婚。所提证据是医院的医疗诊断证明书,该诊断书载明受害人因被殴打而导致皮肤组织损伤、脑轻微震荡。乙在法庭上辩称:该证据只能证明妻子甲被人殴打过,但不能证明打人者就是丈夫。妻子甲提出曾经就丈夫乙的家庭暴力行为向妇联投诉和求助过。妇联证实:妻子甲曾经带着孩子到妇联投诉,反映遭丈夫乙殴打且锁门不让娘儿俩进门。法官基于上述事实,认为妻子甲已经初步证明家庭暴力存在的事实,丈夫乙要否定家庭暴力事实存在,不能简单地说不是自己打的,而必须证明妻子甲究竟是谁打的。在上述案例中,负有举证责任的一方当事人提供证据初步证明家庭暴力存在后,被告简单地说不是自己施暴的并不能推翻这一判断,还必须确切地指认受害人的损害究竟是由受害人自伤或者第三人造成的。如果被告不能证明原告所受损害属于其自伤,也不能证明是第三人所伤,则应当判决原告胜诉,这一做法恰当地运用了举证责任转移的规则,司法实践中值得借鉴。

可能有人会认为凭什么只相信妻子甲的陈述而不相信丈夫乙的陈述,妻子甲是原告,负有举证责任,虽然妻子甲提供了伤情证明、妇联投诉,但并不是直接证据。甚至有人还认为,虽然妻子甲能证明其曾受伤,但并不排除可能是妻子甲为了离婚而自伤。这些观点正是没有认识到家庭暴力的本质和特点,将涉家庭暴力案件等同于普通民事案件对待,对家庭暴力的受害人举证要求过严,如此很有可能导致事实上存在的家庭暴力被排除掉,使受害人得不到法律的保护。如前所述,家庭暴力案件中存在受害人陈述和加害人陈述时,一般情况下受害人的陈述可信度高于加害人,因为很少有人愿意冒着被人耻笑的风险,捏造自己被配偶殴打、凌辱的事实。自伤而诬告配偶的是极为特殊的个例,不能作为一般情况对待。况且如果一方能举证证明配偶确实存在人品不端、自伤诬告的情形,也是应当排除家庭暴力的。同时,在这里还必须申明,虽然在受害人提供证据的证明力判断上较为从宽,但作为受害人的原告仍必须能够提供相应的初步证据,如上例有医院诊断证明、妇联的投诉,如此举证责任方转移至加害人,否则受害人仍然会承担被驳回或者败诉的风险。故法官应注重对受害人举证的释明和引导,充分保护家庭暴力受害人的合法权益。

司法实践中还常常出现夫妻互殴的情况,夫妻双方相互指责对方实施家庭暴力,这种情形增加了人民法院的认定难度,对此绝不能一概否认双方的施暴行为。具体如何考量,应从以下几方面入手:一是双方的体能和身高等身体状况。二是双方互殴的原因,例如是一方先动手,另一方自卫,还是一方先动手,另一方随手抄起身边物品反击。三是双方对事件经过的陈述。四是伤害情形和严重程度对比,例如一方掐住对方脖子,对方挣扎中抓伤对方的皮肤。五是一方之前是否曾有过施暴行为等。

第五节　国外研究视点

一、对家庭暴力的界定

家庭暴力作为国际领域普遍关注的一个社会问题,相关国际公约对其作了界定。尽管家庭暴力受害人并不限于妇女,有些情况下男性和儿童也会成为受害人,但是,由于针对妇女的家庭暴力最为普遍、最为严重,所以相关国际公约和其他国际文件对针对妇女的家庭暴力的界定通常只表述为针对妇女的暴力。

联合国《消除对妇女的暴力行为宣言》(1993)第1条规定,"对妇女的暴力行为"系指对妇女造成或可能造成身心方面或性方面的伤害或痛苦的任何基于性别的暴力行为,包括威胁进行这类行为、强迫或任意剥夺自由,而不论其发生在公共生活还是私人生活中。联合国秘书长《关于侵害妇女的一切形式的暴力行为的深入研究》(2006)指出,基于性别的针对妇女的暴力行为是指"因为是女性而对她施加暴力或者特别影响到妇女的暴力,包括施加于身体、心理或性的伤害或痛苦或威胁施加这类行为,强迫和其他剥夺自由的行为。基于暴力的行为损害或阻碍妇女依照一般国际或人权公约享受人权和基本自由,符合联合国《消除对妇女的暴力行为宣言》第一条的规定"。《中华人民共和国反家庭暴力法》第2条规定:"本法所称家庭暴力,是指家庭成员之间以殴打、捆绑、残害、限制人身自由以及经常性谩骂、恐吓等方式实施的身体、精神等侵害行为。"

二、家庭暴力的类型

根据有关国际公约、国外立法例以及被普遍认可的学界理论研究成果,家庭暴力包括身体暴力、性暴力、精神暴力和经济控制四种类型。

1.身体暴力是加害人通过殴打或捆绑受害人或限制受害人人身自由等使受害人产生恐惧的行为。

2.性暴力是加害人强迫受害人以其感到屈辱、恐惧、抵触的方式接受性行为,或残害受害人性器官等性侵犯行为。

3.精神暴力是加害人以侮辱、谩骂,或者不予理睬、不给治病、不肯离婚等手段对受害人进行精神折磨,使受害人产生屈辱、恐惧、无价值感等作为或不作为行为。

4.经济控制是加害人通过对夫妻共同财产和家庭收支状况的严格控制,摧毁受害人自尊心、自信心和自我价值感,以达到控制受害人的目的。

三、家庭暴力发生和发展的规律分析

家庭暴力行为的发生和发展,呈周期性模式。模式的形成,一般要经过两个或两个以上暴力周期。每个周期通常包括关系紧张的积聚期(口角、轻微推搡等)、暴力爆发期(暴力发生、受害人受伤)、平静期(亦称蜜月期,加害人通过口头或行为表示道歉求饶获得原谅,双方和好直到下个暴力周期的到来)。加害人往往屡悔屡犯、始终不改。道歉、忏悔只是当家庭暴力暂时失效时,加害人借以达到继续控制受害人的手段而已。暴力周期的不断重复,使受害人感到无助和无望，因而受制于加害人。

人们往往以为离婚后暴力自然就停止了，但是，引发家庭暴力的内在动机是加害人内心深处控制受害人的需要。一般情况下，这种欲望不仅不会因为离婚而消失，反而会因为受害人提出离婚请求受到刺激而增强。因此，一旦受害人提出分手，加害人往往先是采取哀求原谅、保证下不为例以及利用子女等手段来挽留受害人。然而，如果哀求不奏效，加害人往往就会转而借助暴力或实施更严重的暴力手段来达到控制目的，因而出现"分手暴力"。这种现象在夫妻分居或者离婚后相当普遍。国际上，加拿大的实证研究表明，大约有 1/3 的受害妇女在对方探视未成年子女时受到暴力威胁。36% 的女性在分居期间继续遭受男方的暴力侵害。美国司法部 1983 年和 1997 年 3 月公布的数据显示，美国有 75% 的家庭暴力受害人，在分手后继续遭受前夫或前男友的暴力侵害。[1]

我国尚无这方面的统计数据，但是家庭暴力研究者普遍认为，分手期间或分手后，受害人的人身安全受家庭暴力侵害的频率和暴力的严重性确实迅速增加。一般情况下，有三个变量可以预测发生分手暴力的危险：一是加害人之前有过身体暴力或暴力威胁行为；二是加害人和受害人居住地相距不远；三是加害人猜忌受害人有第三者。

第六节　视野拓展

一、一般夫妻纠纷与家庭暴力的区分

一般夫妻纠纷中也可能存在轻微暴力甚至因失手而造成较为严重的身体伤害，但其与家庭暴力有着本质的区别。对此区别，应当考虑以下因素：暴力引发的原因和加害人的主观目的是不是控制受害方、暴力行为是否呈现周期性、暴力给受害人造成的损害程度等。家庭暴力的核心是权力和控制。加害人存在着通过暴力伤害达到目的的主观故意，暴力行为呈现周期性，并且暴力造成受害人的身体或心理伤害后果，导致受害方因为恐惧而屈从于加害方的意愿。而一般夫妻纠纷不具有这些特征。

二、家庭暴力发生的原因

无论在社会上或家庭中，公民的人身权利均不得因任何原因而遭受人为侵害。家庭暴力的发生，不是受害人的过错，绝大多数情况下是基于性别的针对妇女的歧视。其发生的原因主要包括：

1. 加害人通过儿童期的模仿或亲身经历而获得暴力的沟通方式。

2. 家庭暴力行为通过社会和家庭文化的代际传递实现。传统文化默许男人打女人，父母打子女。在这种文化影响下长大的男人允许自己打女人，父母允许自己打子女。有这种文化的社会，接纳家庭暴力行为。在这样的家庭和社会中长大的子女，不知不觉接受了这种观念。家庭暴力行为就这样一代又一代传了下来。

---

① 参见最高人民法院中国应用法学研究所编写的《涉及家庭暴力婚姻案件审理指南》第 6 条、江苏省高级人民法院苏高法电〔2008〕451 号。

3.获利不受罚。虽然《民法典》和《反家庭暴力法》规定禁止家庭暴力,但是法律缺乏预防和制止家庭暴力的有效手段。社会给家庭暴力受害人提供的有效支持很少,因此家庭暴力发生时一般得不到有效干预。由于在家里打人能达到目的而不受惩罚,不管加害人事后多么后悔,又多么真诚地道歉,并保证决不犯,都必然因缺乏真正改变自己行为的动机而一再使用暴力。

4.加害人往往有体力上的优势。无论男打女还是女打男,加害人的体力,往往居于优势。90%以上的家庭暴力受害人是体力处于弱势的妇女、儿童和老人。[①]

三、加害人的心理和行为模式

1.性别歧视

家庭暴力的加害人绝大多数为男性。这些男性信奉男尊女卑、男主女从的古训,他们相信暴力是其迫使受害人就范的合理而又有效的手段。因此,家庭暴力大多数是基于性别的针对女性的暴力。

2.内外双重面孔

加害人呈现给家人和外人的是两副不同的面孔。他们在家借助暴力手段控制家人,在外行为又貌似符合社会标准。

3.过度的嫉妒

加害人有令人难以理解的嫉妒心。嫉妒表面上似乎是因为爱得过深,实质上嫉妒和爱没有太大关系。过度嫉妒者很少是心中有爱的人。嫉妒是嫉妒者因极度害怕失去某个人的感情、某种地位或利益而产生的焦虑,是嫉妒者不自信和缺乏安全感的表现。嫉妒者为了控制对方,以嫉妒为借口,捕风捉影,侮辱、谩骂、殴打配偶,甚至跟踪、限制对方行动自由。

4.依赖心理

大多数加害人是不自信、不自爱、没有安全感的人,他需要借助别人对自己的态度,以证明自己的能力和价值。受害人在暴力下的顺从,是加害人获得自信和安全感的手段之一。这种依赖心理,使得加害人坚决不同意离婚,面对受害人的分手要求,加害人或采取分手暴力企图阻止受害人离开,或痛哭流涕保证痛改前非。

5.加害人人前自我伤害或以死相逼

受害人若想分手或离婚,加害人往往会在受害人、法官或特定人面前进行自我伤害甚至以死相逼,其目的是使受害人产生内疚和幻想,以便继续控制和操纵受害人。加害人的自我伤害或者以死相逼行为只能说明,他只想达到自己的目的而不在乎对方的感受。自我伤害不是因为爱,而是暴力控制的另一种表现形式。

四、受害人的心理和行为模式

1.习得性无助

家庭暴力作为一种控制手段,随着周期性循环,越来越严重,越来越频繁。无法摆脱的受暴处境,使受害人"学会了无助"。因为这种在心理学上被称为习得性无助的信念,受害人

[①] 参见最高人民法院中国应用法学研究所编写的《涉及家庭暴力婚姻案件审理指南》第8条、江苏省高级人民法院苏高法电〔2008〕451号。

以为自己无论如何也摆脱不了对方的控制，因而放弃反抗，忍气吞声、忍辱负重、委曲求全。

2.抑郁状态

受害人习得性无助后，悲观随之而来，而悲观是造成抑郁的主要因素。长期处于抑郁状态中，不少人会自杀或尝试自杀或产生杀人的念头。他们希望通过自杀或杀死加害人，来终止让他们感到如此不堪的生活。

3.恐惧和焦虑

整天提心吊胆，神经高度紧张，是家庭暴力受害群体中最普遍的特征之一。暴力控制关系建立后，受害人会无限放大加害人的能力和权力，以为加害人无所不能。其恐惧和焦虑，甚至草木皆兵的心理，非一般人所能想象。

4.忍辱负重

传统观念认为单亲家庭不利于未成年子女成长；经济上女性的生存能力弱于男性，离婚使其生活水平大大下降；社会缺乏针对家庭暴力受害人的有效支持等，迫使相当一部分受害人不到万不得已，不会报警或寻求其他外界帮助，更不会提出离婚。

5.优柔寡断

如果受害人想要通过分手摆脱暴力控制，在社会和法律救济手段不到位的情况下加害人的软硬兼施往往奏效。走投无路之时，受害人很可能被迫回到暴力关系中。同样，家庭暴力受害人反复起诉和撤诉，表面上似乎优柔寡断，变化无常，实际上很可能是受害人想出的保护自己和子女暂时免受家庭暴力伤害的最佳的和最无奈的办法。

五、家庭暴力对受害人和加害人的危害

家庭暴力不仅使受害人身体受伤，还会导致受害人抑郁、焦虑、沮丧、恐惧、无助自责、愤懑、绝望和厌世等不良情绪。长期处于这种状态中，受害人会出现兴趣减弱、胆小怕事、缺乏自信和安全感、注意力难以集中、学习和工作能力下降等症状，并且出现心理问题躯体化倾向。表面看来，施暴人似乎是家庭暴力关系中获益的一方，其实不尽然。大多数施暴人施暴，不是要把妻子打跑，而是希望能控制她。但是，通过施暴得到的结果，只能是越来越多的恐惧和冷漠，使施暴人越来越不满、受挫。随着施暴人的挫败感愈发强烈，家庭暴力的发生日趋频繁、严重。家庭暴力升级，受害人就愈发恐惧。当暴力的严重程度超过受害人的忍耐限度时，受害人就可能转为加害人，杀死原加害人。

六、家庭暴力对未成年人的伤害

根据联合国秘书长 2006 年发布的《关于侵害妇女的一切形式的暴力行为的深入研究》，生活在暴力家庭中的未成年子女，至少会在学习、心理健康和行为三个方面出现障碍。

1.许多出身于暴力型家庭的子女，学习时注意力难以集中。学校的差生，包括逃学和辍学的学生，有相当一部分来自暴力家庭。他们往往处于担心自己挨打和（或）担心一方家长挨打的焦虑中。其症状经常被误诊为多动症伴注意力集中障碍。然而，这些问题产生的根源往往在于使他们恐惧且缺少关爱的家庭暴力环境。

2.即使未成年子女并不直接挨打，他们目睹一方家长挨打时所受到的心理伤害一点不比直接挨打轻。家庭暴力发生时，孩子陷入极度不安全和冲突的心理状态中。通常，他们一方面对加害人感到愤怒，另一方面又需要来自加害人的关爱。孩子无法理解，自己生活中最

重要也是最亲近的两个人之间为什么会出现暴力。

3.未成年子女挨打,不仅皮肉受苦,自信心和自尊心也受到很大打击。他们可能变得胆小怕事,难以信任他人,也可能变得蛮横无理、欺侮弱小、人际关系不良。心理上受到家庭暴力严重伤害的子女,还有可能在成年后出现反社会暴力倾向。

4.更严重的后果是家庭暴力行为的习惯主要是通过家庭文化的代际传递而实现的。根据《关于侵害妇女的一切形式的暴力行为的深入研究》,50%~70%的成年加害人是在暴力家庭中长大的。① 他们从小目睹父母之间的暴力行为,误以为家庭暴力是正常现象,并在不知不觉中学会用拳头解决问题。女性因为受暴而频频就医,或者因为家庭暴力造成的不良情绪难以排遣而导致工作效率降低,或被殴打致残或致死或自杀,或以暴制暴杀死加害人,社会保障和社会秩序为此付出的代价不可低估。

第七节　实践延伸

一、人身安全保护措施

(一)人身安全保护措施的必要性

在涉及家庭暴力的婚姻案件的审理过程中,存在受害人的人身安全受威胁、精神受控制的情况,甚至存在典型的"分手暴力"现象,严重影响诉讼活动的正常进行。因此,人民法院有必要对被害人采取保护性措施,包括以裁定的形式采取民事强制措施,保护受害人的人身安全,确保诉讼程序的严肃性和公正性。

(二)人身安全保护裁定的一般规定

人身安全保护裁定是一种民事强制措施,是人民法院为了保护家庭暴力受害人及其子女和特定亲属的人身安全、确保民事诉讼程序的正常进行而做出的裁定。人民法院作出人身安全保护裁定,以《反家庭暴力法》第4章第23条至第32条等为法律依据。

(三)人身安全保护裁定的主要内容

人民法院作出的人身安全保护裁定,可以包括下列内容中的一项或多项:(1)禁止被申请人殴打、威胁申请人或申请人的亲友;(2)禁止被申请人骚扰、跟踪申请人,或者与申请人或者可能受到伤害的未成年子女进行不受欢迎的接触;(3)人身安全保护裁定生效期间,一方不得擅自处理价值较大的夫妻共同财产;(4)禁止被申请人在距离下列场所200米内活动:申请人的住处、学校、工作单位或申请人经常出入的其他场所;(5)必要时,责令被申请人自费接受心理治疗;(6)为保护申请人及其特定亲属人身安全的其他措施;(7)人身安全保护裁定的附带内容。

---

① 参见最高人民法院中国应用法学研究所编写的《涉及家庭暴力婚姻案件审理指南》第13条、江苏省高级人民法院苏高法电〔2008〕451号。

申请人申请并经审查确有必要的，人身安全保护裁定可以附带解决以下事项，申请人没有稳定的经济来源，或者生活确有困难的，责令被申请人支付申请人在保护裁定生效期间的生活费以及未成年子女的抚养费、教育费等。

责令被申请人支付申请人因被申请人的暴力行为而接受治疗的支出费用、适当的心理治疗费及其他必要的费用。被申请人的暴力行为造成的财产损失，留待审理后通过判决解决。

人身安全保护裁定分为紧急保护裁定和长期保护裁定。紧急保护裁定有效期为 15 天，长期保护裁定有效期为 3 个月至 6 个月。确有必要并经分管副院长批准的，可以延长至 12 个月。

二、财产分割

家庭暴力受害人请求离婚时，与普通的离婚案件当事人相比可能面临特殊的困难，应当引起特别关注。法院应当依法采取有效干预措施，确保公平处理配偶扶养、财产分割问题。

法官在审理婚姻家庭案件中，如果发现存在家庭暴力，应当意识到当事人双方之间存在权力失衡或者协商能力悬殊的现象。法院依法分割夫妻共同财产时，应当充分考虑家庭暴力因素，以利于女性离婚后在尽可能短的时间内恢复工作和学习的能力，找回自信、独立性和自主决策的能力，更好地承担家庭和社会责任。

1.财产利益受影响时的补偿与照顾

在加害人自认或法院认定的家庭暴力案件中，受害人需要治疗的、因家庭暴力失去工作或者影响正常工作的，以及在财产利益方面受到不利影响的，在财产分割时应得到适当照顾。

2.受害人所作牺牲的补偿与照顾

受害人向加害人提供接受高等教育的机会和资金支持，或支持加害人开拓事业而牺牲自己利益的，无论当初自愿与否，如果这种牺牲可能导致受害人离婚后生活和工作能力下降、收入减少、生活条件降低的，在财产分割时应当获得适当照顾。

三、子女抚养和探视

1.加害方不宜直接抚养子女

考虑到家庭暴力行为的习惯性特点，在人民法院认定家庭暴力存在的案件中，如果双方对由谁直接抚养子女不能达成一致意见，未成年子女原则上应由受害人直接抚养但受害人自身没有基本生活来源保障，或患有不适合直接抚养子女的疾病的除外。不能直接认定家庭暴力，但根据间接证据，结合双方在法庭上的表现、评估报告或专家意见，法官通过自由心证，断定存在家庭暴力的可能性非常大的，一般情况下，可以判决由受害方直接抚养子女。有证据证明一方不仅实施家庭暴力，还伴有赌博、酗酒、吸毒恶习的，不宜直接抚养子女。

2.综合判断受害人的工作和生活能力

受害人很可能处于心理创伤后的应激状态，这可能在表面上使受害人直接抚养未成年子女看起来不如加害人理想，但是随着家庭暴力的停止，或者经过心理治疗，这种应激状态会逐渐消失。人民法院需要综合考虑受害人在工作上的表现和能力，以及直接抚养子女的潜在能力，或者受害人婚前或者受暴前的工作和生活能力，作出最有利于未成年子女的判决。

3.征求未成年子女的意见

人民法院在判决由哪一方直接抚养未成年子女前,应当依法征求未成年子女的意见。但是,有下列情形之一的,未成年子女的意见只能作为参考因素:

(1)未成年人属于限制行为能力的人,其认知水平的发展还不成熟,不能正确判断什么对自己最有利。

(2)未成年子女害怕、怨恨但同时又依恋加害人。暴力家庭中的未成年子女可能在害怕、怨恨加害人对家庭成员施暴的同时,又需要加害人的关爱,因此存在较强的感情依恋。这种依恋之所以产生,是因为受害人的人身安全取决于施暴人的好恶。不违背施暴人的意愿,符合其最大利益。这种状况被心理学家称为"斯德哥尔摩综合征",或者"心理创伤导致的感情扭曲"。

 相关法律规定与参考文献

一、相关法律规定

《中华人民共和国反家庭暴力法》

第15条　公安机关接到家庭暴力报案后应当及时出警制止家庭暴力,按照有关规定调查取证,协助受害人就医、鉴定伤情。

无民事行为能力人、限制民事行为能力人因家庭暴力身体受到严重伤害、面临人身安全威胁或者处于无人照料等危险状态的,公安机关应当通知并协助民政部门将其安置到临时庇护场所、救助管理机构或者福利机构。

第16条　家庭暴力情节较轻,依法不给予治安管理处罚的,由公安机关对加害人给予批评教育或者出具告诫书。告诫书应当包括加害人的身份信息、家庭暴力的事实陈述、禁止加害人实施家庭暴力等内容。

第17条　公安机关应当将告诫书送交加害人、受害人,并通知居民委员会、村民委员会。居民委员会、村民委员会、公安派出所应当对收到告诫书的加害人、受害人进行查访,监督加害人不再实施家庭暴力。

第18条　县级或者设区的市级人民政府可以单独或者依托救助管理机构设立临时庇护场所,为家庭暴力受害人提供临时生活帮助。

第19条　法律援助机构应当依法为家庭暴力受害人提供法律援助。

人民法院应当依法对家庭暴力受害人缓收、减收或者免收诉讼费用。

第20条　人民法院审理涉及家庭暴力的案件,可以根据公安机关出警记录、告诫书、伤情鉴定意见等证据,认定家庭暴力事实。

第21条　监护人实施家庭暴力严重侵害被监护人合法权益的,人民法院可以根据被监护人的近亲属、居民委员会、村民委员会、县级人民政府民政部门等有关人员或者单位的申请,依法撤销其监护人资格,另行指定监护人。

被撤销监护人资格的加害人,应当继续负担相应的赡养扶养、抚养费用。

第23条　当事人因遭受家庭暴力或者面临家庭暴力的现实危险,向人民法院申请人身安全保护令的,人民法院应当受理。

当事人是无民事行为能力人、限制民事行为能力人,或者因受到强制、威吓等原因无法申请人身安全保护令的,其近亲属、公安机关、妇女联合会、居民委员会、村民委员会、救助管理机构可以代为申请。

第24条　申请人身安全保护令应当以书面方式提出书面申请,确有困难的,可以口头申请,由人民法院记入笔录。

第 25 条　人身安全保护令案件由申请人或者被申请人居住地、家庭暴力发生地的基层人民法院管辖。

第 26 条　人身安全保护令由人民法院以裁定形式作出。

第 27 条　作出人身安全保护令,应当具备下列条件:

(一)有明确的被申请人;

(二)有具体的请求;

(三)有遭受家庭暴力或者面临家庭暴力现实危险的情形。

第 28 条　人民法院受理申请后,应当在七十二小时内作出人身安全保护令或者驳回申请;情况紧急的,应当在二十四小时内作出。

第 29 条　人身安全保护令可以包括下列措施:

(一)禁止被申请人实施家庭暴力;

(二)禁止被申请人骚扰、跟踪、接触申请人及其相关近亲属;

(三)责令被申请人迁出申请人住所;

(四)保护申请人人身安全的其他措施。

第 30 条　人身安全保护令的有效期不超过六个月,自作出之日起生效。人身安全保护令失效前,人民法院可以根据申请人的申请撤销、变更或者延长。

二、参考文献

1.叶自强:《民事证据研究》,法律出版社 1999 年版。

2.[德]莱奥·罗森贝克:《证明责任论》,庄敬华译,中国法制出版社 2002 年版。

3.倪寿明、柳福华:《法律规则的提炼与运用:人民司法案例重述(民事卷)》,法律出版社 2012 年版。

4.邱爱民:《科学证据基础理论研究》,知识产权出版社 2013 年版。

5.最高人民法院民事审判第一庭:《最高人民法院新民事诉讼证据规定理解与适用》(上册),人民法院出版社 2020 年版。

第十一章 庭前准备:风暴即临

导 语

　　凡事预则立,不预则废。通过民事诉讼是家暴案件中公民维护合法权益的重要手段,也是《反家庭暴力法》法律诊所学生接触最多的一类案件。涉及家暴案件的受害人找到法律诊所学生,要求提供法律帮助,需要建立委托关系,这是一种信任关系。学生在确定采用诉讼手段维权后,一定要做好庭前准备。一般来说,要正式受理案件;收集整理证据;确定诉讼策略,制订诉讼方案。家庭暴力是指行为人以殴打、捆绑、残害、强行限制人身自由或者其他手段,给其家庭成员的身体、精神等方面造成一定伤害后果的行为。家庭暴力发生在家庭成员之间,主要发生在夫妻之间,也会发生在子女、老人等其他人身上。学生接触到的许多婚姻家庭类案件中都涉及家庭暴力,受害人大多是女性。诊所式法律教育的特色之一是以真实案例作为学习的材料。学生通过阅读或接触一些真实案例,思考在庭前准备中应该准备什么。

教学目标

　　诉讼是维护涉及家暴弱势群体合法权益的主要手段之一。通过本章教学,法律诊所学生必须掌握庭前准备工作内容,包括:正式接受委托;收集整理证据;确定诉讼策略,制订诉讼方案等,掌握相关法律法规规定,理解庭前准备工作中应当注意的问题,为正式开庭做好准备。

教学方法

头脑风暴、角色扮演、案件模拟、分组讨论、反馈与评估。

课堂设计

　　1.根据本章内容与要求,根据学生人数分组,进行模拟家暴案件,学生进行角色扮演。

　　2.根据具体教学时间安排模拟时间,在每组模拟完毕之后要留出时间让参与者进行反馈与分析。

　　3.运用头脑风暴教学方法,让学生讨论案件策略及诉讼方案的制订。

　　4.强调学生先提出方案,老师点评与引导且不能直接给答案。旨在训练学生独立思考与设计方案的能力。

　　5.注意学生点评与互评、总结与反馈。

● **要点把握**

1.了解案情,与当事人建立委托关系,受理案件。

2.收集整理证据应当注意的事项。

3.诉讼策略和诉讼方案的制订应当注意的事项。

● **问题设计**

1.庭前准备中如何了解案情?

2.接受委托,代理涉家暴案件应当注意哪些事项?

3.家暴案件的证据有何特点? 如何收集整理?

4.家暴案件程序有何特点? 如何制订案件诉讼方案?

第一节　案件直击

一、案例一:"疯狂英语"创始人李某家暴案[①]

案情简介

　　李某是英语培训项目的创始人,常在国内外进行富有激情的宣讲,有很大影响力,是一位教育界公众人物。2011 年 8 月,李某的外籍妻子 Kim 在微博上爆料,李某长期对她实施家庭暴力,并在微博上晒出了自己腿部和头部多张受伤的照片,使李某家得以曝光。李某妻子 Kim 随即向北京市朝阳区人民法院起诉,诉求离婚,并要求精神损害抚慰金。在离婚诉讼期间,李某发送手机威胁短信,Kim 多次向公安机关报案,后来向法庭提交了人身安全保护裁定申请。法院经审查认为,Kim 的申请符合法律规定,依法出具了人身安全保护裁定。李某涉及家暴案,历时一年多的审理,2013 年 10 月 16 日,北京市朝阳区法院作出一审判决。法院查明,李某和前妻离婚后于 2000 年复婚,而在婚姻存续期间和 Kim 生育长女并在美国登记结婚。直至 2006 年,李某才和前妻离婚,前后已和 Kim 又生育了两女儿。2010年,李某和 Kim 在广东登记结婚。法院认定,李某婚后对 Kim 进行多次殴打,有家庭暴力行为。此外,李某一年才回家 20 天左右,对妻子存在着精神暴力。北京朝阳区法院一审判决:李某家庭暴力行为成立,准予李某与妻子 Kim 离婚。三个女儿由 Kim 抚养,李某要支付三个女儿抚养费每人每年 10 万元,直至她们分别年满 18 周岁。李某向 Kim 支付精神损害抚慰金 5 万元、财产折价款 1200 万元。

案例评析

　　李某家暴案中,至少有以下几点值得诊所学生关注。

————————

　　① 《李阳家暴案尘埃落定》,载找法网,https://china.findlaw.cn/info/hy/jiatingbaoli/1049272.html,最后访问时间:2022 年 8 月 10 日。

其一,家庭暴力具有隐蔽性。在 Kim 微博曝光以前,很少有人会把家暴与在台上做着精彩演讲的"英语教育家"李某联系起来。发生家暴后,受害人要特别注意收集证据,Kim 在微博上曝光的那些照片,以及后来电视节目的采访视频都可成为法院认定李某家暴的依据。

其二,多渠道保护家暴的受害人。人身安全保护令是《反家庭暴力法》规定的预防家暴、保护家暴受害人的有效手段。人身保护令是一种新的民事强制措施,曾遭受家庭暴力或正面临家庭暴力的受害人可向法院申请人身安全保护裁定,由法院发出人身安全保护令,禁止施暴者与受害者在一定时期内接触。Kim 在向媒体披露李某家暴以及向法院提出离婚诉讼以后,受到李某的威胁骚扰,确实有人身保护的必要。法院作出积极的回应,签发了人身安全保护令。

其三,法院判定 3 个女儿归 Kim 抚养,体现了很大的合理性。从法律上,男女双方离婚以后,都有获得子女抚养的权利,但李某作为施暴者在家庭中担当的角色值得质疑。虽然 Kim 没有正式工作,但将抚养权判给她,并没有免除李某的抚养责任,他需要支付较充分的抚养费,此类案件应该考虑到给未成年人创造良好的家庭环境。

二、案例二:刘某申请人身安全保护令案①

 案情简介

申请人刘某(女)与被申请人李某自 2011 年 11 月开始同居生活,共同居住在以刘某名义申请的廉租房内,双方未办理结婚登记。同居生活期间,李某经常对刘某实施殴打、威胁、跟踪、骚扰行为,并以刘某家属生命安全相威胁。为此,刘某多次向派出所、妇联等相关部门反映情况、寻求保护,相关部门多次组织双方调解并对李某进行批评教育,但李某仍未改变。2016 年,刘某认为李某与其他女子有不正当男女关系,劝解李某回心转意,李某以此为由对刘某发脾气,数次酒后殴打刘某,并扬言提刀砍死刘某。同年 4 月,李某再次以刘某怀疑其有外遇一事,对刘某进行殴打,并持菜刀砍伤刘某。2016 年 9 月 12 日,刘某向重庆市城口县人民法院申请人身安全保护令。

重庆市城口县人民法院经审查后,依法作出裁定:禁止李某实施家庭暴力;禁止李某骚扰、跟踪、接触刘某及其近亲属;责令李某迁出刘某的住所。裁定作出后,李某未申请复议。

 案例评析

本案是一起同居者申请人身安全保护令的案件。反家庭暴力法调整的不仅仅是家庭成员之间的暴力行为,还包括不属于家庭成员关系但基于特殊的亲密关系或因法律规定而产生类似家庭成员之间的权利义务关系的人,比如同居关系当事人。《反家庭暴力法》第 37 条规定:"家庭成员以外共同生活的人之间实施的暴力行为,参照本法规定执行。"因此,同居者遭受家庭暴力或者面临家庭暴力现实危险的,人民法院也可依当事人申请作出人身安全保护令。

---

① 《重庆二中法院发布涉申请人身安全保护令典型案例》,https://www.chinacourt.org/,最后访问时间:2022 年 8 月 8 日。

三、案例三:邵某因家庭暴力离婚案[①]

案情简介

邵某(女)与许某(男)婚前经过短暂接触后,没有深入了解便于2014年11月11日领取结婚证,于2016年3月19日生育儿子许小某。由于婚前双方缺乏了解,感情基础薄弱,邵某在婚后逐渐发现许某性格暴躁,经常因为家庭琐事对邵某实施家庭暴力。更恶劣的是,许某在邵某哺乳期间都对邵某实施家庭暴力,致使邵某身体上伤痕累累,心灵上遭受严重创伤。儿子许小某从出生一直由邵某照顾。许某一直都不尊重邵某,婚姻期间经常对邵某呵斥,邵某怀孕其也未曾关心体贴邵某。为儿子着想,邵某选择逆来顺受,但许某一直不知悔改。邵某对这段婚姻感到身心疲倦,欲离婚并争取儿子的抚养权,遂来到法律诊所寻求帮助。

【代理过程】法律诊所学员接受邵某的委托以后,全面分析了案情,进行了相关调查取证,并进行了大数据分析,查找了与之相似的案例。然后在法律诊所老师的指导下,确定了办案思路和诉讼的策略。在一审中,办案学员向法院申请调查取证,法院向派出所取得了许某进行家暴的相关证据,这为委托人邵某最后取得离婚结果和取得儿子许小某的抚养权打下了坚实的基础。一审中,由于男方坚决不同意离婚,法院判决不准离婚。在领到一审判决书以后,法律诊所学员与委托人邵某沟通,了解到邵某坚决离婚的意愿,并了解到许某对邵某的态度仍无改变,同时许某有转移夫妻共同财产的迹象后,建议邵某上诉,并继续代理邵某参与二审。在二审中,办案学员通过许某家暴的相关证据论证了夫妻感情确已破裂,坚决要求离婚,同时同意与许某就财产分割、子女抚养等问题进行调解。最后,在海口市中级人民法院的主持下,双方达成调解协议。调解协议主要内容如下:(1)邵某和许某就离婚达成协议。(2)婚生子许小某由邵某抚养,许某每月支付生活费2000元,邵某需保证许某的探视权。(3)车辆一辆归许某。(4)房屋一套归邵某,邵某需要支付许某人民币若干元;等等。

在这起案件中,法律诊所学员精心准备,在诊所老师的指导下,最终代理当事人达成调解协议,维护了委托人的权益,诊所学员收获很大。

第二节　庭前准备的内容

通过诉讼是保护家暴受害人的重要手段与途径,涉及家暴的案件主要是民事案件,尤其是婚姻家庭案件,这也是法律诊所学生接触较多的案件。法律诊所学员作为涉及家暴案件当事人的受托人或者作为法律援助律师的助手出庭,应当做好哪些准备工作?在庭审风暴即将来临时,必须做好充分准备,才能切实维护当事人的合法权益。一般而言,作为民事案件,庭前准备包括正式受理案件、收集整理证据、确定诉讼策略、制订诉讼方案等内容。

---

① 案件来源海南大学法律诊所学生代理案件。

一、受理案件

接受家暴受害人的委托,受理案件是法律诊所学员通过诉讼维权的开始,首先要做的是会见当事人,了解案情。

涉及家暴案件的受害人找到法律诊所学生,要求提供法律帮助,需要建立委托关系,这是一种信任关系。学生需要用自己的法律专业知识,为家暴涉及的弱势群体提供服务,并且需要向当事人全面了解案情,这都需要通过会见当事人完成。学生与涉及家暴案件当事人可能有多次接触,但是委托前的会见尤为重要。在这次会见中,学生要做好如下工作:

1.在会见中了解案情的具体情况

了解案情是法律诊所学生决定是否接受委托人的委托,受理案件的前提。在会见中,学生了解案情主要是通过"看、听、问"完成的。

"看",在约见委托人之前,应当根据案件的具体情况,告知委托人准备好与案件有关的全部材料。会见时先由委托人对案情进行简单的陈述,然后对案件相关材料进行初步的阅读、分析。在阅读材料的过程中,针对材料存在的问题,可以边看边向委托人进行简单的询问。看完材料后,诊所学生应当对案情形成一个基本判断。

"听",看完委托人的案件相关材料之后,由委托人对案件的基本事实,委托人想要达到的目的等进行详细的陈述。在这一过程中,学生的主要工作就是倾听。涉及家庭暴力的案件当事人之间存在较为复杂的关系,还涉及感情因素,学生应当了解委托人的真实想法,不可代替当事人作出决定。

"问",在了解案情的过程中,由于委托人一般不具有法律专业知识,加之家暴涉及的家庭生活可能琐碎,委托人往往不能正确判断哪些信息对案件处理有用,哪些信息对案件处理没有用,在其提供的材料和陈述案情的过程中,可能漏掉对案件有用的信息或者材料,因此法律诊所学生应当对自己认为重要的信息,有针对性地对委托人进行询问,同时提示委托人补交相关材料,以便全面掌握案件事实。例如,在社会生活中,许多人很看重婚礼仪式而忽视了结婚登记手续,有的委托人可能只是举行了婚礼,但是没有结婚证,这样有可能只是同居关系。当然,在1994年1月1日以前,以夫妻名义长期同居的,可以构成事实婚姻。学生必须问清楚有关情况。

2.提出初步的解决方案

涉及家暴案件当事人来到法律诊所的目的是希望诊所学生运用专业的法律知识,帮助维护自身的合法权益。能否为涉及家暴案件的当事人提出切实可行的解决方案,决定着当事人是否将案件委托给学生代理。学生通过"看、听、问"掌握案情后,应当进行初步的分析思考,根据相关实体法和程序法,提出初步的解决方案。当然在这一阶段,学生尚没有充分的时间分析、思考,没有向法律诊所指导老师进行汇报,尚不能形成完善的最终的诉讼策略,但初步的解决方案有利于家暴受害人对学生产生信任,从而进一步达成委托协议。

需要指出的是,家暴案件的受害人来到法律诊所后最关心的是案件的处理结果,然而诊所学生不能为了办理案件,就对委托人做出"包赢"的许诺,只能针对现有的材料,从法律层面对委托人进行分析,必须要向委托人提示诉讼中的风险。同时,我国目前有多种反家暴的措施,学生应当向委托人介绍反家暴寻求救济的各种途径,帮助委托人选择救济途径,并形成合理的诉求。

二、接受委托

通过会见,学生掌握了案件的基本事实,委托人对学生产生基本信任,接下来就是办理正式委托手续,接受委托。

1.案件受理审批制度

法律诊所学生年龄小,社会经验不足,对于家暴涉及的婚姻家庭生活一般说来并无体验。并非所有的涉及家暴案件都适合学生代理,因此法律诊所大多建立了案件受理审批制度。接到案件的学生要向指导老师汇报案件和初步的解决方案等,要经过审批才能代理案件。

2.严格按规定办理委托代理手续

首先,法律诊所学生与委托人签订代理合同。有条件的法律诊所可以参照律师办理诉讼业务的格式代理合同,根据学生办理案件的特点,拟定好法律诊所的格式代理合同。

其次,由委托人签署授权委托书。授权委托书一式三份,一份交受理法院,一份交办案学生,一份交法律诊所存档。授权委托书要根据《民事诉讼法》的有关规定,写明代理权限。

再次,要办理有关诉讼代理人的资格证明。我国《民事诉讼法》第61条对诉讼代理人的资格有明确要求,过去意义的公民代理是行不通的。应根据《民事诉讼法》第61条第2款第3项的规定,即"当事人所在社区、单位以及有关社会团体推荐的公民",准备向法院提交委托人所在社区、法律援助中心、法学院的推荐函;也可以先由法学院出具推荐函到委托人所在社区,再由社区出具推荐函给受理法院。

最后,正式接收委托人提交的案件材料。这些材料包括委托人身份的相关材料、案件的证据等。需要注意的是,除因立案或者开庭需要,学生尽量不要收取案件材料的原件,以免因保管不善发生丢失等情形,给委托人造成无法挽回的损失,给法律诊所和学生造成不必要的法律风险。

三、收集整理证据

法谚云:"打官司就是打证据。"人民法院审理案件,认定案件事实,并依法作出裁决是要以证据为基础的。无论是起诉还是应诉,所有的诉讼主张都必须通过证据来支持。在庭前准备中,证据是否确实充分,直接关系到诉讼的胜败。对于代理人来说,证据的来源主要是两个:一是委托人自己提供;二是通过调查取证或者申请法院调查取证等方式取得。俗话说:"清官难断家务事",因为家庭生活琐碎,家庭成员之间人身关系、财产关系、情感关系交织在一起,错综复杂。我国社会还有"家丑不外扬"的传统文化,使得涉及家暴的证据往往比较隐蔽,在收集和整理时存在一定困难。"谁主张谁举证"是民事诉讼的基本举证规则,对此在上一章中有详细阐述,在此只阐述庭前准备阶段收集整理证据中需要注意的问题。

1.收集证据的范围

证据的收集、整理要围绕案件事实和诉讼目的进行。主要有:(1)有关委托人及对方当事人的身份证明。家庭暴力发生在家庭成员之间,需要相关证据证明当事人之间的身份和法律关系,包括所有有关当事人的身份证、结婚证、户口本等可以说明当事人的身份信息。(2)家庭暴力加害人的施暴行为。一般说来,家庭暴力包括身体暴力、性暴力、精神暴力和经济控制四种类型。不同类型的家暴有不同表现形式,也就有不同证据形式。例如,对于身体暴力,受害人所受伤害往往是显形的,受害人的伤痕照片、就医记录、向派出所报案后的出警处理记录等都可以作为证据。而对于精神暴力,受害人所受伤害可能是隐形的,证明有一定难度。含有侮辱、谩骂等言辞的通话录音、微信记录等都可以作为证据。一般来讲,家暴受害人的陈述可信度比加害人陈述的可信度高,按照常理,受害人会隐瞒家暴(家丑不外扬),很少有人愿意冒着被人耻笑的风险,捏造自己被配偶殴打、凌辱的事实。家暴往往是长期的,在这个过程中常有反复,加害人做出的口头、书面悔过或保证,可以作为加害人实施家庭暴力的证据。由于家暴发生在家庭中,有的施暴人有家庭和社会生活两副面孔,外人很难知道家暴的情形,家庭中有认知能力未成年子女的陈述可以作为家暴的证据。(3)家庭财产状况。《民法典》第1079条第3款规定:"有下列情形之一的,调解无效的,应当准予离婚……(二)实施家庭暴力或者虐待、遗弃家庭成员。"《民法典》第1091条规定实施家庭暴力属于离婚过错赔偿的情形之一。在涉及家暴的案件中,无论是单纯的离婚诉讼,还是涉及离婚损害赔偿的案件,都需要知道家庭财产情况。委托人可以自行提供相关财产证据,我国目前法律规定,有些财产采取登记制度,例如国有土地使用权、房屋、交通工具、股权等,可以由委托人通过到登记部门查询档案的方式查询。由于加害人对家庭财产的控制,受害人不能收集到的与家庭财产数量以及加害人隐匿、转移家庭财产行为有关的证据,可以向人民法院申请调查取证。

2.证据清单的制作

在正式起诉或者应诉前,要对收集的证据进行分析、整理。首先,整理证据要划分哪些证据需要提交给法院,哪些证据不需要提交给法院。总的划分原则是,对自己有利的、能支持自己诉讼主张的证据应当提交;对自己不利、不能支持诉讼主张的不提交。例如,离婚诉讼中,应提交家暴导致夫妻感情破裂的证据,而不应提交夫妻感情尚好的证据。如果在离婚中需要争取未成年子女的抚养权,就应当提交对方有家暴,与子女生活不利于子女成长的证据,以及自己对子女照顾较多,有较稳定的收入等对子女成长有利的证据。其次,对于准备提交给法院的证据还要做进一步的整理。整理的基本原则是围绕自己的诉讼主张将证据进行分类。最后,证据整理完毕后,要制作证据清单。证据清单可采用表格形式,将证据序号、证据名称、证明事项等分别列于表格之中。然后按法院要求按对方当事人人数准备提交的证据。

3.证据的提交

证据收集整理完毕后,应提交到有管辖权的法院。在提交证据时,应当注意以下几点:

(1)在举证期限内举证。《最高人民法院关于民事诉讼证据的若干规定》中对举证期限作了严格规定,如果委托人不能在举证期限内向法院提交证据,就要承担举证不能的责任,并可能因此导致败诉。

(2)在举证期限内要经常去法院阅卷,随时掌握对方提交的证据情况,复印对方的证据并对其进行全面的分析,同时针对对方证据情况对自己提交的证据进行补充。

(3)需要证人出庭的案件,应事先与拟出庭的证人进行沟通,使其了解需要其出庭证明的事项,以及出庭的相关注意事项,并在法律规定的期限内向法院提交证人出庭申请书。

(4)对于需要进行司法鉴定的案件,要在法律规定的期限内向法院提交鉴定申请书。

(5)由于客观原因,委托人自身无法取得的证据,可以依法申请法院调取。向法院提交调查取证申请书要在法律规定的期限内进行。在涉及家暴案件中,主要有以下证据需要向法院申请调取。其一,当事人之外的第三人持有的证据;其二,由于加害人对家庭财产的控制,受害人不能收集到的与家庭财产数量以及加害人隐匿、转移家庭财产行为有关的证据;其三,愿意作证但拒绝出庭证人的证言。

四、确定诉讼策略,制订诉讼方案

在对证据进行充分的整理分析以后,法律诊所学生应该运用自己掌握的法律知识对案件的处理确定具体的详细的解决方案,这一过程就是确定诉讼策略,制订诉讼方案的过程。

(一)对案件的法律关系进行分析判断

在代理案件的过程中,首先必须明确委托人之间的法律关系,才能准确地确定被告,进而确定诉讼请求。

家庭暴力中的"家庭"不仅指有婚姻关系、身份关系的生活共同体,还包括同居关系及婚姻关系终止后出现的暴力行为。当事人之间有合法有效的婚姻关系才能诉请离婚,如果存在家暴的,受害人可以在诉求离婚时,提出损害赔偿请求。无效或被撤销的婚姻自始无效。同居期间家庭暴力的受害人可以在向法院诉求分割同居财产时充分考虑无过错方的利益。婚姻关系终止后的暴力行为,则可以要求人身损害赔偿。

(二)确定诉讼请求

1.诉讼请求要明确具体

《民事诉讼法》规定的起诉条件之一就是有"具体的诉讼请求"。这就要求请求的内容要具体化,还要符合法律规定的民事责任承担方式,例如请求离婚、请求停止侵害、请求损害赔偿,请求支付抚养费、赡养费等。如果是损害赔偿,一般来讲是在离婚时提出。如果是同居期间或者婚姻关系终止后的家庭暴力造成的人身损害,可以按照人身侵权损害赔偿提出要求,要写明损失有哪些项目,计算的标准和依据是什么。如果请求支付抚养费、赡养费等,应当写明数额,同样应当写明计算的标准和依据是什么。

需要指出的是,在涉及家暴的案件中,受害人可以向法院申请人身保护裁定。人身保护裁定可以单独提出,不用列入诉讼请求中。

2.根据案件事实提出诉讼请求

委托人提出的诉讼请求需要事实和理由来支撑。一般来讲,仅仅要求离婚,家暴作为感情确已破裂的证据之一,对原告的举证责任要求较低。但是,如果主张在离婚时请求损害赔偿,则对原告的举证责任要求较高。

(三)确定管辖

明确涉及家暴纠纷的管辖法院,是我们提起相关诉讼的前提。一方起诉离婚或者其他请求,应向有管辖权的法院提出。否则,法院将可能不予受理,即便法院受理,当对方提出管辖权异议时,也可能面临被移送的风险,从而导致诉讼拖延。

被告住所地人民法院管辖,是民事案件的一般管辖原则,涉及家暴的纠纷也应遵循这一基本原则。但是,在离婚纠纷中,除被告住所地法院外,原告住所地、婚姻缔结地、一方在国内最后居住地法院等在某些情形下对离婚纠纷也具有管辖权。主要有以下情形:

1.被告所在地法院管辖

夫妻一方起诉离婚的,应由被告住所地人民法院管辖,被告住所地与经常居住地不一致的,由经常居住地人民法院管辖。夫妻一方起诉离婚的,即使离婚案件涉及不动产分割内容的,也应由被告住所地人民法院管辖,不受专属管辖的限制。即使离婚纠纷案件涉及分割的夫妻共同财产数额超过基层法院受理案件的范围,离婚纠纷也一般由基层法院管辖。在离婚纠纷当事人双方均被注销户籍、均被监禁或被采取强制性教育措施的情况下,应由被告居住地或被告原住所地、被告监禁地或者被采取强制性教育措施地人民法院管辖。

2.原告所在地法院管辖

对于不在国内居住的人或下落不明、宣告失踪的人提起的有关身份关系的诉讼,对一方被监禁或被采取强制性教育措施的人提起的诉讼,以及对被注销户籍的人提起的诉讼,由原告住所地人民法院管辖,原告住所地与经常居住地不一致的,由原告经常居住地人民法院管辖。夫妻一方离开住所地超过一年,另一方起诉离婚的,可以由原告住所地人民法院管辖。

3.军事法院管辖

对于涉军婚姻的诉讼管辖,如果双方当事人都是军人的,由军事法院专门管辖,地方法院没有管辖权。如果当事人一方为军人的离婚诉讼,地方法院和军事法院均有管辖权。

4.国内法院管辖

中国公民双方在国外但未定居,一方向人民法院起诉离婚的,应由原告或者被告原住所地人民法院管辖。中国公民一方居住在国外,一方居住在国内,不论哪一方向人民法院提起离婚诉讼,国内一方住所地人民法院都有权管辖。

(四)制作诉讼文书

有关法律文书的写作,有专章进行讲解。庭前准备涉及的法律文书主要有以下:

1.起诉状

起诉状是民事诉讼的重要诉讼文书之一,具有启动诉讼、明确表达诉讼请求及事实与理由的作用。起诉状诉讼请求要明确,双方当事人的状况要准确、具体,内容要围绕事实和法律。

2.制作答辩状

如果委托人为被告,要针对原告的诉讼请求、原告提交的证据,以及被告自己拥有的证据制作答辩状,提出抗辩主张。

3.委托人亲自签字盖章

向法院提交的诉讼文书,必须由委托人亲自签字盖章。一方面表明其内容是委托人自己的意思表示,另一方面也表明委托人对其内容进行了确认。

(五)出庭前的准备

在制作诉讼文书,办理相关起诉应诉手续后,要按照法院的安排参加庭审。在出庭前可以做好如下准备:

1.通过对双方起诉状、答辩状的分析,归纳总结争议焦点,并据此归纳法庭调查提纲。

2.准备好证据原件,以备对方质证。熟悉证据内容,做好举证准备。

3.准备好对证人及鉴定人发问的提纲。

4.制作书面的代理意见。

5.将案件涉及的相关法律法规打印出来,以备开庭发言时查阅。

6.查阅与本案有关的、对己方有利的法院判决或学术文章。这一工作可以通过互联网完成。

7.与委托人就庭审发言内容及分工进行充分沟通,告诉委托人哪些内容该说,哪些内容不该说。

第三节　庭前准备的策略

庭前准备工作直接影响庭审的效果甚至关系到诉讼的成败,因此庭前准备的策略至关重要,在这一阶段应当注意的问题主要有:

一、证据方面的策略

1.证据的收集、整理要全面充分

首先要根据案件的事实,全面收集证据。证据是案件成败的关键,在收集证据的过程中,对证明案件事实的任何一个环节的证据都不能放过,否则就可能导致案件败诉。由于受"家丑不外扬"的传统观念的影响,家暴案件的证据往往比较隐蔽,需要指导委托人(主要是家暴案件的受害人)收集各种证据,诊所学生也需要调查取证,有的证据由于客观原因委托人无法提供,可以向人民法院申请调查取证。在收集证据时还需要注意,如果持续性、经常性的家庭暴力,构成虐待,有可能构成虐待罪,可以作为自诉案件向法院起诉,追究施暴者的刑事责任。

2.牢固树立举证期限和其他相关时限的意识,把握举证技巧

《最高人民法院关于民事诉讼证据的若干规定》对举证期限、申请鉴定的期限、申请法院调查取证的期限、申请证人出庭作证的期限都作了具体规定。如果超过了相关时限,就可能因举证不能导致败诉,因此要牢记相关时限。还需要注意的是,要把握好举证的时间,证据是确定各方诉讼思路的重要依据,如果一些重要证据过早交到法院,对方当事人可能针对性采取措施,所以,有些重要证据可以在举证期限届满时再提交。

二、保护家暴受害人人身安全方面

在涉及家庭暴力案件办理过程中,普遍存在受害人的人身安全受威胁、精神受控制的情况,甚至存在典型的"分手暴力"现象,可能会严重影响诉讼活动的正常进行。因此,在进行庭前准备时有必要请求人民法院对被害人采取保护性措施,包括以裁定的形式采取民事强制措施,保护受害人的人身安全。这些保护措施有:

1.可以请求法院对受害人的联系方式保密

如果存在家暴,可以向人民法院提供受害人的常用联系方式,但可以请求法院保密。人民法院应对受害人的有关信息保密,特别是不能将受害人的行踪及联系方式告诉加害人,以防止加害人继续威胁、恐吓或伤害受害人。

2.向法院请求受害人保护性缺席

有证据证明存在家庭暴力,且受害人处于极度恐惧之中的,正常的开庭审理可能导致受害人重新受制于加害人的,或可能使受害人的人身安全处于危险之中的,人民法院可以应受害人的申请,单独听取其口头陈述意见,并提交书面意见。该案开庭时,其代理人可以代为出庭。

3.向人民法院请求人身安全保护令

当法律诊所学生接受委托人的委托后,发现委托人有遭受家庭暴力或者面临家庭暴力现实危险的情形,可以向人民法院申请人身安全保护令。学生代写的申请书要写明被申请人、具体的请求、委托人遭受家庭暴力或面临家庭暴力现实危险的情形。人民法院在收到申请后会在72小时,紧急情形则24小时内作出人身保护令的裁定。人身安全保护令的有效期可以达6个月,可以有效保护受害人的安全。人身安全保护令不会影响其他庭前准备工作的进行。

三、法律诊所学生办理涉及家暴案件需要注意的其他问题

1.起诉、举证及开庭前要与诊所指导老师充分沟通

涉及家庭暴力的案件有多种类型,专业性强,案情往往较为复杂。大多数诊所学生都缺乏办理案件的经验,有的可能是初次办案。此外,大多数学生的人生经历是从学校到学校,缺乏社会生活经验。因此在办案过程中,在庭前准备的各个环节,例如起诉之前、举证之前及开庭之前等都要与诊所指导老师充分沟通,对于诉讼请求的确定、向法院提交证据的内容及开庭应当注意的事项等以及制作的各类法律文书,都要由法律诊所指导老师把关,以免因学生办案经验和社会生活经验的缺乏,致使涉及家暴案件的重要环节发生失误,给委托人造成损失。

2.在办理案件的过程中注意自身人身安全

在办理涉及家暴案件时,由于许多证据是隐蔽的,委托人不能完全提供,需要法律诊所学生去调查取证,在这一过程中,一定要注意自身的安全。外出调查取证必须小组同学同行,不能单独外出。在与相关当事人相约见面时,一定要将见面调查的地点约在诊所值班室或其他办公场所,不能约在隐秘的地点。

3.在办理案件过程中注意自身心理安全

心理学研究发现,直接或间接触天灾人祸的人,包括受害人本人、目击者、受害人的亲朋好友和援助者,心理都会受到不同程度的负面影响。家庭暴力是违反人性的行为。暴力的残忍性,使人经历愤怒、悲怆、哀伤和无助的心理磨难。受害人都是一些正在经历严重心理创伤的人,法律诊所学生频繁地接触她/他们,很容易受到负面影响,其累积效应,易导致心理疾病或问题,其症状包括爱发火、焦虑、悲哀、睡眠障碍、紧张性头痛等,严重的甚至会影响学生将来对家庭的看法和家庭关系的维持。所以,在办理涉及家庭暴力案件时,学生要注意调节自身的心理,避免可能出现的心理枯竭或其他负面影响;要有意识地学习有关压力管理技巧,了解有关自我保护的知识和措施,包括摄入足够的营养、积极参加体育锻炼、及时休息和放松等。

4.要注重寻求多机构的帮助和多途径的救济

家庭暴力是全社会共同面临的问题,反家庭暴力需要多部门多机构的合作,居委会或村

委会，妇联、公安部门、人民调解组织、社会救助机构、中小学校等都负有反家庭暴力的责任，"清官难断家务事""家丑不外扬"等传统观念正在发生转化。法律诊所学生在办理家庭暴力案件时，要注重寻求多机构的帮助，采取多种救济途径，更好地维护当事人的合法权益，使其避免受到家暴的进一步伤害。

第四节　国外研究视点

家庭暴力是国际社会普遍面临的社会问题，反家庭暴力成为各国法治必须完成的使命。世界各国在反家庭暴力的立法和社会政策方面有着诸多探索，也有许多值得我国借鉴的经验和做法。

一、人身保护令制度

许多国家都有人身保护令措施，这一措施可以强制的手段限制施暴者对受害人进一步施暴。例如，在美国，妇女面临家庭暴力可以申请民事保护令，这种申请很简单。保护令可以规定丈夫在 50 米的距离内不准接近妻子的住处，或者规定丈夫在多长时间之内不准带枪等。这种保护令的有效期一般为一年至二年，受害妇女可以通过两个办法实现保护令上的规定，一是打电话找警察，警察可以将丈夫逮捕，甚至可以由警察局起诉丈夫违反保护令；二是受害人可以直接到法院自诉，要求法庭判施暴者藐视法庭罪。我国《反家庭暴力法》也规定了人身保护令制度，但实施的情况不理想。例如，城固法院对 2013 年度随机抽取的 100 件离婚案件进行调研。100 件案件中，涉及家庭暴力案件有 34 件。这 34 件涉及家暴的离婚案件中没有一起申请人身保护令，说明我国需要借鉴国外的规定和做法，进一步完善和普及人身保护令制度。

二、夫妻共有财产强制终止制度

夫妻共有财产强制终止制度是指在特定的情形下，当事人可以诉请法院裁定终止夫妻财产共有关系，对共有财产进行分割，实行分别财产制，法国、瑞士、德国、意大利等国家都有类似的法律规定。夫妻财产制一般有三种类型，即共同财产制、个别财产制和约定财产制。在夫妻没有对财产作出约定或者不属于个人财产的情形下，夫妻结婚时的财产以及婚姻关系存续期间所得为夫妻共同共有。在夫妻财产共同共有关系存续期间是不能对财产进行分割的。离婚是受暴力方摆脱施暴者最有效的方法。但在实际生活中，丈夫对妻子施暴的原因并非夫妻感情破裂，存在家庭暴力的婚姻不一定非得解体。所以当婚姻存续期间发生暴力行为时，受害人不愿意选择离婚但仍然可以选择人身损害赔偿的请求。如果有这样的法律规定，在进行庭前准备制订诉讼策略时可以考虑保持婚姻关系，但是同时要求施暴者支付人身损害赔偿。

三、受虐妇女综合征与专家辅助人制度

受虐妇女综合征原来是一个社会心理学的名词。它在北美成为一个法律概念是在 20 世纪 70 年代末 80 年代初。它在法律上被用来指长期受丈夫或男友暴力虐待的妇女表现出

的一种特殊的行为模式。1987 年,加拿大的法官在 R.v.Lavallee 案中首次准许被告人提供专家证言证明被告人是因为受虐妇女综合征实施攻击行为,最后被告人无罪释放。基本案情是,22 岁的琳·拉娃莉长期受同居男友的谩骂和毒打,身心备受折磨。在一次晚会上,男友又无端对她拳打脚踢。拉娃莉逃到楼上卧室,躲到衣橱里,但男友追来,把她拖出来又打了一顿,并威胁说待客人离去后,要宰了她。在极度恐惧中,拉娃莉在男友离开卧室时,从背后开枪杀了他。她因而受到谋杀罪的指控。审理此案时,辩护律师出示了大量的证据,证明她的男友在同居期间经常打她。专家证人出庭作证,证明拉娃莉患有明显的受虐妇女综合征。一审法官采纳了专家证据,裁定正当防卫的辩护成立,拉娃莉无罪释放。公诉人不服,提起了抗诉。上诉法院的多数法官认为,一审法官采纳这种专家证据是不合适的,故裁定撤销原判,重新审理。1990 年此案上诉到加拿大最高法院。最高法院的九位大法官们一致同意受理此案的上诉。经审理,该专家证据被裁定为可采证据。在国外法院可以依据当事人申请或者依职权聘请相关专家出庭,解释包括受虐妇女综合征在内的家庭暴力的特点和规律,专家辅助人要接受审判人员、双方当事人的询问和质疑,专家辅助人的意见可以作为裁判的重要参考。在受虐妇女综合征可以作为可采纳证据,有专家辅助人制度的情况下,庭前准备阶段就要考虑申请相关专家出庭。

四、家暴注册簿

面对家庭暴力问题的复杂性、综合性、严重性,以及受害人作为弱者求助时可利用社会资源的局限性和困难性,英国逐步创建了多机构合作的反家庭暴力的运作机制。例如,英国政府设立家庭暴力注册簿,将虐待妻子的人记录在案,以便警方和他们日后的新欢核实其过去的劣迹。2014 年 3 月,英国政府又推出一项家暴揭露计划,给予个人询问权和知情权,个人可通过该计划直接向警方询问他们的伴侣或家庭成员是否有暴力倾向的记录。如果警方发现被询问的对象存在家暴记录,在法律允许的情况下可向个人公开相关信息。如果有这项制度,办理涉及家暴案件,进行庭前准备时,就可以去向警方查询相关记录。

五、家暴避难所(庇护所)

许多国家都会为遭遇家暴的受害者(主要是妇女)提供避难所或庇护所。例如,加拿大政府通过在社区设立避难所的方式给急于摆脱暴力环境的妇女提供紧急援助,直到她们找到安全住所为止。这些机构一般由国家出资,提供短期或中期的膳食和住宿,同时提供法律和心理方面的咨询。在可能情况下也给有暴力倾向的男人提供心理咨询服务。避难所戒备森严,始终置于警方的保护之下,施暴者无法接近,受害者的心理和人身安全得到了保障。这可能是比人身安全保护令更为有效的保护措施。

第五节　视野拓展

家暴纠纷属于家庭纠纷,但又与一般家庭纠纷不同,近年来,我国正在进行新一轮的司法改革,家事审判制度的改革是其重要内容之一。从 2015 年开始,最高人民法院顺应家事审判改革的趋势,选取全国 100 多个中基层法院开展为期两年的家事审判方式和工作机制改革试点工作,通过改革的先行先试,探索建立适应我国国情的家事审判制度。诊所学生在办理有关涉及家暴的案件时,必须对此深入了解。

一、树立先进的家事审判理念

家事审判属于民事审判的一个分支。但在审判理念方面又与普通民事审判有很大不同,在传统的家事审判中长期存在重审判轻服务,重诉讼效率轻纠纷解决,重身份关系确认与财产分割轻婚姻关系修复和情感修复的落后理念。应注重以下三方面的转变,树立先进的审判理念:第一,在审判职能方面转变偏重身份确认和财产分割的裁判,注重对夫妻双方安全利益、人格利益、情感利益的保护。在婚姻危机的状况下,做到化解婚姻危机,恢复家庭关系;在婚姻死亡的状况下,做到保护离婚自由,修复家庭成员的心理创伤。夫妻双方的安全利益、人格利益也是反家庭暴力所追寻的,以往法院对离婚后产生的家庭暴力无所作为,甚至有分手暴力的现象存在,现在也要加强防范。第二,在审判思路上要改变传统的三步审判法,家事审判应以保护未成年人的利益为中心,应当防范各种家庭暴力,包括分手后的家庭暴力。第三,在审判效果方面,以矛盾纠纷的彻底化解作为家事审判的终极目标,淡化诉讼效率、审限结案的传统观念,避免因家事案件处理方法的短期化、简单化、程序化所引发的矛盾纠纷转化升级,必须充分重视家事案件中可能存在的家暴现象。

二、建立多元化家事审判机构

近年来,婚姻家庭案件数量递增,类型多样化复杂化,对审判组织提出了更高的要求,各地各级法院家事审判组织的设立进行了探索。广东省高级人民法院早在 2010 年率先在中山法院和珠海香洲区法院等 6 个基层法院试点家事审判合议庭改革,围绕"反对家庭暴力,推进人身安全保护裁定"来重点开展工作,并不断创新审判方法,形成各自特色;2013 年,深圳宝安法院正式成立专门的家事审判庭,并创建了法院主导下的公安、司法、妇联等部门共同参与的家事纠纷综合解决机制,这都在反家庭暴力中发挥了重要作用。目前家事审判机构改革呈现机构专门化、人员专门化和程序专门化的发展趋势。专门的家事审判机构主要包括:家事审判合议庭、家事审判庭、家事法院。各地试点法院均探索建立了家事审判庭,试点中主要有两种模式:一是在少年审判庭的基础上,成立少年家事审判庭,合并审理涉少年以及家事案件;二是对于没有成立少年审判庭的法院,单独成立家事审庭。从未来的发展方向来看,应以成立家事法院为目标,这样才能更好地实现处理家事纠纷时审判职能与社会职能的融合。人员的专门化是指明确家事法官、家事调解员、家事调查员、心理咨询师等专业人员的职能定位及角色分工。程序的专门化是指建立不同于民事诉讼的家事特别程序,包括确立调解优先、适度职权干预、不公开审理、亲自到庭等原则,逐步探索家事案件的特别审限制度、婚前财产申报制度等程序,探索有效反家庭暴力的特别程序。

三、运用司法外资源解决家事纠纷

家事纠纷不仅是法院重要的审判领域,更是每个家庭成员,以及社会各个层面需要合力解决纠纷的领域。在西方发达国家,尽管司法对于整体社会具有庞大的承载效应,但其社会纠纷的解决从未完全依赖于司法程序,而是对外衍生了一套各尽其能、各司其职、配合衔接、有序运行的多元化纠纷解决体系。例如,德国就发展了社区心理咨询、调解、少年管理等行业并将其列入家事纠纷解决的行列。在本轮家事审判改革试点过程中,各地法院都响应最高人民法院的号召,积极搭建家事纠纷的综合协调解决平台。例如,山东武城法院在建立"121"联调联动机制外,还组建专业调解团队,选聘由退休法官、人民陪审员、社会知名人士、爱心联盟成员、四德模范等二十余人组成的特约调解委员会;通过建设"家和平台"网络,设置"和谐家庭""反家庭暴力""未成年人保护""老年人保护"四大板块主题,服务家事审判方式及工作机制的试点。又如,广西三级法院通过与民政部门、妇联、社区服务中心等多部门合作,创建了形式多样的合作方式,成绩斐然。其中,南宁市良庆区法院与民政局合作成立探视中心和反家暴庇护中心;南宁市西乡塘区法院与社区服务中心合作,充分利用社工和服务人员开展家事纠纷调解工作。再如,苏州中院早在2014年就引入婚姻家庭人民调解委员会,协助法院化解婚姻家庭纠纷,苏州妇联在全市各乡镇、街道均聘任一名以上家事纠纷特邀调解员,在全市组建大调解网络,便于法院通过该网络委派或邀请当事人所在地的特邀调解员化解家事纠纷。家事审判机制的改革还在进行之中,诊所学生可以思考如何才能让家事审判机制更好地发挥反家庭暴力的作用。

四、实践活动

法律诊所学生可以开展多种形式的反家庭暴力社会实践活动,包括但不限于以下形式:

(一)社会调研

1.法院案例调研

以小组为单位,选择所在地区基层法院,调查近三年婚姻家庭案件中涉及家庭暴力案件的审理情况。方法是在选定地区的基层法院,从近三年已经结案的案件中,每一月随机抽取10份案卷,调查婚姻家庭案件的基本情况,调研其中涉及家暴的比例,被认定为家暴的比例,涉家暴案件的审判机制改革和成效,存在的问题以及完善途径。

2.妇联、街道、社区及公安机关调研

以小组为单位,走访妇联、街道、社区、法律援助中心以及公安派出所,了解综合防治家庭暴力的情况。可自行设计调研方式。

(二)模拟教学

模拟家暴受害者来访,接待并给出咨询意见。也可以模拟家暴受害者来电或网络求助,接待并给出咨询意见。

(三)代理涉及家暴案件

通过代理涉及家暴案件,了解庭前准备应注意的问题。如果没有案源的小组可以讨论法律诊所以往办理的涉及家暴的案件,或者以本章提供的案例为基础,讨论诉讼策略的制订以及庭前准备的注意事项。

相关法律规定与参考文献

一、相关法律规定

1.《中华人民共和国民法典》。

2.《中华人民共和国妇女权益保障法》。

3.《中华人民共和国反家庭暴力法》。

4.《中华人民共和国未成年人保护法》。

5.《中华人民共和国老年人权益保障法》。

6.《中华人民共和国民事诉讼法》。

二、参考文献

1.李莹、冯媛主编：《〈反家庭暴力法〉的立法倡导与实践》，华中科技大学出版社 2020 年版。

2.全国妇联权益部：《反家庭暴力法实用问答及典型案例》，中国法制出版社 2016 年版。

3.夏吟兰、龙翼飞主编：《家事法实务（2019 年卷）》，法律出版社 2019 年版。

4.杨世强主编：《反家庭暴力法案例评析》，暨南大学出版社 2016 年版。

5.张荣丽主编：《针对妇女的家庭暴力：两岸及香港相关法律制度与实践比较研究》，知识产权出版社 2019 年版。

6.叶英萍主编：《法律诊所教程》，吉林大学出版社 2010 年版。

7.陈苇主编：《我国防治家庭暴力情况实证调查研究》，群众出版社 2014 年版。

8.荣维毅：《家庭暴力对策研究与干预》，中国社会科学出版社 2003 年版。

第十二章 案件的代理：舌尖上的真理

导 语

经过前期接触和了解，法律诊所学生与当事人之间已经有了初步了解和信任。在掌握基本案情、确认过当事人诉求的基础上，学生已经为当事人提供了初步的咨询意见和解决方案。如果当事人对学生的咨询意见和解决方案满意，一般会委托法律诊所指派的同学为当事人提供代理服务。理论上来说，民事案件的代理应当包括谈判、调解，以及民事诉讼（又可以分为一审、二审、再审和执行等各阶段）等几大领域。从我国民事诉讼实务现状出发，结合我国法学院在校学生参与法律实践的实际情况来看，诉讼环节是将咨询、会见、调查、问题解决方案设计、谈判、法学理论分析与解释、民事实体法、民事程序法等诸多知识和技能混于一炉的实践过程。因而，为行文简约，这里仅以民事诉讼案件一审的代理为例。

● 实务中的注意事项

由于法律诊所是由在校学生担任办案主力，而非专职律师，因而在实践中，可能会出现诊所指派的学生因为有课或其他教学活动等原因，导致时间冲突，无法出庭代理的情况。有鉴于此，我们建议采取以下措施来预防：

1.同时指派2~4名同学，形成代理人候选团队，共同跟进案件的办理工作。

2.注意候选人年级与班级的混搭，尽量避免课程表时间完全一致的情况。

3.签署授权委托书时，一份授权委托书上只写一位受委托人的名字，以避免因其中一位受委托人不能出庭而导致授权委托书无法使用，不得不重新找当事人签字的局面出现。

4.当事人签署的多份授权委托书由法律诊所指定专人保管，根据实际情况发实际出庭的代理人同学使用。备用的授权委托书应妥善保管、及时销毁。

● 教学目标

通过指导和帮助学生亲自代理实际案件或模拟代理过程，让法律诊所学生进一步强化对诊所式法律教育目标与主要教学方法的认识，全面了解和实践案件代理所需核心技能与基本理论与实务素养，提升在实案中将各部门法的理论知识与法律人必备职业技能这两大模块知识综合加以运用的能力。同时，针对学生开展公民代理时的常见困境，也给予了必要的说明和指导，指导和帮助学生做好相应准备工作，预先化解常见困境。

◉ 教学方法

临床教学法、任务驱动法、尝试教学法、现场教学法、讨论教学法、参观教学法。

◉ 课堂设计

1.将学生分为 2～3 人(最多不超过 4 人)的小组，以代理技能训练和学习为中心，结合实际案件的委托情况，由不同的小组担任或模拟原告代理人、被告代理人等不同的角色。

2.根据实际案件代理工作的具体进展，或模拟教学的预定时间节点，进行实际操作练习和讨论、讲解。

3.强调学生独立承担代理任务，老师在关键环节和节点上给予把关和督导，而不能是老师操作、学生观摩的方式。

4.注意学生操作过程、讨论过程的完整记录，以便学生能够更加客观地进行假设、实操与结果之间的印证和对比，从而更好地发现自身不足，更加有针对性地改进和提高。

◉ 要点把握

1.严格保护当事人隐私与个人信息，不得泄露。

2.充分认识学生身份的特殊性对于案件代理的影响。

3.实际案件的代理直接关乎当事人的利益，必须格外谨慎、勤勉，避免给当事人利益造成损害。

4.强调学生综合素质的训练与提升。

5.案件的代理更大量的是案头准备工作，而不仅仅是庭审的高光时刻。

◉ 问题设计

1.什么叫利益冲突？为什么代理前要做利益冲突审查？

2.如何建立委托代理关系？

3.代理过程中常见的应当避免的、可能损害当事人利益的情形有哪些？

4.起诉状/答辩状的写作过程与证据清单/证据目录的整理过程是怎样相互影响的？

5.以学生身份代理实际案件，有哪些特殊性，会带来什么影响？有哪些困难，应当如何克服？

第一节 案件直击

一、案情简介[①]

(一)婚姻家庭情况

原告 Y 女士与被告 S 先生于 2013 年 5 月经人介绍认识，2013 年 11 月 13 日举行结婚

---

① 本案例改编自中国社会科学院大学法律诊所代理承办的真实案件。

仪式。2014 年 4 月 3 日,待比 Y 女士年龄小的 S 先生达到法定婚龄后,双方领取了结婚证。婚后育有一子(2015 年 6 月出生)。

(二)存在家庭暴力

据 Y 女士向法律诊所学员陈述,其实 S 先生婚前就存在对她使用暴力行为的情况。因为当时二人年纪尚轻,对家庭、婚姻并没有深刻的理解,婚前也没有充分了解对方就仓促举行了结婚仪式,甚至在举行仪式的时候被告 S 先生尚未达到法定婚龄。因而二人的感情基础很不好。婚后,夫妻二人的感情状况并未得到明显改善,生活并不和谐。双方经常不在一起生活,婚后夫妻双方严重缺乏沟通,情感交流更无从谈起。尽管双方共同生活的时间不长,据 Y 女士讲,她遭到 S 先生的家庭暴力共有十余次之多。但由于各种原因,此前的家庭暴力基本没有留下证据。

(三)矛盾爆发

2017 年 1 月 2 日,Y 女士回家时,卧室门关着,她推开门,见丈夫 S 先生和一名陌生女子在卧室里,举止暧昧。此前 Y 女士听说 S 先生"外面有人了",遂质问二人什么关系。S 先生恼羞成怒,再次当场对 Y 女士实施暴力。Y 女士随即报警,并由辖区派出所出具证明,到附近医院验伤,结论为轻微伤。此次事件极大地伤害了 Y 女士的感情,忍无可忍之下她向对方提出离婚,但 S 先生坚决不同意。

(四)起诉离婚

2017 年 2 月,Y 女士无奈向法院起诉,并提出如下诉讼请求:
1.请求法院判决原告与被告离婚;
2.要求被告就实施家暴赔偿原告精神及健康损失 10000 元;
3.本案诉讼费用由被告承担。

(五)求助法律诊所

开庭前,原告 Y 女士来向法律诊所求助,表示自己对法律了解得不多,希望法律诊所能在法院开庭审理的时候,派学员出庭代她发言。在依照《民事诉讼法》第 61 条之规定办妥诉讼代理委托手续后,法律诊所的学员接受原告的委托,2017 年 5 月 21 日,作为原告的诉讼代理人出庭发表了代理意见。

二、庭审概况

为帮助大家了解家事纠纷民事一审开庭审理情况,下面根据我们法律诊所承办的实案开庭情况,对各主要阶段的要点进行再现。

(一)开庭准备

书记员查明当事人及其他诉讼参与人到庭情况,检查和收取各方当事人及其代理人的身份证明、授权委托书等材料,宣布法庭纪律。

（二）宣布开庭

法官告知当事人在诉讼中依法所享有的诉讼权利。

（三）法庭调查

1.原告陈述

诊所学员作为原告的委托代理人,明确了原告的诉讼请求,并简要陈述争议的事实及理由如下:"Y女士与S先生经别人介绍相识,双方此前并不认识,彼此之间还比较陌生,从相识到结婚只见过几次面,婚前双方缺乏了解,没有感情基础。原告与被告结婚半年后,因性格原因及生活琐事双方经常吵架,原告多次遭到被告打骂,原告精神、身体都受到了伤害。更令人伤心的是,2017年1月2日下午,被告将异性带回家,在卧室里举止暧昧,还因此再一次对原告大打出手,造成轻微伤的损害后果。被告不履行夫妻之间相互忠实义务、实施家庭暴力等恶劣行为,已经致使夫妻感情完全破裂、毫无和好可能,以上事实足以说明原、被告双方夫妻感情确已破裂,夫妻关系名存实亡。为此,原告根据《婚姻法》和《民事诉讼法》相关规定提起诉讼,请求依法判决原、被告双方离婚,结束这段早已名存实亡的婚姻关系,尽早结束当事人的痛苦。"

2.被告答辩

被告自行口头发表了如下答辩意见:"我们是自愿结婚,感情挺好的。我们经人介绍结婚,对于这件婚事,我俩和双方家人都十分满意。原告说双方彼此不了解,多年来未建立起夫妻感情是气话,不是真的。说我经常殴打她,这也不是真的。生活中难免会出现一些小矛盾,夫妻之间打打闹闹很正常,我们都处理好了,过去了。她说我在外边有人了,那是她听信了我在外拈花惹草的谣言,其实那都是正常工作关系的同事,所谓的"第三者"只是来我家谈业务上的事。那天她当着同事的面与我争吵,让我很下不来台,我一时冲动,扭打之间无意推了她一下,没想到她就摔倒受伤了。其实我胳膊上也有她拧的瘀青,前不久才消下去。我看她受伤了,也挺后悔、挺自责的。她说我不忠诚、不尊重她,是我的原因导致夫妻感情完全破裂,这毫无根据,不是真的。我觉得,我们的感情还有挽回的余地,恳请法庭能给个机会。"

3.质证

（1）原告方出示证据

法官:现在由原告方出示证据,被告进行质证。

原告代理人出示两份证据:

①结婚证:系原被告的合法夫妻关系证明;

②2017年1月2日××医院的病历、诊断证明、费用清单等,用于证明原告受伤的事实。

法官:原告方是否还有其他证据出示?

原告代理人:没有。

法官:下面由被告进行质证。

被告:我不知道该怎么说。

法官:你对刚才原告方出示的证据,有异议吗?

被告:没有异议。

法官:我问原告几个问题。你不是说原告经常实施家暴吗?怎么只有这一次的病历和诊断证明?

原告:(开始哭)他一不高兴了就打我,有一回把我的胳膊、腿、背都打得瘀青……(泣不成声)

被告:(支支吾吾)我,我,我后来不是改了吗……

(2)被告方出示证据

法官:现在由被告方出示证据,原告方进行质证。

被告:我没有证据。

4.争点归纳

经过法庭调查这一阶段后,法官认为此案争议焦点在于:

(1)被告S先生的行为是否构成家暴。

(2)原、被告双方夫妻关系是否已经破裂。

(四)法庭辩论

1.法官主持

法官:现在进行法庭辩论,首先由原告及其代理人发表辩论意见。

2.原告方发表辩论意见

原告:全权交给我的委托代理人。

原告代理人:尊敬的法官,在查阅相关证据资料和刚才法庭调查的基础上,现在依据法律和事实做出如下辩论意见:

第一,被告多次对原告实施家庭暴力,造成原、被告双方的夫妻感情破裂,没有和好的可能,建议法庭判决原、被告双方离婚。婚姻关系是建立夫妻感情基础上的,而如今被告人起诉离婚的行为实际上表明夫妻关系发生实质性变化。通过刚才的庭审调查,不难看出,结婚后被告多次殴打原告,而且愈演愈烈。受"家丑不可外扬"的传统观念影响,Y女士一直隐忍,没有报警或就诊,导致未能很好保留被告实施家庭暴力行为的有力证据,但在刚才的质证环节中,相信法官已经注意到了,当Y女士在法庭上哭诉遭受家庭暴力的经历时,被告说:"后来我不是改了吗?"这个回答,其实已经承认了他曾经实施过家庭暴力。而且,最近一次发生于2017年1月2日的家庭暴力行为,有原告就医门诊病史记录以及警方的出警记录(我们申请法院依职权调取该份证据)为证。但被告今天在这里试图掩盖事实,表明他完全没有悔过之心。

在本案中,根据《反家庭暴力法》第2条之规定以及《最高人民法院关于适用〈中华人民共和国婚姻法〉若干问题的解释(一)》第1条之规定,被告的行为显然已构成家庭暴力。

为保障公民的离婚自由,根据《婚姻法》第32条,《最高人民法院关于人民法院审理离婚案件如何认定夫妻感情确已破裂的若干具体意见》第2条、第13条之规定,我方恳请法庭理解与支持原告的诉讼请求,判决准予原、被告双方离婚。

第二,在本案中,被告实施家庭暴力存在过错,依法应予赔偿相关损失。被告S先生对原告Y女士实施家庭暴力不止2017年1月这一次,而是长期存在的。被告作为丈夫,本应理解女人的柔弱给予呵护,却肆无忌惮地施加暴力,造成原告精神与肉体的双重折磨,我方认为,根据《婚姻法》第46条,《最高人民法院关于适用〈中华人民共和国婚姻法〉若干问题的解释(一)》第28条,以及《最高人民法院关于确定民事侵权精神损害赔偿责任若干问题的解释》第1条的规定,原告有权要求损害赔偿,该损害赔偿包括精神损害和物质损害。因此,被告作为过错方,应向无过错的原告支付精神抚慰金,同时还应支付原告为此看病就医的医疗费。

综上所述,请法庭依法公正判决,从维护妇女合法权益的原则出发,判决准予原、被告离婚的同时,支持原告其他的诉讼请求。

以上代理意见,请合议庭在合议时参考,并希望能得到采纳。

3.被告方发表辩论意见

法官:现在由被告发表辩论意见。

被告:我没真的想打她。我不同意离婚。我也没钱赔。没了。

4.法官继续主持

法官:原告方是否进行第二轮辩论?

原告方:不进行。

法官:被告方是否进行第二轮辩论?

被告方:不进行。

(五)最后陈述

法官:现在由当事人作最后陈述,陈述应当表明主要诉讼请求,是否改变诉讼请求,要求法院如何处理等内容。

1.原告方最后陈述:坚持原来的诉讼请求,没了。

2.被告方最后陈述:我没真的想打她。我不同意离婚。我也没钱赔。没了。

(六)休庭评议

法官:原告是否同意调解? 被告是否同意调解?

原告:不同意。

被告:不同意。

法官:由于原告和被告均不同意调解。现在休庭。(敲击法槌)。

三、庭审点评

本案在内部讨论阶段,法律诊所办案组的意见认为很不乐观,因为当事人掌握的相关证据非常少,大家都感觉不足以使法官形成内心确信。但当事人态度很坚决,已经起诉离婚了,一定要打到底! 所以我们尊重当事人意愿,出庭代理。在庭审过程中,通过当事人当庭的陈述,特别是真情实感的哭诉,让主审的女法官为之动容,而且使被告做出了"后来我不是改了吗……"这样的应答。在法庭辩论阶段,代理人同学敏锐地抓住了被告下意识的自认式回答,将这一点临时加进自己的辩论意见中,有力地提醒法官加以注意,进一步加强了论证。这样一来,原告虽然没有强有力的证据证明长期家庭暴力,但是至少足以证明存在家庭暴力的可能性非常大,已经形成了相当的优势证明,而被告在该问题上则没有任何证据。

最终,法院判决原、被告双方离婚。

第二节　代理的一般流程

民事诉讼案件第一审程序中的代理相关工作流程大致包括明确代理关系之前的审查与告知、代理权的取得、立案/应诉、出庭、处理善后事宜等几大阶段。实务当中,可能在此基本流程基础上发生一些变化。现分述如下。

一、明确代理关系之前的审查与告知

由于诉讼程序具有严肃性,且直接关系到当事人的权益,因而在启动相关工作之前,必须针对以下重点内容进行慎重、严格的审查。无论此前是否做过相应的审查,都应认真独立地重新审查一次。此外,在确立代理关系之前,还应将诉讼中的一些不可控因素及风险向当事人进行告知和提示。

(一)利益冲突的审查

在民事案件的代理中,仅仅有当事人的委托意愿是不够的,中华全国律师协会 2017 年修订的《律师执业行为规范(试行)》中明确规定:"办理委托事务的律师与委托人之间存在利害关系或利益冲突的,不得承办该业务并应当主动提出回避。"为了有效避免出现利益冲突的情况,该试行规范中还规定:"律师事务所应当建立利益冲突审查制度。律师事务所在接受委托之前,应当进行利益冲突审查并作出是否接受委托决定。"由此可见,利益冲突审查是决定律师能否代理案件的重要因素之一,而且是在建立代理关系之前必须完成的工作。虽然一般来说,诊所学员/志愿者与当事人之间极少会有利益冲突存在,但也不排除利益冲突的可能性,例如,诊所所在学校的学生与学校之间发生纠纷时。关于法律诊所与当事人之间是否存在利益冲突应该如何判断与审查,目前没有明文规定,可参照《律师执业行为规范(试行)》中的相关规定来执行。

(二)起诉条件的审查

排除了诊所学员与当事人之间利益冲突的可能性之后,接下来要结合《民事诉讼法》之规定,对相关当事人是否符合起诉条件进行审查:

1.原告是否与本案有直接利害关系

如果我们是原告的代理人,则前期沟通过程中应该已经对相关法律关系有了初步梳理。此时,应再复核一下我方当事人(原告)的身份、资格,避免出现不必要的失误。如果我们是被告的代理人,则应重点审核原告是否适格,是否具有法律上的特定身份等。

2.是否有明确的被告

如果我们是原告的代理人,在起诉前应重点审核被告是否明确,被告的身份信息是否准确,是否依法应当承担相应法律责任和义务等。如果我们是被告的代理人,则应复核一下我方当事人(被告)的身份信息,避免出现不必要的失误。

3.是否属于民事诉讼的受案范围

(1)一般规定。《民事诉讼法》第 3 条规定:"人民法院受理公民之间、法人之间、其他组织之间以及他们相互之间因财产关系和人身关系提起的民事诉讼，适用本法的规定。"

（2）家事纠纷中常见的不予受理的情形。根据《民事诉讼法》《民法典》等相关规定，家事纠纷中常见的不属于民事诉讼受案范围或依法不予受理的情形有：女方在怀孕期间、分娩后一年内或者终止妊娠后六个月内，男方提出离婚的，除人民法院认为确有必要受理男方离婚请求的以外；判决不准离婚和调解和好的离婚案件，判决、调解维持收养关系的案件，没有新情况、新理由，原告在六个月内又起诉的等。

4.争议事项应该由哪个法院管辖

案件的管辖，即原告应向哪个法院提起诉讼的问题，是经常容易被同学们忽视或搞错的问题。实际上，这是至关重要的关键细节。一旦立案庭的法官对你说："对不起，这个案子不归我们法院管辖"的时候，当事人会怎样看待你的专业能力呢？

（三）时间要素的审查

诉讼过程中，有很多相关期日、期间会产生实体或程序上的法律效力，从而直接或间接影响当事人的权利。对于时间问题，必须保持高度敏感和重视。在代理之前的审查工作中主要涉及的时间因素有：

1.与身份有关的时间因素

（1）原告方

如果拟代理的是原告一方，则我们需要仔细审查原告的诉讼时效情况，看是否超过诉讼时效期间，有无诉讼时效中断、中止或延长的情节等。

（2）被告方

如果拟代理的是被告一方，常见的需审查的时间因素有：

①答辩期限。被告需要做答辩的，我们要提醒他注意答辩期限。

②举证期限。需要格外留意举证期限。

2.与身份无关的时间因素

无论原告还是被告都应当注意的期限有申请诉前财产保全的期限、举证期限等。

（四）诉前告知

在起诉前，诊所学员/志愿者应当向当事人做诉前告知，使他们了解诉讼过程中可能发生的风险，以谨慎地选择诉讼手段解决纠纷，并在诉讼中正确行使诉讼权利，以便诊所学员/志愿者能够更好地给予配合，切实维护当事人的自身合法权益。

诉前告知原则上应当采用书面告知的方法。

附：《诉讼风险告知书》（参考样例）
诉讼风险告知书

尊敬的×××（先生/女士）：

感谢您委托××法律诊所对您的法律事务进行代理，为了更好地维护您的合法权益，在诉讼之前特提请您注意以下法律风险和事项：

一、案件结果不确定的风险

我们将依据客观事实，在法律允许的范围内竭力维护您的合法正常权益，勤勉履行代理义务;但任何诉讼均有风险,案件具体结果将由法院根据其认定的事实、证据及其对法律的理解最终做出;您提出的诉讼请求或抗辩理由,有部分或全部不被法院支持的可能;我们对案件的任何分析、意见或推测,均系基于专业知识和经验做出,并不代表法院会全部采纳,更不代表我们对办案结果的任何承诺或保证。

二、不客观陈述和积极配合的风险

您应客观、全面、及时地向我们陈述案情,提供相关证据材料及线索,积极协助、配合,及时确认、反馈;我们接受委托后,发现您隐瞒事实、弄虚作假的,有权终止代理;若您未向我们陈述案件的重要情节,因此所造成的不利后果由您自行承担。

三、不支付相关诉讼费用的风险

您可能需要支付以下费用(如有):诉讼费、鉴定费、财产保全费等,如因不及时支付所造成的不利后果由您自行承担。

特此告知。

××法律诊所

××××年××月××日

回　执

委托人确认:上述诉讼风险已知悉,完全了解各条内容的含义。

委托人(签字或盖章):

××××年××月××日

二、代理权的取得

经过以上几个方面的认真审核,排除利益冲突的可能性,确认双方当事人身份无误且符合起诉条件,并进行了诉讼风险告知之后,我们要及时与当事人签署相关文件。及时签署代理协议等文件是非常重要的,因为只有对双方的权利义务加以明确,特别是对当事人的配合义务、我方的义务边界等重要内容加以明确,我们才能名正言顺地开展后续工作,在代理工作中真正得到当事人的有效配合,从而更好地维护当事人权益,保证法律诊所和诊所学员/志愿者的权益,避免不必要的误解和麻烦。

(一)签署委托代理协议

我们应该与当事人签订《委托代理协议》,将双方已经协商一致的委托代理法律服务相关事宜加以明确,从而确定法律诊所与委托当事人在代理法律服务过程中的权利义务关系。《委托代理协议》的基本内容一般应当包括委托人的姓名、法律诊所指派学员的姓名、委托事项、委托代理权限、双方的权利义务等条款。

附:《委托代理协议》(参考样例)

委 托 代 理 协 议

(参考样例)

×××(以下称"甲方")因与×××的家事纠纷案件,拟委托××法律诊所(下称乙方)

在一审/二审/执行程序中提供代理服务。现经双方协商，订立下列各条，以资共同遵照执行。

一、乙方接受甲方的委托，指派××同学和××同学为甲方的一审/二审/执行代理人。

二、经双方约定，乙方的代理权限为：(一般/特别)授权(具体见授权委托书)。

三、甲方必须如实陈述案情，及时、真实、详尽地向乙方提供与委托事项有关的全部文件和背景材料，并根据实际需要为乙方提供办公条件和其他便利。

四、乙方必须认真履行职责，按照本协议约定的代理权限提供法律服务，维护甲方的合法权益，同时为甲方保守秘密。

五、乙方指派的同学受甲方委托，从事与甲方业务有关的活动而发生的诉讼、仲裁、鉴定、翻译、资料、复印、交通、通知、外埠差旅等由第三方收取的费用，由甲方支付。

乙方及其指派的同学不得因所提供的法律服务本身向甲方收取费用。

六、本协议未尽事宜由双方协商解决。如一方要求变更协议条款，需经另一方书面同意方可生效。

七、本协议一式两份，双方各执一份，各份具有同等效力。

本协议自双方盖章(签字)之日起生效，有效期限至本案本审终结止(判决、调解、案外和解及撤销诉讼)。

甲方：××　　　　　　　　　　　　乙方：××法律诊所

　　　　　　　　　　　　　　　　　　负责人：

电话：　　　　　　　　　　　　　　电话：

签订时间：　　　年　　月　　日

(二)出具授权委托书

签署了《委托代理协议》之后，为了出庭的需要，还应当由委托人向法律诊所指派的同学出具《授权委托书》。授权委托书是明确案件承办同学代理权限和代理范围的法律文书，是委托代理人从委托人处获得授权，并开展相关代理行为的直接依据。

开庭前，法庭要查验委托代理人的代理手续。其中，除了身份证之外，最重要的就是授权委托书。《民事诉讼法》第62条规定："委托他人代为诉讼，必须向人民法院提交由委托人签名或者盖章的授权委托书。授权委托书必须记明委托事项和权限。诉讼代理人代为承认、放弃、变更诉讼请求，进行和解，提起反诉或者上诉，必须有委托人的特别授权。"

授权委托书的基本内容一般应当包括：委托人的姓名、住址；受委托人(案件承办同学)的姓名、班级和住址；受委托人(案件承办同学)的代理权限(如系特别授权，则依法必须在授权委托书中注明"代为承认、放弃、变更诉讼请求，进行和解，提起反诉或者上诉"等事项的授权)；受委托人(案件承办同学)的代理范围、时限(案件的某一阶段、某一时段等)；受委托人(案件承办同学)的联系方式等。

● **实务当中的注意事项**

由于法律诊所是由在校学生担任办案主力,而非专职律师,因而在实践中,可能会出现诊所指派的学生因为有课或其他教学活动等原因,导致时间冲突,无法出庭代理的情况。有鉴于此,我们建议采取以下措施来预防:

1.同时指派 2～4 名同学,形成代理人候选团队,共同跟进案件的办理工作。

2.注意候选人年级与班级的混搭,尽量避免课程表时间完全一致的情况。

3.签署《授权委托书》时,一份《授权委托书》上只写一位受委托人的名字,以避免因其中一位受委托人不能出庭而导致《授权委托书》无法使用,不得不重新找当事人签字的局面出现。

4.当事人签署的多份《授权委托书》由法律诊所指定专人保管,根据实际情况发实际出庭的代理人同学使用。备用的授权委托书应妥善保管、及时销毁。

注意以上几点,可以在代理过程中提高工作效率、节约当事人和法律诊所学生的时间。

附:《授权委托书》(参考样例)

授权委托书

××人民法院:

你院受理的我与××的(按照相关规定将案由写准确)纠纷一案,依照法律规定,特委托 ×××法律诊所的××同学为我的诉讼代理人。

委托事项和权限如下:

代理人 ×× 同学 的 代理权限为:一般/特别 代理,包括 ＿＿＿＿＿＿＿＿＿

＿＿＿＿＿＿＿＿＿＿＿＿＿＿＿＿＿＿＿＿＿＿＿＿＿＿＿＿＿＿＿＿＿＿＿＿＿＿

等。

特此授权。

委托人:

受委托人:

××××年××月××日

三、立案

如果我方当事人为原告,则我们可能需要帮助当事人完成立案工作。在立案之前,我们要做的准备工作主要是《起诉状》的撰写和《证据清单》的制作,以及证据的梳理工作。这些准备工作的内容与方法将在核心技能部分加以详细说明。

(一)立案方式

除了传统的前往法院立案庭提交立案材料的方式之外,为适应时代发展,为当事人的诉讼活动提供便利,目前很多法院开通了网上立案、诉讼平台。

(二)主体资格证明

立案时必备的基本材料除了我们已经准备好的《起诉状》,证据及《证据清单》之外,还要注意提交身份证明材料和委托代理手续。

1.原告

线下立案时一般必须携带原告的身份证原件(没有身份证时应提交户口本),提交复印件(应将身份证的正、反两面复印在一张 A4 幅面的纸上)。如由学生代理人带当事人身份证原件前往立案的,务必制作交接单,并妥善保管。

线上立案时,注册阶段就会做实名认证。

2.代理人

代理人也要准备身份证原件,要提交授权委托书。

法律诊所的同学们还要提交公民代理所需的相关推荐信函。

2022 年 1 月 1 日起实施的《民事诉讼法》对于公民代理提出了更为严格的要求,需要提供当事人所在社区、单位以及有关社会团体的推荐信函。

(三)诉讼费用的缴纳

要提醒当事人及时缴纳诉讼费,否则可能发生按撤诉处理的严重后果。

(四)其他建议

如果是线下立案,一定要注意受诉基层人民法院的具体立案管辖情况。在实务中,特别是一些辖区比较大的基层人民法院,立案管辖经常会做出调整,诊所代理人应当充分利用各法院网站上所提供的办公地点、诉讼指南、文件模板等信息与资源,提高工作效率,节约当事人和自己的宝贵时间。

四、出庭

(一)出庭前的准备工作

1.与当事人沟通

(1)进一步确认诉讼目标

在法院主持下进行调解时,应当由当事人出面作出决定;如果当事人坚决不出庭,只委托法律诊所学员出庭,则对于当事人的调解底线,必须有书面的记载,并由当事人和诊所代理人双方共同签字,以免发生不必要的纷争。

(2)对当事人给以必要的出庭指导

指导内容主要有以下几方面:确认当事人本人是否出庭,建议当事人尽量亲自出庭;进行法庭上的职责简单分工,即事实问题由当事人陈述,法律问题由代理人阐述;帮助当事人消除紧张感;提示当事人注意在法庭上的言行。

2.材料的更新与检查

从立案提交材料到开庭,中间可能会间隔一段较长的时间,案件事实可能有所发展,当事人的诉讼请求也可能会有变化,因而开庭前要根据实际情况,对诉讼请求、证据材料等进行全面、仔细、慎重地更新与检查。

3.代理词的撰写

代理词的撰写其实也是代理意见的进一步完善过程。我们将在"代理的核心技能"一节中进行说明。

以上内容是原、被告双方的代理人都要做的准备工作。如果我方代理的是被告,则在收到起诉状副本之后,要及时组织撰写《答辩状》(如果有必要的话)、制作《证据清单》和进行证据梳理工作,并在相应期限前提交相关文件。这些准备工作的内容与方法将在核心技能部分加以详细说明。

(二)出庭履行代理职责

1.开庭当天的准备工作:(1)再度确认材料是否齐备;(2)穿着打扮整洁大方;(3)务必提前到达审判地点。

2.突发事件应对:(1)如果我方代理人不能按时赶到开庭现场,则应立即以有效的方式通知法院,说明情况,并听从法院安排。(2)如果对方当事人及其代理人无正当理由迟到半个小时以上的,应当要求书记员将对方无故不按时到庭的情况记载在笔录中,并向法院申请缺席审判或要求对其做撤诉处理。

五、善后工作

(一)开庭当天的善后事宜

1.与法官和书记员确认相关事宜。闭庭后,要及时与法官与书记员就庭审中的一些待办事宜做出确认。例如,我方提交补充材料的方式和时间。如果开庭时法官要求我方补充提交相应材料,则庭后应当及时与法官或书记员确认补充材料的时间、方式,避免因事后无法及时提交材料而耽误案件的进程。

2.务必仔细核对庭审笔录

(1)必须高度重视笔录的证据功能。双方在开庭过程中提出的重要发言和证据,必须在庭审笔录中得到明确记载,以便为本次诉讼,甚至今后可能发生的其他相关诉讼,以及后续的谈判和调解、和解过程,提供证据力极高的证据。

(2)必须认真核对笔录中的内容。对于我方的证据和必须要写进笔录里的重点内容,提前就应有所设计,核对笔录时重点核查。对方的发言和证据中一旦发现此类内容,必须立即写在笔记里,核对笔录时重点核查。对于由对方做出的,对案情可能有重大影响的言行,例如自认或默认,甚至可以直接请求法官将对方的言行写进笔录。

(3)须重点核查的内容。金额、日期、姓名/名称等内容非常容易出现笔误,因此需要重点核查。

(4)要有"泰山崩于前而色不变"的稳重。笔录再长,书记员再催,当事人再急,也要坚持仔细阅读每页笔录,不读完不签字。

(5)笔录的每一页均应签字,注明日期防止有人变造、伪造庭审笔录。

3.重视必要的工作礼仪,善始善终。例如,陪同当事人出法院,并礼貌地分别。

（二）诉讼文书的收转

法院可能会直接通知代理人前往领取判决书、调解书或裁定书等诉讼文书。在领取诉讼文书环节上应当做好以下工作：

1.第一时间通知指导老师和当事人；

2.领取文书时务必仔细核对当事人姓名/名称、金额、日期等容易出错的关键点；

3.在将诉讼文书转交当事人之前，必须将诉讼文书扫描或复印，制作副本，交诊所留存；

4.将文书转交当事人时，应填写《办案材料交接清单》，或由当事人出具收条。

（三）给当事人发出后续事宜的书面提示

一审判决作出后，代理人应就判决生效与申请强制执行等事宜向当事人做出书面提示。

附：《关于诉讼后续事宜的提示》样例

关于诉讼后续事宜的提示

尊敬的××（先生/女士）：

您与××纠纷一案的一审判决已经做出，依照《委托代理协议》的约定，我们的工作至此告一段落。现就后续事宜的应对提示如下：

一、关于上诉

原告和被告收到一审判决书后15日内有提起上诉的权利，从各自收到判决书之日起分别计算。

我们是××月××日收到判决的，上诉期限依法截止到××月××日，由于法院支持了我方的主要诉讼请求，我们认为您没有上诉的必要；对方的判决送达时间与我方基本同时（以法院送达的实际日期为准），如果对方上诉了，那就要进入二审程序。目前我们只能等待对方上诉期限届满之后再向法院了解相关确切消息。

二、关于判决的履行与执行

如果对方未在法定上诉期内上诉，则一审判决即告生效。根据一审判决，判决生效后十日内被告须履行相关义务。

如果对方拒绝主动履行判决，为确保权利的实现，建议您根据《民事诉讼法》之规定，及时申请强制执行。

申请执行的相关工作可以通过法院的官方APP来操作，按照《诉讼费用交纳办法》，执行案件虽然要缴纳申请费，但该费用一般无须申请人预交，而是在执行过程中由法院在执行到位的款项中扣缴，即该费用最终由被执行人负担。本执行案件的申请费速算结果约为：××.××元。在向法院申请强制执行之前，需要设法调查一下对方的财产线索，于申请书中载明并提供给法院执行部门，以便提高执行效率。

以上信息请知悉，特此函达。

××法律诊所

××××年××月××日

第三节　代理的核心技能

出庭代理的核心技能应当包括文书写作、证据梳理与证据清单制作，以及庭辩技巧三大部分。

一、文书写作

文书写作是最能集中直观地展示代理人综合素质与工作能力的"名片"。一份格式准确、美观，逻辑清晰、论证有力的文书，能够非常快地建立"专业"的第一印象。而好的文书，是靠不断地练习和改进，长期积累的结果。

(一)初学者的法宝——模仿

作为初学者来说，模仿是非常必要的学习过程。对于法律诊所的学员来说，中国裁判文书网上的海量判决书为我们提供了绝好的学习范本——判决书中会对原、被告双方的主张、论证过程加以引用，同时，说明法官的裁量依据和理由。可见，一篇判决书中的内容是相当全面而丰富的。无论你是原告方的代理人，还是被告方的代理人，都可以从中找到自己需要的内容。因此，接手案件，了解了基本案情之后，同学们就可以去裁判文书网上检索同类案件的生效判决了。

检索时，要注意以下要点：

1.指导案例和类案优先。先进行最高人民法院公布的指导案例的检索，看是否有相关指导案例；如果没有相关的统一指导案例，则应考虑是否有相应的类案判决。

2.注意可能存在的地域差别。如果没有指导案例和类案的情况下，检索时应考虑地域差别问题，先对受诉法院及其上一级法院的判例进行检索；如果仍没有，则可以考虑扩大检索地域。

3.注意判决形成的时效性。检索时，应当留意判例的形成时间，判决所依据的法律条文是否现行有效。尽可能采用形成时间不超过一年的判决书。

4.设置恰当的关键词。经验不丰富的初学者，在检索时，一般采用的是判决书全文检索的方法，从海量的文字中精准找到想要的判例，当然要靠关键词的恰当设置。

找到相关判决后，还要仔细研读判决书中的案情，与我们接办的案件进行对比，确定是否属于同类案件。对案情相似的同类案件的判决书再进行精读，看看法院的裁判要点，从而了解我们应该从哪些方面去论证和组织证据。

(二)常用文书

家事案件中，通常不存在反诉的情形，因而这里只介绍起诉状和答辩状的书写，不介绍反诉状的情况。

1.起诉状

(1)应当符合格式要求。请以最高人民法院公布的最新法律文书样式为基准，同时，各法院对于起诉状的格式要求可能会略有不同。建议立案当天携带起诉状的电子版本前往法院，以便及时编辑、打印，重新提交符合要求的起诉状。但在根据法院要求进行格式处理时，需确保当事人签字页能够正常使用。

（2）选择较优的被告。我们不仅要从法律关系分析的结果出发，找准应当成为被告的主体，更要从案件评估的结果出发，找准能更好地实现原告利益的主体。

（3）确定有管辖权的受诉法院。

（4）选择恰当的案由。民事案件案由主要指以民法理论为基础对民事法律关系进行的分类。民事案件的案由一般是根据当事人主张的民事法律关系的原始性质来确定。能否准确确定案由，直接反映了我们对于当事人主张的民事法律关系的认定准确与否，或者选择是否恰当（如果存在可以有多个案由选择的情况下）。

严格说来，案由应该是法院经审理后确定的，但为了立案时的司法统计需要，法院一般会要求当事人在起诉状中就对案由加以明确，因此，作为原告代理人时，我们也必须掌握案由确定的相关方法。

①基本原则。案由的确定是以最高人民法院关于民事案件案由的相关最新规定为准的，不得擅自编造案由。所以代理人必须认真了解案由的相关具体规定。

②具体方法。现行的民事案件案由规定将案由分为四级，我们首先从列出的第四级案由中选择；第四级案由没有规定的，适用第三级案由；再没有，则可以直接适用第二级案由，直至第一级案由。

同一诉讼中，涉及两个以上的法律关系，属于主从关系的，应当以主法律关系来确定案由，但当事人仅以从法律关系起诉的，则以从法律关系来确定案由；不属于主从法律关系的，则按诉争的两个以上民事法律关系确定并列的两个案由。

（5）确定合理的诉讼请求。起诉状中的诉讼请求部分，看似短短几行字，初学者往往会觉得这很简单，实际上，其重要性不容忽视。这是因为：一方面，原告的诉讼请求将作为主线贯穿于诉讼始终，原、被告围绕诉讼请求进行举证、质证，围绕诉讼请求发表辩论观点。如果"诉讼请求"与"事实和理由"及相关证据无法呼应，则很难得到支持。另一方面，民事诉讼实行的是"不告不理"原则，一般情况下，人民法院会根据当事人的诉讼请求来对案件进行审理。具体来说又包括诉讼请求不全面和不适当两种常见情形：如果原告提出的诉讼请求不全面，则会导致原告想要主张，却未在起诉状中明确提出请求的权益将得不到审理，自然更谈不上支持该主张，获得相应权益的问题；如果原告提出的诉讼请求不适当，其不适当部分将不能得到支持，且须自行负担不当请求部分的诉讼费。

显然，无论是上述哪种情况，诉讼请求未经精心设计和论证的话，都可能会给当事人造成实际的损失。如果是代理人的过失所致，则会严重影响法律诊所的声誉，甚至带来相应法律后果。

有鉴于此，我们应当遵循下列原则，明确当事人的诉讼请求：①充分尊重和考虑当事人的合理合法要求；②在现有法律制度框架内（例如，责任承担方式和范围等具体限制），尽可能全面地体现当事人的利益；③从诉讼目的出发，制订相对较优的诉讼策略；④充分发掘、利用现有的证据材料；⑤全面分析当事人需要付出的诉讼成本。

（6）提供足够份数的副本。根据《民事诉讼法》的要求，起诉状除了提交给法院的正本外，还应当按照对方当事人的数量提供副本，且所有副本均须有当事人的亲笔签名（即该签名不可以是复印件）。

2.答辩状

《民事诉讼法》第 128 条规定:"人民法院应当在立案之日起五日内将起诉状副本发送被告,被告应当在收到之日起十五日内提出答辩状……被告不提出答辩状的,不影响人民法院审理。"从诉讼实务来看,答辩状并不是必须提交,此处的"应当"似应理解为针对答辩期限的硬性规定。因此,如果确有必要提交答辩状的,应当及时提交。如果不是特别必要,抓紧时间认真准备开庭时的代理意见即可。

民事答辩状

答辩人:××,男/女,××××年××月××日生,×族……(写明工作单位和职务或职业),住……。联系方式:……。

委托诉讼代理人:×××……

(以上写明答辩人和其他诉讼参加人的姓名或者名称等基本信息)

对××人民法院(××)……民初……号……(写明当事人和案由)一案的起诉,答辩如下:

……(写明答辩意见)。

证据和证据来源,证人姓名和住所:……

此致

××××人民法院

附:本答辩状副本×份

答辩人(签名)

××××年××月××日

3.代理词

代理词的撰写其实也是代理意见的进一步完善过程。

从撰写起诉状,如果说起诉状应当简明扼要,以诉讼请求为核心,那么代理词就应该是在与起诉状中的诉讼请求保持一致的前提下,以逻辑论证为核心,适当展开。

代理词

法官、审判员:

依照法律规定,受原告(或被告)的委托和××律师事务所的指派,我担任原告(或被告)××的诉讼代理人,参与本案诉讼活动。

开庭前,我听取了被代理人的陈述,查阅了本案案卷材料,进行了必要的调查。现发表如下代理意见:

……(阐明案件事实、诉讼请求的依据和理由,或阐明反驳原告起诉的事实、诉讼请求的依据和理由)。

……(提出建议)。

××律师事务所律师××

××××年××月××日

二、证据梳理与证据清单制作

(一)指导文件

代理人一定要熟悉最新的《最高人民法院关于民事诉讼证据的若干规定》的相关内容,务必重视这一文件的指导意义。办案组长应提前组织代理人及其他组员举办法条研读会,增强相应条文的理解和应用能力。

(二)工作方法

按照时间线或法律要件的逻辑顺序来写《起诉状》中的"事实和理由"部分,同时,按照证据在"事实和理由"部分出现的先后顺序,对证据进行排序和编号。初稿完成后,检查现有证据,是否有应当提交、可以提交的证据,但在"事实和理由"部分未体现或被利用。如有此类情况,则应配合相应证据,对"事实和理由"部分做相应文字调整。

证据是用来证明案件事实的,绝不是孤立的。因此,我们不能将《起诉状》中的"事实与理由"部分的撰写与《证据清单》的梳理割裂开来。

附:《证据清单》样例

证据清单

提交人:

提交时间:

序号	证据名称	证明目的	页数	证据来源
1	结婚证	证明原、被告身份、关系	1	原告
2	户口本	×××系原、被告双方的未成年子女	3	原告
3	出警记录	证明被告于××××年××月××日对原告实施了家庭暴力	1	××派出所
4	××医院病历	证明原告于××××年××月××日遭受家庭暴力后的伤势情况	3	××医院
5	双方的微信/短信聊天记录截图	证明被告承认自己有外遇并对原告实施了家庭暴力	6	原告
6	《房屋租赁合同》	证明双方已分居	28	原告

三、庭辩技巧

(一)一般言行准则

1.各代理人

(1)务必尊重审判人员,不在不恰当的时机插话。

（2）及时制止审判人员和对方当事人不符合程序法规定的行为。例如，证人坐在旁听席上旁听审判。

（3）多用陈述句式，不用反问句式。

（4）冷静、客观地叙述和辩论，不加主观臆测与评价。

（5）发言简明扼要，切忌长篇大论，不要重复说过的观点和论证过程，不要试图给法官讲法律课，更不要刻意煽情。

2.代理人间的配合

（1）有主有从，要预先分工。

（2）主代理人发言完毕后，应当主动向从代理人示意，并手势征询是否有补充意见。如遇空间狭小的法庭，多名代理人无法并排坐时，应在庭审开始前及时明确分工配合的具体方法。

（3）证据清单、证据、代理词等书面材料，应当每位代理人手执一份，且需熟悉材料，不应在庭审现场出现临时翻找资料的慌乱场面。

3.与当事人、证人的配合

（1）法官问及案件基本事实时，代理人应当等候或提示当事人回答。

（2）如果当事人有不合时宜的插话，应及时制止或给予必要的提醒。

（3）提醒证人应当在法庭外等候，不得旁听审判过程。

（4）请证人在法庭门外等候，不要离开，以保证审判活动的顺利进行，节约各方时间。

（二）质证要点与具体技巧

第一，宁可"釜底抽薪"绝不"迎头痛击"。对于对方提供的证据，不要急于抛出反证来反驳，而应尽量争取直接否定其证据作用。釜底抽薪的关键在于紧密围绕证据的"三性"，即合法性、客观性、关联性来逐一分析。

第二，要做到"稳、准、狠"。经过前述对证据"三性"的默算，代理人应迅速选出最具说服力的一项来加以阐述，先直入主题，点明该证据不符合哪一性，再简要说明判断依据即可，绝不长篇铺陈，却又有理有据。

第三，要善于利用"双刃剑"。证据作为客观存在的事实，很难保证仅对提供证据的一方有利。对于由对方提供的却有利于我方的证据，必须及时予以肯定，从我方立场加以解释和利用。

第四，绝不仅仅说"不认可"。对于某些利弊一时无法完整判断的证据，当法官问"是否认可"时，绝不能笼统地说"不认可"，仍然要从"三性"出发，逐一分析。确认有益的，否定有害的。

第四节 代理的常见困境

从来没有简单的工作。无论是家事案件的特殊性，还是诊所学员身份的特殊性，都给我们的工作增添了一些难度。为了更好地开展工作，达到良好的工作效果，我们必须对此有充分的提前知识。

一、案件本身的私密性导致取证困难

与其他类型的民事案件相比，家事案件更加有可能涉及当事人的个人隐私。所以，我国《民事诉讼法》第137条明确规定：人民法院审理民事案件，除涉及国家秘密、个人隐私或者法律另有规定的以外，应当公开进行。离婚案件，涉及商业秘密的案件，当事人申请不公开审理的，可以不公开审理。因此在代理相关案件时，代理人也要注意征询当事人意见，是否申请不公开审理。起诉离婚的一方，依法应当证明夫妻双方感情确已破裂，让法官相信双方的婚姻已经"死亡"，而不仅仅是出现"危机"。同时，如果对方有过错，无过错方能够提供相应证据的话，还可以主张在分割财产时获得相应照顾。"确已破裂"和"过错"的常见形态之一就是被告有重婚、与他人同居等情感过错。但是行为人多半会刻意地隐藏自己的婚外情行为，导致待证事实具有极强的隐蔽性，相关取证工作非常困难。由此带来的后果有：

（一）证据效力可能被否定

由于相关待证事实和过错行为的隐蔽性，所以取证时，往往不能大张旗鼓，只能采取隐蔽取证的方法，例如大家熟知的"偷拍偷录"。这不仅导致取证本身的困难，而且会使当事人搜集的相关证据面临合法性的有力质疑。我们知道，当事人向法院提交的证据必须符合"三性"的要求。对于"偷拍偷录"所得证据的合法性问题，一直以来是存有争议的。近年来，随着相关司法解释的完善，审判思路也基本趋于明朗，即须根据具体情况加以判断，不能简单地认为一概合法或一概非法。

《最高人民法院关于适用〈中华人民共和国民事诉讼法〉的解释》第106条规定："对以严重侵害他人合法权益、违反法律禁止性规定或者严重违背公序良俗的方法形成或者获取的证据，不得作为认定案件事实的根据。"根据这一规定，只有严重侵害他人合法权益或违背公序良俗达到严重程度时，"偷拍偷录"的证据才属于非法证据。在相关家事案件的审判中，如果当事人为了维护自身权益，在自己家中安装录像装置，对另一方与他人的婚外情行为进行偷拍偷录的，法院通常认为并不存在严重侵犯第三人隐私的情形，因而会对当事人提供的"偷拍偷录"证据的证据效力和证明力予以确认。但是如果将录像装置安装在自家以外的其他地点，特别是第三者家中、宾馆房间等处，则此时的"偷录偷拍"行为就可能因严重侵害他人合法权益、违反法律禁止性规定和严重违背公序良俗，从而被法院认定为非法证据。

（二）可能会构成犯罪

《刑法修正案（九）》于2015年11月1日出台，将原有的"出售、非法提供公民个人信息罪"和"非法获取公民个人信息罪"整合为"侵犯公民个人信息罪"，扩大了犯罪主体和侵犯个人信息行为的范围。一些承揽"婚姻不忠调查"业务的所谓"私家侦探"，往往会采用在他人车上非法安装定位器、跟踪、偷拍等非法方式开展营利活动，这就直接触犯了刑法。我们代理相关案件时，绝对不可以有上述行为。

二、学生身份的特殊性

对于仍在校学习的法律诊所的学员们来说，与执业律师（助理）相比，开展法律代理服务，还有一些特殊的困难。

(一)公民代理的困难

对于仍在校学习的法律诊所的学员们来说,与执业律师(助理)相比,开展法律代理服务,还有一些特殊的困难。《民事诉讼法》第61条规定:"当事人、法定代理人可以委托一至二人作为诉讼代理人。下列人员可以被委托为诉讼代理人:(一)律师、基层法律服务工作者;(二)当事人的近亲属或者工作人员;(三)当事人所在社区、单位以及有关社会团体推荐的公民。"

本条规定中的前两类人员只要持相关身份证明,及当事人签署的《授权委托书》即可开展代理工作。法律诊所的同学们通常情况下属于第三类人群,除了提供身份证明和当事人签署的《授权委托书》之外,还需要提供当事人所在社区、单位以及有关社会团体的推荐函。而这类函件往往并不容易取得。通过近几年来的委托代理实践,我们总结出以下几份配套文件供当事人参考使用。

关于诊所学员代理资格问题的说明

_____先生/女士:

您好!

我们法律诊所的学员可以接受您(们)的委托,作为您(们)的诉讼代理人,但是除了您亲笔签字的授权书之外,我们还需要得到您所在社区、单位或有关社会团体的书面推荐材料。

根据《民事诉讼法》第61条之规定:

"当事人、法定代理人可以委托一至二人作为诉讼代理人。下列人员可以被委托为诉讼代理人:

(一)律师、基层法律服务工作者;

(二)当事人的近亲属或者工作人员;

(三)当事人所在社区、单位以及有关社会团体推荐的公民。"

因此,如果您(们)想要委托我们诊所的一至二名学员作为您(们)的诉讼代理人,那么就需要您(们)协助我们获得您(们)居住的社区的推荐。(对此,全国各地法院掌握的标准也不尽一致,有些法院将被推荐人限定为只能是开具证明的社区的居民,即只能从您的邻居中委托公民代理。如果法院这样要求的话,我们将无法开展代理工作。)

具体来说就是您需要获得加盖有社区公章的推荐信。由于"社区"在中国目前并不是明确的法律概念,所以通常是由居/村委会,偶尔会由街道办事处来开具相关推荐函。

在实践中,居/村委会可能会以"不了解所推荐的人"等理由拒绝出具推荐材料,根据以往工作经验,如果您愿意给居/村委会先行提供一份免责声明的话,或许可以得到居/村委会的认可,进而取得推荐函。

(《免责声明》与《公民代理推荐函》的样式附后供参考)

特此说明。

××法律诊所

202____年____月____日

免责声明

_____居/村委会:

本人因与××发生纠纷,拟委托下列人员作为我的诉讼代理人:

_____(身份证号:□□□□□□□□□□□□□□□□□□),

及_____(身份证号:□□□□□□□□□□□□□□□□□□)。

为避免纠纷,现特作如下声明:

本人系自愿委托上述被委托人作为诉讼代理人,实施公民代理行为。今后由于该委托行为引起纠纷或造成任何后果,责任均由我们自行承担,与贵居/村委会无关。

特此声明!

声明人(签字):_____

年　　月　　日

公民代理推荐函

_____法院:

_____(身份证号:_____)系我社区居民,因_____纠纷需委托下列人员:

_____(身份证号:_____)作为他/她的诉讼代理人。

我社区对上述人员予以推荐,请贵院予以批准!

社区名称(公章):_____

_____年____月____日

(二)社会阅历不足

法学是个典型的活到老学到老的专业,专业知识总在更新。在家事案件领域,还有一个社会阅历的问题会给同学们造成很大困扰。

首先,从诉的形态上来看,以最常见的离婚之诉为例,家事案件往往不是单一之诉,而是包含了确认之诉、变更之诉和给付之诉三种情形的复合之诉。

其次,从涉及的生活领域来看,家事案件其实是以身份关系为核心,混合了身份关系和财产关系,而且随着现代社会中个人财富的大大增加,财产关系的多样性与复杂性也明显增加。例如,离婚案件分割财产时,代理人可能就需要从房产到股票,从车辆到保险,各种各样的知识无所不知。甚至其中的任何一项又都可以分为无数的小项,例如,仅房产一项,可能我们就需要了解学区房、经济适用房、两限房、共有产权房、房改房、央产房、公租房(国管/直管)、军产房等不同类型房产的详细政策及其特殊管理规定。而这些对于没有操心过置业和资产的学生而言晦涩难懂。

最后,从情理所占的地位来看,与其他案件相比,家事案件非常强调法理与情理的结合。这不仅表现为法官在审理家事案件时要注重情理兼容、法理情结合,用情、用理办案,增加案件裁判文书的说服力、影响力和针对性;而且表现在代理过程中,我们作为代理人,在与当事人沟通时,也要充分考虑情理因素,对于当事人的情绪和遭遇,给予必要而适当的回应和接纳。但是法律诊所的同学们往往没有什么感情经历,相应的生活阅历几乎空白,因而对于当事人陈述的事实和感受往往很难准确理解和把握,进而影响了与当事人的有效沟通。同时,在工作中,也要注意避免一些因社会阅历不足而可能会带来的人身伤害风险,例如,因家庭暴力而导致离婚纠纷的案件中,施暴者往往会迁怒于对方的代理人,涉世未深的同学们如果言行上稍有不慎,可能会引发一些不必要的人身伤害风险。代理此类案件时,需格外注意。

学生身份给我们带来的这些困扰,有些是制度层面的,只能尽力克服和适应。而社会阅历不足这样的困扰,则正是我们参与法律实践想要改进的,通过"做中学"的路径和方式,来提高我们自己的能力。

第五节　实践延伸

《最高人民法院关于进一步深化家事审判方式和工作机制改革的意见(试行)》(法发〔2018〕12号文件)中提出了一系列改革举措,对于未来数年我国家事审判工作应该有很强的指导意义,我们应认真关注这一文件的实施、修订的动态和走向。

一、明确总体要求

要以"维护婚姻家庭和谐稳定,依法保障未成年人、妇女和老年人的合法权益,培育和践行社会主义核心价值观,促进社会和谐健康发展,不断满足人民日益增长的美好生活需要和对家事审判工作的新需求、新期待"为改革的方向目标。

要牢固树立人性化的审判理念,对当事人的保护要从身份利益、财产利益延伸到人格利益、安全利益和情感利益。

要切实转变工作方式,强化法官的职权探知、自由裁量和对当事人处分权的适当干预,充分发挥家事调查报告、心理疏导报告及大数据的应用,力求裁判标准客观化以及裁判文书说理情理法相结合。要不断创新工作机制。

二、创立家事调解和家事调查机制

该文件要求,人民法院审理家事案件时,应当增强调解意识,拓展调解方式,创新调解机制,提高调解能力。除婚姻效力、身份关系确认、人身安全保护令申请等根据案件性质不能进行调解的案件外,要将调解贯穿案件审判的全过程。

该文件还要求,家事案件审理过程中,对于需要进一步查明的事项,人民法院可以自行调查取证,可以委托相关机构进行调查,也可以委托家事调查员对特定事实进行调查。此举旨在更好地建立灵活的举证制度,有效纠正以往的审判中仅依靠"谁主张,谁举证"的原则,导致难以查明关键事实的情况。

三、强化家事审判中的心理疏导工作

在未成年人犯罪及家事案件中,失足青少年、性侵对象、家暴受害者等当事人容易产生心理阴影,即使案件审结,心理创伤也难以修复。为此,各级法院应将心理疏导机制引入审判工作,对存在人格障碍、心理创伤的失足青少年、性侵对象、家暴受害者等当事人,请心理咨询师专业团队提供帮助,疏导心理,减少创伤。建立亲情教育机制,组织诉讼中涉案人员的父母开展诉前或审前观摩教育,引导未成年当事人认清问题症结所在,树立健康的人生观、价值观。对于家庭暴力案件,除了按照法律规定程序及时向实施家暴一方签发人身保护令以保护受害者的人身安全外,还对施暴者进行批评教育,对受害方进行心理疏导,以修复破裂的家庭关系。

四、加强家事案件审理规程的规范化

该文件的第五部分,专门用 11 则条文,对家事案件的审理规程进行了细致的规定,有利于家事案件审理流程的规范化、专业化。

 相关法律规定

一、《律师执业行为规范(试行)》

第 51 条 有下列情形之一的,律师及律师事务所不得与当事人建立或维持委托关系:

(一)律师在同一案件中为双方当事人担任代理人,或代理与本人或者其近亲属有利益冲突的法律事务的;

(二)律师办理诉讼或者非诉讼业务,其近亲属是对方当事人的法定代理人或者代理人的;

(三)曾经亲自处理或者审理过某一事项或者案件的行政机关工作人员、审判人员、检察人员、仲裁员,成为律师后又办理该事项或者案件的;

(四)同一律师事务所的不同律师同时担任同一刑事案件的被害人的代理人和犯罪嫌疑人、被告人的辩护人,但在该县区域内只有一家律师事务所且事先征得当事人同意的除外;

(五)在民事诉讼、行政诉讼、仲裁案件中,同一律师事务所的不同律师同时担任争议双方当事人的代理人,或者本所或其工作人员为一方当事人,本所其他律师担任对方当事人的代理人的;

(六)在非诉讼业务中,除各方当事人共同委托外,同一律师事务所的律师同时担任彼此有利害关系的各方当事人的代理人的;

(七)在委托关系终止后,同一律师事务所或同一律师在同一案件后续审理或者处理中又接受对方当事人委托的;

(八)其他与本条第(一)至第(七)项情形相似,且依据律师执业经验和行业常识能够判断为应当主动回避且不得办理的利益冲突情形。

第 52 条 有下列情形之一的,律师应当告知委托人并主动提出回避,但委托人同意其代理或者继续承办的除外:

(一)接受民事诉讼、仲裁案件一方当事人的委托,而同所的其他律师是该案件中对方当事人的近亲属的;

(二)担任刑事案件犯罪嫌疑人、被告人的辩护人,而同所的其他律师是该案件被害人的近亲属的;

(三)同一律师事务所接受正在代理的诉讼案件或者非诉讼业务当事人的对方当事人所委托的其他法律业务的;

(四)律师事务所与委托人存在法律服务关系,在某一诉讼或仲裁案件中该委托人未要求该律师事务所律师担任其代理人,而该律师事务所律师担任该委托人对方当事人的代理人的;

(五)在委托关系终止后一年内,律师又就同一法律事务接受与原委托人有利害关系的对方当事人的委托的;

(六)其他与本条第(一)至第(五)项情况相似,且依据律师执业经验和行业常识能够判断的其他情形。

律师和律师事务所发现存在上述情形的,应当告知委托人利益冲突的事实和可能产生的后果,由委托人决定是否建立或维持委托关系。委托人决定建立或维持委托关系的,应当签署知情同意书,表明当事人已经知悉存在利益冲突的基本事实和可能产生的法律后果,以及当事人明确同意与律师事务所及律师建立或维持委托关系。

第53条　委托人知情并签署知情同意书以示豁免的,承办律师在办理案件的过程中应对各自委托人的案件信息予以保密,不得将与案件有关的信息披露给相对人的承办律师。

二、《最高人民法院关于进一步深化家事审判方式和工作机制改革的意见(试行)》

35.人民法院在开庭前应当告知当事人一般诉讼权利义务、举证责任分配原则、有权申请调查取证、签发人身安全保护令、法律援助、减免诉讼费用等内容。

36.涉及个人隐私的家事案件,人民法院应当不公开审理。涉及未成年人的家事案件,如果公开审理不利于保护未成年人利益的,人民法院应当不公开审理。

离婚案件,在开庭前,人民法院应当询问当事人是否申请不公开审理。当事人申请不公开的,可以不公开审理。

其他家事案件,当事人申请不公开审理的,人民法院经审查认为不宜公开审理的,可以不公开审理。

37.身份关系确认案件以及离婚案件,除本人不能表达意志的以外,当事人应当亲自到庭参加诉讼。当事人为无民事行为能力人的,其法定代理人应当到庭。确因特殊情况无法出庭的,必须向人民法院提交书面意见,并委托诉讼代理人到庭参加诉讼。

应当到庭参加诉讼的当事人经传票传唤无正当理由拒不到庭的,属于原告方的,依照《民事诉讼法》第一百四十三条的规定,可以按撤诉处理;属于被告方的,依照《民事诉讼法》第一百四十四条的规定,可以缺席判决。

无民事行为能力的当事人的法定代理人,经传票传唤无正当理由拒不到庭的,比照上述规定处理。必要时,人民法院可以拘传其到庭。

确因特殊情况无法出庭的当事人、证人和鉴定人,经人民法院准许后,可以声音或影像传输的形式,参加开庭审理及其他诉讼活动。

38.人民法院审理家事案件,涉及确定子女抚养权的,应当充分听取八周岁以上子女的意见。必要时,人民法院可以单独询问未成年子女的意见,并提供符合未成年人心理特点的询问环境。

39.人民法院审理离婚案件,应当对子女抚养、财产分割问题一并处理。对财产分割问题确实不宜一并处理的,可以告知当事人另行起诉。

当事人在离婚诉讼中未对子女抚养、财产分割问题提出诉讼请求的,人民法院应当向当事人释明,引导当事人明确诉讼请求。当事人就子女抚养问题未达成一致,又坚持不要求人民法院处理子女抚养问题的,可以判决不准离婚。

40.人民法院审理离婚案件,经双方当事人同意,可以设置不超过3个月的冷静期。

在冷静期内,人民法院可以根据案件情况开展调解、家事调查、心理疏导等工作。冷静期结束,人民法院应通知双方当事人。

41.人民法院判决或者调解离婚的案件,根据当事人的申请,人民法院可以为当事人出具离婚证明书。

42.监护权纠纷、探望权纠纷、抚养权纠纷等涉及未成年人的案件,对于与未成年人利益保护相关的事实,人民法院应当根据当事人的申请或者依职权进行调查取证。

43.离婚案件中,对于当事人的财产状况等事实,当事人难以举证又影响案件审理结果的,人民法院应当根据当事人的申请及提供的明确的线索,向有关金融机构、当事人所在单位等相关机构调查取证。

当事人自认的涉及身份关系确认或社会公共利益的事实,在没有其他证据证明的情形下,一般不能单独作为定案依据。

44.对于涉及财产分割问题的离婚纠纷案件,人民法院在向当事人送达受理案件通知书和应诉通知书时,应当同时送达《家事案件当事人财产申报表》。

当事人应当在举证期限届满前填写《家事案件当事人财产申报表》,全面、准确地申报夫妻共同财产和个人财产的有关状况。

　　人民法院应当明确告知当事人不如实申报财产应承担的法律后果。对于拒不申报或故意不如实申报财产的当事人，除在分割夫妻共同财产时可依法对其少分或者不分外，还可对当事人予以训诫；情形严重者，可记入社会征信系统或从业诚信记录；构成妨碍民事诉讼的，可以采取罚款、拘留等强制措施。

　　45.当事人向人民法院申请人身安全保护令，应当提供其遭受家庭暴力或者存在家庭暴力风险的证据，人民法院经审查认为存在家庭暴力风险的，应当及时发出人身安全保护令。

第十三章 调解与谈判：不只是温情外衣

在诸多纠纷解决机制中，调解对于处理家事纠纷具有自身优势，程序简易、内容开放、结果灵活，并且利于家庭关系更生。在此种情况下，对家事纠纷案件应当设置恰当的调解程序，遵循合理的指导原则，使得调解自然而入，情合于理，理合于法，法合于情，最终达到情、理、法交相辉映，促进人际关系和谐与社会秩序稳定。各国对于涉家暴家事案件之调解所采取的主要处理方法包括案件筛选、被害人保护措施、训练调解员与训练律师。其中，风险评估是案件筛选的重要手段：一方面，在适用过程中，应将一般家事纠纷案件与家庭暴力案件相区分。在进入调解程序之前，应构筑家暴案件筛选机制。[①] 筛选的目的旨在将家庭暴力案件从家事案件中剥离出来，防止调解程序侵蚀受害人的法定权利。另一方面，通过家庭暴力案件风险识别，限制适用调解程序。家庭暴力风险识别是全面衡量一方对另一方的身体与精神的伤害与胁迫程度的评估，旨在防止具有高度风险的家庭暴力案件进入调解程序；而对于低风险的涉家庭暴力案件应当在秉持家庭暴力零容忍的原则下审慎适用调解程序。[②] 风险识别管控，需要有科学的量化依据，通过对受家暴人的人身暴力程度与权力控制程度的高低来实现，调解可以被分为绝对禁止调解、相对禁止调解、附条件适用调解和可以适用调解。

● **教学目标**

通过法律诊所学生咨询或代理案件模拟让学生认识家事调解的基本理论、基本内容、基本方法与基本目标。以法律诊所为媒介，有效地为弱势群体提供法律服务。

● **教学方法**

头脑风暴、角色扮演、案件模拟、分组讨论、反馈与评估。

● **课堂设计**

1.根据本章内容与要求，根据学生人数分组，进行不同分工，扮演不同角色。

2.根据具体教学安排，在每组模拟完毕后要留出时间让参与者进行反馈与分析。

---

① 孙海涛：《论家庭暴力案件调解筛查制度的构建》，载《理论月刊》2018 年第 4 期。

② 吕秀全：《处理家庭暴力违法后果的可操作性——以〈反家庭暴力法〉几个要害关节为例》，载《妇女研究论丛》2016 年第 1 期。

3.强调学生先提出方案,老师点评与引导且不能直接给答案。旨在训练学生独立思考与设计方案的能力。

4.注意学生点评与互评、总结与反馈。

● 要点把握

1.了解家事调解基本理论,对如何学习与进行家事调解有基本认识。

2.掌握家事调解的注意事项与方法,最大限度提升调解的有效性。

3.要基于时代发展、司法改革的情况与法律规定的变化不断调整教学方案。

4.强调保密原则。课堂运用个案均源于真案,所有信息均作技术性处理。

● 问题设计

1.何谓家事调解?

2.如何对涉暴家事案件进行调解?

第一节　案件直击

案情简介

2011 年年初,米某与王某经人介绍相识并确立恋爱关系,次年 3 月,双方于 G 市 A 区民政部门登记结婚,婚后育有一子王小某。由于二人婚前缺乏充分了解,婚后米某发现王某脾气暴躁并经常无故与其争吵,甚至殴打,导致夫妻感情出现裂痕。直至 2013 年,王某不但没有控制自己的不当行为,反而变本加厉,经常对米某实施家庭暴力,常常因琐碎之事殴打米某。2014 年年初王某欲再次对米某实施暴力,为避免再次遭受王某的殴打,米某暂住其他地方。由于王某长期实施家庭暴力的行为令米某身心均受到严重伤害,夫妻感情亦因此完全破裂,故米某于 2014 年 7 月向法院提起离婚诉讼,法院对此案件先行调解,王某当庭立下保证书保证不再对米某实施家庭暴力。米某于当日向法院撤销诉讼,但离开法院后王某便恶言相向,仍无悔改之意,米某害怕再次遭到王某暴力对待,故又搬离住所。2015 年 1 月,王某以儿子健康为要挟,命令米某回到家里,后者遂向法院起诉。①

一、调解经过

本案例是一起因家庭暴力提起的离婚之诉,涉及监护权、探视权与财产分割等诸多纠纷,并最终以调解方式结案。根据我国《民事诉讼法》《民法典》的相关规定,②法官对该案适用先行调解程序。现实生活中,诸多婚姻家庭纠纷案件与该案一样,不仅家庭暴力时常发生,严重的暴力违法亦存在。因此,本案中的家事法官和家事调解员对于家庭暴力的调解较

---

① 《米某诉王某离婚案》,http://wenshu. court. gov. cn/content/content? DocID = 246ae024-78a3-47c9-8d6d-83e7b4c8b1f8&KeyWord,最后访问时间:2022 年 2 月 20 日。

② 当时适用 2001 年《婚姻法》,现已失效。

为谨慎。首先,对被家暴人及目睹家暴的儿童进行家庭安置,以保障其基本生活权利。其次,法院依当事人申请签发了人身安全保护令,责令王某迁出住处并禁止其在住处、学校及工作单位骚扰二人。再次,对米某遭受家庭暴力的风险进行评估,以确定是否适用调解。最后,对米某与王某之间的婚姻纠纷进行调解。

本案中,由于王某情绪比较激动,所以调解员采取先单方会谈后双方调解的方式进行,以避免两人的冲突升级。尽管第一次调解没有成功,但调解员并未放弃。在第二次调解开始前,调解员安抚双方使其情绪平稳,随后居中调解。在调解初始,以倾听案件事实为主,其没有对王某的暴力行为进行严厉谴责,而是选择倾听,与当事人建立起感情并取得信任,并在其情绪舒缓的情况下告知其暴力行为属于违法行为,即殴打致使轻伤及以上的行为为刑法所禁止行为。在调解过程中,调解员就案件进行整点整理,并分析背后的缘由。通过了解,调解员发现性格不合、生活习惯不同、一方无经济收入等是导致夫妻两人之间形成隔阂的原因,且王某有酒后家暴米某的习惯。因此,在确定王某有暴力倾向且双方感情确已破裂的基础之上,尊重双方离婚之决定。对于子女监护、探视之问题,调解员以儿童最佳利益为原则,并综合子女成长背景、双方抚养意愿、抚养能力与收入情况等因素来考虑子女的成长问题。在调解方案制订阶段,调解员秉承中立原则,从专业化角度协助双方制订合乎彼此利益的可行性调解方案。最终,米某与王某自愿达成离婚协议。

二、案例评析

这起婚姻家事案件的特点在于以家庭暴力作为离婚事由且又涉及子女监护权、探视权与财产分割等诸多民事法律关系。考虑到保护受害人的人身安全是涉家庭暴力案件最为重要的措施,因此家事法官于家事调解前就依当事人申请签发人身安全保护令并对家暴受害者进行家庭安置,同时就家庭暴力予以风险评估和判断。在调解过程中,由于这起涉家暴纠纷案件的当事人具有暴力倾向,在双方感情确已破裂前提下,家事调解员利用调解技巧,使双方就离婚达成协议,并在保障儿童最佳利益的原则下,就监护权、探视权及财产分割达成合意。

第二节　调解的理念与意义

一、调解与家事调解的基本含义

(一)调解的基本含义

"调"言为形,周为声,本意为配合得均匀合适;"解"由角、刀、牛会意而成,本意为用刀分解牛体,引申为抛开、分开之意;"调解"意为以妥当之言语劝说双方消除异议与纠纷。① 随着法治建设步伐的加快,调解作为民事纠纷解决机制之一优先于仲裁、诉讼,并被确立为纠纷处理的指导性原则。依《布莱克法律词典》(*Black's Law Dictionary*)之定义,调解系指中

---

① 陆书平、万森、张秋霞:《现代汉语字典》,商务印书馆国际有限公司 2015 年版,第 397、827 页。

立第三方介入纠纷双方当事人之间，试图帮助各方就争议事项达成一致的方法。[①]　可见，调解之构造亦是由三方构成，即纠纷双方当事人与调解员。调解最为本质的特征是以当事人意愿为根本前提，在互相理解与让步的基础上达成有效共识；调解员穿梭于当事人双方之间，传达、了解双方的沟通意愿与意见，分开异议、消解争议、增进互信，旨在寻找和创造共同利益并借此劝服纠纷双方。[②]

（二）家事调解的基本含义与实践

规范化、程序化、专业化是包括家事调解在内的调解制度发展的基本路径遵循，我国制定了专门性的调解制度，其涵盖专门的调解程序、调解规则、调解机构与组织建设。[③]　依据调解范围之不同，调解的程序、规则、机构与组织等制度性规定及调解理念有所不同和侧重。譬如，家事调解相较交通事故赔偿、劳动争议、医疗纠纷领域的调解，在机构人员构成与资格要求方面被选任的调解员一般多为退休的法官和检察官、高校专家、心理咨询师、家庭教育工作者，且其自身的专业知识、理论水平、社会伦理、实践经验及技能素养等方面较为突出。家事调解广泛应用于夫妻关系之间的离婚案件、财产纠纷、扶养关系、抚养关系及探视权等问题，并逐渐形成自己的程式与规范。

家事调解系指争讼双方在家事调解员主持下，积极寻求促进彼此就分居、终止婚姻关系后子女之抚养权、探视权、生活与居住安排及财产达成一致的一项制度。[④]　家事纠纷的典型特点除需处理分家析产之财产关系外，还需对夫妻关系、子女监护关系等身份关系进行撤销、变更与确认，这使得家事事件区别于一般民事案件。日本学者我妻荣曾言，身份关系作为非合理性关系，其并非远止于财产分割、扶养费、精神损失费、抚养费等金钱支付之请求；相反，携带于夫妻之间、父母与子女之间或血亲族裔之间的情感、心理及各种繁杂纠葛作为非合理因素存在于家事案件中。故以一般合理的基准处理非合理关系并不妥当。[⑤]　换言之，争议内容不仅限于法律上的权利义务关系，还存在一些更深层次的非合法但合理的隐性因素。[⑥]　在家事调解过程中，不能仅适用一般调解规则解决家事案件，关键应秉持恢复、更生、重建家庭关系及维护儿童身心健康发展之目的，通过规范的家事调解程序、调解规则、调解机构、调解技能，促使家庭矛盾得以化解。

①　Bryan A. Garner (ed.), Black's Law Dictionary (10th edition), St. Paul: West Publishing Company (2014).

②　季卫东：《法制与调解的悖论》，载《法学研究》1989 年第 5 期。

③　范愉、史常青、邱星美：《调解制度与调解行为人规范：比较与借鉴》，清华大学出版社 2010 年版，第 47～49 页。

④　黄翠纹：《台湾家事事件调解的发展》，载《犯罪学期刊》2015 年第 1 期。

⑤　[日]我妻荣：《家事调停序论》，转引自李青：《中日"家事调停"的比较研究》，载《比较法研究》2003 年第 1 期。

⑥　肖建国：《理性看待"调解优先、调判结合"》，载《郑州大学学报（社会科学版）》2011 年第 6 期。

二、调解的理念

(一)调解的基本理念

从古至今,家事调解制度于救济浪潮中自始至终没有消退过,并随着家事调解的理念变迁而演变。其中最为重要的或是受儒家思想的深远影响的无讼传统和厌讼文化。孔子曰:"听讼,吾犹人也。必也使无讼乎!"孔子认为明察善断有其存在必要性,但如果可以通过教化,约束自己突破"礼"以外的行为,自然可以减少纷争。除此之外,古代关于因稀松平常之事而诉诸官府之行为并无重视,甚至压制、规避矛盾。譬如,王守仁于《禁省词讼告谕》,"一应小事,各宜念忍,不得辄兴词讼……若剖断不公,或有亏枉,方诉申诉,敢有故违,仍前告扰者,定行痛责,仍照例枷号问发,决不轻贷"。不同于古代的调解文化,现代调解不仅是对传统制度和文化的传承,即具备正视问题、解决冲突第一层含义,也具备规范社会秩序及维护社会和谐第二层含义,并强调于调解程序中的基本规则与原则之遵循。[1]

此外,恢复性司法理念亦深刻体现在涉家暴案件当事人的纠纷处理之中。在美国,恢复性司法发端于"被害人与加害人之间的调解"(victim-offender mediation,VOM)与"服刑人回归计划"(prisoner reentry program)两类司法项目,旨在寻求治愈、宽恕与社区参与等内容。[2] 引申至涉家暴刑事案件中,通常指家暴被害人与家暴加害人就家暴事件达成和解,强调对亲子关系、家庭关系、社区秩序、道德秩序的恢复。由于法律并不禁止涉家暴案件适用刑事和解制度,因此,在双方和解过程中,需要司法机关根据受害人被家暴之个案情形,作出部分补充性、辅助性措施,保证被家暴人在协商过程中处于平等地位,实现刑事和解之目的。

(二)调解理念与诉讼理念之差异

调解与诉讼在理念与目的方面存有不同。一方面,调解作为非正式司法程序,其结果形成之内容弹性较大、自主性强且对争议人而言易于接受与执行;相反,诉讼旨在通过法庭对于当事人诉诸法律的合理诉求以正当的法律程序作出裁判,具有法律强制力。另一方面,以诉讼程序解决纠纷的案件当事人,双方关系得以更生、恢复及重建之可能性较低;而以调解解决纠纷的案件当事人之间的亲情关系、情感关系或可得到较好的恢复。综上,就家事纠纷而言,以血缘、亲情为纽带的家庭关系在家事纠纷处理中应审慎对待,调解与其他方式相比在维系家庭关系中具有其他纠纷解决机制不可比拟的优势。

三、调解的意义

(一)尊重当事人的意思自治

在推行法治化的进程中,调解制度的设置考量了人民群众基于传统文化的理性协商、自主决策与行为惯性,体现了对当事人自主选择权的尊重,权利选择下的实体法律与程序更容

---

[1] 常怡:《中国调解的理念变迁》,载《法治研究》2013 年第 2 期。

[2] 张鸿巍:《美国检察制度研究》,法律出版社 2019 年第 3 版,第 269~270 页。

易被当事人接受、遵循与执行。[①] 调解制度的施行是对行为当事人个人权利的尊重，包括对程序选择权与对实体处分权的自主决定，体现了保护当事人合法利益基础上的自由价值。[②] 换言之，调解将家事事件认定为当事人之私事，以双方意思表示为基础实行完全自主决策，基于合意达成方案内容。事实上，调解之内容与结果由双方控制，在一定程度上有利于双方当事人对协议的执行，也使当事人获得尊重感与认同感。

(二)符合传统家事文化和价值

在中国几千年传统观念中，"不惹官司""家事自治""家丑不可外扬"等理念早已根深蒂固。家事诉讼有"家丑外扬"之嫌；调解即非诉，是将纠纷、矛盾化解于法庭之外，把"家丑"的社会影响降到最低。此外，无论是字面含义还是价值导向，调解追求的都是"和"，正如《论语》云，"礼之用，和为贵"。如上所言，调解制度的价值理念既符合我国传统文化理念，也深植于我国的社会土壤。同时，调解是矛盾双方以最小代价换取最大利益的过程，背后体现的价值观念依然是"和"。因此，当事人双方通过调解处理纠纷的过程不仅是"息事宁人"等无讼理念在家事纠纷中的反映，更是传统家事文化和价值理念的生动实践。

(三)减少讼累，缓解诉讼爆炸

缓解诉讼压力的最好方式或是通过非诉讼方式解决现有案件。调解系追求以和谐方式缓和社会冲突，较刚性之诉讼方式，调解则更为温柔、便捷，其亦是社会文明开化和社会法治化的重要标志。[③] 通过调解方式实现分流案件，可以减轻当事人讼累、缓解诉讼爆炸的压力，同时法官将有限的时间和精力投入必须通过诉讼途径解决纠纷的案件。就具体家事调解而言，家事纠纷往往夹杂着情感纠葛、子女利益与财产利益纷争，调解法官和家事调解员深入当事人的谈判活动中，了解引发纠纷的真正原因及时化解矛盾，避免双方矛盾激化。如通过诉讼的方式解决涉及身份关系的争议，家事法官和家事调解员很难去了解隐藏在争议背后的非合理因素，反而会导致家事案件适用诉讼的效果不佳。因此，调解制度尤其是家事调解制度的建立，对于节约诉讼成本，减少讼累，提高效率具有一定的意义。

第三节　调解的流程

调解程序是促成调解成功进行的一套经过构建的合理流程。合理、正当的家事程序设置是调解员采取说理方式，运用情、理、法化解家庭纠纷，这是家庭关系和谐与社会秩序稳定的有效基石。

---

① 赵文宗、阮陈淑怡、李秀华：《中国内地与香港婚姻法及调解：比较与实务》，圆桌文化 2009 年版，第 231~232 页。

② 李德恩：《调解立法理念之转换：从国家本位到权利本位》，载《大连理工大学学报（社会科学版）》 2010 年第 1 期。

③ 洪冬英：《法院调解制度基本理念的变迁与启示》，载《政治与法律》2009 年第 2 期。

一、调解预备阶段

(一)确认调解范围、调解资格与调解意愿

在调解的范围上,尽管法律规定了民事案件强制调解的事项,但于家事事件中除"婚姻关系、身份关系确认案件"之外未明确其他禁止调解的范围,尤其是涉家暴家事案件的调解适用问题。关于调解的资格,系指参加调解活动的双方参与人必须具有调解资格,亦可谓之行为能力审查,尤其是遭受家庭暴力身心受到损害的当事人,其是否有作出合乎理性选择的能力。调解意愿是调解预备阶段重点考量的因素,即调解系建立在双方当事人"合意"的基础之上。涉及家暴家事事件之调解的预备阶段除上述工作内容外,还应侧重于进入家事调解的妥适性评估,主要包括受家暴人的人身安全性、双方权力关系均衡性及其意愿与期望真实性等。①

(二)收集案件事实材料

在调解工作开始之前,调解员应收集与纠纷相关的材料,以了解双方当事人的个人信息、纠纷背景、参加调解的意愿、主要诉求与期望、案件主要事实。与此同时,由于纠纷类型不同,调解员应当根据收到的信息材料及时作出适当整理与安排。譬如,收集到的资料系与家事相关的纠纷,则调解的人员组成、调解方案应当以该案件特点做调整。

(三)确定调解的场所和时间

调解员在调解前应告知纠纷当事人调解的场所和时间。调解的时间应预先征得双方当事人的同意,并针对案情复杂、困难程度来考虑给予纠纷当事人多长的必要准备时间,以便双方当事人充分表达自己的诉求和意见。② 关于调解场所的安排,通常在法院、法律援助中心及人民调解委员会等调解机构,亦可为双方共同指定之场所。③ 尤其是涉及家暴案件的家事调解,其最重要之事项则是保障当事人参加调解的安全性、隐私性。是故,调解员在安排调解场所及调解时间时须审慎考虑,避免发生不妥当、不适时之碰面,进而避免矛盾激化,确保调解程序之进行。

二、调解初始阶段——倾听案件事实与建立关系

倾听是家事调解员必备的调解技术之一。在双方当事人陈述时,调解员应认真倾听当事人陈述之案件内容,确定所涉法律关系并收集、固定相关证据。在调解过程中,当事人陈述往往夹杂着复杂的情感要素,这就要求调解员在倾听过程中要有足够的耐心并安抚当事人的情绪,进而分析其所陈述事实发生的根源,探寻其诉诸法律或者参与调解的意图与诉

---

① 李姿佳、宋名萍、胡育瑄等:《家庭暴力家事调解服务之经验与策略——以台北、士林地方法院为例》,载《台湾社会工作学刊》2016 年 16 期。

② 许身健、袁钢:《法律诊所》,中国人民大学出版社 2014 年版,第 262 页。

③ 孙淑云、冀茂奇:《诊所式法律教程》,中国政法大学出版社 2010 年版,第 226~227 页。

求。在倾听过程中，调解员要尝试与当事人建立有效的沟通，逐步建立信任关系。[①]

三、调解中期阶段——厘清争议与冲突处理

(一)厘清争议

在听取双方当事人各自陈述后，调解员应及时提炼、总结案件的争议焦点及双方的主要诉求。在家事案件中，调解的对象一般为夫妻双方、子女或血亲族裔等，涉及人身和财产关系的纠纷。通过双方当事人陈述，调解员应在家事案件的法律关系范畴内，进行争点整理，结合双方的主要诉求和意愿，确定调解内容之主要指向。

(二)寻找利益基础

以调解方式处理纠纷之优势在于双方当事人利益在一定程度上的妥协和退让。家事案件中的离婚案件是法律规定的调解前置案件，其原因系该类案件存在着亲情、子女等深厚的利益基础。双方当事人在调解中享有的权利处分具有较大的张弛度，双方可以在调解中进行谈判与磋商，即在解决过程中被允许出现利益互让、协商共赢的局面。该程序是调解员协助双方当事人寻找共同利益基础的一条路径。

(三)冲突处理

冲突的解决并非一蹴而就，调解员在调解过程中，应保持客观、中立的态度分阶段处理冲突。具体而言，对于双方陈述的每一项事实予以类型化处理，并逐条与双方当事人核查，并将没有争议的案件事实及时告知当事人以再次确认无争议事项并将其作为调解协议形成的基础；相反，无法调和的冲突事项应作为下一阶调解的重点。[②]

(四)适时性单方会谈

调解模式受案件复杂程度、当事人个人情况及文化背景与社会观念等诸多因素的影响，最为直接的面对面调解并非最合理的选择。调解可以通过"背靠背"谈话方式进行，即以单方会谈的方式了解当事人的真正需求、分歧产生的根本原因，协助其消除心理障碍、认清不合理的诉求，引导其以问题解决为导向。单方会谈的主要目的系使双方当事人能理性地回归争议问题，避免出现双方面对面谈判导致会谈无法控制的局面。

四、调解协议形成阶段——方案磋商与拟定

(一)方案磋商与拟定

在调解的最后阶段，调解者应当本着中立原则从专业角度协助双方当事人制订合乎彼此利益的可行性调解方案。在不违反法律法规强制性规定的前提下，调解协议的内容可基于当事人之间的合意灵活设定，内容开放。涉及涉家暴家事事件的调解，虽双方当事人的意

---

① 王立民、牟逍媛：《诊所法律教育的理论与实务》，法律出版社 2009 年版，第 181 页。
② 许身健、袁钢：《法律诊所》，中国人民大学出版社 2014 年版，第 265～266 页。

愿亦显得尤为重要,但由此达成的协议内容需要接受重点审查,其目的是避免受家暴人因害怕再次遭受家暴而屈于施暴人,达成不平等协议。

(二)协议签署与司法确认

在制订好调解方案后,家事法官或家事调解员可以协助双方拟定调解协议。作为解决社会矛盾的一种方式,调解协议的法律强制性是调解制度具有生命力的基础。在实践中,调解协议仅靠双方当事人的自觉很难被顺利履行,而且当事人在签收调解书之前或者向法院申请确认调解协议法律效力之前仍然可以反悔。因此,协助当事人向法院提交调解协议以获得司法确认从而获得产生强制执行的法律效果,是协助拟定调解协议的一项重要后续内容。

五、调解的事后救济

家事纠纷双方当事人通过调解化解争议、平息纠纷是最为理想的结果。然调解成果并非意味着"一调永息"。双方当事人仍会出现反悔已经达成的协议、调解协议如何执行、调解协议效力如何等问题。纠纷双方当事人应当认可并执行已经达成一致的协议是作为"道德人"理应具备的素质,也是确定调解成功的重要指标。即便在日常生活中,出尔反尔也不易被人接受,何况是通过家事法官或家事调解员等社会力量而协商一致的共识呢?换言之,调解协议从道德层面上应对家事纠纷双方当事人具有效力,当事人应尊重承诺,竭尽所能执行调解协议。但是,调解协议对其是否具有强制执行力,即纠纷双方当事人反悔或不执行调解协议能否强制其执行?鉴于调解的非司法化及非规范化,调解协议并不能排斥纠纷当事人采取公力救济方式解决纠纷,一旦纠纷双方当事人对调解协议予以反悔或者不予执行,应当允许一方通过仲裁、诉讼的方式予以解决。这是"司法是维护社会公平正义的最后一道防线"的应有之义。

第四节 调解的原则、技能与方案制订

一、调解的原则

(一)自愿原则

自愿原则是调解的最高指导原则。调解的自愿性凸显了当事人在纠纷处理进程中处于主导地位,并可以充分主张或改变自己的诉求。《民事诉讼法》第 96 条强调"自愿原则"基础上的调解;又如《关于开展律师调解试点工作的意见》第 2 条将"平等自愿"作为律师开展调解工作的基本原则,尊重双方解决纠纷之程序选择权及保障其诉讼权利。[1] 在诉讼、仲裁、调解等诸多方式中,调解程序的启动以当事人真实自愿为前提性要件,如若当事人迫于威胁作出违背其意思表示的选择,则该调解具有瑕疵,或被认定无效。当法律诊所的学生或律师

---

① 最高人民法院、司法部:《关于开展律师调解试点工作的意见》,载《中国司法》2017 年第 11 期。

以调解员身份进行调解时,首先要核实当事人参加调解的自愿性,有无违背其真实意思表示。因此,在私权范围内的纠纷解决应以意思自治为前提,并同时遵循公权力或第三方的最小侵入性之基本原则,才能对冲突的缓和起到事半功倍之效果。

(二)合法原则

调解工作的展开应当在法律规定的框架内有序进行,既不得违反法律、法规的禁止性规定,也不得损害国家利益、社会公共利益和当事人及其他利害关系人的合法权益。家事调解一般以法律制度、乡规民约、公序良俗为调解之依据。以江苏省《家事案件调解工作规则(试行)》为例,其在该规则第 7 条和第 14 条对家事调解法律适用问题作了明确规定,即可以在调解中适用民间习惯。[①] 合法原则包括实体合法与程序合法。[②] 调解程序的合法性是整个调解结果正当性的有效保障,是维护当事人法定权利和义务的基本前提。因此,调解初始应及时审查双方当事人有无拖延诉讼或隐藏非法目的之意图,否则停止调解程序;在制订调解方案时,应审查当事人是否在法定的范围内依意思自治之原则处分权利,即拟定的调解协议内容之权利与义务须合乎法律与道德,尤其是对涉家暴家事事件之调解协议的审查。此外,调解程序要合法,我国虽然没有规定调解的具体程序,但应遵循程序正当原则。譬如,对于发生调解员或法官回避情形的,依据当事人之申请或由其自行申请于调解程序开始前作出回避,对于调解程序中回避情形之内容,可以结合家事程序之特点并比照法官回避情形予以规定。

(三)中立原则

调解员在调解过程中应当保持中立,不得偏倚任何一方当事人,旨在维护调解结果的客观性、公正性和可接受性。调解中立的"三性"在《关于开展律师调解试点工作的意见》第 2 条有所规定。[③] 中立调解既可以使调解的结果更加公平,也有利于促进调解的结果更能为双方当事人所接受、遵循并执行。在调解过程中,如果调解员的行为和态度出现偏颇,都会引发当事人对调解方的不信任。除前文提及的回避制度外,为了使得调解员和法官在调解立场上保持中立,要求其提高自身的管控能力,做到善听、明辨、慎言,使得当事人可以感受到调解的公平环境。[④]

(四)及时原则

及时原则亦被称为"高效便捷"原则,即调解活动的开展应当注重调解效率,并据纠纷之实际情况灵活确定调解方式、调解程序、调解机构与人员构成,并于调解开始后及时主持调解。及时原则具备以下四层含义:第一,及时准备调解活动。无论在诉前、庭前、诉中或是庭后,法官和调解员认为有必要的,均应在尊重当事人调解意愿的基础上及时移送调解。第

---

① 《家事案件调解工作规则(试行)》,载北大法宝,https://www.pkulaw.com/lar/93bdb0a89aacf3b1d8eab7dfeff8a78dbdfb.html,最后访问时间:2022 年 3 月 5 日。
② 法律出版社法规中心:《中华人民共和国民事诉讼法注释本》,法律出版社 2020 年版,第 20 页。
③ 最高人民法院、司法部:《关于开展律师调解试点工作的意见》,载《中国司法》2017 年第 11 期。
④ 宿迟、张华:《诉讼调解心理学技巧与运用》,中国法制出版社 2015 年版,第 147~148 页。

二，及时拟定调解方案。对于达成调解方案的情况，调解员和法官应及时协助双方拟定调解方案，并在平衡双方当事人之间利益的基础上修正调解方案。第三，及时作出调解结果。根据双方达成的调解协议，制作调解书或协助当事人进行司法确认。第四，及时作出判决。当事人明确无调解意愿、有事实足以证明当事人无调解意愿、当事人无达成调解协议之可能以及调解程序开始后当事人或其代理人（如果有）没有参加调解程序的，调解员和法官应当终结调解程序，及时作出判决。[1]

（五）保密原则

保密原则亦是调解的法定原则之一。根据最高人民法院《关于建立健全诉讼与非诉讼相衔接的矛盾纠纷解决机制的若干意见》第 19 条关于调解过程、调解内容保密原则及其例外的规定，可知调解员和法官需要保密的内容包括在调解过程中所知悉的具体事项内容及单方会谈中当事人要求保密的具体信息，但当事人一致同意、法律另有规定或法院认为必要的除外。[2] 换言之，调解事项、调解过程、调解协议皆属于保密的范围。将保密原则作扩大理解并适用至证据的可采性问题上，基于调解之保密性与鼓励双方和解之目的，法院禁止当事人将达成调解协议及和解所作出的妥协之自认事实作为于调解不成立时之本案裁判证据，抑或谓之"无害信息"。[3] 无害信息规定之目的在于促进双方当事人自由交流，且不因谈判中的言行而受到后续法律程序中不利证据的指控。

二、调解的技术

（一）谈判技术

调解过程可以被理解为一场协商谈判活动，过程中充斥着利益较量与妥协。作为谈判主体的当事人旨在通过沟通、商谈、博弈及妥协实现共赢；调解员作为谈判参与人旨在实现双方当事人利益衡平，维护公平谈判的局面。谈判不仅是围绕案件事实和法律条文展开，更为注重的是谈判背后的诉讼策略的制订、商榷、修正、确认。谈判策略的制订对于赢得谈判有着事半功倍的效果，一般是当事人或其代理人在分析双方当事人诉求的基础上确立的一种谈判方式与技能。[4] 在谈判之前，于己应当制订好备选方案，机动灵活地应对不同情况；于彼应当充分收集谈判信息，掌握对方情况、对方诉求，所谓知己知彼百战不殆。在谈判进程中，为防止谈判陷入僵局，尽可能打破整体利益，分阶段、分目标进行谈判，争取合作基础。这是因为谈判目标往往是双方当事人各自的整体利益诉求，这些诉求可能存在重叠与交叉，也可能完全相左。与之相关的是调解员在调解过程中如何参与双方谈判的策略。由于调解员的角色扮演区别于法官、仲裁员，其必须保持中立、不偏不倚，避免过度介入双方的谈判活

---

[1] 《家事案件调解工作规则（试行）》，https://www.pkulaw.com/lar/93bdb0a89aacf3b1d8eab7dfeff8a78dbdfb.html，最后访问时间：2022 年 3 月 5 日。

[2] 《关于建立健全诉讼与非诉讼相衔接的矛盾纠纷解决机制的若干意见》，https://www.pkulaw.com/chl/2b9298312f576756bdfb.html? keyword，最后访问时间：2022 年 3 月 15 日。

[3] 范愉、史长青、邱星美：《调解制度与调解人行为规范》，清华大学出版社 2010 年版，第 174～176 页。

[4] 刘同君：《论法律谈判的理念及实践把握》，载《江苏科技大学学报（社会科学版）》2009 年第 3 期。

动中。但涉暴案件中的受害人与加害人双方当事人之间往往存在着严重的权力控制状态,以至于谈判地位处于失衡状态及由此被迫达成的明显有失公允之协议。譬如,离婚案件中的一方利用自身经济优势,以经济制裁之方式强迫对方就有违公平之协议达成一致,另一方因其需要经济支撑而最终被迫达成上述协议。① 故调解员在谈判过程中具有保持双方当事人地位相若的义务。

(二)倾听技术

倾听系掌握案情、了解当事人心理及建立彼此信任的重要途径。作为一名合格的倾听者,并非只关注当事人陈述之内容,亦须了解当事人背后的故事,这就要求我们适当利用倾听技巧。首先,围绕问题焦点倾听。由于当事人在调解中处于放松的心态,其心中的不满与怨气通过诉说才能得到缓解,这就要求调解员筛选有效的信息语言,并通过观察对方的表情与肢体动作,从非语言行为中捕获案件信息。② 其次,家事法官或家事调解员应拥有同理心。同理心系指调解员站在当事人的立场理解和体会当事人的心理感受,并以交流和反馈的方式表示对当事人的理解。③ 在家事调解中,调解员或法官要避免将自己的观点强加或者用以辩驳当事人,尽可能接纳和理解对方感受,必要时,针对当事人的负面情绪向当事人提供必要的情感支持和情感教育。④ 最后,积极回应当事人。倾听不只听取当事人诉说,倾听者的适度互动与引导对于当事人讲述完整的案件事实,并核验当事人表达内容与其记录是否一致等具有一定作用。

(三)诊断与分析技术

案件材料是争点整理的基础,不仅如此,调解员通过倾听获得的内容是案件梳理的重点,以此确定案件的法律关系。涉及家暴纠纷的案件包括但不限于以下方面:其一,感情是否确已破裂,我国《民法典》将家庭暴力作为判决离婚的基本理由之一。其二,子女抚养权、探视权归属及子女的生活与居住安排。应在儿童最佳利益基础上,围绕子女成长背景、双方抚养意愿及双方抚养能力及个人收入等方面进行考量。其三,子女的身心矫正。在涉婚姻家事案件中,未成年子女的身心往往会出现问题,这同样要求在秉持儿童最佳利益原则下对其进行指引与矫正。其四,家庭财产分割。较前述诉求而更容易调解,依照《民法典》第1087条以“均等分割”为原则,以照顾子女原则、照顾女方原则为补充分配双方财产。其中,直接抚养子女一方当事人可以获得较多的财产,以促使儿童利益最大化。

(四)调解方案之形成技术

调解方案形成的价值基础系在家事调解中实现“家事司法正义”,即在实现两造利益的基础上,以“儿童最佳利益”为家事司法正义之重要考量,修复和维护家庭关系。⑤

① 江仲有:《婚姻法与家事调解》,香港大学出版社2016年第2版,第125~126页。
② 宿迟、张华:《诉讼调解心理学与调解技巧》,中国法制出版社2015年版,第52~56页。
③ 杨青:《心理咨询技术在基层派出所治安调解中的应用》,载《心理技术与应用》2016年5期。
④ 宿迟、张华:《诉讼调解心理学与调解技巧》,中国法制出版社2015年版,第150~152页。
⑤ 刘敏:《论家事司法的社会化》,载《辽宁师范大学学报(社会科学版)》2019年第5期。

1.兼顾双方利益原则

在调解过程中,双方当事人之间既有博弈又有合作,旨在保证双方利益得到兼顾,促使达成和解。一般来说,当事人之间存在的共同利益系调解方案的形成基础与评价基准,如何兼顾双方利益?一方面,要求调解员从中探寻双方的利益基点,并使双方互相知晓对方的利益关切;另一方面,需要调解员运用专业技能进行调解,以增加双方合作之事项为基础,逐步减少分歧,直至双方的利益得到兼顾与衡平,这一过程的转化系双方达成和解之必经路径。①

2.儿童最佳利益原则

儿童最佳利益与儿童福利互生互存,具体表现为在亲子关系产生、变更或消灭时,应尊重儿童之参与权及意见表达权。② 受害儿童可依据是否直接遭受伤害分为直接受家虐儿童与目睹家暴儿童两类,无论前者还是后者,家庭暴力给其带来的身体与精神伤害均是不可估量的。《儿童权利公约》第9条第1款规定:"缔约国应确保不违背儿童父母的意愿使儿童和父母分离,除非主管当局按照适用的法律和程序,经法院的审查,判定这样的分离符合儿童的最大利益而确属必要。在诸如由于父母的虐待或忽视、或父母分居而必须确定儿童居住地点的特殊情况下,这种裁决可能有必要。"

从儿童福利实现之措施上看,各法域无不将发展健康、有序的亲子关系作为构筑家庭稳定环境之基石,③而对于已失序的亲子关系,虑及家庭功能的重要性与家长责任的不可代替性,或许可以采取恢复性司法理念积极修复父母与子女的关系,除非违反儿童最佳利益原则。具体而言,在家事案件调解中,因调解对象差异作出的差别性处分特别是对父母与未成年子女之间的冲突进行调解的做法是否妥当。譬如,与儿童成长机会、生活环境及权益维护相关的儿童福祉方面的调和与妥协。④ 观之儿童福利,包括对儿童医疗、教育、就业、反家庭暴力、收养与寄养等内容,⑤这些儿童福利与父母控制权具有天然的紧张关系,尤其在家庭功能失调时表现较为明显。因此,应当在恪守儿童最佳利益的原则下对父母与子女的冲突有限制性地进行调解,旨在保护未成年子女的合法权益或者避免减损未成年子女的福祉。

3.维系家庭稳定原则

家庭和谐、婚姻关系稳定是社会和谐稳定之基础。于调解过程中,须将消除对立、恢复双方感情及缓解家庭内部冲突,更生、重建原有的家庭关系作为根本价值目标。⑥ 除非法律明确规定必须分离的,抑或不分离将对双方当事人权利及儿童权利造成损害,否则皆应尽可能地维系原有家庭和婚姻关系的稳定。家庭的和谐、婚姻关系的稳定对儿童的健康成长至关重要,为儿童的健康成长创造了良好的生活环境。既往研究表明,家庭功能不健全、家庭环境不稳定会引发未成年人实施犯罪及偏差行为,诸如亲子关系疏离、目睹婚姻暴力、父母监管不当、暴力家庭、残缺家庭等可能是导致家庭解构的因素。⑦ 因此,在调解过程中,维护

---

① 来文彬:《家事调解制度研究》,西南政法大学2013年博士论文。

② 许育典:《基本人权与少儿保护》,台湾元照出版公司2014年版,第165页。

③ 张鸿巍:《少年司法的异乡人》,中国法制出版社2017年版,第34页。

④ 赖尔阳、吴来信、彭淑桦:《社会福利服务》,台湾空中大学出版社2008年版,第62页。

⑤ 张鸿巍:《儿童福利法论》,中国法制出版社2012年版,第39页。

⑥ 张海龙、宝峰:《积极探索家事审判新模式》,载《人民法院报》2018年9月18日第2版。

⑦ 张鸿巍:《强制亲职教育的范围与立法》,载《人民检察》2017年第22期。

家庭稳定对修复失序的婚姻关系、亲子关系及未成年子女的身心健康发展不可或缺。

(五)达成调解之说服技术

调解方案的达成过程被看作一个动态性的协商活动，双方当事人不可避免地就争议进行谈判，并经修正、商榷与确认。争议解决离不开调解员从中调和，为达成调解目的，调解员应注重以下三种技能：首先，注重沟通技能。注意避免以生硬的方式与当事人沟通，注重沟通中情、理、法三要素的运用和交融。"讲情"可以使其担负起家庭责任，"说理"可以使其检视自己内心，"释法"可以使其诉求合乎法律规范。[①]　其次，注重随机应变的能力。家事事件中的人身关系调解较之家事财产关系调解制度不尽相同，由于前者更具有不稳定性，因此，调解协议在达成之前后的努力可能付之东流。这就要求调解员具备处理危机状况的应变能力。最后，强化协调处理能力。方案的形成并非完全满足双方当事人的需求，调解员的职责是从中最大程度引导双方摒弃坚定的立场，转为争点谈判与利益合作。此外，在说服双方当事人达成调解协议过程中，调解员应秉持适度干预原则，不能盲目地对双方的意见提出批判或建议，不能给出既定调解方案并强迫当事人接受，也要避免为达成调解协议而出现和稀泥的现象。

第五节　我国台湾地区研究现状

我国台湾地区关于家事事件之调解制度、实践经验与理论较大陆更为完善与成熟，因此作为本节之域外部分予以论述。我国台湾地区家事调解制度系由家事法庭和家庭裁判所专司解决家事纷争为模式的制度，其关于家事调解的机制主要有两个，分别为法院调解与乡镇市县调解委员会。[②]　2005 年之前，主要由乡镇市县调解委员会进行调解。随着家事领域的改革，2006 年起，法院调解从法官负责向专业调解转变，原负责调解的法官转变为负责家暴案件的筛选及委任、指派调解员；原聘请威望之人士参与的家事调解工作逐步专业化，心理师、咨商师、社工、医生、律师及富有家事调解经验等专业人员被纳入调解队伍。[③]　2008 年，台湾地区"地方法院办理家事调解事件实施要点"的全面施行标志着诉前专业性家事调解制度于该地区建构。2012 年，台湾地区施行"家事事件法"，其中该法第二编设置"家事调解"专章，同年台湾司法事务主管部门依据该法进一步制定"法院设置家事调解委员办法"。2015 年，台湾司法事务主管部门对"地方法院办理家事调解事件实施要点"进行修正，并将之改名称为"法院加强办理家事调解事件实施要点"。台湾地区家事事件调解之制度性建构逐步趋于完善和成熟。

一、涉暴家事案件调解之争议

在涉暴家事案件中，加害人对受害人实施有形或无形的控制或胁迫，施暴人不可能怀有

①　陈爱武：《情理与互让：家事调解的社会技术构造解读》，载《社会科学辑》2013 年第 2 期。
②　黄翠纹：《乡镇市区调解委员会调解成效及其影响因素之研究——以家庭暴力案件调解为例》，载《亚洲家庭暴力与性侵害》2010 年第 1 期。
③　来文彬：《家事调解制度研究》，西南政法大学 2013 年博士论文。

诚意与被害人合作,后者在调解中也很难获得自由决策权。故涉家暴家事案件是否适用调解,我国台湾地区的相关规定持较为谨慎的态度。从立法上观之,一般分为完全禁止调解与原则上禁止调解。涉及民事保护令的案件被禁止调解或和解,譬如,台湾地区"家庭暴力防治法"第 13 条第 7 款规定,"保护令事件不得进行调解或和解"。除此之外,台湾地区"家事事件法"第 3 条第 4 款第 13 项、"家事事件审理细则"第 43 条第 2 款及"法院加强办理家事调解事件实施要点"第 2 条第 3 款也规定民事保护令不得进行调解。而其他涉及家暴事件原则上禁止调解,譬如"家庭暴力防治法"第 47 条规定:"法院于诉讼或调解程序中如认为有家庭暴力之情事时,不得进行和解或调解。但有下列情形之一者,不在此限:一、行和解或调解之人曾受家庭暴力防治之训练并以确保被害人安全之方式进行和解或调解。二、准许被害人选定辅助人参与和解或调解。三、其他行和解或调解之人认为能使被害人免受加害人胁迫之程序。"因此,涉家暴家事案件原则上禁止和解或调解,但符合上述情形之一者,可进行调解。

二、涉暴家事适用调解之风险评估

台湾地区关于涉家暴家事案件的调解与普通家事案件的调解程序并无较大差异,二者的区别在于对进入调解程序案件的评估与筛选。该评估通常包括两个方面:一方面,对遭遇家庭暴力当事人是否进入家事调解程序的评估,须虑及人身安全与权力控制的互动关系;另一方面,对进入家事调解程序中的个案,于调解过程中考量与评估。表 13-1 为筛选案件指标的评估类型:第一种类型一般可以适用调解;第二种类型双方须有辅助人参加,且须对受害人完成心理与精神治疗后进入调解;第三种类型不适合进入调解程序,但保留当事人的程序选择权;第四种类型不适用调解。[①] 受精神胁迫与控制程度越高的人,不适合进行调解;受身体暴力危险程度越高的人,不适合调解。此外,在调解程序中权控考量较之于安全考量更为重要,或者说作为调解的首要条件,且对权控程度的评估因隐蔽性特性更难被实施。

表 13-1　暴力与权控评估类型

类型	暴力风险程度	权控风险程度	评估结果
第一类型	暴力(轻微)	权控(轻微)	原则上适用
第二类型	暴力(严重)	权控(轻微)	有条件适用
第三类型	暴力(轻微)	权控(重度)	原则上不适用
第四类型	暴力(严重)	权控(严重)	禁止适用

实践中,台湾地区各地市法院借助评估来筛选和分流案件的程序不尽相同。大体而言存在以下三种筛选方式:依据标准的量化工具表进行调查评估;采用自由访谈的方式围绕案件事实进行调查评估;亦有法院直接将已审理和已签发保护令的两类家暴案件从调解程序中剥离出去。[②] 案件的筛选评估覆盖于整个调解过程的前后,对于未成功筛选出的案件,调

---

① 李姿佳、宋名萍、胡育瑄等:《家庭暴力家事调解服务之经验与策略——以台北、士林地方法院为例》,载《台湾社会工作学刊》2016 年第 16 期。

② 高凤仙:《论涉家庭暴力事件与调解制度》,载《月旦法学杂志》2018 年第 2 期。

解员在调解过程中发现双方权力关系严重失衡或涉严重暴力之情形，则直接分案移送至家事诉讼程序予以裁判。

三、涉暴家事之合适调解员制度

(一)合适家事调解员的角色与条件

于涉暴家事案件中，负责主持的调解员在双方的会谈中所扮演的角色突破了一般性调解中的一元角色，对其要求的角色需求更为丰富和多元。具体而言，除负责协助调解之外，资料收集、促进谈判、亲职教育、倡导子女权利、心理诊断与治疗、传递信息及保证当事人权利地位相若等亦属于其职责。[①] 正因为如此，多元角色使得合适调解人必须是符合家事调解特质的人员，方能使调解员基于立法的本意于正当程序中实现调解制度的价值，保障当事人的基本权利。

如何才能使得调解员符合多元角色之身份，即需要具备什么样的职业素养、职业技能与文化背景才能成为一名合适调解员？首先，须具备家事商谈或家事调解的教育背景与训练背景及相关的法律知识背景；其次，须具备有关家庭冲突对父母、儿童及其他成员所造影响之知识与相关训练背景，分涉家庭与婚姻、家庭暴力及儿童虐待与疏忽等主题内容；最后，须了解专业伦理，保有无偏差性家事调解理念与价值观。[②] 在家事案件的基础上，介入家庭内部暴力因素是否应适用统一的家事调解策略与技巧以及专门的家事调解员，或是虑及受害人身心健康与安全之需求予以侧重和调整，我国台湾地区并无特别规定，各地区法院做法也有所差异。其中，"法院设置家事调解委员办法"第10条第2款规定："涉有家庭暴力情事之家事调解事件，应依'家庭暴力防治法'第47条规定，指定曾受家庭暴力防治训练之家事委员进行调解。"换言之，主持涉家庭暴力案件的调解者须经家庭暴力防治训练，该训练课目并无详细列明。

(二)合适家事调解员的选任程序

1.合适调解员的选任标准

台湾地区"家事事件法"第32条、"家事事件审理细则"第52条及"法院设置家事调解委员办法"第4条均或多或少规定了关于调解委员会之选任与准用规定，其中"家事事件法"第32条第1款规定："家事调解，应聘任具有性别平权意识、尊重多元文化，并具备法律、医疗、心理、社会工作或其他相关专业，或社会经验者为调解委员。"于实践中，合适调解员的选任一般以学术背景、学历水平及实践经验作为选任的主要考量因素；对于家事理念、伦理道德的考量并无较好的选任标准。因此，台湾地区对合适家事调解人选任的条件要求比较高，"法院设置家事调解委员办法"第5条规定："受聘任前应接受'司法院'所举办之专业训练课程至少三十小时，并依法院通知参加座谈会；任期内，应接受'司法院'或各法院每年定期举

---

① 黄翠纹：《涉及暴力之家事事件调解现况及改进方向之研究：以试办法院之推动状况为中心》，载《月旦法学杂志》2009年第10期。

② 王智弘、唐酥雅、廖婉喻等：《家事商谈〈家事调解〉的伦理议题》，http://www.heart.net.tw/wang/paper-new/paper200505.shtml，最后访问时间：2022年5月5日。

办之专业讲习课程至少十二小时,并依法院通知参加座谈会。前项聘任前之专业训练课程,应包括关于家事相关法令、家庭动力与冲突处理、社会正义与弱势保护(含少年保护、性别平权、新移民与多元文化等)、家庭暴力处理、家事调解伦理及案例演练等核心能力专业训练课程。"综合上述规定,家事调解员的选任标准较为严苛,涉及的领域极为广泛和专业。

2.合适调解员的选任范围与程序

为了满足调解人员的基本素质要求与应对调解案件的复杂性,我国台湾地区调解员之资格来源大致可从以下三类人群中选取:第一,招聘民事法官兼任调解委员;第二,选任专业医师、退休法官与检察官、心理咨询师、教育工作者等具备相关背景的人员;第三,由儿童福利联盟、家扶中心、社会局、社工机构等福利机构与组织推选合适的专业调解员。① 关于选任的程序,"家事事件审理细则"第44条规定:"法院依实际所需人数聘任符合家事调解委员资格之人为家事调解员,并造册送'司法院'备查;'司法院'得将志愿协助调解机构团体所送符合家事调解委员资格名册转送各法院,供各法院选任。"该选任程序具有双向性,一方面,可以由基层法院根据调解实际所需聘任不同专业领域的调解员;另一方面,台湾司法事务主管部门将自愿参加调解且符合条件的调解机构之名单固定于名册,供各法院选任。于具体个案中,"法院设置家事调解委员办法"第8条强调法院选任之时"宜依事件之性质,斟酌家事调解委员之能力,选任具备解决该事件专门知识或经验担任之";也可以基于"两造合意选任其他适当之人者"。换言之,家事调解员既可以由法院指定,也可以基于当事人之合意选任。

第六节 视野拓展

调解是我国民商事纠纷解决的特色之一,但是,调解适用是否应有所限制是个值得研究的问题,这不仅包括调解本身的适用条件、适用程序以及适用结果,还包括针对调解适用的纠纷类型等问题,其中,调解能否适用于家庭暴力案件已争议不断。在前文阐述基础上,本节欲围绕家庭暴力案件是否适用调解程序之问题展开讨论,并在论述家暴案件强制性地适用调解有剥夺公民民事诉讼权利之嫌后,提出于家事调解程序前设立家暴案件筛查机制与风险评估并从立法上予以完善,设置家庭暴力案件适用调解的准入机制。

一、调解制度在家庭暴力案件中的适用

调解作为一项有效解决家事纠纷的路径被广泛适用。我国对于家事纠纷的司法处理统一适用调解制度之规定。据统计,从2014年至2017年年底,每年以调解方式结案的家事纠纷案件稳定在160万件以上,再一次证明调解在司法实务中举足轻重的作用。② 但是,包括家事调解在内的调解活动存有其适用范围,抑或谓之不适当调解之情形,尤以家庭暴力为解

---

① 黄翠纹:《涉及暴力之家事事件调解现况及改进方向之研究:以试办法院之推动状况为中心》,载《月旦法学杂志》2009年第10期。

② 国家统计局,http://data.stats.gov.cn/easyquery.htm? cn=C01&zb=A0S09&sj=2017,最后访问时间:2022年4月10日

散或终止夫妻关系要素的婚姻案件被强制性调解之规定最具争议。目前，我国立法及司法暂未将家暴家事纠纷案件适用调解之规定与一般民事调解加以区分。关于在婚姻关系案件中如何适用调解，主要涉及以下规定：最高人民法院中国应用法学研究所于 2008 年编写了《涉及家庭暴力婚姻案件审理指南》规定，其中提到调解程序系维持和终止婚姻关系的重要解决途径；《最高人民法院关于适用〈中华人民共和国民事诉讼法〉的解释》（2022 年修正）第 145 条规定，人民法院审理离婚案件应予以调解，但久调不决的除外；《民法典》第 1079 条规定，离婚案件于审理前应当进行调解，其中，涉及实施家庭暴力、虐待、遗弃家庭成员之情形，在调解无效的前提下应被准予离婚；最高人民法院《关于适用简易程序审理民事案件的若干规定》第 14 条规定，有关婚姻家庭纠纷和继承纠纷于开庭时应优先适用调解，避免婚姻纠纷直接被国家司法机关干预。为保护当事人的程序选择权，《民事诉讼法》（2021 年修正）于第 99 条、第 102 条规定了对于事实清楚的民事案件适用自愿调解原则，及调解无效及时判决之原则。观之上述规定，我国将离婚诉讼案件予以调解前置，且对离婚事由未作区分一律适用强制性规定。

二、调解制度对受暴人权利的侵蚀

调解制度建立之初是在确保双方当事人权力结构平衡的前提下，以双方合意为基础的协商性活动；相反，如果施暴人与受暴人之间存在严重的权控情况，则家暴案件调解之程序将失去其存在的正当性。家庭暴力案件区别于一般家事案件或者民事案件，主要涉及案件双方当事人的地位不平等性，受暴人因遭受严重家庭暴力或者精神上受到权力控制，导致施暴人在家庭暴力的斗争中拥有绝对话语权，受暴人因畏惧而丧失或放弃法律赋予的基本权利，调解员很难对此权控情势做出准确判断，与之相继的有效补救可能性微乎其微。[①] 假设调解活动的展开建立在上述的情境下，则以维护夫妻关系稳定与修复社会关系之目的的调解疑似以牺牲受暴人的个人合法利益为前提，无非是雪上加霜。

自家事审判改革以来，为实现家事审判之社会效能，我国一些地区的法院专设家事调解委员会，致力于实现将家事调解向诉前、庭前延伸之目标，并覆盖于诉讼全过程，[②] 无论于哪一个阶段，调解程序始终伴随着家暴案件处理的整个过程。家事法官和家事调解员在调解中以促使双方达成合意，以追求社会和谐与司法效率为目标；家庭暴力探明之权利取向直接过渡到家事调解之需求取向，家庭暴力这一不和谐因素被边缘化，其目的是以最大程度满足双方利益需求。[③]

三、调解制度适用家暴案件之规制

家暴案件适用调解制度之规定，应审慎对待之。家庭暴力案件严格意义上并非普通家事案件可以全部囊括的，它突破了《民法典》规制的范围，尤其是涉侵犯人身权利的违法或犯罪行为而受《刑法》《治安管理处罚法》的约束。2015 年，最高人民法院、最高人民检察检、公安部与司法部联合制发《关于依法办理家庭暴力犯罪案件的意见》，明确涉家暴案件的刑事

①　高凤仙：《谘商与调解在家庭暴力事件之法律界限》，载《应用心理研究》2007 年第 33 期。
②　宋艳菊、陈琴琴：《我国家事调解制度之构建》，载《河南财经政法大学学报》2018 年第 1 期。
③　贺欣、吴贵亨：《司法调解对家庭暴力的删除》，载《法律和社会科学》2013 年第 1 期。

与行政处罚。与之相关的家事调解制度之调解范围仅限于民事案件,具有人身侵害性的家庭暴力行为作为终止夫妻关系类型之一,其适用调解程序值得思考。如何在原有法律基础上,既发挥调解之解决纠纷、修复社会关系及缓解诉讼爆炸之功效,又可以在涉家暴家事等特殊类型案件中有限制性地、有针对性地适用调解程序,达致调解之实质功效,值得思考。

各国对于涉家暴家事案件之调解所采取的主要处理方法包括案件筛选、被害人保护措施、训练调解员与训练律师。[①] 关于被害人保护措施、训练调解员与训练律师前文略有涉及,本部分主要就案件筛选与风险评估作以下论述:在适用过程中,应将一般家事纠纷案件与家庭暴力案件相区分。其一,限制性地适用涉家事强制调解模式,即在符合一般调解要件的基础上,虑及当事人之间的人身安全与权力控制关系,在保障双方平等权利的基础上,最大限度听取和考虑被家暴受害人的个人意愿,根据代理律师、专业调解员与法官等在内的调解参与人的建议,及社工、心理医生的反馈,保留受家暴人的程序选择权。必要时,设置家事辅助人制度以支持受家暴人于调解中的实质参与权。其二,建立家事调解适用的负面清单及例外情况,明确不适合调解的具体情形,譬如将已签发保护令的案件、已进入审判阶段的案件、发生的严重暴力案件排除适用调解的情形,禁止对严重暴力、吸毒、酗酒、精神异常及其他家庭功能障碍者适用,[②]及对不适合调解但未经成功筛选出的严重涉暴家事案件作出的明显损害受家暴人权益的案件作出"调解无效"之解释。[③]

第七节　实践延伸

作为多元化纠纷解决机制中的一种方式,调解在家事纠纷案件中适用较为广泛。尽管,目前我国基层法院处于设立专门家事调解中心的试验阶段,且关于家事法庭的设立于基层法院中亦有出现。但观之国内各大高校法学院,鲜有包括涉家暴家事案件调解课程的学习与培训。所以,学习、了解和掌握家事案件调解的实务与经验,无论对作为家事调解员的基层法官或家事法官,还是对专业调解员、家事法律诊所学生、家事法官、家事心理专家等,均具有一定的现实意义。

一、调解准备

在调解中,审查案件是否适用调解程序是准备工作的主要内容,关系着能否调解成功。因此,调解员在与当事人会面时应尽量做好以下三方面的工作:其一,根据双方披露的材料,审查是否存在家庭暴力行为以及虐待儿童或者儿童照管不良之行为;其二,对存在家庭暴力的案件进行风险评估,对于存在严重人身安全风险与权力控制风险的案件及时移送至审理

---

① 高凤仙:《论涉家庭暴力事件与调解制度》,载《月旦法学杂志》2018 年第 2 期。

② Alexandria Zylstra, Mediation and Domestic Violence: A Practical Screening Method for Mediators and Mediation Program Administrators, *Journal of Dispute Resolution*, 2001(2).

③ 覃晚萍、袁万球:《论家事调解的困境与出路——以符号互动理论为视角》,载《江西社会科学》2018 年第 12 期。

程序;其三,确定受家暴人、受家暴儿童及目睹儿童是否需要转介治疗与安置。必要时,给予受害人足够的时间用以心理治疗和身体恢复以及视情况于调解场所中增加安全保护措施。以米某与王某的涉家暴家事案件为例,首先,调解员和法官对受家暴人及目睹家暴儿童进行了安置,使未成年子女逃离家庭暴力的氛围;其次,依申请签发人身安全保护令,责令王某迁出住处并禁止其在住处、学校及工作单位出现;最后,调解员对王某家暴行为的严重程度、精神权控的严重程度进行评估,确认是否进入调解程序。

二、调解程序

(一)当事人陈述与案件倾听

在调解阶段,调解员的任务是引导当事人陈述案件事实并进行确认。在具体程序中,一般先由调解员于调解前作出说明,旨在确认双方系基于自愿参与调解。当调解主持人员结束发言之后,依次由双方当事人表达意见,也可以直接提出初步的调解方案。若当事人个人表达能力有限,加之身处家庭关系冲突之中,其在陈述时未必可以表述清楚,或按照客观事实表述,这就对调解员的倾听技术提出了挑战。倾听可以帮助调解员了解案情、了解当事人内心活动以及建立信任关系。

以王某家暴米某案件为例。由于王某和米某在调解过程中情绪较为激动,互相谩骂,调解员采用单方会谈的方式进行感情疏导、释法明理,但双方情绪并未因此得到缓解。尽管第一次调解并未成功,但在第二次会谈中,调解员于调解开场即强调调解的优势以及带来的成效,使得双方理性地回归到调解中。本案中,王某在陈述时表示嫌弃米某没有工作并在家里不做家务,所以才在事业不顺心的时候殴打米某。调解员并没有立刻反驳王某的发言,也没有去指责其过错,这是为了防止王某情绪再次爆发,对调解员产生敌对心理。调解员在调解过程中倾听米某和王某对案件事实的陈述,并有针对性地收集当事人表述的外显事实和隐含内因。

(二)厘清争议与协助谈判

在倾听双方的陈述后,调解员的工作主要是厘清争议,寻求共同利益基础。譬如。从未成年子女利益切入。无论是婚姻关系的终止、抚养权的归属,还是探视权的实现及财产的分割,皆可以围绕未成年子女利益的角度解决上述争议。就厘清争议而言,通过梳理案件材料,结合当事人的陈述和辩驳,明确争议事项,并以争议事项重要程度与调解的难易程度为考量先易后难逐个击破。就协助谈判而言,调解员应积极鼓励双方打破谈判僵局,引导双方当事人弱化对立的立场。

以米某与王某涉家暴家事案件为例,双方之间的争议分涉婚姻关系终止、抚养权归属、探视权实现及财产分割四方面。由于王某多次实施家庭暴力,且已进行过调解仍不改正,调解员对于米某的离婚诉求是予以支持的。本案中的争议难点在于抚养权的归属,双方都主张对未成年子女抚养和照料。王某主张米某无经济收入,很难负担起孩子的生活费用;米某主张王某存在家暴行为,对曾目睹过家暴的孩子的身心健康成长不利。为了打破僵局,调解员以子女的最佳利益为出发点,最后双方协商确定子女由双方共同监护,由米某直接抚养、照料王小某,王某获得探视权。关于财产的分割,虽然两人存在严重矛盾,但均十分疼爱孩子。因此,调解员以关爱子女作为调解的切入点,建议双方考虑将财产留给孩子,二人随即同意关于财产分割的方案。

(三)方案拟定与评估

在双方就主要争议事项达成一致时,调解员应协助当事人制订调解方案并进行可行性评估。方案的制订应基于双方的争议焦点和利益合作,本着儿童最佳利益原则、维系家庭稳定原则、兼顾双方利益原则制订。于此阶段,调解员的任务并非仅限于说服双方达成一致意见,还为双方提供对话的权利场域,促进双方理性沟通。[①]

本案中,调解员为米某与王某提供了面对面交流的机会,特别是必要的单方沟通,这使得双方达成了关于离婚、抚养、探视及财产分割等内容,并根据协商好的事项协助双方拟订方案。在此基础上,调解员依据调解经验、专业知识就制订的调解方案进行合法性、可行性及执行性的效度评估。

 相关法律规定与参考文献

一、相关法律规定

1.《中华人民共和国民法典》第 1079 条、第 1087 条。

2.《中华人民共和国民事诉讼法》第 9 条、第 99 条、第 102 条、第 125 条。

3.《中华人民共和国反家庭暴力法》第 10 条、第 11 条。

4.《最高人民法院关于适用〈中华人民共和国民事诉讼法〉的解释》(2022 年修正)第 145 条。

5.《关于适用简易程序审理民事案件的若干规定》第 14 条。

6.《最高人民法院关于人民法院进一步深化多元化纠纷解决机制改革的意见》第 25 条、第 26 条、第 27 条、第 30 条、第 31 条。

7.最高人民法院、司法部《关于开展律师调解试点工作的意见》第 2 条。

8.最高人民法院、最高人民检察院、公安部与司法部《关于依法办理家庭暴力犯罪案件的意见》。

9.《涉及家庭暴力婚姻案件审理指南》第 70 条、第 71 条、第 72 条、第 73 条。

10.江苏省高级人民法院《家事案件调解工作规则(试行)》第 7 条、第 14 条、第 24 条。

二、参考文献

1.赵文宗、阮陈淑怡、李秀华:《中国内地与香港婚姻法及调解:比较与实务》,圆桌文化 2009 年版。

2.孙淑云、冀茂奇:《诊所式法律教程》,中国政法大学出版社 2010 年版。

3.宿迟、张华:《诉讼调解心理学技巧与运用》,中国法制出版社 2015 年版。

4.张鸿巍:《美国检察制度研究》,法律出版社 2019 年第 3 版。

5.许身健、袁钢:《法律诊所》,中国人民大学出版社 2014 年版。

6.常怡:《中国调解的理念变迁》,载《法治研究》2013 年第 2 期。

7.高凤仙:《论涉家庭暴力事件与调解制度》,载《月旦法学杂志》2018 年第 2 期。

8.黄翠纹:《台湾家事事件调解的发展》,载《犯罪学期刊》2015 年第 1 期。

9.贺欣、吴贵亨:《司法调解对家庭暴力的删除》,载《法律和社会科学》2013 年第 1 期。

10.季卫东:《法制与调解的悖论》,载《法学研究》1989 年第 5 期。

---

① 张超:《法院调解:当事人"理性对话"的权利场域》,载《山东科技大学学报(社会哲学版)》2011 年第 5 期。

11.刘敏:《论家事司法的社会化》,载《辽宁师范大学学报(社会科学版)》2019 年第 5 期。

12.覃晚萍、袁万球:《论家事调解的困境与出路——以符号互动理论为视角》,载《江西社会科学》2018年第 12 期。

13.孙海涛:《论家庭暴力案件调解筛查制度的构建》,载《理论月刊》2018 年第 1 期。

14.肖建国:《理性看待"调解优先、调判结合"》,载《郑州大学学报(社会科学版)》2011 年第 6 期。

15.张鸿巍:《强制亲职教育的范围与立法》,载《人民检察》2017 年第 22 期。

16.张超:《法院调解:当事人"理性对话"的权利场域》,载《山东科技大学学报(社会哲学版)》2011 年第 5 期。

第十四章 检察官视角下对家庭暴力案件的处理

《反家庭暴力法》第 3 条规定："家庭成员之间应当互相帮助，互相关爱，和睦相处，履行家庭义务。"即使伴随受教育水平的不断提高和新婚恋观念与风尚的引领，家庭暴力在一定程度上仍是社会的顽癣痼疾，不仅引发系列讼争，不利于和谐家庭与和谐社会的构建，甚至引发暴力犯罪，危及人身安全及社会秩序。反家庭暴力是市域社会治理现代化的重要内容，虽然国家对家庭暴力的治理持续强化，但对其治理能效仍显不足。司法治理是规制家庭暴力行为的有力抓手，可从类案实证分析角度，梳理案件现状，归纳既存问题，针对办案重难点提出合理化的意见和建议，以资办案质效提升。

● **教学目标**

通过本章的学习，了解检察官视角下对家庭暴力案件是如何处理的。

● **教学方法**

头脑风暴、角色扮演、案件模拟、分组讨论、反馈与评估。

● **课堂设计**

1.根据本章内容与要求，根据学生人数分组，进行不同分工，扮演不同角色。

2.根据具体教学时间安排模拟时间，在每组模拟完毕之后要留出时间让参与者进行反馈与分析。

3.注意老师点评与引导、学生点评与互评、总结与反馈。

● **要点把握**

1.了解检察官视角下对家庭暴力案件的处理方法。

2.要基于时代发展，司法改革的情况与法律规定的变化不断调整教学方案。

● **问题设计**

1.检察官视角下对家庭暴力案件的处理方法与其他处理方法有何不同？

2.检察官视角下对家庭暴力案件的处理方法有何重要意义？

第一节 案件直击

案情简介

被告人常某与其父常某春(被害人,殁年 56 岁)、母郑某共同居住,常某春饮酒后脾气暴躁,经常辱骂、殴打家人。2012 年 8 月 29 日 18 时许,常某春酒后又因琐事辱骂郑某,郑某躲至常某卧室。当日 20 时许,常某春到常某卧室继续辱骂郑某,后又殴打郑某和常某,扬言要杀死全家并到厨房取来菜刀。常某见状夺下菜刀,常某春按住郑某头部继续殴打。常某义愤之下,持菜刀砍伤常某春头、颈、肩部等处,后将常某春送往医院救治。次日,常某到公安机关投案。当晚,常某春因失血性休克死亡。

重庆市江津区人民法院经审理认为,常某持刀故意伤害致一人死亡的行为已构成故意伤害罪,但其行为属防卫过当,依法应当减轻或免除处罚。案发后,常某投案自首,其母表示谅解,同时考虑被害人常某春平时饮酒后常常对家庭成员实施家庭暴力,故对常某减轻处罚并适用缓刑。依照刑法有关规定,以故意伤害罪判处常某有期徒刑三年,缓刑五年。宣判后,在法定期限内没有上诉、抗诉,判决已发生法律效力。

案例评析

本案被告人常某已经将被害人常某春手中的菜刀夺下,但常某春对郑某的不法侵害仍在继续,虽然殴打的不是常某,但其扬言要杀死全家,结合常某春平时酒后常有严重的家庭暴力行为,不能排除其暴力行为造成更严重后果的可能。因此,常某针对常某春正在进行的家庭暴力,有权进行防卫。但从常某持菜刀砍击常某春造成多处损伤并致其因失血性休克死亡分析,确实与常某春徒手家暴行为的手段和严重程度不对等,因此可以认定常某的行为构成防卫过当,同时考虑到常某将常某春砍伤后立即送往医院救治,案发后投案自首,得到其母亲的谅解。常某春具有家庭暴力既往史,常某春的其他亲属和邻居也要求对常某从轻处罚等情节,对常某减轻处罚并适用缓刑,是完全适当的。

反家庭暴力是市域社会治理现代化的重要内容,为倡导和引领互相关爱,文明和睦的家庭风尚,国家一方面大力弘扬社会主义核心价值观,充分发挥社会主义核心价值观对构建和睦家庭、和谐社会的调整和指导作用,另一方面注重用法治手段强化对家庭暴力的规制打击。全国、各地相继制定、发布《民法典》《反家庭暴力法》《关于依法办理家庭暴力犯罪案件的意见》《涉及家庭暴力婚姻案件审理指南》等百余个法律、司法解释、部门规章及地方性法规。公检法司、妇联等职能机构、社会组织通过依法履职,规制、打击家庭暴力类违法犯罪行为。即便如此,家庭暴力案件仍在一定程度和范围内,成为危及家庭关系、危害社会治理的负面因素。

经查询中国裁判文书网①,2020 年全年已公开裁判文书中,涉"家庭暴力"已结案件共2048 件。民事案件中,夫妻一方以(或含有)"实施家庭暴力"为由,诉请法院判决离婚或主张离婚损害赔偿的案件共有 1848 件,申请法院签发人身安全保护令 87 份。其中,一审裁判、调解案件共计 1831 件,占比 89.4%;判决不准予离婚 343 件,调解和好 10 件,维持婚姻关系存续案件占比 19.3%;因家庭暴力诉请判决给付离婚后损害赔偿的 21 件案件中,法院支持 7 件,支持率 33.3%。因家庭暴力以故意杀人罪被追刑责 49 件(其中刑事附带民事诉讼 1 件),以故意伤害罪被判处刑罚 53 件,触犯其他罪名案件 39 件。因家庭暴力不服行政处罚决定而引发行政诉讼 1 件(见图 14-1)。

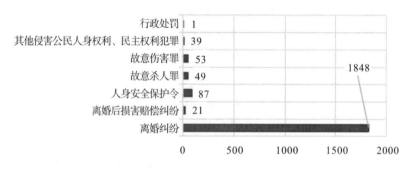

图 14-1　2020 年涉家庭暴力类案件主要分布情况

第二节　涉家庭暴力类案件的特点与趋势

一、案件通常具有较强的身份性、反复持久性和社会性

涉家庭暴力类案件仅发生在具有特定身份关系(有血缘或婚姻关系)的家庭成员之间。因受害者无力反抗或不愿公开,加之案件情感色彩浓厚,伦理道德与法律关系交缠融合,更容易因此而遭受长时间、反复性暴力伤害。案件中身份利益与财产利益诉求交织,双方既希望解决纠纷,又希望事了人和;既希望彻查事实公平处理,又注重个人隐私保护。该类纠纷的处理既关乎个人利益、家庭幸福,也关系到社会和谐稳定和文明进步。如不能妥善解决,很有可能会激化矛盾造成家庭悲剧,甚至可能威胁社会安定。

二、家庭暴力类案件体量稳定,类型相对集中

1.民事案件案由较为集中

2018—2020 年,法院审结民事案件文书公布数量分别为 12050661 份、14214562 份、13028045 份;其中涉家庭暴力类案件民事法律文书分别为:4278 件、3489 件、3050 件;案件占比分别为:3.55%、2.42%、2.34%。民事案件案由多集中在诉请离婚、诉请离婚损害赔偿及因家庭暴力申请人身安全保护令。其中诉请离婚案件数量逐步递减,而人身安全保护令

---

①　https://wenshu.court.gov.cn/website/wenshu/181029CR4M5A62CH/index.html?,所援用的数据最后访问时间:2022 年 3 月 11 日。

呈现逐步增长态势(见图 14-2)。

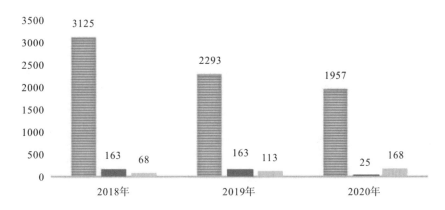

图 14-2　2018—2020 年涉家庭暴力类主要民事案件分布

2.家庭暴力侵害人身安全犯罪趋减

近三年来,法院审结公布涉家庭暴力类案件刑事法律文书分别为:189 件、179 件、141件;案件占比分别为:1.15%、1.07%、1.03%。罪名主要集中在故意伤害罪、故意杀人罪及其他侵犯公民人身权利、民主权利的犯罪中。案件数量呈逐年递减趋势,反映出因家庭内部恶性暴力事件趋减(见图 14-3)。

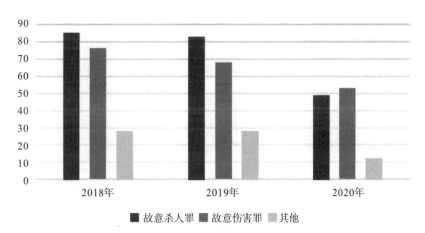

图 14-3　2018—2020 涉家庭暴力类主要刑事案件分布

三、家庭暴力类案件呈现新趋势、新动向

一是涉家庭暴力类案件总量在下降,但家庭成员对人身安全的保护关注度提高,人身安全保护令的申请与裁定数正向增长趋势明显。二是案件审理难度大,恶性案件社会关注度高。对家庭暴力的理解与法律事实认定存在差异化,除法律规定的家庭暴力认定情形外,因遭受家庭成员的冷漠言行等冷暴力所造成的精神痛苦及心灵的折磨,从而诉请离婚的案件增多。情感失和、琐事纷争、利益纠葛等易引发家庭暴力及至恶性刑事案件(如杭州杀妻碎

尸案），易引发社会高度关注。三是对家庭暴力的举证责任通常比较薄弱。因对家庭暴力的理解认识有偏差、对家庭暴力事实举证困难等，通常导致当事人以家庭暴力诉请离婚或主张损害赔偿的诉求难以获得支持。

第三节　涉家庭暴力类案件司法实务中存在的问题

一、家庭暴力的概念存在适用范围争议

概念均有内涵和外延，即其含义和适用范围。对"家庭暴力"内涵及外延的准确厘定和把握，是运用司法涵摄准确处理涉家庭暴力类案件的前提。《反家庭暴力法》以不完全列举的形式，将以"殴打、捆绑、残害、限制人身自由"及"经常性谩骂、恐吓等方式"等行为方式实施的，侵害家庭成员身体、精神的行为，界定为家庭暴力。[①] 实务中，对家庭暴力的内涵即"侵害家庭成员身体、精神的行为"通常不存争议，但对其外延通常存在两个方面的争议。

（一）对"家庭暴力"的"等外"行为方式认定争议

家庭成员虽未实施《反家庭暴力法》规定的几种应当认定为"家庭暴力"行为，但实施了其他与之类似，且造成同样侵害后果的行为，仍可认定为"家庭暴力"，并应予以同等规制的观点已被广为接受，并在司法裁判中具体运用。目前此类行为的认定争议，主要体现在对该"类似""等外"行为的界限、程度、方式等尚不明确或存较多争议。

（二）对"侵害行为"的把握存有争议

对"侵害行为"的把握，存在行为论和结果论两个不同维度的认识和理解，前者认为只要实施了家庭暴力行为，即应当认定为家庭暴力；而后者则认为，家庭暴力必须以损害后果的客观存在作为前提和依据。

二、家庭暴力类案件权利保护仍有不足

虽然存在经济发展、受教育程度提高、新型婚恋观念转变，以及女性社会地位提高的客观利好条件，但对受家庭暴力侵害者而言，还存在权利保护救济不足的现实困境。

（一）社会对家庭暴力还具有较高容忍度

此类案件中，存在施暴者与受害者之间权利控制、力量等方面的不平等，甚至经济、情感的较深依附。受害者对施暴者存矛盾心理，对有关部门的干预介入也仅限于制止施暴行为，而不愿施暴者接受法律制裁，这在一定程度上将助长家庭暴力升级。此外，社会群体对家庭暴力的危害性认识不足，将其简单地归为家庭纠纷，也客观上助长了家庭暴力肆虐。

[①] 《反家庭暴力法》第2条：本法所称家庭暴力，是指家庭成员之间以殴打、捆绑、残害、限制人身自由以及经常性谩骂、恐吓等方式实施的身体、精神等侵害行为。

(二)法律救济未被知悉或有效使用

我国现行法律制度为家庭暴力受害者提供了三个层次并行不悖的救济路径。一是受害者可诉请离婚,并主张离婚后损害赔偿,对婚姻存续期内危及个人人身安全的家庭暴力行为,也可申请法院签发人身安全保护令。二是受害者可根据《治安管理处罚条例》的规定,对未构成刑事犯罪的施暴者处以行政处罚。三是受害者还可以根据我国《刑法》规定,以刑事自诉或公诉的方式,请求国家追究施暴者刑事责任。但因种种原因,家庭暴力类案件的受害人往往不知道权利保护救济方式,或者即使知悉,也未得有效利用。

(三)对家庭暴力的举证责任通常比较薄弱

司法实践中,对家庭暴力的认定成为案件审理的难点。因家庭生活的私密性和伦理性,家庭暴力行为多发生于无第三人在场的家庭内部,因其时空封闭性和阻隔性,而具有一定的隐蔽性。受害者多抱有"家丑不可外扬"的心态,而且往往缺乏证据意识和举证技巧,在遭受家庭暴力后不愿声张、不及时报警诊疗等,进而对可能被认定为家庭暴力证据的出警记录、医院诊疗记录等不能及时提供,致使受害方常因举证不足而无法获得胜诉判决支持其诉求,被迫留在暴力关系中,或者极易因举证不能而难以追究施暴者法律责任。

第四节 关于家庭暴力类案件的司法治理思考

一、消弭对家庭暴力的认定分歧

(一)对"等外"家庭暴力的行为作适度扩大解释

家庭暴力是施暴方控制受暴方的手段,目的在于让受害者因恐惧而服从于施暴者。从立法目的来讲,除《反家庭暴力法》第 2 条明确规定的行为方式外,其他发生在家庭成员之间的,侵害人身安全、剥夺或限制人身自由,以及其他能造成家庭成员精神痛苦或肢体疼痛的行为,均应纳入"等"的范畴予以规制。理由如下:一是从法律规定看,《民法典》第 1183 条第 1 款[1]、最高人民法院《关于确定民事侵权精神损害赔偿责任若干问题的解释》(法释〔2020〕17 号)第 1 条[2]均明确规定,自然人因人身权益遭受严重侵害的,可向法院提起诉讼请求精神损害赔偿。二是在婚姻家庭纠纷实务中,法院也认定:对家庭暴力造成一定伤害后果的认定不仅包括对肉体损害的后果,还包括无明显体征的精神损害后果。[3]

---

① 《民法典》第 1183 条第 1 款:侵害自然人人身权益造成严重精神损害的,被侵权人有权请求精神损害赔偿。

② 最高人民法院《关于确定民事侵权精神损害赔偿责任若干问题的解释》(法释〔2020〕17 号)第 1 条:因人身权益或者具有人身意义的特定物受到侵害,自然人或者其近亲属向人民法院提起诉讼请求精神损害赔偿的,人民法院应当依法予以受理。

③ 《薛琦诉陈琳离婚纠纷案》,http://www.faxin.cn/lib/cpal/AlyzContent.aspx? isAlyz=1&gid=C1299358,最后访问时间:2022 年 3 月 22 日。

(二)家庭暴力应造成实际损害后果

认定家庭暴力应以损害后果发生为条件,理由如下:

1.侵权责任理论与责任负担的体系自洽性

家庭暴力是侵害他人人身权的侵权行为,损害赔偿责任是施暴者承担民事侵权责任的主要方式,而侵权责任的负担必须以被侵权方受有损失为要件,因此,家庭成员之间,只有实际造成相应损害后果的暴力行为,才能被认定为家庭暴力。

2.实务中以家庭暴力为由诉请离婚的处理

当事人除以肢体、言语冲突,诉请法院依据《民法典》第1079条规定,判令解除婚姻关系或主张损害赔偿外,越来越多的当事人以家庭成员间情感淡漠、长期分居;或以不理睬或恶言相向等方式施以精神暴力;或有滥施"家规"、酗酒赌博、不贴补家用,不履行抚育或扶养义务;或有伤害或以伤害配偶方的近亲属相威胁等诉请离婚的案件越来越多,但获法院准予离婚判决的案件比例较低。原因在于,上述列举的行为与《反家庭暴力法》第2条明确界定的几种家庭暴力行为方式可能引发的致害后果的严重性并不相当(后者同样要求对受害者身体、精神造成一定程度的伤害),故法院通常对以上述理由诉请离婚但无实际损害后果的案件,判决不准离婚。

二、统一家庭暴力事实的推定与反证标准

整体而言,家庭暴力案件的举证责任应根据三大诉讼法规定,在各诉讼当事人、诉讼参与人之间进行分配。但对涉家庭暴力事实认定的民事诉讼和刑事自诉案件而言,其举证责任与一般的民事案件"谁主张,谁举证"举证责任分配方式并不相同。由于受我国传统思想的影响,和女方婚后随男方生活的实际情况,受害人对是否存在家庭暴力,往往难以提供相应的证据。因此,对家庭暴力案件,证明标准应当有别于一般民事案件,只要受害人能够举证证明其在婚姻关系存续及与施害人共同生活期间受到侵害的事实,即可认定受害人已完成了举证责任,推定家庭暴力事实的存在,并由被告举出反证。如施暴者不能提供证据证明其与受害人受侵害的事实无关,则应由其承担举证不能的后果,也即可认定家庭暴力事实的存在。[①]

三、能够认定家庭暴力存在的事实

除双方当事人陈述,以及录音、录像,录音的文字记录等直接证据外,下列符合证据要件的事实,也是能够作为认定家庭暴力存在的事实。一是各种证明家庭暴力存在的间接证据。如罗某诉肖某宝离婚纠纷案中,[②]法院认定受害者受伤的照片、医院病历、出警记录、施暴者书写的保证书、所作的自认等为家庭暴力的证据。二是未成年子女的证言在一定条件下可以成为认定家庭暴力事实的依据。未成年人子女欲证明的事实与其年龄、智力状况或者精

---

① 《庄丽琴诉范春勇离婚案》,(2014)珠斗法民一初字第337号民事判决书,http://www.faxin.cn/lib/cpal/AlyzContent.aspx? isAlyz=1&gid=C1322650,最后访问时间:2022年3月12日。

② 《罗桃诉肖玉宝离婚纠纷案案例要旨》,http://www.faxin.cn/lib/cpal/AlyzContent.aspx? gid=C1302368,最后访问时间:2022年8月25日。

神健康状况相适应,虽未成年,但其有自主判断能力、能够正确表达的,法院对其证言应当予以采信,作为认定家庭暴力事实的依据。[①] 三是取证方式方面,要适度加强法院调查取证。受害者提供证据有困难的,为查清家庭暴力的事实,人民法院可以依申请或主动依法调查取证,及时了解情况。

四、强化对家庭暴力受害人的民事权利保护

(一)强化人身安全保护令的申请使用

为保障受害者的人身安全和财产权益,避免因家庭暴力而引发恶性事件,法院可依申请发出人身安全保护裁定、迁出令等,[②]并送达受害者所属基层组织(居委会或村委会)和公安机关,强化保护。受害人申请人身保护令后,仍被骚扰辱骂的,法官可及时介入通过处罚、训诫方式调解纠纷;也可对裁定人身保护后再次出现的家庭暴力行为进行严厉处罚。

(二)对涉家庭暴力类案件应依法处理婚姻关系及子女抚养等争议问题

经查证属实,对确系家庭暴力而诉请离婚,经调解无效的,即达法定离婚条件,法院应准予离婚并优先考虑儿童最佳利益,如李某娥诉罗某超离婚纠纷案,[③]而不应再以家庭暴力未达"夫妻感情确已破裂"的离婚标准,判决不准予解除婚姻关系。对婚姻借此解体,而受害方诉请离婚后损害赔偿的,法院应根据过错程度、经济能力等确定赔偿数额,并将家庭暴力作为确定或变更子女抚养权时的重要考量因素。[④]

五、处理好刑民交叉案件

家庭暴力行为,不仅侵害特定主体的人身权等民事权利,还可能因家庭恶性暴力事件构成刑事犯罪。因其侵害法益的复合性,存在刑民交叉情形。从诉讼法角度讲,此类案件可能存在民事法律关系、刑事法律关系的交叉、牵连、影响,[⑤]在实体法上,则存在刑事犯罪和民事不法竞合。[⑥] 对此类案件的处理,要把握以下三个方面。

(一)准确界分刑民案件,厘定罪与非罪

遵循刑法谦抑性原则和罪刑法定原则,适用宽严相济的刑事司法政策,严格区分民事违

---

①　《未成年子女的证言与其年龄、智力状况相适应,可以成为认定家庭暴力事实的依据——张某与韩某离婚纠纷案》,http://www.faxin.cn/lib/cpal/AlyzContent.aspx? isAlyz=1&gid=C1343281,最后访问时间:2022 年 4 月 6 日。

②　最高人民法院中国应用法学研究所:《吴湘平诉孙伟离婚纠纷案》,载《人民法院案例选》2015 年第 3 辑。

③　最高人民法院网站:《最高人民法院公布十起涉家庭暴力案件》,http://gongbao.court.gov.cn/Details/a5da2b2a791db0241dae1b6ed8e579.html?,最后访问时间:2022 年 8 月 27 日。

④　刘黎:《离婚案件中家庭暴力的认定与处理》,载《人民司法·案例》2013 年第 22 期。

⑤　何帆:《刑民交叉案件审理的基本思路》,中国法制出版社 2007 年版,第 25～26 页。

⑥　陈兴良:《刑民交叉案件的刑法适用》,载《法律科学》2018 年第 3 期。

法和刑事犯罪,审慎审查犯罪构成要件的该当性。在法秩序统一原理的指引下,①首先要考察该行为是否合法,因罪刑法定原则仅限制入罪而不限制出罪,故如该行为合法则可排除犯罪。② 进而按照法益保护原则检验受害者(或被害人)有无损失;基于程序正义要求,审查受害者(或被害人)主张权利的难度等,进行递进式检验逻辑,③尽可能减少案件被错误归入犯罪。如为制止家庭暴力而造成施暴人死亡,且明显超过必要限度的,构成防卫过当,不应认定为犯罪。④

(二)准确认定罪名,精准化量刑

严重的家庭暴力会构成刑法中侵害他人人身权利、民主权利犯罪,应予准确区分认定。按照现行刑法罪状表述及相关司法解释的规定,持续性、经常性地从肉体、精神上摧残、折磨共同生活的家庭成员,情节恶劣的,构成"虐待罪";因家庭暴力达到轻伤二级以上或致人死亡的,构成故意伤害罪或者故意杀人罪;⑤对于年老、年幼、患病或者其他没有独立生活能力的人,负有抚养义务而拒绝抚养,情节恶劣的行为,应当认定为遗弃罪;以暴力手段干涉他人结婚和离婚自由的行为,以暴力干涉婚姻自由罪论处。在量刑方面,应注意以下几种情形:量刑时要充分考虑防卫因素和施暴人的过错责任等酌定情节,对因长期遭受被害人家庭暴力,在被害人再次实施家庭暴力时杀害被害人,或出于因摆脱家庭暴力而激愤杀人等,可以认定为故意杀人罪情节较轻,应酌情从轻、减轻或者免除处罚。⑥ 而对故意伤害致人死亡,手段特别残忍、情节特别恶劣的,可以判处死刑。⑦

(三)优化案件的诉讼程序及受害者利益保护

1.尊重家庭暴力类案件被害人的程序选择权

最高人民法院、最高人民检察院、公安部、司法部《关于依法办理家庭暴力犯罪案件的意见》第8条尊重被害人的程序选择权。对于被害人有证据证明的轻微家庭暴力犯罪案件,在立案审查时,应当尊重被害人选择公诉或者自诉的权利。被害人要求公安机关处理的,公安机关应当依法立案、侦查。在侦查过程中,被害人不再要求公安机关处理或者要求转为自诉

---

① 周光权:《"刑民交叉"案件如何判断》,载《中国刑事法杂志》2020年第3期。

② 陈兴良:《刑民交叉案件程序与实体处理规则》,载《检察日报》2019年8月19日第3版。

③ 周光权:《"刑民交叉"案件如何判断》,《载中国刑事法杂志》2020年第3期。

④ 《常某故意伤害案》,https://www.chinacourt.org/article/detail/2015/03/id/1561101.shtml,最后访问时间:2022年3月24日。

⑤ 本案裁判观点:被害人因无法忍受家庭暴力而表示出要自杀的意图后,作为配偶的行为人非但不加制止,反而对被害人的自杀意图起进一步的促发、加强的作用,导致被害人自杀结果的发生的,应认定为故意杀人罪。《王某故意杀人案》,http://www.faxin.cn/lib/cpal/AlyzContent.aspx? isAlyz=1&gid=C1397125,最后访问时间:2022年3月12日。

⑥ 《陈军故意杀人案》,http://www.faxin.cn/lib/cpal/AlyzSearch.aspx? keyTitle=％E5％AE％B6％E5％BA％AD％E6％9A％B4％E5％8A％9B&isAdvSearch=0&usersearchtype=1,最后访问时间:2022年3月12日;《张永清故意杀死施虐丈夫被减轻处罚案》,http://www.faxin.cn/lib/cpal/AlyzContent.aspx? isAlyz=1&gid=C663749,最后访问时间:2022年3月12日。

⑦ 《许红涛故意伤害案》,http://www.faxin.cn/lib/cpal/AlyzContent.aspx? gid=C1264008,最后访问时间:2022年3月12日。

案件的,应当告知被害人向公安机关提交书面申请。经审查确系被害人自愿提出的,公安机关应当依法撤销案件。被害人就这类案件向人民法院提起自诉的,人民法院应当依法受理。

2.数罪并罚的司法程序

家庭暴力既构成虐待罪,又构成故意伤害罪的,应当数罪并罚,对实施家庭暴力触犯数罪分别属于公诉、自诉案件的,可以合并审理。①

3.民事赔偿诉求的依法保护

实施家庭暴力构成犯罪的,不仅应当承担刑事责任,而且无论是否离婚或是否已被追究刑事责任,②施暴者均应该承担民事赔偿责任,受害者可以通过刑事附带民事诉讼,或另行提起民事诉讼要求损害赔偿。

六、受家庭暴力类案件中未成年人利益最大化保护

(一)未成年人利益的优先保护

在知道未成年受害人父母对被害人实施家庭暴力后,妇联等符合《民法典》第31条的规定的职能部门或者社会组织,应向人民法院申请人身安全保护令;人民法院可发出人身安全保护令禁止其父母实施家庭暴力;人民法院也可以主动延伸司法服务,贯彻"特殊保护、优先保护"理念,签发人身安全保护令。③

(二)特殊群体的利益保护

根据《民法典》第27条、第28条、第32条、第34条对未成年人,对无民事行为能力及限制行为能力的成年人的监护规定,为此类群体确定监护人,维护其合法利益。并可以根据《关于依法办理家庭暴力犯罪案件的意见》第9条、《刑事诉讼法》及其司法解释关于提起公诉的相关规定,基于对未成年被害人的特殊保护原则,对于家庭暴力犯罪自诉案件,被害人是无行为能力人、限制行为能力人,其法定代理人、近亲属没有告诉或者代为告诉的,人民检察院可以代为告诉。

 相关法律规定与参考文献

一、相关法律规定

1.《中华人民共和国民法典》。

2.《中华人民共和国民事诉讼法》。

3.《中华人民共和国反家庭暴力法》。

---

① 该案为2015年最高人民法院公布五起依法惩治侵犯儿童权益犯罪典型案例之一。《王玉贵故意伤害、虐待案》,http://blog.sina.com.cn/s/blog_14fb148250102vpx2.html,最后访问时间:2022年3月12日。

② 最高人民法院刑事审判一至五庭:《吴某某、郑某某故意杀人案(第1124号)》,载《刑事审判参考》总第105集。

③ 《林小某申请人身安全保护令案》,https://www.chinacourt.org/article/detail/2020/11/id/5624500.shtml,最后访问时间:2022年3月12日。

4.《最高人民法院关于适用〈中华人民共和国民事诉讼法〉的解释》。

5.《最高人民法院关于人民法院进一步深化多元化纠纷解决机制改革的意见》。

6. 最高人民法院、最高人民检察院、公安部与司法部《关于依法办理家庭暴力犯罪案件 的意见》。

7. 最高人民法院《关于确定民事侵权精神损害赔偿责任若干问题的解释》。

二、参考文献

1. 何帆:《刑民交叉案件审理的基本思路》,中国法制出版社 2007 年版。

2. 陈兴良:《刑民交叉案件的刑法适用》,载《法律科学》2018 年第 3 期。

3. 周光权:《"刑民交叉"案件如何判断》,载《中国刑事法杂志》2020 年第 3 期。

4. 刘黎:《离婚案件中家庭暴力的认定与处理》,载《人民司法案例》2013 年第 22 期。

第十五章　模拟法庭:真案再现

导　语

　　模拟法庭对学生而言不仅限于仿真,诊所学生庭审技术或许生涩,但是由此开始他们有温度的法律援助的脚步。美国著名的哲学家、教育家约翰·杜威指出:"从'做中学'的教学理念,从'做中学'是一种比从'听中学'更好的方法。"模拟法庭与法律诊所都属于实践课程。得州大学奥斯汀分校的法学院学生可以代表家庭暴力的受害者处理各种民事法律问题,包括抚养权、离婚、探视、住房、公共援助和保护令获得。对家庭暴力受害者而言,学生们的努力起到一定作用。家庭暴力抗议者 Sarah Buel 和妇女倡导项目的前法律服务总监 Jeana Lungwitz 于 1997 年在德克萨斯大学法学院创办了反家庭暴力诊所。受害人往往没有钱,没有资源,也没有其他可以求助的地方。在身体遭受殴打和情感上遭受打击后,许多受害者不止一次地试图离开他们的伴侣。该诊所不仅为受害者提供法律帮助,还给予她们重获新生的希望。该诊所有双重宗旨:为家庭暴力的受害者提供服务,并为学生提供亲身参与、全面的法律实务经验。

● **教学目标**

通过本章的学习,了解模拟法庭的概念、意义以及流程。

● **教学方法**

角色扮演、案件模拟、分组讨论、反馈与评估。

● **课堂设计**

1.根据本章内容与要求,根据学生人数分组,进行不同分工,扮演不同角色。

2.根据具体教学安排模拟时间,在每组模拟完毕后要留出时间让参与者进行反馈与分析。

3.注意老师点评与引导、学生点评与互评、总结与反馈。

● **要点把握**

1.了解模拟法庭的概念。

2.通过模拟掌握司法实践中真正的法庭程序。

● **问题设计**

1.什么是模拟法庭？
2.模拟法庭的重要意义是什么？

第一节 案件直击

案情简介

"······杀人了，你们快点来！"浑身是血的王某站在楼道里拨通了报警电话，不远处的家里，其丈夫郭某倒在血泊中。

2018 年 7 月 22 日，因遭到丈夫持续辱骂、殴打，黑龙江女子王某连砍郭某 51 刀。

2018 年 7 月 21 日晚，王某与丈夫郭某在家中因琐事发生争吵。有邻居证实，当晚 20 时许二人便开始争吵，有人前去劝架但被郭某撺走，郭某还"把自家的泰迪狗摔死"。争吵一直持续到次日 4 时许。其间，郭某殴打、侮骂妻子王某，最后将家中房门锁上，自己横躺在门口，让王某站着，不让其睡觉。郭某与王某是二婚，当晚在场的还有王某 11 岁的女儿。王某与郭某平时感情不好，总吵架。当晚，郭某打了王某。

"我打你的时候这日子就过到头了，我死了把你和你家人都带走，一个都别想活。"王某称，吵架时郭某表示要发布谣言让王某女儿自杀，并且明天要一刀一刀割了王某，躺下时他还将一把单刀折叠刀放在头边上。

郭某很快睡着。王某害怕他睡醒后继续折磨其母女二人，便产生杀害郭某的想法。她来到厨房取出一把砍骨刀，反复几次来到郭某身边，但始终犹豫不决。

"他太不是人了！"凌晨 5 点钟，王某用女儿的手机给一位亲人发了条信息，但对方没有回复。"要把郭某杀了，要不咱娘俩都没好。"王某对女儿说，并向熟睡中的郭某砍了一刀。郭某被疼醒，发现自己满脸是血。他与王某抢刀，又被她在头部、上身连砍数十刀。后砍骨刀被抢落在地上，王某用脚将砍骨刀踢开，郭某拿起一把拖布进行反击，双方争抢拖布时，郭某倒在地上。

王某见状带着女儿离开家中，用女儿的手机拨打了报警电话，并在自家楼道内等候。出勤警察赶到现场后，将王某抓获。经鉴定，郭某全身有 51 处创口，致失血性休克，损伤程度评定为重伤二级。

模拟法庭（moot court）是通过案情分析、角色划分与扮演、法律文书准备、预演、正式开庭与审理、判决等环节模拟刑事、民事、行政审判及仲裁的过程。模拟法庭一直被各法学院广泛采用，是法律实践性教学的重要方式。模拟法庭属于情景式的教学模式，具有模拟性、实践性、综合性等特点，但是又不同于法律诊所和案例教学。

模拟法庭的流程，首先，老师要选取案例，通常是真实的案例，且法院已经作出的发生法律效力的裁判或是正在审理之中的案件，老师围绕教学目标选取案件，案件的选择与案例研习课选择案例是不同的，案例研习课通常要用典型案例或疑难案例，而模拟法庭是训练学生的论辩技能，通常案件难易适中，又要有可辨性。同时让学生要了解教学目标，老师与学生

密切互动,了解教学的要求,从而达到教学的效果。其次,把每班的学生分成若干小组,再分配角色,为避免原告、被告、审判员、检察官、律师只是由1~2名学生担任,绝大多数学生只能当旁听群众的场面,建议分成原告组、证人组、律师组、法官组,共同商量、讨论,让班上所有的学生参与进来,而不是没有角色的同学"袖手旁观"。再次,每组在老师的指导下进行讨论,从事实的认定,争执的焦点,证据的能力以及证明力,法律解释与论证,学生进行演练,表演阶段通过抽签的方式决定各小组扮演的角色。最后,对法庭模拟进行评价,先是学生的自评与互评,之后指导老师进行总结。

下面是模拟法庭表演的程序:

表演人员:书记员、审判长各一人,审判员两人,原告,原告代理律师,被告,被告代理律师,证人,旁听群众。

开场阶段:

[书记员入场]

(一)查点当事人及其诉讼参加人到庭情况并请入席。

(二)现在宣布法庭纪律,请旁听人员保持肃静。法庭纪律如下:

1.未经法庭允许,不准录音、录像、摄影;

2.除本院允许进入审判区的人员外,其他人员一律不准进入审判区;

3.不准鼓掌、喧哗、吵闹和实施其他妨害审判活动的行为;

4.未经审判员许可,不准发言、提问;

5.请关闭各类通信工具;

6.对于违反法庭纪律规则的人员,合议庭可以口头警告训诫,也可以没收录音、录像和摄影器材,责令退出法庭或予以罚款、拘留;

7.对哄闹、冲击法庭、侮辱、诽谤、殴打审判人员等严重扰乱法庭秩序的人,依法追究刑事责任,情节较轻的予以罚款。

[书记员]:请全体起立。请审判长和审判员入庭。(审判长和审判员入庭)

[审判长]:请坐。

[书记员]:报告审判长,原、被告当事人及委托代理人均已到庭,开庭准备工作就绪,可以开庭。

[审判长]:根据《中华人民共和国民事诉讼法》第140条第2款的规定,现在核对当事人的基本情况及委托代理人姓名、职务、代理权限。原告。

[原　告]:姓名,性别,出生年月日,祖籍,居住地址。

[审判长]:由原告诉讼委托代理人依次向法庭报告你们的姓名、工作单位、职务及代理权限。

[原告委托代理人]:××,××律师事务所律师。被告××代理人。代理权限为一般代理。

[审判长]:被告。

[被　告]:姓名,性别,出生年月日,祖籍,居住地址。

[审判长]:由被告委托代理人依次向法庭报告你们的姓名、工作单位、职务及代理权限。

[被告委托代理人]:××,××律师事务所律师。被告××代理人。代理权限为一般代理。

［审判长］：原告对被告出庭人员有无异议？

［原　　告］：没有异议。

［审判长］：被告对原告出庭人员有无异议？

［被　　告］：没有异议。

［审判长］：原告、被告及各方诉讼委托代理人向法庭报告的内容与向本院提交的诉讼主体资格证明及委托书相一致，各方当事人及委托代理人出庭资格合法有效，准许参加诉讼。

［审判长］：现在宣布开庭（敲法槌）。××法院今天依法适用普通程序，公开开庭审理原告××与被告××一案，下面宣布合议庭组成人员，由审判长××，审判员××、××成合议庭，书记员××担任法庭记录。根据《中华人民共和国民事诉讼法》的规定，当事人在法庭上有申请回避的权利；提出证据的权利；对争议的事实享有法庭辩论的权利和请求法庭给予调解的权利；原告有放弃、变更、增加诉讼请求的权利，被告有进行反驳的权利；双方均有陈述最后意见的权利。双方当事人在法庭上享有上述权利的同时应承担依法行使诉讼权利的义务；听从法庭指挥，遵守法庭纪律、如实陈述事实。自觉履行发生效力的法院的判决书、调解书和裁定书。

［审判长］：上述权利和义务原告是否听清？

［原　　告］：听清楚了。

［审判长］：被告是否听清？

［被　　告］：听清楚了。

［审判长］：根据《中华人民共和国民事诉讼法》第47条、第48条的规定，当事人享有申请回避的权利，原告对合议庭组成人员及书记员是否提出申请回避？

［原　　告］：不申请。

［审判长］：被告对合议庭组成人员及书记员是否提出申请回避？

［被　　告］：不申请。

法庭调查

［审判长］：根据《中华人民共和国民事诉讼法》第141条的规定，现在进行法庭调查，法庭调查的重点是双方争议的事实。当事人对自己的主张有责任提供证据，反驳对方主张的，应当说明理由。当事人陈述应当围绕诉讼请求、争议事实等与本案有直接联系的内容进行，首先由原告宣读起诉书。

［原　　告］：（宣读起诉书）

审判长：下面被告进行答辩。

［审判长］：开庭前，依照法律规定，本院的立案流程机构已对双方提供的证据进行庭前交换，原告提交的证据被告是否收到？

［被　　告］：收到。

［审判长］：被告提交的证据原告是否收到？

［原　　告］：收到。

［审判长］：下面进行法庭质证，在质证过程中，双方当事人应当按照庭前所提交的证据清单所载明的序号说明证据名称、来源以及证据所要证明的对象，其他诉讼参与人在发表质证意见的时候，应当围绕证据的真实性、合法性、关联性、有无证据效力以及证明效力大小发表。首先由本案的原告出示证据，被告进行质证。

[审判长]:下面由原告按照证据清单载明的序号出示证据,说明证据的名称、来源以及证据所要证明的对象,由被告进行质证。

[原 告]:我有两份证据,第一份是××。该证据证明××。

第二份证据:我方向法庭申请传唤证人×××出庭作证。

[审判长]:下面通知本案证人到庭作证。(交通知,传唤证人)

[证 人]:我叫××,年龄,民族,职业及工作单位,是原、被告大学同学。

[审判长]:你作为知道本案事实的人,依据《中华人民共和国民事诉讼法》规定,有义务出庭作证,并就你所知道的情况,向法庭如实陈述。你作为证人有权阅读证言笔录,对与本案无关的询问,你可以拒绝回答,同时,你有义务如实作证,作伪证要负法律责任,对此,你是否听清?

[证 人]:听清了。

[审判长]:原告可以对证人发问。

原告:

证人:

[审判长]:原告对证人的证词有无异议? 有无提问?

[原 告]:有,×××

[审判长]:现在由被告举证。

步骤同上。

法庭辩论阶段

[审判长]:法庭调查结束,现在进行法庭辩论。现在合议庭根据庭审质证和庭审调查已查明的事实,确定法庭辩论时双方当事人应围绕下列争议焦点进行:(总结2～4个争议点)

焦点一:

焦点二:

焦点三:

对此原告有无异议?

[原告代理人]:没有。

[审判长]:被告呢?

[被 告]:没有。

[审判长]:现在由原告发表代理词。

[原告委托代理人]:×××(起诉状)。

[审判长]:现在由被告发表代理词。

[被告委托代理人]:×××(答辩词)。

[审判长]:下面双方围绕第一个焦点相互辩论。原告方是否还有新的意见?

[原告委托代理人]:有。××

[审判长]:被告是否还有新的意见?

……

[审判长]:围绕争议事实,双方当事人进行了充分的法庭辩论,双方无新的辩论,辩论结束。现在依据《中华人民共和国民事诉讼法》第144条规定,由双方当事人进行最后陈述,在最后陈述阶段双方当事人可以简单明确地表明对于本案的处理意见和各自是否坚持诉讼主

张的意愿。首先,由原告发表你方的最后陈述意见。

[审判长]:下面由原告发表最后陈述意见。

[原　　告]:

[审判长]:下面由被告发表最后陈述意见。

[被　　告]:

[审判长]:下面依据《中华人民共和国民事诉讼法》第145条的规定,判决前能够进行调解的,应当进行调解,在法庭调解过程中,双方应根据法律的规定,进行协商解决。原告、被告是否要求调解?

[原　　告]:不要调解。

[被　　告]:不要调解。

[审判长]:由于原、被告双方意见分歧较大,无法达成协议,合议庭不再组织调解。合议庭需要对本案休庭10分钟进行评议,请双方当事人查阅庭审笔录,并且在庭审笔录上签字,如果认为庭审笔录有错误或者有遗漏,征得书记员许可后,可以申请另页补正。下面宣布休庭。

[书记员]:全体起立,请审判长、审判员退庭。

[书记员]:请全体起立。请审判长和审判员入庭。

[审判长]:现在宣判,判决书。

第二节　模拟法庭与法律诊所

一、模拟法庭与法律诊所

模拟法庭与法律诊所一样都属于法学院采用的法学实践教学,不同于传统课堂的"满堂灌"的形式,都是强调学生在教学中的主体地位,培养学生的实务能力。作为一门课程有明确的教学目标、教学对象、教学手段、教学整体设计与教学评估等。以前通常在诉讼法课上,在老师的指导下,以一个虚拟的案件,让学生分别扮演法官、检察官、当事人以及其他诉讼参与人等不同诉讼角色,模拟刑事、民事、行政审判过程,这属于理论课堂中的实践教学部分,现在有的学校专门开设模拟法庭课程,编写模拟法庭的教材。模拟法庭与法律诊所都属于"做中学"(learning by doing),培养学生的法律文书写作、法庭举证、质证、法庭辩论等多种能力,但两者是有差异的。

首先,模拟法庭的案件不是真实的案件,具有仿真性,通常是老师根据一些案例多数也是实际发生的案件进行了加工和改变,案情都是老师概括和归纳出来的,在虚拟的法庭内模拟审判,而法律诊所是学生通过接待当事人办理真实的案件,通常是由课堂教学与真实接触当事人并代理案件结合,①课堂教学上有的会安排听证模拟或是模拟法庭。

其次,模拟法庭主要是提高学生的庭辩能力,了解诉讼程序,掌握举证、质证与法庭辩论

---

① 我国《民事诉讼法》修改后压缩了公民代理的范围,学生往往只是进行咨询,代写法律意见书,或者由有律师执照的老师或律师作为代理人,学生作为助手。

的方法和技巧,法律诊所培养学生会见与咨询、沟通与说服、事实调查与取证、庭审辩论等多种技能。

最后,法律诊所通常会与法律援助相结合,如中国政法大学研究生院的行政法律诊所依托北京大道行政法援助与研究中心,该中心的性质是民办非企业单位,学生在提供法律援助的过程中,培养学生的公益心和社会责任感,而模拟法庭通常没有这种结合的形式,虽然学校或一些机构举办各种各样的模拟法庭大赛,有区域性的、全国性的、国际性的模拟法庭比赛,这种比赛属于学生的"课外活动",不属于实践教学。

二、模拟法庭与案例教学(case method)

案例教学虽然也是突破传统的灌溉式的教学模式,属于是开放式、互动式的教学方式。我国以前的法学教育中,在课上老师会进行一些案例的展开,让学生进行谈论,近些年案例课程逐渐受到重视,成为一门课程,如宪法案例研讨、民法案例研讨、刑事诉讼法案例研讨、民事诉讼法案例研讨。进行案例教学老师要经过事先周密的策划和准备,使用特定的案例并指导学生提前阅读,组织学生开展讨论或争论,形成反复的互动与交流。

案例教学与法律诊所教学一样都是来源于医学的教学方式,为启发学生掌握对病症的诊断及治疗,医学院的教授将不同病症的诊断及治疗过程记录下来做成案例,用于课堂分析,以培养学生的诊断推理能力。后来,法学院的教授将各种不同的判例记录整理成为法学案例,包括其中的辩护和裁决过程,以培养学生的判案推理能力。

案例教学是由美国哈佛法学院前院长朗代尔(C.C.Langdell)于1870年创设的,与苏格拉底式诘问综合运用,即老师层层设问,学生通过阅读判决,发现判决中的规则,是从案例的判决中归纳法律原理。案例教学不属于实践教学课程,是让学生掌握法律原则,属于理论教学,是法律理论与法律实务的衔接。案例教学有理论课堂中的案例教学、模拟教学中的案例教学和法律诊所案例教学。理论课堂中的案例教学主要围绕法律分析与推理能力的培养;模拟教学中的案例教学则不再仅是讨论法律,而是亲自去"实践"法律;法律诊所案例教学则要求学生集体参与真实案件。三个层次呈现出一种研习—模拟—实战的连续关系。

我国20世纪70年代末恢复法学教育后,老师在课堂授课会引用案例,也会让学生进行案例分析,法学院校也都单独开设了案例研习课,主要培养学生将所学的法律知识运用到具体的案例中。虽然也提高学生的分析问题与解决问题的能力,但是有的案例课程成为例子教学,不是真正案例教学,依附于理论教学,没有能够成为一门独立的课程,在教学方式上缺乏互动性。

三、模拟法庭在法学教育中的地位

法学教育是职业教育已经达成共识,2017年5月3日习近平总书记考察中国政法大学时强调"法学学科是实践性很强的学科,法学教育要处理好知识教学和实践教学的关系"[①],即强化法学实践教学,架设法学理论与法律实践之间的桥梁,但是目前我国法学教育还是偏

① 《习近平:立德树人德法兼修抓好法治人才培养励志勤学刻苦磨炼促进青年成长进步》,https://www.gov.cn/xinwen/2017-05/03/content_5190697.htm#1,最后访问日期:2022年5月3日。

重于法学专业知识理论的教学,对法治实践能力的培养训练不充分,在轻技能训练的法学教育下培养出来的学生,知识应用能力和职业技能明显不足。2018 年中国政法大学黄进校长在回答人民日报的采访中,针对如何落实习近平总书记的讲话,也指出要强化实践教学,培养学生法治实践能力。①

目前法学教育是多层次人才的培养,除了法学本科教育,还有法律硕士教育②,都是应用型、复合型法律人才的培养。从经验中学使得学生知识的获得与生活过程中的活动联系起来。如前所述,模拟法庭与法律诊所都属于实践课程,在美国,法律博士(即 J.D)③的培养目标是律师和法官等法律职业的从业人员,法律博士的专业学位的课程分为三类:基础课程、法学伦理课程以及法律专业技能的课程,第三类包括法律写作课、校内与校外诊所、法庭辩论。在我国,法学院的学生必须参加实习,实习占 5 个学分。在中国政法大学"六年制实验班"的学生必须参加校内诊所和校外实习,此外,开设模拟法庭、法庭辩论等选修课程,所有法学学生必须选修一门实务课程,由此看来,模拟法庭与法律诊所等实践课程在法学教育中占着重要的地位。

模拟法庭与法律诊所可以形成一种互补式的实践教育,法律诊所主要培养庭前的技能,虽然法律诊所也要代理案件,但是我国《民事诉讼法》修改后公民代理极大地限缩,学生出庭代理几乎不可能,而模拟法庭可以培养学生在法庭上的论辩技能。模拟法庭虽然不是真实案例,但是属于情境教学,角色的代入,即学生置于法官、检察官或律师的角色,有利于调动学生的主动性与积极性。模拟法庭是对学生多种实务能力的培养,不仅仅训练学生掌握法庭辩论的技巧,还包括法律文书的写作,如起诉状(或起诉书)、代理词(或辩护词)、裁判文书等文书的制作,且模拟法庭让学生考虑到背景和细节问题,突发情况,敏锐的应变和调整能力,此外,培养学生团结与协作的能力,这都是案例教学等其他教学方式不能达到的。

此外,在法律诊所教育可以兼容模拟法庭教学,法律诊所分为讲授和接待当事人两个环节,在讲授环节也不同于一般的理论授课,而是老师让学生模拟会见、谈判、听证和模拟法庭。在法律诊所中的模拟法庭可以将学生曾经接待的案件作为模拟,如前所述,因各种原因,比如案件发生在外地,学生不太可能去当地代理,此外学生的代理身份受到限制,指导老师可以让学生通过真实的案件模拟法庭论辩。

第三节　警察、检察官、法官及其他人员在处理家庭暴力案件中的角色

在家庭暴力案件中,人们对警察、司法人员等寄予极高的期望,希望把受害人从"水深火热"之中解救出来,让其不再挨打、受虐待。但是家暴案件因为涉及婚姻、家庭,以及人们的隐私等,不同于其他的暴力案件,需要医疗、社区、教育,以及社团组织,如妇女权益保护、未

---

① 黄进:《这是国际法学人大有可为的时代》,载《人民日报》2019 年 4 月 17 日。

② 如笔者所在的中国政法大学设有法律硕士学院,另外,还有"六年制实验班",也是法律硕士,中国政法大学目前研究生人数几乎和本科生持平。

③ 美国的法学院是学士后教育。

成年人保护和老年人保护组织等共同联动，才能解决家庭暴力问题，但警察、检察官、法官和律师等确实也扮演着极为重要的角色。

一、我国警察、检察官、法官及其他人员在家庭暴力案件中的角色与职责

（一）警察、检察官、法官办案的原则

我国警察、检察官以及法官对于家庭暴力案件采取较为消极的做法，大致有如下几个原因：首先，观念上。人们普遍认为，家庭暴力属于家庭的私事，公权力不易介入，夫妻之间打架是正常的，"床头打架床尾和"，俗话说：清官难断家务事，抱着不愿意"管闲事"的态度。其次，传统上。在古代，无论是国外还是我国，妻子被视为丈夫的财产，允许丈夫殴妻，我国古代解除婚姻关系的大权在男子手中，可以"出妻"与"休妻"。再次，被害者有责任。被害者通常被认为有过错，或者属于受虐型；施虐者是酗酒或者没有什么文化的人。最后，家庭暴力案件很难取证。因此警察接到报警，采取将侵害人与被害人隔离的办法，基于他们之间的亲属关系，通常不采取强制措施；检察院也是不批准逮捕或起诉，甚至认为逮捕会使纷争更加恶化；法官对这类的自诉案件鉴于取证难，不受理或予以驳回。司法人员多数会扮演着"和事佬"的角色，只是对双方进行调解或对侵害人进行训导，但对于构成犯罪的，会采取拘留、逮捕等措施。

针对反家暴刑事司法实践中存在的主要难点、疑点问题，2015年3月最高人民法院、最高人民检察院、公安部、司法部颁布了《关于依法办理家庭暴力犯罪案件的意见》（以下简称《反家暴意见》），这是我国第一个全面的反家庭暴力刑事司法指导文件，它建立起了人民法院、人民检察院、公安机关、司法行政机关联合应对家庭暴力的工作机制。

与其他暴力犯罪相比，家庭暴力犯罪具有一定的特殊性和复杂性，办理家庭暴力犯罪案件，涉及公权干预与私权自治的界限把握，被害人个人利益、家庭群体利益以及严格适用法律的国家利益之间的平衡，政策性强，处理难度大。2015年12月颁布的《反家庭暴力法》，对家庭暴力的预防、家庭暴力的处置、人身保护令、法律责任等作了规定。《反家暴意见》规定了四机关办理家暴案件的基本原则和他们的角色以及职责。这对于惩治与预防家庭暴力犯罪，保护公民合法权益，促进平等、和谐、文明的家庭关系，维护社会稳定具有积极作用。

《反家暴意见》明确了办案的四个原则，包括：依法及时、有效干预；保护被害人的隐私；尊重被害人的意愿；对未成年人、老年人、残疾人、孕妇、哺乳妇女、重病患者特殊保护。为了改变办案人员认为"家庭暴力属家务事，公权力不宜介入"的观念，防止对家庭暴力置之不理，或者相互推诿，《反家暴意见》规定应及时、有效干预，如对施暴人采取刑事强制措施，或宣告禁止令等，帮助被害人从家庭暴力的危险中解脱出来，不仅要制止并防止家庭暴力的再次发生，还要消除家庭暴力的现实侵害和潜在危险。家庭暴力涉及个人的隐私，无论是对加害人的，还是被害人或者其家庭成员的，都应当保密。

（二）警察、司法人员以及其他人员的职责

《反家暴意见》第5条至第25条也规定了警察、司法人员及其他人在家暴案件中的职责，包括报案、控告和举报，迅速审查、立案和转处，发现犯罪、代为告诉、立案监督、采取强制措施、妥善救治、安置被害人，举证指导、法律援助等，并作了较为详细的规定。

1.及时发现犯罪

家暴案件私密性很强,由于"家丑不外扬"的观念,被害人往往"忍辱负重",挨打受骂也不愿意告诉别人,最后到了忍无可忍的情况下,伤害或者杀死施暴人,反而由被害人转为了被告人。一些近亲属或者邻居害怕被报复,也不愿意"多管闲事",因此《反家暴意见》第5条规定,任何人对于家暴案件都可报案,这既是权利也是义务,即亲属、朋友、邻居、同事,以及村(居)委会、人民调解委员会、妇联、共青团、残联、医院、学校、幼儿园等单位、组织,发现家庭暴力,有权利也有义务及时向公安机关、人民检察院、人民法院报案、控告或者举报。为了保护报案人、控告人和举报人的安全,避免他们遭到报复,规定司法机关的保密义务,以打消报案人的安全。公安机关、检察院和法院也要主动、及时发现犯罪,不能相互推诿。《反家暴意见》第7条规定,公安机关在处理家庭中发生的人身伤害、虐待、遗弃等治安行政案件,人民法院在审理婚姻、家庭、继承、侵权责任纠纷等民事案件时,应当密切注意这些案件是否涉及家庭暴力犯罪,一旦发现犯罪线索,如果属于公诉案件,公安机关立案侦查;如果属于自诉案件,公安机关、人民法院应当告知被害人提起自诉。

《反家暴意见》第9条还规定人民检察院代为告诉的职责,在轻伤害、侮辱、虐待、遗弃等家庭暴力自诉案件中,被害人如果是未成年人、老年人、重病患者等,客观上不具有或者缺乏告诉能力,或者受到强制、威吓无法告诉,虽然在这种情形下法定代理人、近亲属可以告诉,但是有时候施暴人就是法定代理人,人民检察院代为告诉。

2.迅速立案

为了避免办案机关消极地对待家暴案件,或者相互推诿,导致被害人投诉无门,《反家暴意见》第6条规定,首先,无论哪个机关接到报案、控告、举报,都要迅速审查,按照《刑事诉讼法》的规定,决定是否立案;其次,符合立案条件的迅速立案,不符合立案条件的应当根据案件情况分别处理。对于可能构成犯罪但不属于自己管辖的,应当移送主管机关,如人民检察院接报的公诉案件移送公安机关,公安机关将接报的自诉案件移送人民法院;对于不属于自己管辖而又必须采取紧急措施的,应当先采取紧急措施,然后移送主管机关;对于未构成犯罪但属于治安管理行为的,应当移送公安机关,依照治安管理处理法的规定处理,同时告知被害人可以向人民调解委员会提出申请,或者向人民法院提起民事诉讼,要求施暴人承担停止侵害、赔礼道歉、赔偿损失等民事责任。

3.全面收集证据

针对家庭暴力犯罪案件具有案发周期较长、证据难以保存,被害人处于相对弱势、举证能力有限,相关事实难以认定等特点。《反家暴意见》第11条、第14条分别规定了公诉案件和自诉案件取证的指导意见。对于公诉案件,公安机关要及时、充分、全面收集证据。对于自诉案件,人民法院对于因当事人举证能力不足等原因,难以达到法律规定的证据要求的,应当及时对当事人进行举证指导,告知需要收集的证据及收集证据的方法;对于因客观原因不能取得的证据,当事人申请人民法院调取的,人民法院应当认真审查,认为确有必要的,应当调取。

4.强化强制措施

根据家庭暴力反复发生、不断升级的特点,《反家暴意见》第13条规定,人民法院、人民检察院、公安机关对实施家庭暴力的犯罪嫌疑人、被告人,符合拘留、逮捕条件的,可以依法拘留、逮捕;没有采取拘留、逮捕措施的,应当通过走访、打电话等方式与被害人或者其法定代理人、近亲属联系，了解被害人的人身安全状况。对于犯罪嫌疑人、被告人再次实施家庭暴力的，应当根据情况，依法采取必要的强制措施。

人民法院、人民检察院、公安机关决定对实施家庭暴力的犯罪嫌疑人、被告人取保候审的，为了确保被害人及其子女和特定亲属的安全，可以依照《刑事诉讼法》第69条第2款的规定，责令犯罪嫌疑人、被告人不得再次实施家庭暴力；不得侵扰被害人的生活、工作、学习；不得进行酗酒、赌博等活动；经被害人申请且有必要的，责令不得接近被害人及其未成年子女。

5.加强对被害人的救治、安置和法律援助

对于家暴案件被害人的保护不仅靠公安司法机关，还需要医疗机构、社会部门以及律师等。《反家暴意见》第12条、第15条分别规定：人民法院、人民检察院、公安机关等负有保护公民人身安全职责的单位和组织，对因家庭暴力受到严重伤害需要紧急救治的被害人，应当立即协助联系医疗机构救治；对面临家庭暴力严重威胁，或者处于无人照料等危险状态，需要临时安置的被害人或者相关未成年人，应当通知并协助有关部门进行安置。

人民检察院、人民法院应当告知被害人有权委托诉讼代理人。对于被害人是未成年人、老年人、重病患者或者残疾人等，因经济困难没有委托诉讼代理人的，人民检察院、人民法院应当主动帮助其申请法律援助。法律援助机构应当依法为符合条件的被害人提供法律援助，指派熟悉反家庭暴力法律法规的律师办理案件。

6.民事、行政、刑事保护相互衔接

一方面，运用法律武器反对家庭暴力，需要民事、行政、刑事保护相互衔接，形成保护链条，才能有效惩治和预防各种形式的家庭暴力；另一方面，刑事司法系统内的各个机关必须分工合作，任何一个环节出现问题都将影响整个体系的运作，为此，《反家暴意见》从两方面提出了要求：一是人民法院、人民检察院、公安机关对于监护人实施家庭暴力，严重侵犯被监护人合法权益的，在必要时可以告知被监护人及其他有监护资格的人员、单位，申请人民法院撤销监护人资格，依法另行指定监护人。二是要求人民法院对于施暴人违反人身安全保护裁定的，可以根据情节轻重予以罚款、拘留；构成犯罪的，依法追究刑事责任。

二、域外国家和地区警察、司法人员和其他人员在家暴案件中的角色和职责

一些西方国家加强刑事司法系统介入家庭暴力案件即"法入家门"，随着犯罪保护意识的提升，妇女平权运动的推动，特别是1992年联合国将女性受暴议题纳入《消除对妇女一切形式歧视公约》，1995年在北京召开的第四届妇女会议颁布了《北京行动宣言》。在英美法系国家，如美国、澳大利亚、新西兰等国警察、检察官和法官在处理家暴案件中的角色都在迅速改变，即由最初的消极懈怠型变为积极主动型。警察采取保护被害人的方法制止及处理家暴事件，检察院负责起诉或不起诉，法院要及时颁布人身保护令，监狱负责受刑人的监禁与矫正，卫生部门制订与推广家庭暴力防止的卫生教育宣导计划，中小学有家庭暴力防治课程。

（一）美国

近半个世纪，在美国，随着女性主义者与妇女运动的推动，警察及司法人员认识到家庭暴力是一种犯罪行为，而不论当事人之间的关系如何。在1970年代有不少受虐妇女对于警

察局、检察官等提起集体诉讼,以迫使其将家庭暴力事件与其他暴力事件做相同之处理。Tracy Thurman 是一个受其夫虐待之妇女,常在受虐待后向康涅狄克州 Torrington 市之警察求救。1983 年 1 月,Thurman 被严重殴打并造成永久伤害,事后向法院对 Torrington 市及 29 位警员提起民事诉讼要求赔偿损害,陪审员认为警察未能保护其免受丈夫侵害实有过失,最后双方在诉讼外达成和解,赔偿 190 万元。此案经诉讼媒体及学术刊物广为报道。许多警察局深感警惕,纷纷改变家庭暴力的逮捕政策。①

美国警察主动介入案件并扮演执法者的角色。警察对于家暴案件的处理方法如下:制定手册,明定政策,建立资料,设置专人,调查搜证,逮捕疑犯,执行保护令,协助被害人,教育与训练。警察局备有警察处理家庭暴力案件手册,记载家庭暴力事件的处理程序与准则,了解家庭暴力案件的特质,以正确地进行调查、收证、逮捕、移送等程序,切实执行保护令等有关法律,以制止或减少暴力,保护被害人之安全。此外,许多警察局都有家庭暴力的政策,以作为警察处理家庭暴力案件的指导原则。如旧金山警察局的政策是:应将一切家庭暴力当作犯罪行为来处理,如符合犯罪要件时,警察应进行逮捕,而不要采用调解纷争或其他警察介入方法等规定。②

检察官处理家暴案件的方法包括:制定手册,明定政策,设置被害人与证人辩护组,设立专责单位,在职教育,强制起诉。有些检察机关设有被害人与证人辩护组,以提高家庭暴力事件之起诉成效。例如,加州旧金山已采取非常有效之措施,使被害人之辩护人能提供被害人面谈与辅导,介绍其至庇护所、职业训练、援助团体等社会服务机构,协助其准备出庭应讯,在诉讼程序进行中给予一般性辩护,在诉讼终结后给予辅导与协助。

法官的处理方式大致如下:设立专庭,在职教育,领导整合。有些法院的家暴案件由家事法庭审理,有的则设立专庭,这样不仅能极为快速地核发及执行保护令,而且审判员更加训练有素。美国法官不仅在法院处理案件时扮演重要角色,刑庭法官对于整个刑事审判制度都是重要的领导者,其可居于独特之地位,领导整合刑事审判制度以提供受虐妇女法律及其他服务。③

（二）澳大利亚

澳大利亚没有单独的家庭暴力犯罪这一罪名,根据家庭暴力的具体情况的情节分别定罪,比如谋杀、侵害、性犯罪、恐吓、违反家暴保护令等罪名。在澳大利亚,司法机关是反家暴的主要力量。警察对家暴案件有优先出警的义务,并且需深入调查,可以对施暴人实施逮捕,提起指控,为受害人提供支援;法院应以最快的速度处理家暴案件并发出保护令,施暴人一旦违反保护令,哪怕只有一次违反,法院也可以对其定罪处罚。

在家暴案件中,警察承担着五项职能:(1)发现案件。大多数受害人打电话报警,警察在第一时间知道案件发生并出警,这意味着案件开始进入司法程序。没有警察的回应,司法不可能对家暴进行干预。(2)早期干预。如果警察发现受害人仍有可能遭受家暴,则可以发出安全通知书,及时保护受害人。(3)收集证据。这些证据成为申请保护令或提出刑事指控的

---

① 高凤仙:《家庭暴力防治法规专论》,台湾五南图书出版有限公司 1998 年版,第 210 页。

② 高凤仙:《家庭暴力防治法规专论》,台湾五南图书出版有限公司 1998 年版,第 213～218 页。

③ 高凤仙:《家庭暴力防治法规专论》,台湾五南图书出版有限公司 1998 年版,第 231～245 页。

依据。(4)向法院申请保护令。(5)对家暴事件提出指控。可见,如果没有警察的参与,司法机关不大可能对家暴作出有效的反应。一旦有家暴案件发生,受暴人及知情人均可直接拨打警局电话,警局最近派员优先解决家暴案件,警察赶到现场后,可以当场向施暴人员发出临时限制令,限制令的内容包括责令施暴人停止暴力,离开家庭或施暴场所,不得接近被害人及其工作、学习的场所等。警察当场作出的限制令时效一般为7~50天,期间,警察部的公共起诉部再据此向法院申请对被害人的人身保护令。

澳大利亚维多利亚州53个裁判法院内均设有家庭暴力法庭,专门负责家庭暴力案件。法院内设有专门接待家暴案件受害人的休息室,并将之与普通刑事案件及家暴被告人及其律师的接待室分离,避免家暴受害人在开庭前再受施暴人的精神胁迫或家庭暴力。法院每周定期一天专门审理家暴案件,并由专门的家暴法官进行审理;法院的立案部门长期聘请心理辅导,聘请专门的法律工作人员为受害人提供法律咨询服务。为保护受害人或证人的权益和身心健康,在开庭审理中,受害人与证人可以不直接出庭而通过法院内部的视频设备与庭审直接相连,这样,避免看见被害人或证人。法院受理家暴案件后一般尽快结案。对于因家暴而被警察出具限制保护令的违反者,一旦被起诉,法院即予定罪,不再需要对被告人是否实施家暴以及家暴行为达到什么程度进行查证。在家暴刑事案件中,判处最多的罪名是伤人,其次是违反保护令。触犯这一罪名的被告,最高可以判处二年有期徒刑或26000澳元的罚款,同时可以吊销武器执照,或是命令被告人参加男性行为矫正项目学习。[1]

(三)我国台湾地区

我国台湾地区是大陆法系领域里制定家庭暴力防治专法最早的地区。以前警察消极与被动的处理态度,使家庭暴力的被害人感到受挫与无助。1996年在台北市妇女权益促进委员会的努力下,颁布了台北市政府警察局处理家庭暴力手册,要求警察以更积极主动的态度处理家庭暴力事件,包括:明定政策,积极调查搜证,协助被害人,宣导与教育。其中警察对被害人提供的协助有:医疗协助,夜间保护,家户访问,转介服务;被害人如果需紧急安置或有强烈离开现场意愿,应协助转介社会局办理安置;被害人如欲请求离婚,应告知其循民事诉讼程序至法院办理或由受理单位转介至调解委员会申请调解;依个案需要,转介协谈机构、行为偏差青少年辅导机构、法律咨询服务机构、就业职训机构、医疗服务机构等适当谘商辅导服务机构;受理员警应适时将被害人转介社会局追踪辅导,以为其提供医疗、辅导咨询、法律服务、就业职训等服务。[2]

检察院的职责:代被害人向法院声请保护令,签发拘票或径行拘提,附条件命令,被告违反附条件命令时,撤销原处分并得没入保证金,预防性羁押,通知主管机关及执行机关等。法院依声请或依职权核发保护令,各级法院提供被害人或证人安全出庭之环境与措施,提供主管机关于法院设置之家庭暴力事件服务处所必要之协助;强制执行未成年子女之交付,禁止或限制加害人探视未成年子女,进行调解等。矫治系统在家暴方面的工作:缓刑应付保护管束,假释出狱付保护管束,定订受刑人之处遇计划,监狱长官将受刑人预定出狱或脱逃

---

①　黄尔梅主编:《家庭暴力犯罪案件司法政策理解适用与案例指导》,人民法院出版社2015年版,第182页。

②　高凤仙:《家庭暴力防治法规专论》,台湾五南图书出版有限公司1998年版,第219~222页。

之事实通知被害人。

"家庭暴力防治法"颁布之前,台湾地区关于家庭暴力的各种教育训练几乎完全没有,司法人员案件负荷量十分繁重,且采取消极被动方式,不少司法人员会有劝和不劝离的心态。"家庭暴力防治法"在以建立整体防治网络以根本解决家庭暴力问题的目标上,赋予司法人员如下的权力与职责:核发与执行民事保护令,定释放条件或缓刑条件,定探视方式或禁止探视,禁止和解或调解,法庭外隔离讯问,通知被害人之义务,通报当地主管机关之责任,接受在职教育。其中禁止和解与调解,是由于家庭暴力案件之双方当事人通常不具有对等的谈判条件,施虐者通常运用各种手段以控制受虐者,使调解或和解产生十分不公平的结果。因此,"家庭暴力防治法"第12条第4项规定,保护令事件不得进行调解或和解。其中不得进行调解或和解中,依第39条规定,在其他案件之诉讼或调解程序中,法院如认为有家庭暴力之情事时,除有下列情形不得进行和解与调解:(1)行和解或调解之人曾受家庭暴力法治之训练并以确保被害人安全之方式进行和解或调解;(2)准许被害人选定辅助人参与和解或调解;(3)其他行和解或调解之人认为能使被害人免受加害人胁迫之程序。①

三、我国大陆警察、司法人员及其他人员在家暴案件处理中的不足及完善

上述域外国家和地区经过近半个世纪的发展,形成运行有效的司法对应和联动机制,与此相比,我国警察、检察官和法官等职能部门在处理家庭暴力案件中存在明显不足。

(一)司法对家暴案件的干预十分有限

警察即使接到被害人报警,对于没有达到犯罪程度的,通常将双方隔离或者劝解,不太会采取更多的行动,一是受传统观念的影响,警察对此类案件保持着回避冷漠的态度;二是警察对家暴案件往往不知道做什么、怎样做,《反家暴意见》仅规定,法律援助机构应当指派熟悉反家庭暴力的律师办理案件;三是法律没有明确赋予司法机关相应的职权。虽然我国颁布有《反家庭暴力法》,但该法仅有30多条,且明显粗陋,因此特别需要对于这类案件给执法人员专门的教育与训练改变观念和执法的态度。

此外,我国《反家庭暴力法》第34条规定:"被申请人违反人身安全保护令,构成犯罪的,依法追究刑事责任;尚不构成犯罪的,人民法院应当给予训诫,可以根据情节轻重处以一千元以下罚款、十五日以下拘留。"目前对于违反保护令的行为,尚未有定罪判刑的先例。主要原因在于我国没有违反人身保护令罪,对于违反人身保护令,适用什么罪名缺乏法律依据。我国台湾地区不仅有违反保护令罪,还有家庭暴力罪。在菲律宾,违反暂时保护令,法院会颁发永久保护令,如果违反永久保护令,法院可以直接定罪。

因此,借鉴上述国家和地区的做法,一方面,要制定和完善相关的法律和规定。中国台湾地区除了"家庭暴力防治法""家庭暴力防治法施行细则"之外,还有"行政机关执行保护令及处理家庭暴力案件的办法""检察机关办理家庭暴力案件注意事项""法院办理家庭暴力案件应行注意事项""性侵害犯罪防治法""儿童及少年性交易防制条例"等。另一方面,对法律职业人员进行专门培训,反家庭暴力是一套新的价值观,有别于社会传统文化,也有别于以往的法律专业认知。对警察、司法人员进行培训,并制定手册,作为处理家暴案件的程序和

---

① 高凤仙:《家庭暴力防治法规专论》,台湾五南图书出版有限公司1998年版,第245～255页。

准则。在美国,警察局设置专人办理家庭暴力案件,如果接到报案的警察没有处置过家暴案件,要在办理家暴案件警察的电话指导下进行。参前所述,美国、澳大利亚与中国台湾地区,都有针对警察、检察官和法官的制定手册和教育训练。通常手册包括:定义,一般起诉罪名,"911"接线员及调派员的回应,巡逻员的回应与调查,追踪调查、限制令的执行,被害人的协助等,并规定:警察机关应为其所属员警制定家庭暴力定期训练计划。例如纽约州的警察学校有14个小时专门针对家庭暴力的训练课程。中国台湾地区借鉴美国的做法,在"家庭暴力防治法"第48条第2项规定:警政主管机关应办理警察人员防治家庭暴力在职教育。我国特别要提高警察处置家暴的水平,如在警察院校开设反家暴课程、职业培训和实践训练等,掌握调查、处置、干预家暴的专业知识和技能。

(二)缺乏事前事后有效配合的联动机制

尽管《反家暴意见》主要是协调公安、司法机关处理家暴案件,加强各个机关的应对,但是家暴案件重在预防,需要多个部门的重视与配合。

我国台湾地区的"家庭暴力防治法"第4条规定了主管机关及目的事业主管机关的权责,要求这些机关主动规划所需保护、预防及宣导措施,对涉及相关机关的防治业务,全力配合。主管机关为卫生福利部,地方为直辖市政府,或县(市)政府,其他机关包括卫生主管机关、教育主管机关、劳工主管机关、警政主管机关、法务主管机关、移民主管机关、文化主管机关、通信传播主管机关、户政主管机关,并且规定了非常详细的职责。

家庭暴力只有零次和无数次,因此对家庭暴力的预防显得尤为重要,我国的法律规定多数是针对虐待多次且已经发生了损害结果的措施,即已经发生伤害和死亡的严重后果,如我国《刑法》规定的虐待罪、遗弃罪以及暴力干涉婚姻自由罪都是以情节严重为犯罪的构成要件,如何避免进一步的伤害、虐待的行为是至关重要的。中国台湾地区的"家庭暴力防治法"专门规定加害人的处遇计划,即对加害人实施认知教育辅导,亲职教育辅导,心理辅导,精神治疗,戒瘾治疗或其他辅导、治疗。

因此,我国应当参照域外国家和地区的做法,警察、司法机关与政府机关分工、配合,教育单位得悉有家庭暴力情形,应报当地主管机关。各中小学生每年要有家庭暴力防治课程,学校的教师、行政人员等接受家庭暴力的在职教育。医疗单位或临床心理人员在执行职务时发现有家庭暴力的犯罪嫌疑者,应报告当地主管机关,医院、诊所对家庭暴力被害人诊治并开具验伤诊断书。卫生主管机关拟定及推广有关家庭暴力防治的教育宣传计划,并给医护人员家庭暴力的在职教育。

(三)对家暴案件被害人的保护与救济不力

家暴案件的受害人通常需要获得紧急的庇护、医疗辅助、心理咨询、法律援助等,但我国没有针对家暴案件的庇护所,心理的治疗和辅导也少。如上述王某砍伤其夫案就是心理出现问题,其未成年的女儿属于家庭暴力的受害人,但是在王某入狱后,其女儿借住在亲戚家,身心健康遭受重创。律师建议对她进行心理治疗,但苦于孩子的抵触情绪和当事人家庭的经济压力,事情并无进展。虽然其女儿在这起家暴案件中是间接的受害人,但是这个事件对其产生的影响是深远和巨大的,是创伤后的应激障碍,她可能会产生寝食难安、发烧的情况,对她的心理辅导是非常必要的。

我国台湾地区投入了专门的人力、财力和物力防治家庭暴力,"家庭暴力防治法"第8条规定,直辖市、县(市)设立家暴中心,如台北市设有家庭暴力及性侵害防治中心。中心的职责包括:提供24小时电话专线服务;提供被害人24小时紧急救援、协助诊疗、验伤、采证及紧急安置;提供或转介被害人、经济扶助、法律服务、就学服务、住宅辅导,并以阶段性、支持性及多元性提供职业训练与就业服务;提供被害人及其未成年子女短、中、长期庇护安置;提供或转介被害人、经评估有需要之目睹家庭暴力儿童及少年或家庭成员身心治疗、谘商、社会与心理评估及处置;转介加害人处遇及追踪辅导;追踪及管理转介服务案件;推广家庭暴力防治教育、训练及宣导;办理危险评估,并召开跨越机构网络会议;其他家庭暴力防治有关的事项。从以上看出对被害人的保护是非常细致和周全的:首先,保护范围扩大至目睹暴力纠纷的少儿;其次,为了让家暴妇女摆脱侵害人的控制,不但设置短、中、长期庇护安置所,而且有帮助被害人的就业扶助系统;再次,为解决被害人及其子女的经济困境,地方主管机关核发家庭暴力被害人紧急生活扶助、医疗、诉讼、安置、子女教育、创业贷款等补助费用;最后,在刑事司法体系的设计上,其角色与功能越过传统刑事司法,提供两种救济途径,不仅规定民事保护令,还规定了刑事保护令,当被害人为保护自身安全及相关权益时,申请民事保护令,法院核发禁制令、远离令后,若加害人违反命令,则构成违反保护令罪,此罪为公诉罪,如果当事人没有告诉也可进入刑事程序。

从以上规定看出,给被害人提供的都是实质的保护,这些都值得我们借鉴,如建立家暴防治基金,政府主管机关设立家暴防治委员会。我国《反家暴意见》对未成年人、老年人、重病患者或者残疾人提供法律援助限于经济困难者,对这些弱势群体应当直接提供法律援助,不应有经济上的限制。

第四节　法庭诘问与辩论

一、法律论辩在法律诊所课程中的应用

法律诊所学生在老师的指导下,从类似于医学诊所的"法律诊所"中学习法律执业技能,并以此为平台服务社会,为社会弱势群体提供法律援助服务。学生在为当事人服务的时候,不能仅限于为当事人提供法律咨询和撰写法律文书,而且要走上法庭,为他们提供专业的法庭代理和辩护服务。而法庭代理和辩护本身就是一个法律论辩的过程,自始至终都需要进行法律论辩。比如,在法庭调查阶段,当公诉人宣读完起诉书后,被告人、被害人即可以就起诉书中指控的犯罪事实进行陈述,同时,公诉人、被害人、附带民事诉讼的原告人和辩护人、诉讼代理人可以向被告人发问;证人提供证言,鉴定人提供鉴定结论后,公诉人、当事人和辩护人、诉讼代理人就可以对证人、鉴定人提出问题,对证言笔录、鉴定结论、勘验笔录和其他作为证据的文书,公诉人、当事人、辩护人、诉讼代理人都可发表意见;对在法庭上出示的物证,当事人要进行辨认,并发表辨认意见等,在这些环节当中都有可能展开法律论辩。

不仅如此,法律论辩也是法庭调查的一种方式。比如,在刑事诉讼中,法律论辩实际上就是在法庭审理过程中,公诉人、当事人、辩护人、诉讼代理人围绕犯罪事实能否认定、被告人是否实施了犯罪行为、是否应负刑事责任、应负什么样的刑事责任等问题,对证据和案件

情况发表各自的意见，相互进行辩论，或者在法庭调查和各方充分发表自己对整个犯罪事实、情节、每个证据的证明力等的意见的基础上，对双方争论的焦点问题作进一步的辩论。不难设想，如果把法律论辩从诉讼程序中剥离出来，法庭调查还有什么可能。由此可见，在法律诊所所要学习的各种法律实务技能中，法律论辩是最为基础，最为重要，同时也最为复杂的一种技能，因而也是诊所学生最应注重学习、掌握和应用的一种技能。

法律论辩是双方当事人及其律师在庭审过程中依据事实和法律对一定的法律命题进行论述和辩驳，以维护自身诉讼权益的口头语言表述过程。法律论辩不仅要说服对方，更要说服第三方即法官。法律论辩包括开庭陈述、直接询问、间接询问和结案陈词四个部分，各个部分在展开过程中虽然时而重在论，或时而重在辩，但大多数时候都是论辩交织，相辅相成。

二、开场陈述、直接询问、间接询问与结案陈述的训练

法庭论辩包括开场陈述、直接询问、间接询问、结案陈词。无论是陈述，还是询问，抑或是辩论，首先确定目的，其次再找出询问或辩论的重点，最后就围绕着目标来进行。

家庭暴力案件取证难，为避免对被害人的二次伤害，对被害人以及证人的直接询问与间接询问不多。本节以"性骚扰"案为例。[①]

（一）开场陈述

开场陈述侧重于事实的陈述，让人们对案情有个大致的把握。开场陈述不能太冗长，否则会失去人们的注意力，因为人集中注意力的时间是有限的。开场陈述要清楚、扼要地说明自己的主张。特别是开场陈述的开场白要做到简洁、引人入胜。

[**开场陈述训练**]下面分别看一下原告和被告律师的开场陈述的第一段：

原告律师的开场白：

尊敬的审判长、审判员：

有关资料显示，在我国，84%的女性曾经遭受过不同形式的性骚扰，其中50%发生在工作场所，其中又有36%来自上级。而本案中的王萍女士，就是这样一位深受性骚扰之苦的女性。故此，我方只想证明一个基本问题，即汉密尔顿先生对王萍女士构成性骚扰，王萍女士有能力胜任工作却因拒绝骚扰而被无理解雇。

评析：该段开场白比较简洁，开门见山。

开场陈述最好还可以运用一些常识或情感，让人们产生一种共鸣。如下面原告律师开场陈述中的一段：众所周知，工作环境的愉悦度对一个人来说是非常重要的，而我的当事人因为碰上了汉密尔顿这样一个上司，因为汉密尔顿的这一系列行为，她在公司里每天都过得紧张兮兮。而且，正是因为汉密尔顿是她的顶头上司，是决定她去留的人，所以她才谨小慎微、忍气吞声，没有向有关方面反映。终于有一天，浙江大学第一医院确诊我当事人患上了轻度抑郁症。

评析：该段说明王萍之所以容忍汉密尔顿的骚扰行为，是因为汉密尔顿对是否雇用王萍有决定权，这样使人们对王萍产生同情。

开场陈述不仅是要概述案件，还要帮助法官或陪审员理解法庭调查阶段出示的证据。

---

① 　许身健主编：《法律诊所》，中国人民大学出版社2018年第2版，第216～227页。

因此,一是注意开场陈述不是辩论,二是证据的提示也不是简单地罗列证据,而是说明证据证明了什么。多数的学生不知道开场白要写些什么,他们多是重复法庭调查阶段的证人证言。

(二)直接询问

直接陈述就是通过证人来讲故事。在直接询问中,被询问人是己方的当事人或证人,因此他(她)肯定是配合律师的提问,有时看似容易,但是也并非那么简单,在询问的问题和方式中体现众多的技巧。

对王萍的直接询问的目的是说明汉密尔顿对其进行了性骚扰,由于骚扰不成,而被派尼科包装有限公司开除,因此问题的设计就要包含什么时间、地点、共有几次汉密尔顿对王萍不当的言行。直接询问包括:基本情况的介绍、陈鹏生日晚会上及晚会后发生的事情;第一次收到意见书发生的事情;第二次收到意见书及当天下班时发生的事情等。

对原告方证人李曼玉,原告方的律师直接询问的目的是进一步证实原告的陈述,使事实具有客观性。对证人的直接询问与对原告的直接询问还是有点不同,没有必要把事实再次从头重复,只是对证人所知、所见的关键事实再次重申,包括在陈鹏生日晚会上发生的事情;收到第二份意见书那天发生的事情;王萍在上班时的表现;王萍后来抑郁的表现等。

[**直接询问训练**]直接询问原告王萍:

王萍是本案的当事人,通过对王萍的询问要展示案件的事实。对王萍的询问从以下几个方面进行:

第一,对其基本情况的询问。比较一下下面两个学生的提问:

学生一:原告王萍,请你陈述一下你个人的情况。

学生二:王小姐,请你介绍一下你自己的情况。

评析:比较起来,后一种提问的方式更好一些,前一学生的提问显得生硬,像是法官在提问,而不像律师对己方当事人的提问。尤其法庭调查一开始,律师对原告的直接询问尽量显得亲切,这也能缓解原告的紧张的情绪。

第二,对其工作情况的询问。

学生一:能否介绍一下你的工作情况?

学生二:①你是如何进入派尼科公司工作的?

②你在该公司做什么?

③你能否介绍一下车间的管理人员?

评析:学生一设计的问题有点宽泛。问题宽泛可能会产生两方面的问题,一是原告可能回答得漫无边际,容易失去控制;二是会遗漏一些细节。学生二把此问题再分成若干个小问题,以便更有针对性地了解一些事实。

[**再次直接询问训练**]在被告的律师对王萍进行交叉询问后,原告的律师可以再对其进行直接询问,其目的是在反询问过程中出现的对原告不利的事实进行解释和说明,以抵消反询问给原告带来的不利后果。比如,本案中,被告的律师肯定在反询问中指出,王萍经常迟到,而且着装不合适,这时候就需要律师对王萍进行再次直接询问,给其一个解释的机会。如下:

①王小姐,意见书里说你迟到过两次,你说说具体的情况。

②王小姐,意见书里说你着装不合适,你们公司对员工在车间工作时的着装有什么要求吗?

③2008 年 6 月 4 日,汉密尔顿和陈鹏对你的着装分别是什么反应?

④其他员工对你的着装是什么反应?

(三)交叉询问

交叉询问被认为是发现真实的最有效的方法,它也最能体现律师的水平和经验。美国律师界对交叉询问有句名言:"律师之声誉,生于交叉询问,死于交叉询问。"戈帕尔吉·梅罗特拉也曾说过:"许多案件的胜诉仅仅因为律师具有很高的盘询技巧。一个好的盘询者的提问总是又简洁又击中要害,他提出的问题是如此的巧妙,以至于无论被问者怎样回答,都令对他的辩护有利。"①

[**交叉询问训练**]原告的律师对陈鹏的间接询问目的在于证明陈鹏对于王萍有着根深蒂固的偏见,以及和汉密尔顿的特殊关系,以此证明王萍被解雇并非因自己的能力不足,而是在汉密尔顿的授意和陈鹏的偏见下做出的决定。因此,在问题的设计上突出强调汉密尔顿对于陈鹏的一手提拔,以及公司没有对着装的规定,对于员工的衣着是否合适,完全是陈鹏自己的看法。

如下面律师对汉密尔顿的交叉询问:

陈鹏在你升为经理之后,他就被提升为领班了,是吗?

你作为陈鹏的直接上司已经有很多年了,是吗?

那么,你们一定非常默契,对于你的很多意思,陈鹏能够领会得很好,是吗?

对于车间谁被雇用,谁被解聘,你有最终决定权,是吗?

评析:通过上面的几个问题,通常能够达到律师想要的结果。

有时候问题提得不当,反而会产生相反的效果。如原告律师在对陈鹏的交叉询问中,为了体现陈鹏对王萍有偏见,接连对陈鹏提了三个问题:

你从王萍进入公司时,就怀疑王萍是否能胜任工作,是吗?

你还认为王萍有点卖弄风情,是吗?

你还觉得王萍喜欢引起别人注意,是这样吗?

评析:这里的"不能胜任工作""卖弄风情""喜欢引起别人注意"是对原告极其不利的,适得其反,造成对王萍不好的印象。

(四)结案陈词

结案陈词是辩论而不是事实的陈述,可以从事实、法律,以及事实和法律的相印证性等多个方面进行论证。比如该案原告的律师应说明汉密尔顿的言行构成性骚扰,性骚扰和被解雇之间有因果关系。如下面的辩论词:

在认定汉密尔顿构成性骚扰之前,我们首先要界定的是,什么是性骚扰? 这是我们对汉密尔顿的系列骚扰行为做出公正、合理定性的前提。我国《妇女权益保障法》第 40 条明确规定:"禁止对妇女实施性骚扰。受害妇女有权向单位和有关机关投诉。"也就是说,我国明令

---

① 林正主编:《我反对:克莱伦斯·丹诺在被告席上》,新华出版社 1999 年版,第 305 页。

禁止对于妇女的性骚扰行为。北京市人大常委会对于性骚扰案件的规定则更为详细、明确。北京市规定"禁止违背妇女意志,以具有性内容或者与性有关的语言、文字、图像、电子信息、肢体行为等形式对妇女实施性骚扰",这个定义强调两点,第一,违背妇女意志;第二,通过与性有关的形式。

对于我的当事人来说,痛苦的记忆开始于一次并不愉快的酒吧之行。王萍作为公司新人,有幸参加同事陈鹏的生日聚会,谁知就在大家开怀畅饮之时,王萍却遭遇到尴尬,身边的经理汉密尔顿竟然把手放在王萍的腿上。在聚会结束后,汉密尔顿提出送王萍回家,在这个过程中,汉密尔顿再一次对王萍做出抚摸大腿的动作,并且亲吻王萍的嘴唇。汉密尔顿还对王萍说,雇用与否的决定权在他的手里,这对于初入职场,仍处于实习期的王萍来说,无疑是一种压力。接下来,王萍屡次接到汉密尔顿的邀请,或去酒吧喝酒,或者去舞厅跳舞。但是王萍从未接受,从始至终排斥和汉密尔顿独处的机会。6月11日,汉密尔顿通知王萍到他的办公室,在办公室里,王萍却受到汉密尔顿特殊的礼遇。他先是问王萍迟到是不是因为男友没有叫醒王萍,后在王萍签字的时候把手放在王萍的肩部,后来移至腰部,紧贴着王萍的身体,让王萍很不舒服。当天下午,汉密尔顿又一次让王萍去他的办公室,送给王萍礼物,并借机一直摸着王萍的手,更为夸张的是汉密尔顿送给王萍一套性感的黑色内衣。从那晚起,我的当事人王萍就开始出现睡眠问题,因为这样的状况,对于王萍这样一个初入社会的女孩,显然是无法处理的。

评析:该段辩论词从性骚扰的构成要件分析,再结合汉密尔顿的言行,从而说明构成性骚扰。

法庭辩论要注意不要重复调查部分的内容,因为已经是两个环节了。有些学生因法庭辩论是提前准备的,法庭调查事实都发生了变化,但是仍然照本宣科。在法庭辩论中要注意运用在法庭调查中所得的证据。

在论辩中,要学会选择辩论的重点,而且精彩的辩论应当是针尖对麦芒的辩论情景,而不是"你言寂寞,他述忧伤"的跑偏。如果在有限的庭审时间内不能抓住要害,往往会被牵着鼻子走,陷入一种难以解脱的境地。如王萍案中,原告律师可以针对被告指责王萍没有反抗、态度暧昧,而且汉密尔顿对王萍是出于长辈对晚辈关心的问题进行反驳。

第五节　国外研究视点
——国外法学院家庭暴力法律诊所介绍

一、美国

美国的耶鲁大学法学院的学生在家庭和家庭暴力法律诊所进行如下工作:进行事实和法律研究;会见当事人;起草诉状和其他法律文件;起草并回应证据披露请求;与对方及对方律师谈判;申请动议并代表当事人在地区法院和家庭及遗嘱认证法庭出庭;开展训练和讲座活动。家庭和家庭暴力法律诊所致力于提供离婚、家庭暴力、陪产假、子女和配偶抚养、收养和监护方面的法律援助。家庭法律诊所处理离婚、亲子关系、儿童忽视、监护和收养情境下的监护权、探视权、子女和配偶抚养费、健康和人寿保险以及婚姻财产和债务的公平分割等问题。法律诊所还为 LGBT 社区提供广泛的直接法律服务,特别关注与家庭有关的法律问题(监护、抚养和探视、第二父母收养)和遗产规划(遗嘱、律师权力、合伙协议)以确保同性伴侣和家庭受到法律保护。家庭暴力诊所关注预防虐待、家庭安全,并确保家庭暴力不会阻碍当事人行使在抚养权,财产分割以及家庭和家庭关系其他方面的合法权利。[①]

这两个诊所隶属于法律服务中心(LSC),该中心是 Jamaica Plain(波士顿某地)的一家综合实践社区法律办公室,为二年级和三年级法学院学生提供指导,是一个提供创新法律服务的实验室,学生在诊所老师和研究员的监督和指导下接受教学和指导。

耶鲁大学法学院的学生代表家庭暴力受害者在高等法院参加民事和刑事案件的庭审。有一个性别暴力诊所设在纽黑文法律援助协会(LAA),这是一个非营利性的法律服务办公室,其使命是确保正义并保护纽黑文县低收入居民的权利,否则他们将无法获得法律保障。该诊所为家庭暴力受害者及其家人提供法律服务渠道。通过他们的宣传和课程作业,诊所的学生学习如何成为法律服务律师,为弱势群体发声。学生通过参与个案和政策制定这些活动对诊所的当事人群体的生活产生影响。[②]

乔治华盛顿法学院有家庭暴力项目,法学院的学生参与一系列家庭暴力案件及代理当事人;在州检察官办公室起诉家庭暴力案件;与家庭暴力法律权利和上诉项目及其公益律师事务所合作;或参与国家或地方家庭暴力倡导组织的立法和政策宣传工作。在学习不断变化的律师行业和家庭暴力法问题的同时获得日后可用的律师技能。该课程为学生提供了一个参与实践的机会,为当事人、案件和政策发声,同时也在教授持续的指导和小组的监督中不断获得个人职业技能的成长。

学生从事以下工作:(1)与当事人和证人面谈,准备诉状和证词,与当地法律服务组织、移民和妇女权利组织共同参与庭审工作;(2)致力于国家政策制定和联邦立法,包括研究和起草立法,与其他国家公共利益团体参加会议,以及在全国家庭暴力组织(如国家消除家庭暴力网络)的主持下游说国会;(3)与 Break the Cycle 或其他组织共同参与儿童、青年和家庭暴力有关的活动;(4)与 Meier 教授及其创立的非营利组织(家庭暴力法律权利和上诉项目)以及律师事务所的公益律师合作,在州立法院和最高法院对宪法、刑事和家庭法案件进行上诉;(5)在当地检察官办公室的家庭暴力部门工作。[③]

得州大学奥斯汀分校的法学院学生可以代表家庭暴力的受害者处理各种民事法律问题,包括抚养权、离婚、探视、住房、公共援助和保护令的获得。学生的工作主要是:与当事人会面,起草诉状,采访证人,起草和回应证据披露,接受证词,谈判和解以及参与庭审。每学期,德克萨斯大学法学院的学生都会接收一些家暴案件,有的案件比较复杂,有令人震惊的暴力,有性虐待,结果并不总是完美,但对于家庭暴力的受害者而言,学生们的努力还是起到一定作用的。

美国知名的家庭暴力抗议者 Sarah Buel 和妇女倡导项目的前法律服务总监 Jeana

---

① https://hls.harvard.edu/dept/clinical/clinics/family-and-domestic-violence-law-clinic-lsc/,最后访问时间:2022 年 3 月 11 日。

② https://law.yale.edu/studying-law-yale/clinical-and-experiential-learning/our-clinics/besharlehner-gender-violence-clinic,最后访问时间:2022 年 3 月 11 日。

③ https://www.law.gwu.edu/domestic-violence-project,最后访问时间:2022 年 3 月 11 日。

Lungwitz 于 1997 年在德克萨斯大学法学院创办了反家庭暴力诊所。当事人来到反家庭暴力诊所时，他们往往没有钱，没有资源，也没有其他可以求助的地方。在身体遭受殴打和情感上遭受打击后，许多受害者不止一次地试图离开虐待他们的伴侣。该诊所不仅为受害者提供法律帮助，还给予她们重获新生的希望。学生们努力满足当事人的法律需求以及其他需要。该诊所有双重宗旨：为家庭暴力的受害者提供服务，并为学生提供亲身参与、全面的法律实务经验。①

二、英国

英国的南安普敦大学设有家庭法诊所，由学生与专业律师共同自发创办。该诊所于 2015 年成立。家事法律诊所的建立是为了鼓励本科法学院学生在大学和从业人员的支持下自愿参加并获得法律实践工作经验。家庭法诊所提供免费法律咨询。咨询包括与儿童接触和居住、福利、家庭暴力、离婚、子女抚养等有关的事项。诊所学生学习到以下技能，包括：当事人访谈、案件管理、团队合作技巧、与当事人和法律从业者的沟通技能。②

英国的诺森比亚大学家庭正义研究小组是一个多学科小组，由对家庭法感兴趣的从业者和学者组成。该小组研究范围包括家庭虐待，基于性别的暴力、青少年司法、国际家庭法、儿童保护、儿童权利以及亲密关系的形成和解散。该小组通过举办活动将实践者、学者和政策制定者聚集在一起，也热衷于在家庭法课程中进行创新，通过在本科阶段引入新的"国际家庭法"模块，以及组织学生参加为期 16 天的反对性别暴力活动。此外，还协助学生建立博客，以便他们可以提供有关判决和法律更新的评论。③

三、澳大利亚

澳大利亚莫那什大学的家庭法援助项目（FLAP）是一个自发的法律诊所服务项目，旨在帮助那些没有律师的家庭法诉讼当事人。它由莫那什大学管理，由英联邦司法部门资助。该项目旨在提供有关家庭法程序，调解和其他形式的争议解决方法以及家庭破裂可能对相关人员产生影响的有关信息，并代表当事人起草诉讼法律文件。该项目还为莫那什大学法学院的学生提供进阶教育，为当事人提供全方位的服务。每位当事人都得到至少一名学生的帮助，这将帮助他们了解法律问题，并在可能的情况下找到解决其家庭问题的方法。所有学生都由合格的律师进行指导。该项目目标旨在帮助学生掌握他们在法院提起诉讼所需的知识和能力，或在必要时，提供大律师的协助。学生带领当事人走完诉讼程序，提供相关表格的信息，帮助当事人提交申请，以及必要时教会当事人如何在法官面前出庭，传授法庭礼仪以及完成法院要求的许多其他程序。学生还向当事人提供家庭纠纷解决（FDR）以及他们在整个案件过程中可能需要进行的其他咨询。学生主要进行如下工作：接受调解；寻求咨询和 FDR 中心的帮助；保护和维护破裂家庭中儿童的利益；充分了解案件进展过程中需要

① https://law.utexas.edu/clinics/domestic-violence/，最后访问时间：2022 年 3 月 11 日。

② https://www.southampton.ac.uk/law/undergraduate/study/pro_bono/family-law-clinic.page，最后访问时间：2022 年 3 月 11 日。

③ https://www.northumbria.ac.uk/about-us/academic-departments/northumbria-law-school/law-research/the-family-justice-research-group/，最后访问时间：2022 年 3 月 11 日。

什么和将要发生什么;节省花费以及继续维持生活。[①]

澳大利亚邦德大学法学院的家庭法律实践诊所是提供给本科生的选修科目。参加此课程的学生将在一个学期内每周一天参加一家家事律师事务所(或律师事务所家庭法律部门)实践。学生在实践中将面临家庭法问题,如财产安置、子女、子女抚养费、子女抚养费、离婚和家庭暴力。完成此课程后,学生将能够通过口头和书面讨论和解决家庭法律问题,在实践中理解家庭法的内涵并锻炼法律推理的能力。[②]

第六节　视野拓展

美国、澳大利亚等国家从 20 世纪 70 年代开始对家庭暴力案件逐渐重视。我国对家庭暴力的重视起步晚,有关法律规定不完善,仅有的法律、法规以及一些规定也很粗浅,下面介绍国外的法律,及其机构设置和做法,作为"他山之石"以拓宽视野。

一、对处理家庭暴力案件理念的转变

家庭暴力不是家务事,是严重的暴力犯罪行为,对家庭、社会和国家均造成严重的社会影响,需要公权力的积极介入。我国台湾地区"家庭暴力防治法"修改时,删除了"促进家庭和谐",以去除"劝和不劝离"的迷思。删除理由是该规定主要目的在于防治家庭暴力行为,保护遭受家庭暴力之被害人人身安全,及保障其自由选择安全生活方式与环境之尊严,至于促进家庭和谐并非其主要目的。[③]

二、《反家庭暴力法》保护范围的扩大

我国《反家庭暴力法》对家庭暴力的定义过于狭窄,如第 2 条规定:"本法所称家庭暴力,是指家庭成员之间以殴打、捆绑、残害、限制人身自由以及经常性谩骂、恐吓等方式实施的身体、精神等侵害行为。"首先,《反家庭暴力法》保护的范围仅限于家庭成员之间,我国台湾地区 2007 年颁布"家庭暴力防治法"后不断修改,并扩大家庭暴力被害人的保护范围,将无婚姻关系而有同居关系者之子女纳入保护范围,对保护令的执行程序有更明确的规定;2015 年再度扩大保护范围,将目睹家庭暴力儿童及少年均纳入其中,且增订第 63 条之一款,明定年满 16 岁而遭受现有或曾有亲密关系的未同居伴侣施以身体上或精神上不法侵害之情事者,准用第 2 章"民事保护令"以及第 5 章"预防及处遇"之部分规定,使儿童及少年之家庭暴力问题有更完善的法律规范。[④]

其次,《反家庭暴力法》对家暴的类型规定过于窄,限于身体、精神伤害,在菲律宾除了身

---

① https://bond.edu.au/subject/laws13-551-family-law-legal-practice-clinic,最后访问时间:2022 年 3 月 11 日。

② https://bond.edu.au/subject/laws13-551-family-law-legal-practice-clinic,最后访问时间:2022 年 3 月 11 日。

③ 高凤仙:《家庭暴力法规之理论与实务》,台湾五南图书出版有限公司 2017 年版,第 14 页。

④ 高凤仙:《家庭暴力法规之理论与实务》,台湾五南图书出版有限公司 2017 年版,第 226 页。

体、精神(包括冷暴力),还有性暴力,以及经济的控制,都属于家庭暴力的范围。我国台湾地区指精神或经济上的骚扰、控制、胁迫或其他不法侵害之行为,包含下列足以使被害人畏惧、心生痛苦或恶性伤害其自尊及自我意识之举动或行为,即言词攻击、心理或情绪虐待、性骚扰、经济控制。其中经济控制,如不给生活费,过度控制家庭财务、被迫交出工作收入、强迫担任保证人、强迫借贷等。

三、公安机关、检察院以及法院设置被害人服务处

美国许多州的警察局、地检署、法院设有被害人服务单位,通常都是与民间团体共同合作设立。此外还有推广于全美各州的"法院指定特别辩护人",是被害人的辩护人,为家庭暴力的被害人特别是儿童虐待的被害人提供特别服务。服务单位的服务内容包括:为被害人提供危机介入、安全计划、陪同出庭、法律咨询、个人辩护、追踪辅导、协助取得保护令、协助取得被害人补偿、转介等服务。被害人服务处的人员由法律人员及社工人员担任,有专职人员也有志愿者。1990 年,美国有超过 5000 个被害人服务计划,目前许多警察机关、地检署、假释机构、矫正机构、法院都有服务犯罪被害人的计划,这些计划由联邦政府给予经费补助。①

第七节　实践延伸

一、警察、检察官实践操作

警察通过报案或主动发现启动刑事诉讼程序,处于刑事司法系统的第一道关口。警察在家暴案件中的两大任务,一是申请民事保护令,二是逮捕犯罪嫌疑人、侦查案件。处理家暴事件最好由专人进行,以适当的方法优先保护被害人及其家庭成员的安全,发现被害人有伤病时,应紧急协助就医,告知被害人其行使之权利,救济途径及服务措施。警察在法院签发保护令前还可采取以下的措施:协助转介紧急安置、紧急救援、安全护送、查访并告诫相对人。警察依保护令命相对人迁出被害人、目睹家庭暴力儿童及少年或其特定家庭成员之住居所时,确保他们安全占有住居所。

检察官扮演着司法审判程序守门人的角色,检察官发挥衔接的功能,检察官除了作出批准逮捕、起诉或不起诉决定,还有以下操作:检察官接到案件后,注意家庭成员关系,是否违反法院先前核发的民事保护令,并注意被害人的人身安全,例如:被害人是否仍与被告居住,有无继续受害的可能,有无接受诊疗的必要;必要时,与有关部门联系。告知被害人其享有的权利、救济途径等。对于警察提请批捕的案件,如果被害人表明不愿追诉,要斟酌被害人安全情形,做适当处理。检察官还要提供被害人安全出庭环境和措施。检察官认为有必要传讯未成年子女作证时,应尽量采用隔离分别讯问,并注意情绪变化,避免其承受过度的心理压力。

---

① 　高凤仙:《家庭暴力法规之理论与实务》,台湾五南图书出版有限公司 2017 年版,第 254 页。

二、律师的辩护

对遭受家暴伤害或杀害其配偶或同居人的案件,这些案件当中 80％ 是由于自卫,但通常现场没有第三人,施虐人已经被杀死,或者第三人是孩子,他们年龄太小不能作证。在这种情况下,律师可以提出专家证人,证明受害妇女认知,其于行为时对环境的心境。就上述"案件直击"中的案件,经司法机关鉴定,王某案发时患混合性焦虑和抑郁性反应。该案中,二人平时有争吵,但从来没有过肢体冲突,郭某虽然没有对王某实施长期的身体和精神虐待,王某患病源于生活压力,郭某游手好闲,没有任何经济收入。就该案律师从如下方面发表辩护理由:第一,王某案发时患混合性焦虑和抑郁性反应,属于限制刑事责任能力人;第二,王某属于犯罪未遂;第三,王某构成自首情节,悔罪态度明显;第四,亲属代为赔偿被害人,取得被害人的谅解;第五,此次犯罪属于初犯、偶犯;第六,被害人对矛盾激化引发本案负主要责任。

三、法官的审理

对于家庭暴力案件,我国法院确认率不高,家庭暴力发生场所隐蔽,往往没有目击证人,施暴人也不会承认自己的加害行为,而且对于性暴力、冷暴力,举证难度又远远大于一般的案件,自诉案件需要被害人自己举证,作为法官一方面对被害人举证进行指导,如可以告诉被害人采用录音、摄像的方式,并且受到殴打致伤应到医院就诊或者报案,并将受伤处拍照;另一方面,给被害人做心理鉴定,如前文中王某伤害案件。法官不能忽视医疗、心理鉴定,这种鉴定在家暴案件中起很重要的作用。此外,从保护弱势方的合法权益出发,在采用高度盖然性的证明标准下,适度降低被害人的举证标准,对于只有被害人证言的"孤证",再结合其他证据心理等专家证言。

法官在调解家庭纠纷案件、离婚案件时,应当区别对待一般家庭争议与家庭暴力问题。对待家庭暴力案件,须坚持零容忍的立场。即使是轻微的、偶发的家庭暴力,也不应调解,不应提议或要求受害人了解对方的施暴行为,家庭暴力只有零次和无数次,一次都不能原谅,一味地谅解换来的是对方的变本加厉,诱发暴力升级或酿成严重后果。

对于家庭暴力案件中正当防卫的认定,对于持续反复发生的暴力,且不断升级恶化,被害人处于弱势,不敢或无力反抗,如果是在侵害人施暴之后,如趁施暴人不备,或者睡觉的时候反击,这种情况是否属于正当防卫。我国对正当防卫的构成要件比较明确,一定是对正在发生的侵害进行防卫,而且是为了维护自身的安全。澳大利亚等国家有相关判例认定这个情形属于正当防卫,我国如果突破《刑法》规定的正当防卫的构成要件实有难度,但法官要考虑到这些因素,量刑时予以酌定从宽。

此外,对于人身保护令的签发,签发人身保护令是防止家暴案件的有效措施,在我国人身保护令的成效不理想,人身保护令申请数量少,法院的核准率低,原因一是当事人不了解人身保护令,二是人民法院核准人身保护令时掌握标准过于严苛。鉴于人身保护令是临时性的紧急救济措施,人民法院审核人身保护令申请时,对是否已发生家暴或者是否面临现实危险的认定,宜从宽掌握,而不应将此程序法上的认定与实体法上是否构成家暴认定等量齐观,从而更及时、有效地保护受害人或者潜在可能的受害人。①

 参考文献

1.[美]Brian Kennedy:《证人询问的技巧》,郭乃嘉译,台湾元照出版社 2002 年版。

2.[美]史蒂文·鲁贝特:《现代诉辩策略与技巧》,王进喜等译,中国人民公安大学出版社 2005 年版。

3.[英]安迪·布恩:《法律论辩之道》,姜冀凤、于丽英译,法律出版社 2006 年版。

4.顾永忠主编:《中美刑事辩护技能与技巧研讨》,中国检察出版社 2007 年版。

5.王喆、周毅主编:《模拟法庭实训教程》,经济科学出版社 2015 年版。

6.陈学全编著:《模拟法庭实验教程》,高等教育出版社 2016 年第 3 版。

7.许身健主编:《法律诊所》,中国人民大学出版社 2018 年第 2 版。

8.黄尔梅主编:《家庭暴力犯罪案件司法政策理解适用与案例指导》,人民法院出版社 2015 年版。

9.高凤仙:《家庭暴力防治法规之理论与实务》,台湾五南图书出版有限公司 2017 年版。

---

① 蒋月:《我国反家庭暴力法适用效果评析》,载《中华女子学院学报》2019 年第 3 期。

第十六章 反家暴个案管理服务流程指引

导　语

干预家暴案件不单是要制止暴力和惩罚加害人，更需要连结资源去保障和改善受害人作为"人"的尊严且自由的生活，因此个案目标和服务提供的面向，不局限于使家暴停止发生或协助受害人脱离暴力关系，更要协助受害人自我赋权以完成从"受害人"到"亲历者"（或"幸存者"）的身份转化，包括重建自我概念、自我功能与自我认同，提升自我价值感和解决问题的能力，强化个人及家庭抗逆力和重建自立生活。本章将介绍开展家庭暴力受害人援助个案管理的一般性工作流程，包括接案、危机与需求评估、服务计划拟定与实施、结案与回访。在实际个案干预中，个案管理员应根据每位案主所处的个别化情境，灵活实践个案管理服务。

● **教学目标**

通过反家暴个案管理服务流程讲解让法律诊所学生认识反家暴个案管理服务的目标与主要服务方法，了解反家暴个案干预中多部门、跨专业合作的重要性和密切关联，以及如何有效地为遭受家庭暴力伤害的群体提供以人为本的反家暴个案管理服务。

● **教学方法**

头脑风暴、角色扮演、情景模拟、分组讨论、反馈与评估。

● **课堂设计**

1.根据本章内容与要求，根据学生人数分组，进行不同分工，扮演不同角色。

2.根据教学时间安排模拟时间，在每组模拟完毕之后要留出时间让参与者进行反馈与分析。

3.强调学生先提出方案，老师点评与引导，旨在训练学生独立思考与设计方案的能力。

4.注意学生点评与互评、总结与反馈。

● **要点把握**

1.了解反家暴个案管理服务基本理论、对如何学习与提供反家暴个案管理服务有基本认识。

2.掌握法律诊所学习特点与方法，最大限度地提升学习的积极性与主动性。

3.要基于时代发展、司法改革的情况与法律规定的变化不断调整教学方案。

4.强调保密原则。课堂运用个案均源于真案,所有信息均作技术性处理。

● **问题设计**

1.何谓反家暴个案管理?
2.反家暴个案管理一般性流程及工作重点是什么?

第一节　案件直击

一、个案背景

(一)基本资料

案主(受暴者):阿欣(化名),39 岁,身高不到一米六,本科学历,与丈夫结婚 13 年,婚后育两个孩子,结婚后她听从了丈夫的主意,辞去了工作,成为一名家庭主妇。

案主丈夫(施暴者):阿杰(化名),41 岁,身高一米七八,研究生学历,普通白领,月入约 2 万,是家庭经济支柱。

(二)案主家庭生态图

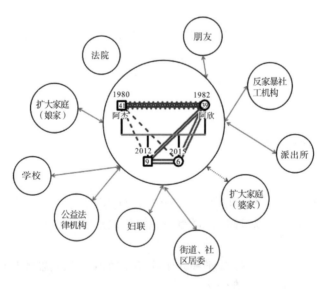

二、危机及需求评估

(一)受暴历史

1.暴力起始:身体暴力及经济控制

阿欣刚结婚不久,丈夫阿杰以工作劳累不利于备孕为由,让她辞职在家。生育后她希望重返职场,却遭到丈夫和婆家的反对。他们对她说"没有公司愿意聘用一个家庭主妇""相夫教子是女人的本分",不断通过"你已经竞争不过年轻人""你身边那些姐妹都是嫉妒你有美满的家庭,想挑拨我们""你不要再跟她们来往,你删掉她们的微信"等话语,反对她再次提出重返职场的想法,贬低她的自我价值,限制她工作及交友。

2.最严重一次暴力:身体暴力与性暴力

阿欣回忆道,有一次她对丈夫对她的指责提出反驳后,被丈夫拉扯头发、要求她下跪道歉,把她推倒在地后骑在她身上掌掴她的脸,之后更对她进行性惩罚。阿欣越反抗受到的暴力越严重。阿欣身心受创,十分恐惧再次被丈夫惩罚,此后对丈夫的要求百般顺从。阿杰运用控制、命令和威吓,"是你自己活该""你为什么要激怒我"等将暴力责任推诿到阿欣身上,以及事后道歉、甜言蜜语等手段对阿欣进行高压控管,阿欣在恐惧与被爱两种感受之间来回摆荡,家暴循环反复且持续加剧。

3.暴力严重程度不断加剧

阿欣表示丈夫阿杰脾气愈发喜怒无常,容易暴躁。丈夫的家暴行为逐渐恶化至只要她有一丝不顺服丈夫的要求,如书架有灰尘、孩子成绩不好、饭菜不合胃口等,丈夫就会通过克扣家用、损坏她喜爱的物件等惩罚她的过错。

4.子女目睹家暴

阿欣表示丈夫多次在子女面前辱骂她,孩子们不敢问爸爸为何那样,但会紧紧抱着她。孩子们害怕与爸爸相处。阿欣一直不敢提出离婚也是害怕丈夫会情绪爆发,对孩子造成伤害。阿欣没有向娘家透露过相关情况。

(二)评估情况

1.受暴风险

个案管理员使用《亲密关系暴力危险性评估量表》(附件二)与案主共同检视受暴情况,得出案主受暴风险为 7 分,属于"中危险",而案主对目前处境危险性的自我主观评分为"很危险",施暴者疑有高压权控型暴力取向,因此综合评估案主受暴风险较高。

2.身心情况

案主有抑郁情绪,在与个案管理员的交谈中时有自我怀疑、否定自我的表达,对与丈夫相处感到恐惧不安、高度紧张,长期睡眠失调,精神状态不佳。

3.可用资源

(1)个人优势。通过风险评估,案主认识到家暴问题的存在和危险性。案主恐惧无助的情绪令她维持有强烈求助的动机和对暴力风险的判断能力,清晰认识到自身需要获得安全安心的生活环境。此外,案主有向外求助的勇气,并能找到外部资源。案主经济困难,但有工作经验和能力。

(2)家庭优势。案主与父母关系良好,案主过往曾在受暴后带孩子以探望父母为由,在假期短暂搬回父母家中居住。案主父母身体康健,有退休金,可以帮忙照顾孩子,案主的养老压力和子女照顾压力相对较小。

(3)外部优势。案主与朋友的联络渠道被丈夫监视,但朋友一直关心她的情况,并曾对她减少联络的情况表达过关心和提出愿意提供帮助。在安全计划中,可考虑发挥案主非正式支持系统保护力量,为案主提供情感支持和安全庇护,案主对社区环境、正式部门资源较了解,可通过个案管理员接触和建立自身的保护支持系统。

4.服务需求

经与案主共同讨论后,个案管理员评估案主处于"意图期/准备期"的心理历程阶段,计划从安全庇护、心理辅导、性别意识提升、亲权争取等法律咨询、婚姻去留抉择、就业帮扶和司法陪同等服务需求出发,制订个案服务策略。

5.服务目标

(1)提高案主性别意识;

(2)协助案主及其子女获得安全;

(3)提高案主对支持资源的认知与运用能力;

(4)提高案主自我价值感与效能感。

三、服务介入概述

(一)知情同意与建立关系

个案管理员首先向案主说明、澄清个案管理员在服务过程中的角色和功能,确保案主清楚明白自己接受个案服务的权利与义务,通过知情同意促进重建案主自我抉择和行使权利的信心,逐步建立尊重和充权的服务关系。

(二)制订留在暴力关系中的安全计划

由于案主自由行动受到限制,个案管理员谨慎介入处理,假扮学校辅导员与老师进行家访接触案主及其子女了解情况,并通过家长会等时机争取与案主详细面谈和制订安全计划,共同决定先暂时保持原状,确保目前自己和子女的安全的前提下,在情绪、心理、经济上逐步做好准备后,再透过公权力介入保护。个案管理员与案主进一步讨论留在关系中和安全离开准备的安全计划。

(三)情感支持与促进自主抉择

由于受到抑郁情绪、害怕遭到丈夫报复和担忧经济压力的负面影响,在关系去留抉择中,案主在脱离暴力关系和维持现状两者间摇摆。在此过程中,社工一直共情阿欣对受暴的痛苦恐惧和对未来生活彷徨无助的感受,链接资深心理咨询师为案主提供心理创伤辅导。

个案管理员理解家暴创伤导致案主内化不平等的关系控制但试图进行反抗的冲突,并抓紧此切入点,引导案主觉察、澄清和对质当中隐含的社会性别范式对她的规制和形塑,与案主重构对自己性别角色的认同、期待与自我价值。个案管理员相信案主知道自己的需求,一直以陪伴者、同行者的角色,协助分析关系去留的利弊,肯定她站在"关口"上直面困境的勇气,给予她充分思考和选择的空间,在案主自主作出每一个决定时给予坚定的支持和鼓励,接纳她的退缩和反复。

(四)制订携子女离开暴力关系的安全计划

制订离婚安全计划在案主做好心理建设和经济准备,决定离开暴力环境,启动离婚程序后,社工协助制订离婚安全计划,启动多机构联动机制,链接公安、妇联、民政庇护站、学校等正式部门进入服务场域,为案主提供多元权益保障措施。

（五）联动多机构提供危机保护

1.法律服务

个案管理员链接资深律师向案主详细解释告诫书、人身安全保护令、财产分割和子女抚养权争取等离婚法律问题，讨论离家离婚策略，指导案主搜集证据、申请人身保护令和准备离婚法律手续，并协助案主成功申请到一笔小额法律救济金。

2.司法陪同

待周末案主将子女带回父母家中后，个案管理员陪同到公安机关备案，在不通知丈夫的情况下完成备案笔录，并获得报警回执。在后续案主面对离婚法律诉讼的历程中，个案管理员一直陪同案主做心理建设、证据准备和出庭旁听。

3.安全庇护

个案管理员对接妇联、民政资源，在案主完成报警备案后，迅速安排阿欣与两个孩子入住民政庇护所，在案主入住庇护站期间，个案管理员联同妇联组织、街道社区接触案主父母，促使他们了解案主的处境、认识家暴的危险和伤害，明白案主离婚和坚持抚养子女的决定。庇护期满后，案主带着子女回到父母家中。

4.学校保护

个案管理员依托妇联组织与案主子女就读学校进行沟通，促使学校理解案主及孩子处境，请学校心理辅导员为孩子提供在校心理辅导，请老师在孩子离校时警惕施暴者抢夺孩子或做出其他伤害孩子的行为。

（六）接触施暴者

个案管理员联系案主丈夫，以希望了解他的需求和提供帮助的角度介入，但案主丈夫认为个案管理员教唆、藏匿妻儿，拒绝沟通合作，并恐吓个案管理员。个案管理员保留电话录音到公安机关备案。

（七）就业扶助与生活重建

案主对重新返回职场信心不足，自我评价低下并担心单亲妈妈身份受到歧视，个案管理员布置信心练习，鼓励案主完成阶段任务：浏览招聘网站—选出三个心仪职位—准备简历—搭配面试服装和妆容—模拟面试，链接参加职能培训资源，促使案主重建信心。

四、个案成效

由于证据不足，案主并未能成功申请人身安全保护令。经历长达一年多的离婚诉讼历程，案主赢得离婚官司并争取到孩子的抚养权。在个案管理员持续跟踪和家人朋友、派出所、妇联、街道社区和学校共同保护下，案主与孩子不再遭受暴力伤害，获得安全保障。案主在个案历程中重建自我价值认同，完成"受害人"至"幸存者"思想转变，搭建个人家庭支持网络，有效提升使用资源能力、解决问题的能力和信心。

第二节　接案与资料收集

接案为个案后续危机干预的实施、解决问题的行动策略,以及增进受害人自我意识的提升、问题解决的能力等提供充分且必要的基础。这个阶段的目的和任务内容在于建立可持续的专业关系,提高受害人接受援助服务的意愿及动机;完整收集受害人个人与环境、家暴风险与可用资源等资料,以对受害人的处境作出多面的评估;协助受害人确认期待与需求,根据机构的功能向受害人说明和解释服务内容和双方权责;视乎机构开案标准,与受害人签订服务契约或商讨转介个案。

一、即时安全评估

一般而言,个案管理员接获家庭暴力案件的渠道可分为受害人主动求助、他人求助、案件转介和个案管理员主动筛查发现,其中受害人主动求助的方式主要有热线咨询及来访咨询。相较于直接到访个案管理员机构,家庭暴力受害人较常通过拨打热线反映家暴情况和咨询解决方法。

无论通过何种渠道接获家暴求助,个案管理员在每次接到求助时或后续跟进个案时,均须在谈话的一开始优先确认受害人的即时安全,若受害人正在受暴或存在高自杀风险等紧急情况,个案管理员须即刻响应,保护受害人的人身安全,可行且有效的方法包括但不仅限:

1.马上留下受害人的联络方式及所处地点。

2.立即代为报警,并建议警察尽快采取行动。

3.立即向上级部门报告,并连同社区人员前往协助受害人就医和紧急庇护。

4.提供心理危机辅导,并确保有能提供保护及情感支持的亲友或工作者陪伴受害人至少 24 小时。

5.当受害人通过拨打热线电话求助时,个案管理员还须确认受害人的谈话环境是安全的,方可继续提供热线咨询服务。个案管理员须询问:

(1)受害人正身处何地?若受害人正身在高处、身边放有利器、走在马路边或人烟稀少等地方时,个案管理员需进一步评估受害人的自杀风险,并立刻建议和确保受害人回到安全地。

(2)加害人是否在身边?若加害人正在受害人身边,个案管理员应立刻建议受害人选择另一个加害人不在的安全地点和时间段来电。

(3)安全通话时长?受害人可能会在上班休息、借口离家采购或趁着加害人离家等期间来电,个案管理员应尽量在此时间内完成重要资料收集、危机评估、与受害人商讨短期安全计划等内容。

二、专业关系建立

专业关系的建立与维系并非仅限于接案阶段,而是贯穿于家暴个案的整个工作历程。关于建立和维系专业关系的原则,市面上已有众多专业教材进行了详尽的说明,因此在此部分不再赘述。需要注意的是,家暴个案和作为案主的家暴受害人有其特殊性和独特特征,个

案管理员在与受害人接触时,需尤其关注以下几项原则:

1.对暴力零容忍:个案管理员应坚信,任何人都不应被暴力对待,任何形式的暴力都不能被接受。暴力就是暴力,没有模糊空间,施暴者要为暴力事件负责。

2.不论任何情况,安全为最优先的考虑,不应让以下因素凌驾于安全考虑之上:担心破坏受害人家庭完整和团结,担心破坏与受害人专业关系的建立和维系,担心导致案件相关人员负面情绪或对工作者反感,担心违反隐私和保密的承诺。

3.纳入社会性别视角:家庭暴力与性别平等、权力与控制等有很密切的关系,个案管理员需觉察与理解性别规制对受害人的影响,在个案的行动策略中注重对受害人的赋权增能,促进受害人性别意识提升。

4.保持对权力关系和多元文化的高度敏感:在个案服务中,个案管理员与受害人是伙伴关系,个案管理员在受害人改变时陪伴、支持,给予力量;同时,个案管理员应充分考虑受害人多元文化的背景,了解多元文化的多样性和差异性,以提供合适的协助。个案管理员须时刻检视自身行为,避免出现支配性和专业霸权行为。

5.尊重及相信受害人的决定和能力:个案管理员可能有个预设——协助受害人离开暴力关系是干预家暴个案的唯一目的和最好结果,这是家暴个案干预中常见的迷思。个案目标应是协助受害人获得安全和发展受害人的能力,而非局限于和停留在关系去留。个案管理员应协助受害人从自身需求和实际处境出发,确定适宜的策略,而不代替做决定,尊重受害人的决定。

6.把握任何充权受害人选择权利的机会:受害人受到长期的权力控制,可能出现不想选择或不知自己有选择的权利,个案管理员可从细微的安排入手,增强受害人自我意识和权能感,如让受害人选择面谈的地点和时间、选择落座的位置、参与个案目标和计划制订等。

7.有目的的情感表达:有目的是指此时此刻的表露对受害人和专业关系的发展有所助益。个案管理员应主动地鼓励和引导受害人开放地表达和觉察各种感受,而不让这些感受溜走,尤其是消极的感受,因为负面情绪也有正向作用,如恐惧能令受害人提高对家暴的警惕和增强降低家暴危机的动力。

8.当受害人处于以下情境时,保密和自决原则将受到限制:未满18岁或患有严重精神障碍,面临生命危险,危及自己或他人,虐待儿童或老人,涉及刑事以及个案管理员职务考核、督导和法庭要求。

三、开案或转介

个案管理员机构可参考《家庭暴力案件开结案评估指标》(见附件一)制订符合机构自身情况的家暴个案开案标准。若个案符合机构开案标准,个案管理员需进一步(1)向受害人明确说明具体可提供哪些援助服务,切勿给予其过多期待;(2)清楚说明工作守则、服务边界与范围、恒常服务时间段与地点等;(3)清楚说明双方权利与义务,特别是受害人须履行保护自己的责任义务,有拒绝或退出的权利;(4)核对和厘清受害人对个案管理员服务的理解,签订服务契约。若个案所需解决的问题不属于机构服务范围或受害人户籍或常住地不属于机构服务区域,个案管理员便需以诚恳的态度向受害人澄清转介的原因,是希望其获得最好的服务,而非拒绝他或推卸责任。个案管理员需确定受害人已准备接受转案,并避免对转介机构做不确定的承诺或不切实际的保证,亦应避免明确指出转介机构将会如何处理个案。

四、资料搜集

个案管理员需尽可能详细地搜集与受害人家暴问题有关的资料,个案相关资料搜集的目的在于帮助个案管理员构建受害人和加害人的关系画像和为评估受害人受暴危机提供重要参考资料。个案管理员可通过询问受害人本人和重要他人、对受害人的非语言行为和其与社会生态系统互动状况的直接观察、心理状态和家暴风险评估量表等渠道,进行资料及信息的收集。

需提醒的是,个案管理员在询问受害人有关暴力事件发生原因时,应避免使用"他为什么打你"或"你做了什么激怒和挑引他的事"等会对受害人造成二次伤害的询问,这样的询问方式会强化受害人将家暴问题归咎于自身的错误观念。正确且适合的询问方式是:"家暴事件是如何发生的""当时发生了什么""暴力发生前,你和对方分别说了什么话或做了什么动作"等。

资料收集内容包括但不仅限:

1.受害人的基本信息

(1)与加害人关系(同居、配偶或前配偶)。

(2)联系方式、性别、年龄、学历、宗教信仰。

(3)籍贯(种族/民族/国籍)、常用语言(普通话、方言或外语)。

(4)就业情况(是否有固定工作)、经济状况(是否有稳定收入,是否能维持生活,是否有债务负担)。

(5)住所(面积大小、是否利于出逃或呼救、交通是否便利、求助资源可及性)。

(6)身心状态(是否妊娠、是否有赌博、药物滥用等沉溺行为,是否有慢性病;是否为残障人士、是否患有情绪或精神疾病、是否有自残或自杀行为等)。

(7)子女生育情况(年龄、性别、身心状态、就学或就业情况、是否同住、是否目睹家暴、与子女关系)。

2.加害人的基本信息

(1)联系方式、性别、年龄、学历、宗教信仰。

(2)籍贯(种族/民族/国籍)、常用语言(普通话、方言或外语)。

(3)就业情况(是否有固定工作)、经济状况(是否有稳定收入,是否能维持生活,是否有债务负担)。

(4)身心状态(是否有赌博、药物滥用等沉溺行为,是否有慢性病;是否为残障人士、是否患有情绪或精神疾病、是否有自残或自杀行为等)。

(5)加害人的家庭关系(与子女关系、与重要家人关系)与人际关系(与朋友、同事)情况。

(6)加害人对家庭角色和家庭暴力的态度和描述等。

(7)加害人童年的家庭暴力经验。

(8)加害人是否有犯罪和暴力记录。

3.受害人受暴史(第一次、最严重的一次和最近一次受暴的情形)

(1)暴力起始原因和征兆。

(2)暴力类型、严重程度和受伤情况。

(3)暴力发生日期与地点、持续时间、受暴频率及次数。

（4）曾采取应对措施与处理效果（特别是成功经验）。

（5）加害人对暴力的态度与描述。

（6）其他在场人士的态度和行动。

（7）子女目睹家暴或受伤的情况，以及家暴对其造成的影响。

（8）证据收集情况。

4.受害人对家暴的认知程度

（1）受害人对家暴相关知识的认知程度。

（2）受害人对家暴的态度。

（3）受害人对家暴危险性的辨识与判断。

（4）受害人对家暴求助途径的使用经验。

5.受害人与外界环境互动情况

（1）是否有常联络、可提供协助或可信任的亲友。

（2）与上述亲友的联络渠道是否畅顺。

（3）与社区邻里关系状况。

（4）亲友、邻里和用人单位对家暴的知悉程度，以及其态度与行动。

（5）对外部可用资源（报警、妇联和社区等）的知晓程度和使用经验。

搜集资料和填写个案情况登记表固然重要，但不应成为个案管理员的工作负担和限制，个案管理员应将个案表单视为工具而非目的，如果个案管理员一心只想快快完成表单填写任务，忽略对受害人的感受及处境的聆听与了解，还急着推进个案的进展，受害人无法感受到个案管理员的真诚及同理，也许也不会想继续跟个案管理员谈话和发展信任的专业关系。另外，个案管理员并非执法人员，无需要求受害人证实受暴事件真实发生，只要受害人认为自己面临受暴风险和应对能力不足，个案管理员便可提供必要的支援。

第三节　危机与需求评估

一、危机评估

危机是指当个人、家庭、群体或组织在面对超出他们能力应对范围引发的巨大压力情况，除了产生破坏和伤害，危机也可能提供成长和发展的机会；而危机干预主要针对个人、家庭、群体或组织面对困境和可用资源失衡情况下的反应，而不是指危机事件本身。因此，个案管理员在评估受害人的家暴危机时，不仅须关注家暴事件本身，也应评估受害人内外资源可用情况和支持系统的使用经验，以全面且充分了解受害人可能面临的危险情境和应对风险的能力。

危机评估的结果只适用一段时间内，危机评估应在整个个案服务过程中持续且重复进行。个案管理员在完成危机评估后务必认真严肃地向受害人说明和解释评估结果与危机等级，协助受害人辨别可能导致危机出现和再出现的要素，提高受害人觉察危险的能力。

（一）风险评估

搜集各项资料的工作完成后，个案管理员应善用不同的评估工具，评估个案的危机程度和暴力的严重性，与受害人讨论评估工具中罗列出的题项的真实情境，延伸了解受害人回答背后可能隐藏的信息，扩大量表的使用效能。

然而，每一种家暴评估工具都有其信度及效度的局限性，无法百分之百有效预测家暴的危机及潜在风险。因此，个案管理员在使用不同评估工具时，必须敏锐地评估及判断各种评估工具的信度与效度，透过自己的工作经验和专业分析来调整对家暴的危机及潜在风险的预测与评估，并须与督导或机构主管紧密合作商讨，尽量减少犯错的机会。

1.暴力情况

在了解受害人受暴史和评估其受暴风险时，个案管理员除了要关注"加害人对受害人做了什么"，也要关心"加害人不准受害人做什么"。个案管理员须提高对容易被忽略和并不显而易见的暴力类型的敏感度，引导受害人厘清暴力的本质，协助受害人辨识高压权控型精神暴力、经济控制和性暴力的具体形式。

常见的高压权控型的暴力形式[①]，包括但不仅限：

（1）要求受害人在一定时间完成事情，做高度的时间控管。

（2）不准受害人和朋友来往，就算同意也必须是加害人筛选过的。

（3）不准受害人与家人联络，就算与家人联系也要由加害人出面。

（4）没有加害人的允许，受害人不准离开家。

（5）不准受害人去工作，或者就算受害人有工作也要由加害人接送。

（6）挑剔受害人，认为冲突都是因为受害人没有做好自己的本分。

（7）不断对受害人说受害人的心理有问题，试图让受害人相信自己疯了。

（8）不断告知受害人，除了加害人，没有人会愿意跟受害人一起生活。

（9）要受害人时时刻刻汇报自己的行踪。

（10）不断打电话追踪受害人目前所在地。

（11）会追查受害人的手机、电脑、包包和/或消费的发票等，无时无刻不想知道受害人所到之处、与朋友联系情形，或有无其他异性友人等。

性暴力是最容易被忽略和淡化的暴力类型，一方面是受害人不好意思与个案管理员谈论，另一方面个案管理员也可能对性的议题同样感到难以启齿，个案管理员可提前模拟和练习正确适宜地导入性暴力议题的谈话技巧。当个案管理员了解到受害人曾多次流产或堕胎、容易怀孕、生育间隔期短、晚上加害人不让其睡觉等情况，个案管理员就必须察觉到可能隐藏着受害人被强迫发生性行为、强迫堕胎和生育等性暴力的问题。

2.创伤情况

受害人的情绪及精神状况将影响个案服务，个案管理员可借助专业量表进行受害人的情绪心理状态评估，并需考虑转介受情绪困扰的受害人接受精神科医生、临床心理学家或心理咨询师等专业人士更详细的评估及更专业的心理服务。

---

① 游美贵：《家庭暴力防治——社工对被害人服务实务》，台湾洪叶文化事业有限公司2015年版，第95页。

在评估受害人的情绪心理状况时,应注意以下四个方面:

(1)创伤应激障碍症:经常想起并受到创伤事件困扰、脑海闪现创伤事件的画面、做噩梦和梦魇、生理和心理困扰、逃避与创伤事件有关的事物、闷闷不乐、心因性失忆、呆滞、过度亢奋、精神难以集中、神经过敏。

(2)严重抑郁症:极度情绪低落、事事不感兴趣、体重显著下降或增加、睡眠失调、焦躁不安、行动迟缓、做事提不起劲、极度愧疚、觉得自己毫无价值、无法集中精神、意图自杀。

(3)行为及精神状况:不能如常照顾家庭或如常工作、杂乱无序或前后不连贯的言语形态、失去判断力(如不觉得会有可能受到伤害)、是否出现现实感异常(如幻听、认知混乱)等。

(4)有自我伤害、自杀或杀人(如以暴制暴、同归于尽)倾向、赌博或药物滥用等。

需要提醒的是,目睹家暴的未成年人也可能会出现严重的适应问题甚至出现心理症状,而处于不同成长阶段的未成人会产生不同的症状。因而个案管理员亦须敏感识别目睹家暴的儿童及青少年出现何种状况需要接受心理辅导。

(二)资源评估

个案管理员借由询问受害人的个人家庭资料和过往的求助经验,便可了解受害人对内外资源的使用情况,以及资源分布状况,优先考虑连结可近性高的资源。与此同时,个案管理员必须不断提醒自己,需要不断更新受害人支持系统情况,因受害人资源的有效性和有限性往往需要与受害人合作一段时间才可得到更充分的评估。

1.内在优势及资源

在家暴个案服务中,个案管理员时常不自觉陷入"替他做"的处境中,弱化了受害人对自身潜能的觉察与运用。协助受害人的目标是强化其解决问题和应对家暴危机的能力,因而在评估受害人资源使用情况时,首先要充分认识受害人,发掘受害人自身的内在力量和资源,引导受害人自我再评价,如能认识并承认家暴问题的存在、有向外求助的勇气、有自我保护意识、拥有坚强乐观的性格特质、掌握良好人际沟通能力以及能识别家暴风险因子等。

2.社会支持网络

在家暴个案服务中,社会支持网络是指可为受害人提供和应对家暴危机的资源环境,社会支持包括正式的和非正式的两种:正式的社会支持主要来自政府职能部门、社区、组织、单位和机构的政策和服务;非正式的社会支持来自受害人的家庭成员、朋友、邻居和互助小组等。除了可以给予受害人实际或情感上的支持,社会支持网络还可以识别、预警和报告可能出现的家暴风险因子,为受害人提供多部门、多机构和跨专业间的网络协作服务。

个案管理员需要与受害人共同盘点促进或阻碍社会支持网络构建的外在资源,并评估这些资源的有效性、可及性和活跃程度。尤其需要留意非正式支持资源的被消耗情况和发生突变后会带来的风险,以及评估受害人对正式支持资源使用的挫败经验和负面印象,对受害人再次使用资源的信心和动力的影响程度。

二、需求评估

针对受害人的需求评估,个案管理员一方面需要了解和澄清受害人的需求,协助受害人了解自身未觉察或隐藏的需求,另一方面需要评估受害人所提出需求的合理性,回应受害人的不合理的期待。另外,个案管理员还需与受害人对需求进行排序,让受害人清楚了解紧急且重要和立即可行的需求。

以下列举受害人一般性需求,包括但不仅限:

1.人身安全需求:如制止暴力、临时陪伴、庇护、医疗救助等。

2.经济支持需求:食品与衣物、就业扶助、援助与救济申请等。

3.心理健康需求:被理解、安慰与支持、创伤康复、咨询与辅导等。

4.子女照顾需求:育儿托管、亲职教育、目睹家暴子女辅导、亲权争取。

5.法律维权需求:法律法规解读、司法程序陪同、法律措施运用等。

6.知识认知需求:反家暴相关知识等。

第四节　服务计划实施与结束

一、服务目标

为协助受害人恢复自我决定和选择的权利,以及遵守受害人知情同意原则,个案管理员应与受害人共同商讨个案目标,澄清各自的责任分工和努力的方向,最后就每个目标的必要性及次序达成共识。

根据服务周期的长短,服务目标有不同的侧重:

1.短期目标

(1)家暴危机解决与制止暴力。

(2)提高受害人对家暴的警惕性。

(3)提高受害人对家暴严重性的认知。

(4)与受害人共同讨论安全计划。

(5)增强受害人保护自己与子女的能力。

(6)提高受害人对社会支持网络资源的认知与运用能力。

(7)降低负面情绪对受害人的困扰。

2.长期目标

(1)提升受害人的自尊与自信。

(2)协助处理受害人关系去留抉择。

(3)协助受害人提升生活的自立性。

(4)促进受害人经济独立和自主。

(5)充权受害人恢复选择的权利。

(6)促发受害人创伤复原的历程。

另外,个案管理员亦可根据受害人处于不同心理历程阶段,适时调整个案介入目标和服务策略,但需敏感觉察受害人心理历程阶段转变并未单向线性发展,可能会交替出现、退缩和摇摆不定。

表 16-1　受害人心理历程阶段与介入重点①

阶段	主要表现	介入重点
无意图期/迷惘期	受害人不觉察问题或否定问题。面对各种压力，如经济能力低、缺乏社会支持等，他们往往将责任归咎于自己，默默忍受加害人的虐待，甚至出现创伤应激障碍反应，也无意作出任何转变。受害人认为："他爱我才会有妒忌行为""如果我可以事事依从他，他便不会再打骂我"。	1.提升受害人对家暴及其影响的认识，明白自己的权益。 2.提升受害人的安全意识，制订安全计划。 3.理解、确认受害人的经历，协助宣泄情绪。 4.介绍社会服务或转介社区资源。
意图期/忍受期	当受害人获得社会服务后，如个案管理员的辅导服务，他们开始意识到问题的严重性，并有意作出转变，如减少经济依赖对方、争取经济独立、建立支持网络等。他们表示："我希望不再被他虐待，我需要别人的帮助""我想采取一些行动，改变被他虐打"。可是，受害人往往要面对很多问题，就像徘徊在十字路口，心情十分混乱和矛盾，不断挣扎是否应该离开关系。在这个阶段，他们仍未有任何计划去终止加害人的暴力行为。	1.支持受害人表达情绪和感受。 2.提升受害人的安全意识，制订安全计划。 3.协助受害人探讨关系去留和解决问题的方法，介绍社会服务或转介社区资源。
准备期	受害人对加害人会改过已失去信心，开始踏出第一步，计划行动终止被虐关系。他们感到："我现在相信他是不会改变的""我对他会改过已越来越没有信心"。当受害人向外求助，都表示正处于这一阶段。	1.支持受害人表达情绪和感受。 2.分析不同关系和生活的安排。 3.危机评估，制订安全计划。
行动期/分离期	当受害人从创伤中恢复过来，并决意无论如何不再容忍加害人的暴力，他们会开始采取行动，落实计划，终止暴力，迈向无暴力的生活，如正式申请离婚。他们表示："我真的要保护自己及采取行动停止他的暴行""我不想再返回暴力的关系中"。	1.制订安全计划，协助离家的受害人获得社区资源支援。 2.理解受害人的处境，认同及支持他们的决定。 3.协助受害人重建自信心和能力。
维持期/康复期	若受害人能在六个月内保持行为转变，再没有遭受虐待，便可算进入维持期。受害人不单确认被虐的经历，而且对终止暴力关系的决定行动感到欣慰，并对日后的生活充满信心。他们感到："我对自己的决定感到开心""我可以做我想做的任何事情"。若维持期能持续五年，受害人可算已成功脱离暴力。	1.支持受害人自决。 2.制订未来生活的安全计划，如抚养或探视孩子的安排。 3.提升受害人解决问题的能力和生活技能。 4.重建家庭关系，协助受害人学习管教孩子的方法及增进亲子关系。 5.协助受害人建立支援网络。

① 杨陈素端主编：《家庭暴力培训系列六：处理受虐妇女手册》，https://www.harmonyhousehk.org/，最后访问时间：2022 年 3 月 11 日。

二、服务介入

个案服务介入的主要目的在于执行计划以实现受害人的改变。个案管理员要推动多机构联动与跨专业合作,善用社会支持网络资源为受害人提供服务,根据受害人所处不同阶段的需求变化适时调整服务计划,持续调动、开发和倡议适合受害人的服务资源,并确保服务资源输送的畅通无阻。

(一)安全计划

在与受害人讨论安全计划前,应协助受害人认识和分析不同的生活选择,让其为自己和子女的将来作出明智的选择。需要注意,无论受害人选择留在关系还是离开关系,都存在危险因子。在实务经验中,离开关系未必是受害人的首选,不离开,可能是因为离开会为其带来更大的风险和困难;同时,受害人在离开关系后,仍可能决定再次返回关系中。因此,个案管理员不仅需要尊重和支持受害人的选择,更需要协助受害人发展适合任何情况的安全计划,并时常与受害人更新和演练安全计划。

1.关系去留抉择

在作出关系去留决定的过程中,受害人往往需要考虑许多复杂因素,常常呈现心情矛盾、举棋不定和反复的情况,个案管理员应体察和理解受害人的复杂处境,给予受害人反复思考和慎重决定的空间。

表 16-2　受害人考虑关系去留的因素①

加害人的暴力和控制行为	是否会停止暴力;暴力行为不断升级;承诺不再施暴;恐吓、威胁伤害子女和其他家人;威胁争抢子女抚养权;以自残自杀威胁。
经济问题	经济弱势或被经济控制;住房问题;可能失去家庭、损失财产;为了照顾子女而辞去工作,经济压力增大。
社会和法律保障	法律措施未能有效保障人身安全;缺乏就业扶助服务;缺乏困难救济资源;育儿托管服务不足;庇护中心资源不足。
文化和价值观念	性别不平等规制与压迫;认为离婚、单亲家庭是不好的;宿命论,认为遭受暴力是命运所致;缺乏亲友支持,甚至受到责备、歧视和孤立。
认知和心理状况	对加害人有强烈的依恋和创伤性联系;患创伤应激障碍症;对加害人仍有感情,希望维系关系;相信只要迁就、服从加害人,暴力会停止;害怕孤独;担心被加害人报复而令处境更危险;对不同生活选择和外界求助资源认知不足,感到绝望无助,习得性无助,自我决定和选择的能力下降。

个案管理员可参考表 16-3,与受害人共同讨论和罗列出影响关系去留选择的各种因素和可能存在的风险:

---

① 广州市开发区优公益社会工作研究中心:《反家庭暴力工作指引》,第 83 页。该《指引》系广州市妇女联合会"2016 年反家庭暴力与家事调解高级研修班"课程教材。

表 16-3 受害人关系去留利弊因素

离开关系		留在关系中	
利	弊	利	弊
如：自己和子女的受暴风险降低；恢复对生活的掌控；身心创伤康复。	如：生活水平下降，失去经济依赖；因照顾子女可能失去工作；缺乏家人支持。	如：住房保障；不用担心经济问题；子女照顾压力小。	如：家暴发生风险较高；失去生活掌控；子女生活在不安的环境中。

2.留在关系中的安全计划

若受害人暂时无处可逃，仍需与加害人同住，为保障受害人安全，社工应提醒受害人考虑使用以下策略：

(1)识别加害人施暴前征兆：

①脸色看起来怎样，处于怎样的情绪状态；

②会说什么和做哪些具体行为；

③当感到危险，受害人会有哪些具体的、明显的或细微的感觉变化和身体反应；

④受害人做出哪些行为会让加害人发现受害人是有防备的。

(2)当觉察危险，受害人如何相对安全地逃走：

①考虑是否将遭受暴力一事告诉重要他人；

②事先罗列出紧急联系人名单，名单上的人必须是清楚受害人家暴情况、承诺保密受害人安全计划和愿意提供支援的；

③事先准备安全包(个人重要证件备份、少量现金、银行卡和换洗衣物)，并存放于一位紧急联系人处；

④提前与紧急联系人设定求救暗号和信号，请紧急联系人代为报警；

⑤教导子女在任何情况下都不要介入暴力事件中，应该快速求助和躲藏；

⑥教导子女如何报警、到何处和向谁求救，以及报警和求救时的话术；

⑦提前规划最快逃走路线，选定最便捷交通工具和最近的安全地方，包括保安亭、社区物业、楼下商铺、24 小时便利店或治安亭等；

⑧到何处暂住，是否可入住庇护中心；

⑨危险开始出现时，缓慢移动至家中相对安全或便于逃走呼救的地方，如家门口、阳台，但要避开厨房和浴室；

⑩离开后尽量避免接触自己与加害人的共同朋友。

结合经验和直觉判断暴力的严重程度，若预估非常高危，可选择暂时顺从加害人，以最大限度地保证自己和子女的生命安全。

(3)让加害人冷静和降低愤怒的方法：

①是否曾有过成功经验，当时的情境、受害人行动和加害人反应如何；

②受害人可以通过说什么话或做什么事情回应而避免冲突爆发；

③评估上述行为是否为合适的方法。

(4)让加害人更愤怒而施暴的情形：为最大限度地确保生命安全，受害人需减少激怒或挑引加害人的说话和行为，但这并不是将暴力发生归咎于受害人身上。

（5）短暂离开后返家时：

①是否需要警察、社工或亲友陪同返家，可能会怎样；

②在加害人不在家的时候，请他人陪同返家取物件；

③如何确认返家是安全的；

④请专区民警、妇联干部、社区人员、个案管理员和亲友不定期上门探访受害人，确保受害人安全；

⑤及时清除手机中可能泄露求助情况的通话记录、信息记录和修改联系人备注。

3.离开关系的安全计划

（1）考虑是否将遭受暴力一事告诉重要他人，如亲友、同事、子女学校和用人单位：

①知晓情况的人必须是清楚受害人家暴情况、承诺保密受害人联系方式和行踪，以及愿意提供支援的；

②请用人单位提供协助，如当加害人到工作场所骚扰或跟踪受害人时协助报警，或协助受害人躲避并营造受害人已辞职的假象，和陪同受害人回家。

（2）更换手机电话，选择新住处应尽量远离加害人居住、工作和活动地区，新的住处和手机号码必须小心保密，避免泄露行踪：

①尽量改变生活习惯，如避开过往常去的地方、加害人已熟悉的规律性行程安排。

②更换门锁，加装监控设备、防盗门、防盗网等。

③规划上下班、回家的不同安全路线，路线选择应考虑监控设施、人流和紧急求助资源等。

④关闭所有移动设备、社交媒体的定位功能；勿在社交媒体更新可能透露行踪的动态；更改所有社交媒体账号密码。

⑤若需联系加害人，应尽量避免使用新手机号码，或利用软件隐藏手机号码，防止手机被追踪。

⑥尽量避免使用联名银行账户，更改所有银行卡密码。

⑦请子女、亲友、同事和学校老师等人员保密受害人住处和手机电话。

⑧非必要之人，请勿告知个人信息。

⑨若受害人拥有自购车辆，要小心车牌被跟踪；车辆停靠在路边时，要检查是否被加害人安装追踪器。

（3）受害人独自居住时：

①不要让自己孤立或处在一种易受到攻击的状态；

②确认居住环境的安全设备，加装监控设备、防盗门、防盗网等；

③确保可确认身份的物品不要放在家门口，如车辆、鞋子和装饰品等。

（4）联络或转介就近正式支持资源提供服务，如请专区民警、社区人员和社工机构不定期上门探访受害人，确保受害人安全。

（5）在街上遇到加害人时尽量保持冷静，避免刺激加害人，不要立即回住处，而是到安全的地方暂避和求助。

（6）携子女离开：

①告知子女的学校老师，让他们知道谁才可以去接送孩子，避免让加害人接走孩子，或当加害人试图强行带走孩子时通知受害人并报警。

②与学校老师协商采用迟到、早退的非常规上下学时间；规划上下学回家的不同安全路线，路线选择应考虑监控设施、人流和紧急求助资源等。

③留意学校不同出入口和路线，以及附近可进行紧急求助的资源，如医院、治安亭、派出所和餐厅等。

④小心处理子女的物品，避免加害人从中获取受害人新住处和新手机号码。

⑤询问子女与加害人见面的意愿，了解子女可能出现的情绪反应；若子女拒绝见面，可尝试申请人身安全保护令或其他法律措施；若子女同意见面，预先为子女进行心理建设，安排加害人探视子女的地点应远离新住处，最好是靠近派出所、社工机构和居委会等人流较多的公众地方，避免离开时被加害人跟踪。

⑥也可寻求社工机构、妇女儿童活动中心的协助，提供安全的探视空间，请专业人士陪伴探视。

⑦消解子女受到目睹家暴的负面影响。

⑧加害人可能用钱控制、威胁受害人返家或放弃子女抚养权，如不支付抚养费、不支付赔偿等。

（7）未携子女离开：

①确认子女的安全，如受暴风险、被独留家中或被疏忽照顾等；若加害人照顾能力不足或家中没有其他照顾者，且加害人曾有威胁伤害子女或虐儿的举动，个案管理员即须向公安部门和上级主管部门强制报告。

②加害人可能利用孩子威胁受害人回家。

③加害人利用孩子打听和获取受害人行踪和新住处。

④请专区民警、社区人员家访及侧访邻居，知会学校，请学校关切受害人子女的就学适应，并与社会支持网络资源拟定关切受害人子女安全的介入方式。

4.自我照顾的舒压计划

（1）盘点压力：受害人在感到安全时，自我提问以下问题：

①今天身体感觉如何；是不是很累，精疲力竭了。

②有没有任何跟压力有关的问题，是不是很难专心。

③是不是比以前更容易生气；有没有吃得更多，吃得更不健康；是否有酗酒、沉迷赌博、依赖药物的情况出现。

（2）安排合适的纾压计划

请受害人回想一下过去自己如何因应压力，保持使用行之有效的方法，也可寻找与练习其他缓解压力的方法，如：

①深呼吸、看书、音乐、食物、运动和社交活动；

②通过写日记、画画，把感受从脑海中提取出来；

③坚持规律地运动和生活，从一件件容易达成的小事情做起；

④善待自己，鼓励自己，做积极的自我对话；

⑤若感觉情绪精神状态恶化，及时接受专业的心理服务。

（二）多机构联动

前文述及，家暴案件介入是一个极其复杂的过程，个案管理员应重视多机构合作，善用网络资源,以及能够与网络资源合作,积极推动多机构联动和跨专业合作,满足受害人复杂多样的需求,重建受害人作为"人"的尊严且自由地生活。多机构联动工作目标是停止家暴行为发生、再发生和在家庭代际中传递,令加害人对其暴力行为负责,确保多元福利服务有效提供,让受害人不因不协调的介入而遭受二次伤害。

表 16-4　受害人多元需求及服务提供

需求类型	需求内容	服务提供机构
人身安全需求	制止暴力、临时陪伴、庇护、医疗救助等。	公安、民政救助、妇联、社工机构、医院。
经济支持需求	食品与衣物、就业扶助、援助与救济申请等。	民政救助、妇联、人社部门、社工机构、慈善基金会。
心理健康需求	被理解、安慰与支持、创伤康复、咨询与辅导等。	妇联、社工机构、心理咨询机构。
子女照顾需求	育儿托管、亲职教育、目睹家暴子女辅导、亲权争取。	社工机构、社区托管机构、学校。
法律维权需求	法律法规解读、司法程序陪同、法律措施运用等。	社工机构、妇联、司法行政机构、公安、法院、律所。
知识认知需求	学习反家暴相关知识、提升性别平等意识等。	社工机构、妇联。
效能提升需求	自尊感与自我价值感,解决问题的能力与自我效能感。	社工机构、妇联。

1.与司法机构的合作:法律维权与陪同服务

家暴是违法犯罪行为,司法是家暴干预中非常重要的部分,彰显法律正义和人权保障,《刑法》《民法典》《治安管理条例》《反家庭暴力法》《妇女权益保障法》《未成年人保护法》等均有针对家暴行为的相关法律规定。个案管理员在符合受害人意愿下,可提供相关或转介法律咨询与协助,包括报警咨询与协助、法律援助咨询与协助申请、告诫书咨询与协助申请、人身安全保护令咨询与协助申请、陪同出庭等。

对受害人而言,司法程序是一段相当陌生又恐惧的历程,必须一次又一次地揭开伤痛隐私;且在现实环境中,以男性为主且具有保守父权思想的司法系统,对家暴案件相对冷漠,甚至对受害人持有质疑与敌视态度,容易忽略安全问题。因此,在司法程序历程中,个案管理员须维护受害人的权益,减少司法不当对待的情形:

(1)熟悉不同部门或机构的工作流程和职责范围;

(2)促请上级主管部门协调沟通;

(3)与司法机关执法人员和工作人员保持沟通;

(4)主动提供背景资料支援和配合司法机关的调查;

(5)向司法机关反映和说明受害人家暴严重性和创伤状况;

(6)携带齐全的法律文件,向司法机关展示法律依据。

同时,面向受害人的无助与恐惧,个案管理员须:

(1)协助受害人了解个人法律权益;

(2)以受害人可理解的语言解释法律、可能的处理程序和结果;

（3）与受害人进行充分讨论和理智决定行使哪些措施，以增强对事情的控制感，减少对未知事情的忧虑；

（4）协助进行报警前和出庭的资料准备、情境演练和心理建设；

（5）提供心理辅导，降低受害人因创伤反应致使的退缩和拒绝法律服务。

2.与福利机构的合作：多元福利服务

考虑到报警开具告诫书和向法院申请人身保全保护令后，可能会因为没有合适的庇护资源而被迫返家，遭受加害人更严重的施暴；无法有效监管人身安全保护令的实施效果，亦未能对违反保护令规定的加害人施加惩罚等原因，受害人可能不会将法律维权视为最优先和最必要处理的问题，反而更加需要其他多元福利服务。个案管理员应与民政救助、妇联组织、人社部门、医疗机构、心理咨询机构和公益慈善组织紧密合作，为受害人提供庇护服务、心理辅导、心理咨询与治疗、生活救济、就业扶助、协助检视和厘清关系状态、改善家庭关系和指导子女教育等服务。

3.与教育机构合作：目睹家暴子女辅导服务

若受害人的未成年子女曾目睹家暴，在校老师和心理辅导员都可以是适合扮演关怀与支持他们的角色，个案管理员在建议和协助受害人连结学校资源时，需理解受害人可能会担心学校老师知道家中有暴力事件，会导致子女在学校被贴上负面标签，也有受害人原本就跟学校老师存在沟通不良的问题，而拒绝个案管理员知会学校。个案管理员应先理解受害人的担忧，以转介资源的概念向受害人说明学校老师可以发挥的功能，连结学校资源的目的是让学校老师关切和降低子女适应不佳的状况。

个案管理员可以这样向受害人说明，降低受害人的顾虑："孩子待在学校的时间很长，或许可以请老师关心孩子在学校的适应状况，孩子可能会因为担心你的安全和惊恐无助而出现上课不专心的情况，也可能因晚上担心冲突发生而精神紧张没睡好，导致白天上课时精神不佳，继而出现功课跟不上等情况。老师不知道背后原因，会误以为孩子偷懒没有认真，反而让孩子因为表现不好而产生挫折感。我会特别提醒老师体谅孩子，看有没有什么方法可以帮忙孩子的学习状况稳定跟上进度，以及在其他保护孩子的方面提供协助。"

个案管理员也需要跟受害人说明不会与老师提及家暴事件的细节，并强调会请老师务必遵守保密原则。若孩子的就学状况有异常，个案管理员也需要和学校老师联系，讨论后续共同协助受害人和孩子的合作方式。

三、服务结束：结案与回访

在结案阶段，个案管理员须谨慎处理服务程序的结束，与受害人共同评估服务质量与成效，与受害人共同回顾服务历程中的每一步骤内容，引导受害人肯定和欣赏自己所作出的一切努力，协助受害人总结自身所取得的点滴改善以及觉察自身已恢复和提升的解决问题的能力，协助受害人增强继续改善处境和应对未来生活挑战的信心和勇气；与受害人协商结束关系的日期，提醒受害人服务即将停止，做好受害人情绪支持工作和服务档案处理工作。

当个案达致或出现下列情形之一，个案管理员得予评估个案可进入结案阶段：

1.个案目标已达成，受害人暂时无需个案管理员提供相关服务；

2.受害人失联；

3.受害人迁出服务辖区；

4.经受害人同意转介至其他服务机构；

5.受害人决定终止服务；

6.受害人因故死亡。

需要注意的是，当受害人出现刻意躲闪、多次失约、拒绝服务和无故失去联系等情形，个案管理员须提高对安全性的敏感度，考虑受害人可能因为受到加害人的威胁、恐吓和控制而丧失独立行动的权利和空间，受暴危机可能进一步升级，个案管理员须采取更谨慎的行动而非轻易、草率地结束服务。

结案后，个案管理员还须对受害人进行定期或不定期的回访，了解受害人生活状况，评估是否需要重新开案或转介受害人接受其他机构服务，以便继续巩固受害人的正向改变及支持受害人重建生活，防止家暴风险再次升级。

附　件

附件一　家庭暴力案件开结案评估指标

开案评估指标	结案评估指标
经与受害人联系后，或虽无法联系上受害人，但经与案情报告人联系后，认为受害人有遭受家庭暴力危险，符合机构服务范围，并符合下列任一情形者，应予开案或应评估是否开案： 一、应予开案情况 　1.受害人有求助意愿； 　2.受害人有立即生命危险； 　3.受害人因家暴需要住院治疗； 　4.受害人人身自由受控制以致求助困难。 二、应评估是否开案情况 　1.受害人受暴风险高，包括： 　　(1)受害人相信加害人将来可能会杀害他； 　　(2)加害人曾勒/掐受害人或使用其他方式使受害人无法呼吸、窒息； 　　(3)加害人曾持武器或工具对受害人施虐，或威胁受害人及其亲友； 　　(4)加害人的施暴频率、手法及伤害程度有愈来愈严重的趋势； 　　(5)加害人疑似患有精神疾病或不良沉溺行为(酗酒、赌博、药物滥用等)，且未就医或未持续就医，致施暴情形增加。 　2.受害人有自杀风险或以暴制暴、同归于尽念头。 　3.受害人身体有明显伤害。 　4.受害人情绪忧郁、焦躁不安、恐惧。 　5.受害人资源系统薄弱或是无法取得资源。 　6.受害人遭加害人于公开场合殴打或羞辱。 　7.受害人曾有家暴史或暴力犯罪案底。 　8.加害人有自杀风险。 　9.暴力发生频率达每月1次以上。 　10.有目睹家暴儿童或青少年。 　11.其他情况。	1.开案后，达到以下情形之一，予评估暂予结案： 　(1)家暴危险已解除或受害人安全无虞； 　(2)经个案管理员与受害人讨论后，开案时所预定目标已达成，暂时无需再提供相关服务； 　(3)受害人提出暂停服务或拒绝服务； 　(4)受害人失联； 　(5)受害人迁离服务辖区； 　(6)无法提供受害人所需服务，经受害人同意转介至其他服务机构提供服务； 　(7)受害人身故。

附件二　亲密关系暴力危险性评估量表(CIDA)①
孟　莉　李洪涛　付昨霖

此量表用于评估亲密关系暴力中受害人的危险性,以帮助受害者避免可能的潜在风险。测试的过程和结果需遵循相关伦理规范。在遵循法律及受测者知晓基础上,使用该测试结果。

第一部分:基本信息

一、受害人基本信息

1.姓名:　　　　　　年龄:　　　　　　性别:男□　女□　其他□

2.联系人及联系方式:＿＿＿＿＿＿＿＿＿＿＿＿＿＿＿＿＿＿＿＿＿＿＿＿

(住址):＿＿＿＿＿＿＿＿＿＿＿＿＿＿＿＿＿＿＿＿＿＿＿＿＿＿＿＿＿＿

3.下列情况(可多选):

视力障碍□　听力障碍□　言语障碍□　肢体障碍□　智力障碍□

精神障碍□　多重障碍□　其他障碍□

4.工作现状:

有固定工作□　有临时工作□　有兼职工作□　无工作□

5.教育程度:

小学及以下□　初中□　高中□　大专大学□　研究生□

6.性倾向:同性恋□　异性恋□　双性恋□　不确定□

7.婚姻状态:在婚□　未婚□　离婚□

8.生活状态:同居□　分居□

9.童年时目睹或经历过家庭暴力:是□　否□　不确定□

10.怀孕期间遭受对方家庭暴力:是□　否□　不确定□

二、施暴人基本信息

1.姓名　　　　　　年龄　　　　　　性别:男□　女□　其他□

2.下列情况(可多选):

视力障碍□　听力障碍□　言语障碍□　肢体障碍□　智力障碍□

精神障碍□　多重障碍□　其他障碍□

3.工作现状:

有固定工作□　有临时工作□　有兼职工作□　无工作□

4.性倾向:同性恋□　异性恋□　双性恋□　不确定□

5.是否有下列行为(可多选):

赌博□　酗酒□　吸毒□　犯罪前科□　物质依赖□　其他□

6.童年时是否目睹过家庭暴力:是□　否□　不确定□

三、接访机构基本信息

1.机构名称:＿＿＿＿＿＿＿＿＿＿＿＿＿＿＿＿＿＿＿＿＿＿＿＿＿

2.联系方式:＿＿＿＿＿＿＿＿＿＿＿＿＿＿＿＿＿＿＿＿＿＿＿＿＿

———————

① 本量表获得亚洲基金会全程支持。测试及数据分析工作为原中国法学会反家暴网络/研究中心项目。

3.测试人/接访人：_____

四、计分方式

量表包括15道测试题，2道特别提示题，1道受害人主观评分题三部分。

①15道测试题中，每题回答"是"的计1分，累加后计总分。3分以下为"低危险"；4分至8分为"中危险"；9分及以上为"高危险"。

②2道特别提示题中，任何一题选择"是"，即为"高危险"。

③主观测试题中，可根据受害人的主观评估，分别将"不太危险"和"有些危险"判断为"低危险"；将"很危险"判断为"中危险"；将"非常危险"判断为"高危险"。三部分判断越一致，说明危险程度越高；三个部分判断不一致，工作人员应注意收集更多信息，尝试寻求解释。

第二部分：测试题目

共15题。请根据近一年来的实际情况，在每题右边的"是"或"否"栏内打(√)。	是	否
1.对方经常有跟踪、监听、查手机、定位等监控你日常生活的行为		
2.对方经常会在经济、行动自由等方面对你进行控制		
3.对方威胁或使用过暴力手段逼迫你或阻止你离开		
4.对方曾对你使用过刀、枪、棍棒、打火机等危险性的工具		
5.对方曾故意伤害你的下体、胸部或肛门等性器官或对你性虐待		
6.对方对除你外的其他家庭成员、朋友、同事、邻居等人也会有身体暴力		
7.过去一年来，对方对你的身体暴力的频率或程度越来越严重		
8.对方目前平均一周喝醉四天以上		
9.对方目前遇到经济/感情/亲属/健康/法律/工作等某方面的重大压力事件		
10.对方常常会蔑视或侮辱你		
11.对方曾威胁要自杀或尝试要自杀		
12.对方说过"要分开就一起死"或"要死一起死"此类的话		
13.对方曾威胁要杀你或你的家人		
14.你相信对方可能会杀你		
15.你想到过或尝试过自杀		
以上选择"是"的题，每题计1分；选择"否"的题，不计分。共计：　　　分		
特别提示题	是	否
(1)对方曾做过掐脖子、迫使你呛水、用枕头闷等使你无法呼吸的行为		
(2)对方曾对你做过推下楼、灌毒药、浇开水、泼汽油、用车撞、开燃气等行为		
受害人目前处境的自我主观评分		
请受暴人根据未来一个月内家庭暴力危险发生的可能性做出主观评估，在下面相应的□上打"√"。 不太危险 □　有些危险 □　很危险 □　非常危险□		

填表日期：　　年　月　日　　　　受害人(或代理人)签名：

第三部分：接访人对测试的反馈

1.根据测试情况描述：

量表评分与受害人主观评分是否一致？请做简单评价。

受害人评估与接访人评估是否一致？请做简单评价。

其他：

2.接访人员对受害人的主观观察：

3.处理意见与建议：

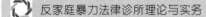

 参考文献

1.李洪涛、齐小玉：《受害妇女援助与辅导培训手册》，中国社会科学出版社 2004 年版。

2.游美贵：《家庭暴力防治——社工对被害人服务实务》，台湾洪叶文化有限公司 2015 年版。

3.曾华源主编：《社会工作直接服务：理论与技巧》，台湾洪叶文化有限公司 2010 年版。

4.曾华源主编：《社会工作专业价值与伦理概述》，台湾洪叶文化有限公司 2011 年版。

5.高万红主编：《个案工作理论与实务》，中国劳工社会保障出版社 2007 年版。

6.全国妇女联合会、联合国妇女署：《预防和制止家庭暴力——多部门合作工作手册（试行）》，此系 2014 年"多部门合作预防和应对家庭暴力项目"研究成果。

7.广州开发区优公益社会工作研究中心：《反家庭暴力工作指引》（广州市妇女联合会"2016 年反家庭暴力与家事调解高级研修班"课程教材）。

后 记

　　初遇法律诊所至今已20余年。2001年,笔者有幸有缘与法律诊所结缘,在扬州大学首创中国高校第一家婚姻家庭法律诊所,并于2010年创立反家庭暴力法律诊所。因为从事法律诊所教育,笔者有幸与很多优秀的法律诊所老师及反家庭暴力实务工作者相遇、相识、相知。在不断开拓法律诊所与法律援助服务领域,提升法学教育质量,维护家庭暴力受害人权益,为社会治理与国家发展提供优质无偿的法律服务,由此推进社会进步与发展的过程中,笔者的内心常常充满动力、感恩与感动。笔者始终坚持以人为本、将科学发展观全面渗透到诊所法律教育领域,为创新法律诊所与法律服务模式提供理论指导,同时将妇女学、心理学、社会学等理论研究引入法律诊所与法律援助服务体系,对原有诊所教育与法律援助服务范式不断优化与创新。将社会当课堂,把课堂当社会,是法律诊所与法律援助结合模型的精华所在。在法律诊所与法律援助的教育与助人的实践中,法律诊所学生将快速成长。

　　李霞教授言:"希望本书能够锐意进取、滋兰树蕙,为国家反家庭暴力事业做出更大贡献。"包振宇博士说:"本书是扬州大学法律诊所教育20多年创新法学教育实践的总结。汇聚了一批具有道德感召力的诊所老师、法官、检察官、律师和社会各界人士,他们对社会正义的坚守,对公益事业的热诚为法律诊所学生提供了践行职业伦理道德的最佳范例。"顾龙涛老师借法国著名社会学家皮埃尔·布尔迪厄(Pierre Bourdieu)所言,"没有理论的具体研究是盲目的,而没有具体研究的理论则是空洞的",培养法科学生实践创新能力,是创新型法治人才培养的需求,是法律院校人才培养目标的基本内容,是法治人才核心竞争力的直接体现。王军明博士强调:"本书旨在通过教学实践不断探索,在实践、认识、再实践、再认识的过程中,提升学生获取新知及实务操作能力;同时,本书也是反家庭暴力理论与实践的知识载体与实践指引。"聂明德博士强调:"本书旨在探索如何实现理论与实践有机统一,使学生学习在融入法律诊所教育外在体系的同时精准理解反家庭暴力法的内在价值,培养学生成为复合型法律人才,值得品读。"孟咸美副教授认为:"教师以此类教材为蓝本,有利于全国诊所教育的规范化、科学化;学生学习诊所教育教材,会提高学生分析问题、解决问题的能力。"刘明珂律师强调:"在工作中,我接触了很多多元性别人士遭受家庭暴力的真实案例。希望本书能够丰富未来法律实务工作者的多元性别知识和反家暴知识。"伍奕副教授认为:"这是一本写给反家庭暴力法律诊所学生的书,希望本书能使法律诊所学生获得相关技能技巧,促进职业道德的养成,更好地为涉家暴的弱势群体提供法律服务。"姜奕检察官认为:"以家暴类案例法律诊所教学为切入点,对当前家庭暴力案件实务中的重难点予以归纳总结,有利于启迪思考,减少分歧,提升司法治理能效;有利于从事婚姻家事工作领域的同人,以恕己悯人之心,积极化解矛盾,消弭冲突,求得问题最优解。"何胜洋社工认为,"分享社工反家暴个案管理服务,让我有机会梳理和沉淀过往数年浅薄的工作经验。本书中与实务工作伙伴分享和交流的反家暴个案管理操作性流程和工具,有助于持续精进反家暴个案管理实务水平","从深度思考与课堂内外充满设计感的书卷中,我感受到作者笔下扑面而来的激情与教育智慧"。

笔者要特别感谢法律诊所学生。赵超研究生说,"若干年后,还有多少人记得法律诊所课堂上那些精彩的话语?还有多少人记得要做一个'仁心仁术'的法律人呢",听说法律诊所很美,进来之后感觉更美。因为在法律诊所可以"为诊所教育发展贡献力量,也会从中收获许多意想不到的惊喜"。徐梦欣研究生说:"很多技能培养仅在象牙塔内难以实现。法律诊所课程学习作为我法律实践的起点,对我的职业发展乃至人格塑造有着深远影响。"陈玥蓉同学说:"法律诊所课堂的布局没有威严感而是心与心的联结,这使我从羞涩到敢于说话。"王馨珏说:"仅有专业技能是不够的,让我们做仁心仁术的法律人。"张欣宇同学说:"其言传身教的教学方式与工作时的循循善诱,都令我感念颇深。"余婉婷同学说:"法律诊所让我们直观地感受到法律的应用之美。"

再次感谢中国法学会法学教育研究会诊所法律教育专业委员会的支持,感谢扬州大学法学院各位领导与同人的支持,特别感谢一直支持法律诊所发展的诊所核心老师!感谢扬州大学法学院法律诊所团队成员李云波副院长、顾龙涛老师、包振宇副教授、盂咸美副教授等!感谢支持本书的所有作者,你们知识渊博,充满智慧,富有经验,使本书彰显了专业性、逻辑性、独特性和可操作性,尽显厚重感和重要性,以及法律诊所教育的独有魅力!

目前法律诊所已在我国 200 多所高校落地。法律人均是思想的舞者,行动的引领者。法律诊所之美有时仅仅来源于一枝思想花朵的摇曳,一朵白云的凝视,一个助人灵魂的优美,一个教学场景的启示,一个受益者真诚的谢意。在法律诊所教育中有生命觉醒的博弈与快感。因为法律诊所,笔者懂得做更有意义的事情,懂得穿越人海,看到世界上最美好的风景和一群最美的法律人。伏久者,飞必高。2019 年 10 月,瑞典学院将诺贝尔文学奖授予奥地利作家、戏剧家彼得·汉德克(Peter Handke),评委会认为:"他探索了人类经验的外围和特殊性。"笔者也时常希望在法学教育的领域有更加有益的方法使法律诊所教育得到更有价值的突破。林深见鹿,云散见天。法律诊所师生须建构灵魂深处的星辰大海,才能无惧风浪,向阳而行。

感谢在漫长法律诊所跋涉路途中给予我们一缕温情、一点光亮、一句话力量、一次点拨的人。正是他们让我们一次又一次握住命运的星光!法律人不能成为只是制定法律、应用法律、执行法律而缺少灵魂的技术匠人,而是要成为"以天下为己任",具有社会责任感和社会治理能力,维护公平正义,捍卫法治秩序,具有良知与情怀的法律人。笔者要向各位作者及其亲人表示深深的敬意,感谢你们为了成就本书付出的艰辛、努力与卓越的行动。感谢这些努力推进我们成为内心柔软有原则,身披铠甲有温度的法律人。这是本书面世的意义和价值。

李秀华

2023 年 8 月 18 日